南开大学985三期项目资助

南开文博考古论丛

NANKAI WENBO KAOGU LUNCONG

【刘　毅◎主编】

中国社会科学出版社

图书在版编目(CIP)数据

南开文博考古论丛/刘毅主编. —北京:中国社会科学出版社,
2014.9
ISBN 978 – 7 – 5161 – 4890 – 7

Ⅰ.①南… Ⅱ.①刘… Ⅲ.①文物—考古—中国—文集
Ⅳ.①K870.4—53

中国版本图书馆 CIP 数据核字(2014)第 228847 号

出 版 人	赵剑英	
选题策划	郭沂纹	
责任编辑	郭 鹏	
责任校对	周 昊	
责任印制	戴 宽	

出 版	中国社会科学出版社	
社 址	北京鼓楼西大街甲 158 号 (邮编 100720)	
网 址	http://www.csspw.cn	
	中文域名:中国社科网 010 – 64070619	
发 行 部	010 – 84083685	
门 市 部	010 – 84029450	
经 销	新华书店及其他书店	

印 刷	北京君升印刷有限公司	
装 订	廊坊市广阳区广增装订厂	
版 次	2014 年 9 月第 1 版	
印 次	2014 年 9 月第 1 次印刷	

开 本	710 × 1000 1/16	
印 张	21.25	
插 页	2	
字 数	349 千字	
定 价	59.00 元	

凡购买中国社会科学出版社图书,如有质量问题请与本社联系调换
电话:010 – 64009791

前　言

　　2010年，是南开大学博物馆学专业恢复创办后正式招收本科生30周年。三十而立，当时曾经准备举行一些小型的纪念活动，考虑出版一部论文集、编辑一本纪念册，如果条件允许，再开一个规模适中的纪念会。但当年4月，我系在河南省申请的"南水北调"考古发掘项目获得批准，淅川县党子口汉墓群的考古发掘工作于7月开始。这是我系第一次独立承担田野考古发掘任务，为了确保工作质量，几乎所有的骨干教师都投入了全部精力；而此刻恰恰是纪念活动筹备工作启动之时，加之其他一些偶然事件，两者发生了时间和人力上的冲突。在确信鱼和熊掌不可兼得后，我们最终选择了重实轻名，全力以赴进行淅川考古发掘，为专业未来的发展夯实基础，以实际工作的成果纪念专业恢复30周年。

　　这个论文集是当时预备纪念活动的唯一保留项目。感谢历史学院党政领导和学术委员会决定以"985经费"资助本书出版，感谢前任院长陈志强教授为本书联系出版社等辛勤劳动。论文集收集的人员范围，是自1979年以来曾经在本系（专业）任职的教师。文章的排序原则：首先，已归于道山的3位先生排在最前面，以表达对仙逝者的追怀；其次，为已经退休或年过花甲的教师，按年龄序列先后，把老师们的文章放在前面，以表达后学的尊崇和感恩；在岗及已调离但仍在岗的教师，按照学术界习惯，以文章内容的年代序列先后。由于种种原因（包括部分教师交稿甚晚和出版经费未定），这部论文集的编辑工作曾经几度中断。时过境迁，现在再冠以"30周年纪念"字样似乎不甚合适，但作为一个阶段性的纪念，不妨立此存照。因为联络不上或其他特殊原因，一些曾任教师的大作未能收入，这是一件憾事；作为补充，将2010年以来新聘任教师的论文一并收入。另外，本系教师程平山博士原先提供了一篇关于晋至隋代

《竹书纪年》考校的论文，校样时应作者要求撤销。

最初征集论文时，为了保证时间，也考虑到退休教师不堪其劳、在岗教师发表论文还要为杂志等级而谋等因素，决定欢迎接收未刊稿，也可以使用公开发表过的文稿，可以是代表作，也可以是因旧作意有所慊而修改订补者。由于发表时间不一、文章体例不一，还有一些手写稿的文字辨识及资料核对都很麻烦，编辑工作的难度很大。本系刘尊志教授具体负责收集并编辑这些论文，在他的带领下，硕士研究生刘昕、刘舒睿对所有文章的电子化及资料核对工作付出了辛勤的劳动；李宝军、赵冉、蒋侍辰、路畅、宋美娟、宋永平、于宏淼等硕士研究生也为论文集的编校和图版处理做过不少工作。本书所收论文内容涉及文物与考古学研究、博物馆学以及历史学等诸多方面，共计 19 篇。

南开大学曾经有过很好的发展文博考古学科的机会，但最终失之交臂。著名考古学家李济之先生回国之初、徐苹芳先生大学毕业伊始，都曾经在南开短暂工作。20 世纪 50 年代，郑振铎先生、沈从文先生曾向时任南开大学历史系主任、著名学者郑天挺教授提议创办博物馆学专业。郑先生高瞻远瞩，在对有关资料进行研判的基础上，意识到中国的博物馆事业会有一个很大的发展机缘，遂决意在南开创办博物馆学专业，并由时任系秘书的魏宏运教授书面上报学校批准（魏宏运：《新中国第一个博物馆专业的创立》，载《中国社会科学报》2012 年 6 月 4 日）。后又经郑天挺教授与时任国家文物局局长王冶秋先生协调，1959 年在南开大学历史学系下设置博物馆专业（当时的名称是"博物馆专门化"），开始招收学员，后由于国家经济困难等原因而停办。虽经此蹉跌，南开前哲并没有忘记使命，"文化大革命"结束后百废待兴的 1979 年秋，在时任南开大学副校长郑天挺教授、历史系主任魏宏运教授的积极组织推动下，正式恢复组建"博物馆学专业"，隶属历史系；由著名历史学家、文物博物馆学家王玉哲教授任专业主任。1980 年夏季正式开始面向全国招收本科生；此后，1984 年开始招收硕士研究生，1999 年开始招收博士研究生。南开大学博物馆学专业是 1952 年大陆高等院校院系调整以后全国同类专业中创办最早的，2001 年改名"文物与博物馆学系"，隶属南开大学历史学院；2011年，为反映学科的实际发展状况，并为适应一级学科调整的需要，改名为"考古学与博物馆学系"。

　　博物馆学专业恢复建立之初的师资队伍，由原南开大学历史系的部分教师以及一些文博单位的业务骨干组成，王玉哲、傅同钦、张锡瑛、梁吉生等教师筚路蓝缕，艰辛创业，奠定了专业的课程体系和基本研究体系，并开始注意选拔和培养青年教师；朱凤瀚教授、傅玫教授相继主持本专业，使之得到了进一步的发展。中国社会科学院考古研究所徐苹芳先生、历史研究所李学勤先生，北京大学考古文博学院李伯谦先生，中国国家博物馆傅振伦先生、史树青先生、俞伟超先生，故宫博物院李辉柄先生等著名学者先后受聘为本系兼职教授，为我系博士、硕士研究生的培养做出了重大贡献。南开考古博物馆学科师生永远铭记这些前辈们的功德。

　　30 余年来，我系为全国文物工作系统培养了上千名包括研究生、本科生、专科生、进修生在内的各层次专业技术人员，其中许多人已经成为文物考古研究或文博行政管理工作中的骨干，为我国文博考古事业的发展做出了贡献。

　　30 余年来，本系教师结合教学实践，在文博考古科研领域中做出了很多成绩，先后主持或参与了多项国家、部委和省级科研项目，其中对于中国古代物质文化史研究、考古学及古代文物研究、理论博物馆学研究等方面，在全国具有比较大的影响。经过 30 余年的不断探索和修订，建立了科学完整的本科、研究生教学课程体系，为兄弟院校文博专业的课程设置提供了借鉴。

　　回首过去，本系曾经有过辉煌，也走过一些弯路，甚至曾经错过了一些关键性的发展机会。但无论如何，最低谷已经甩在了后面。从善如登，不管前途怎样艰难困苦，我们都将继续努力，精诚团结、奋然前行。

刘　毅

2012 年 10 月 6 日

目　录

鬼方考补正 ……………………………………………… 王玉哲（ 1 ）

试论藏品的搜集、管理、研究、利用与博物馆发展的关系 … 马子庄（ 9 ）

略论西方博物馆的社会功能和社会效益 ……………… 冯承柏（ 13 ）

吉祥寓意之纹饰与绘画撷谈 …………………………… 傅同钦（ 29 ）

论陈列形式的构成与设计 ……………………………… 刘岱良（ 38 ）

试论东北地区先秦铜镜 ………………………………… 张锡瑛（ 47 ）

中国博物馆的骄傲

　　——关于张謇及其博物馆的随想 ……………… 梁吉生（ 65 ）

河西的犁 ………………………………………………… 傅　玫（ 74 ）

师酉鼎与师酉簋 ………………………………………… 朱凤瀚（ 84 ）

大南沟石棚山墓地研究 ………………………………… 陈　畅（ 99 ）

论令彝铭文的年代与人物纠葛

　　——兼略申唐兰先生西周金文"康宫说" ……… 贾洪波（ 125 ）

春秋战国组玉研究 ……………………………………… 杨东明（ 149 ）

徐州地区汉画像石的产生、发展与衰落 ……………… 刘尊志（ 179 ）

拓跋鲜卑人骨和动物骨骼的稳定同位素分析 ………… 张国文（ 201 ）

中国出土高丽青瓷的再研究 …………………………… 刘　毅（ 218 ）

关于米芾绘画及其临画乱真问题的辨析 ……………… 李少龙（ 264 ）

元青花的考古发现和研究述评 ………………………… 袁胜文（ 280 ）

王玉哲教授学述及其《中华远古史》评介 …………… 朱彦民（ 302 ）

社区博物馆理论与实践的思考 ………………………… 黄春雨（ 321 ）

鬼方考补正

王玉哲

最早研究鬼方历史的学者，当以王国维为最著。其所作《鬼方昆夷狁狁考》是以铜器铭文与古文献互相印证，对鬼方一族，钩稽索隐，创获颇多，使这一模糊的古老民族历史得以重现，其功不可没。但是，王氏由于时代的局限性，错误地把鬼方混同于狁狁和混夷，因而对鬼方一族的大小兴衰、出没地望，又造成一些值得重新商榷的问题。1945 年余作《鬼方考》一文，对王氏所论已详加驳辩。关于鬼方活动的地域，王氏一则曰："鬼方地在汧、陇之间，或更在其西，盖无疑义。"再则曰："又在宗周之东，其北亦为鬼方境。"这样，忽而西忽而东，全不合实际。笔者曾提出五点证据，说明殷周时鬼方应在山西南部，战国末始北迁。那篇东西写于 40 年前的抗日战争期间，当时参考图书缺乏，环境极为艰苦，虽勉强成篇，但以今日的眼光视之，需要改正补苴之处尚多。今暂厘为两题，试略加补正。

一 甲骨卜辞中有无伐鬼方的记载

40 年前我们曾说，甲骨文中"鬼方"一词仅一见。可是，今天情况不同了。甲骨契文已大量著录出版，我们所能见到的甲骨文资料，远远超过以前。但有关"鬼方"的卜辞，仍是少得可怜。下面抄录有代表性的几条卜辞，然后再逐条加以讨论。

(1) 己酉卜，宾贞：鬼方易。亡囚? 五月。（《乙》6684；《合

集》8591）

（2）己酉卜，内……鬼方易……凶? 五月。（《甲》3343；《合集》8592）

（3）……卜，殼贞：鬼方易……（《合集》8593）

（4）壬辰卜，争贞：佳鬼，饮。

贞，不佳之饮。（《乙》3407）

（5）允佳鬼罕周，饮。（《乙》3408，3407 反）

卜辞中这一些"鬼方"或"鬼"应当就是文献上的"鬼方"。过去由于卜辞中仅一见，因而有谓卜辞中之"鬼方"非文献中之"鬼方"，认为卜辞中之"呂"与"鬼"同音假借，于是提出卜辞中的"呂方"才是文献中之"鬼方"①。现在卜辞中有关"鬼方"的记载既然不止一见，而且大有逐渐增多之势，因而对卜辞中之"鬼方"即文献中之"鬼方"的看法，怀疑者已不多见。

承认卜辞中有鬼方，但是有无"伐鬼方"的记载，仍存有分歧。因为卜辞中没有对鬼方用"伐"或"征"的明显文句。只有"鬼方易"的"易"。这个"易"字过去有人以为是名词：有人名、族名、地名和方国名等不同的说法②；还有的学者把"易"认为是动词，读为"飏"③，或读为"扬"，谓"鬼方易的易作动词用，是说鬼方飞扬而去，言其逃亡之速，故下句以无咎为言"④。

"易"字若作名词用，"鬼方易"三字绝对不会含有伐鬼方之义。但若作动词用，不管读"飏"或"扬"，都可以解释为：鬼方被征伐，于是飞扬逃跑。从卜辞整句看，鬼方逃去为"亡凶"，这就真如李学勤同志所说，"（鬼方）以有祸为正卜，表明商人是希望它们有祸的，它们都是商

① 林义光：《鬼方黎国并见卜辞说》，刊于中国大学《国学丛编》第一期第二册；董作宾：《论呂方即鬼方》，载其《殷历谱》下编；于省吾：《释呂方》，载于《双剑誃殷契骈枝三编》。于氏说："且在已发现之契文中，不应仅此一见。"又说："以契文呂方之方位及为患之剧考之，亦非呂方无以当鬼方。"

② 参见罗琨《高宗伐鬼方史迹考辨》中所引。罗文刊于胡厚宣编《甲骨文与殷商史》，上海古籍出版社 1983 年版。

③ 丁山：《商周史料考证》，龙门书局 1960 年版，第 78 页。

④ 于省吾：《甲骨文字释林·释鬼方易》，中华书局 1979 年版。

的敌人"①。上所录的第（1）至第（3）条卜辞很可能都是商王征伐它的敌人鬼方，而占卜是否没有灾祸的记录。

上引第（4）和第（5）条卜辞中的"敆"字，据于省吾先生说："初义为以朴击蛇，引申为割杀之义。敆即《说文》皷字，经传假施为之。"②后又训为"割解俘虏以为祭牲"③，其说可信。卜辞中用牲及用人为牲，以敆的方式祭祀的颇多，如：

> 敆羊。（《存》1.1494）
> 贞，敆牛。（《戬》24.2）
> 贞，敆五牛。（《金》624）
> 敆豕。（《乙》2728）
> 癸亥卜，殼贞：敆羌百。（《续》2.29.3）

这几条卜辞大概即是用牛、羊或羌人作祭牲，以祀祖先鬼神求福佑的卜辞。回过头来，我们再看上引第（4）条"隹鬼，敆"，大概就是以俘虏鬼方的人为祭牲，第（5）条"允隹鬼罜周，敆"就是以俘获的鬼方和周人为祭牲。

根据前面这几条卜辞的句法，被"敆"的对象如牛、羊、羌人等大都置于"敆"字后面，而有关鬼方的第（4）条、第（5）条的"鬼"和"周"却置于"敆"字之前，所以有的学者对"隹鬼敆"和"隹鬼罜周，敆"中之"鬼"、"周"解释为"敆"祭的执行者，也就是说，"鬼"和"周"不是被"敆"的对象，而是躬行杀牲致祭的人④。这种解释当然也有道理。但是，我们认为按照卜辞辞例看，被"敆"的对象，可以置于"敆"字之后，也可以置于"敆"字之前，例如：

> 贞，敆人于亳旦。（《拾》11.19）

---

① 李学勤：《殷代地理简论》，科学出版社 1959 年版，第 75 页。
② 于省吾：《双剑誃殷契骈枝·释易》，1940 年石印本。
③ 于省吾：《甲骨文字释林·释敆》，中华书局 1979 年版。
④ 罗琨：《高宗伐鬼方史迹考辨》，刊于胡厚宣编《甲骨文与殷商史》，上海古籍出版社 1983 年版。

贞，人㞢（岁）、歺于丁。九月。（《燕》241）

这两例句同是"歺"人以祭。第一例"人"在"歺"后，第二例则"人"在"岁"（刺杀）与"歺"（割解）之前。

另外，为了说明"鬼"为被"歺"的对象，我们不妨再举几条卜辞，以资证明：

辛卯……㱿贞，隹冥乎竹歺^死。（《合集》1109 正）

……冥乎竹歺^死。（《合集》1111 正）

贞不隹冥乎竹歺^死。（《合集》1110 正；《存》1.616）

这三例中"歺"字后之字，笔者颇疑都是"鬼"字的异文①。这就可以证明"鬼方"为商人的敌对者，故以其战俘为祭牲。

总之，前所录的五条有关鬼方的记载，都是商人伐鬼方在卜辞中的反映。也只有这样解释才与古文献记载相合。其中有"鬼方易"和"歺鬼"或"隹鬼歺"的卜辞都是属于一期卜辞，正是商王武丁时期。古文献《易经·既济》爻辞谓："高宗伐鬼方，三年克之"。这个"高宗"，自周公（《尚书·无逸》）、孔子（《论语·宪问》）以来均认为是指商王武丁。这样，地下出土材料的记载，与古文献的记载如此一致，知其必为史实，而绝非偶然也。

二 "高宗伐鬼方，三年克之"如何解释

《易·既济》之爻辞谓"高宗伐鬼方，三年克之。"这是指商王武丁对鬼方的战争，并已在出土的甲骨文中得到证实。商王武丁号称中兴之主，对鬼方的战争，需要经过三年才能取得胜利，则鬼方的强大是可以想见的。可是在武丁时的卜辞中，有关鬼方的记载却如此稀少。并且从武丁

---

① 按罗琨的《高宗伐鬼方史迹考辨》中曾引过一片卜辞："隹冥乎竹歺^死"（《京》1434）。歺字下之字，更似鬼字。可是我们检阅《战后京津新获甲骨集》原片，歺字下断缺，并无鬼字。故今未敢贸然取以为证。

卜辞中所反映的敌对战争、次数最多的是呂方、土方、羌方，而不是鬼方。所以，卜辞中的鬼方决难证明是"三年克之"的敌对大国。有的同志因此提出怀疑说："卜辞中的鬼方即《周易》所称之鬼方的说法，是值得怀疑的。"并且更进一步说："据现有甲骨文资料，武丁时没有征伐过称之为鬼方的一个鬼姓邦国。"① 这种怀疑不能说没有道理。那么，《周易》的"三年克之"到底怎么解释呢？

按《周易》爻辞说的"高宗伐鬼方，三年克之"，一般人认为这是说武丁与鬼方打了三年的战争，才把鬼方攻克。其实这种理解是很错误的。在三千多年以前的殷商时代，两国交兵，绝不会有持续三年的大规模战争。记载较翔实的殷末周武王在牧野克商的战争，是有名的大战。据史书记载，当时周武王率戎车三百乘、虎贲三百人②，甲士四万五千人与商纣兵七十万人（可能是十七万之误），战于牧野。战役也仅仅在"甲子"那天一日而毕③。甚至数百年后春秋时期的战争，也不是很大。《左传》所描绘的五大战役（韩、城濮、窲、邲、鄢陵），我们脑中都有很深的印象，总觉得这五大战役为我国历史上有名的大规模的战争。其实若仔细查阅史料原文，所谓五大战役，都只是一天就打完了整个战争。每次战役，其战车不过几百乘，兵众不过十万，战程不过一日。例如晋、楚鄢陵之战，据记载"旦而战，见星未已"，而楚军"乃宵遁"④。这个春秋时有名的大战，也不过一天一夜。一直到战国时期，战争的规模才逐渐增大，但也不过数月。如战国末年公元前 260 年的长平大战，秦、赵两军相持于上党、长平，战线绵延一百几十里；战争始于四月，至九月赵军败降，前后持续也仅有五六个月之久⑤。

从战国上推一千年的殷商时，武丁与鬼方的战争却说已有延续三年之久的大战役，这种说法，恐怕是绝对讲不通的。

---

① 罗琨：《高宗伐鬼方史迹考辨》，刊于胡厚宣编《甲骨文与殷商史》，上海古籍出版社 1983 年版。

② 按虎贲即勇士。《周本纪》谓虎贲三千人，《尚书·牧誓序》作三百人。清人梁玉绳《史记志疑》谓当依《书序》以三百人为断。

③ 《史记·殷本纪》谓周武王率兵伐纣，纣亦发兵距之牧野，"甲子日，纣兵败"。近出土的周初铜器《利簋》铭文有"武王征商，佳甲子朝"，日期与《史记》所述相合。

④ 见《左传·成公十六年》。

⑤ 见《史记·白起王翦列传》。

吾人生于两、三千年后，习见于近世国家的大规模战争，往往易于以今律古，把远古的小战役，错误地无限放大而不自知。所以，《周易》所载伐"鬼方三年克之"这句话，不是记载失实，就是另有其他解释。我们且推敲一下古文献的原文。

《周易》是这样记载的：

> 高宗伐鬼方，三年，克之。（《既济》九三爻辞）
> 震用伐鬼方，三年，有赏于大国。（《未济》九四爻辞）

这两条爻辞行文古朴，我们绝无理由怀疑其真实性。

有人说，"此两伐鬼方当非一时之事"①。可是我们却认为应指同一事。所谓"震用伐鬼方，三年，有赏于大国"，其中之"用"乃"周"字之讹。这是说殷高宗武丁时，震和周两个小方国，助商伐鬼方有功，得到大国殷商的赏赐②。两爻辞都说到"三年"，问题在于这个"三年"与"伐鬼方"如何联系。绝不是打了三年的仗，已辨如前。那么"三"代表什么呢？

"三年"的"三"或者是古人习惯用语，《周易》卦辞、爻辞这种用法很多，是指大于"一"的泛称，不代表"三"的确数③。"三年克之"并不是说商王打了三年的仗，才得胜利。但是，即便不是整三年，也必须是一年以上，才配得上称"三"。一年以上的战争，在殷商时仍觉得是不可能的。

我们从古史记录的体裁上考虑，才发现爻辞的"三年，克之"、"三年，有赏于大国"都是指商王的纪年，是说殷高宗武丁在位的第三年那一年，命周攻克鬼方。这才是这两条爻辞的确解。下面且作具体说明。

古代之史书，盖为文句极为简略、以事系年的编年体。现在我们所能

---

① 徐中舒：《殷周之际史迹之检讨》，《史语所集刊》第七本第二分册。

② 王玉哲：《先周族最早来源于山西》，载《中华文史论丛》1982 年第 3 辑。

③ "三"的习惯用语例子，见于《周易》的，如"先甲三日，后甲三日"（《蛊》），"三日不食"（《明夷》），"昼日三接"（《晋》），"田获三品"（《巽》），"三驱"（《比》），"三就"（《革》），"王三锡命"（《师》），"三岁不兴"（《同人》），"三人行"（《损》），"妇三岁不孕"（《渐》），"不速之客三人"（《需》），"三岁不得"（《坎》），"田获三狐"（《解》），等等。这些"三"字均属泛指，而不是"三"的确数。

见到的这类古史书，以孔子《春秋经》为最早①。其体裁大概悉依鲁史之旧。吾等可借此以窥见古代所谓史，文句简短达于极点。每条最长者不过四十余字，最短者乃仅一字（如隐公八年有一条云："螟"）。这类史书在春秋战国间，各国都有，故孟子称"晋之乘，楚之梼杌，鲁之春秋"②，墨子称"周之春秋"、"燕之春秋"、"宋之春秋"、"齐之春秋"③，又称"百国春秋"④。可惜这些史书，自秦灭之后，荡然无存。所幸西晋时汲冢出土一部《竹书纪年》。根据残存的《古本竹书纪年》看，这类史书的体裁，与《春秋经》大致相同，也是以事系年。今举殷商末年几条纪事为例：

> 大丁二年，周入伐燕京之戎，周师大败。（《后汉书·西羌传》注引）
> 七年，周人伐始呼之戎，克之。（同上注引）
> 帝乙处殷。二年，周人伐商。（《太平御览》八十三引）

这和《周易》爻辞"高宗伐鬼方，三年，克之"其行文极相似。《周易》这条爻辞的来源，可能就是采自这类编年的史书。上所举《竹书纪年》这三条纪事，是说周人伐燕京之戎是在大丁即位之第二年，伐始呼之戎是在大丁即位之第七年，周人伐商是在帝乙即位之第二年。大家公认这么理解是毫无疑义的。同样文例的《周易》爻辞，为什么不能把"伐鬼方""克之"解释为是指殷高宗即位之"三年"的纪事呢⑤？

《周易》爻辞"高宗伐鬼方，三年，克之"中的"三年"得到合理的解释，这条纪事也就可以确信无疑了。

最后，我们再谈谈与讨论鬼方问题有关的一条自组卜辞。罗琨同志引

---

① 比《春秋经》成书前的如《尚书》、《诗经》，时代虽然早，但从严格的意义上讲，它们还不能算史书。《尚书》是政府档案集，《诗经》是文学作品选。两书只可说是史料。

② 见《孟子·离娄下》。

③ 见《墨子·明鬼下》。

④ 《墨子》佚文，见《史通·六家篇》所引。

⑤ 这种编年形式又见《尚书大传》。记周公摄政有"一年救乱，二年克殷，三年践奄，四年建侯卫，五年营成周，六年制礼作乐，七年致政成王"（《隋书·李德林传》，又《通鉴外纪》卷三引）。这里的"几年几年"也是编年史体，是指周公摄政的第几年那一年所做的事。

《殷虚文字乙编》403 片，释其文为："癸亥，贞旬。庚午鬼方受屮（又）。"认为这是商王为鬼求福佑的卜辞①。鬼方既是商的敌对方国，为什么又为他求福佑呢？经我们查对原书，发现这条卜辞作以上释文是有问题的：第一，在这片卜辞中之所谓"鬼方"的"鬼"，模糊不清。如果我们参阅《甲骨合集》与此片词句相类的第 20966 片，就可以看出，此字似乎不是"鬼"而是"兄"字。第二，其中"受屮"之"屮"字也可疑。按"屮"是卜辞中的常见字，据《甲骨文编》所辑的二十五个"屮"字，其形下部大都作一横画，或横画稍曲。而此字下部作山形，可见，未必是"屮"。第三，即便是屮字，似乎也不能读为"鬼方受屮"。因为从原拓看这个字明明是在罗氏所释的"鬼方"二字之上方。足证这条卜辞在释文和通读上，还应再斟酌。并且，就是采用罗氏读法，与我们对"高宗伐鬼方"的理解也不会构成矛盾。道理很简单，自组卜辞的断代，学术界还没有取得一致的意见。我们赞成自组属武丁时代。至于在武丁的晚期还是早期，虽然尚有争论②，但由于传说武丁在位年久③，假如我们把这条卜辞置于武丁三年攻克鬼方之后，也仍然没有超出武丁早期的范围。鬼方自被攻克即服属于商，商王为其占卜求佑，又有什么不可呢？我们对鬼方这样一些理解，卜辞和文献的记载便完全相合了。

---

① 罗琨：《高宗伐鬼方史迹考辨》，刊于胡厚宣编《甲骨文与殷商史》，上海古籍出版社 1983 年版。

② 主张自组卜辞在武丁晚期者有：陈梦家《殷虚卜辞综述》，科学出版社 1956 年版，第 153 页；肖楠《安阳小屯南地发现的"自组卜甲"——兼论"自组卜辞"的时代及其相关问题》，《考古》1976 年第 4 期。主张在武丁早期者，见林沄《小屯南地发掘与殷墟甲骨断代》，《古文字研究》第九辑，中华书局 1984 年版。

③ 古史传说殷高宗武丁在位五十九年（《尚书·无逸》），或说五十五年（《史记·鲁世家》），或作百年（见《熹平石经》、《汉书·五行志》、《论衡·气寿篇》）。总之，武丁在位必在五十年以上。

试论藏品的搜集、管理、研究、利用
与博物馆发展的关系

马子庄

　　无论研究代表世界意义博物馆萌芽的埃及亚历山大王宫的缪斯神庙，还是充满现实意义的美国宇宙航空博物馆，无数件藏品在博物馆发展中一直起着中流砥柱的基石作用。捷克斯洛伐克的博物馆学家斯特兰斯基曾经说过："博物馆藏品已成为博物馆现实看法的结果。"当今时代，"到博物馆去藏博物馆的实物珍品"的概念在全世界观众中越来越深入人心。

　　在迎接博物馆发展新纪元的浪潮中，客观要求博物馆应建立在更加坚实、广博和具备科学管理的基础上，博物馆的工作人员就应该有像爱护自己的眼睛一样的感情，对藏品的搜集、管理、研究和利用这样一个流水线似的博物馆藏品管理过程有充分的认识和科学的理解。使经过科学管理的博物馆藏品真正成为博物馆各项工作的物质基础，真正成为历史唯物主义和革命传统教育的生动教材，真正发挥博物馆的社会教育作用。本文拟就博物馆藏品的搜集、管理、研究、利用与博物馆发展的关系做一些探讨，不当之处，请批评指正。

　　我国幅员辽阔、资源丰富、历史悠久，拥有大量珍贵的文物和自然标本，这为我国发展博物馆事业奠定了雄厚的物质基础，也是博物馆搜集工作极好的前提。博物馆将这些文物和自然标本搜集起来，长期保存，并对其研究和利用，对于当代人民和子孙后代，对于中国和世界文明的发展都具有重大意义。对于本国文化遗产和宝贵自然资源的保护，在发达国家的博物馆，早在一个世纪以前或更早的时候就已开始了，而我国和大多数发展中国家，对文化遗产的系统研究和利用还仅仅是开始。科学藏品搜集的作用就在于，它使作为人类社会物质和精神文化的典型物质和自然标本成为博物馆藏品，成为由博物馆负责保管、利用，受国家法律保护的国家公共财产，从而更方便、更集中地发挥它们本身的历史见证和科学教育作用。世界上各大博物馆之所以闻名海内外，其重要原因之一就是它收藏有极为丰富的文物、标本。藏品的数量多寡、质量高低是衡量一个博物馆办得如何的标志之一，因为藏品制约着博物馆的一切业务活动，它是博物馆各项业务活动的物质基础。博物馆的陈列展览和科学研究，只有在搜集到足够数量和较高质量的文物和标本的基础上，才能开展；同时陈列展览内容的充实、更新和陈列展览质量及科学研究水平的提高，也必须由搜集工作不断提供更多、更好的文物、标本，否则，博物馆的宣传教育作用就难以有效发挥出来。

目前我国博物馆的搜集工作在博物馆发展过程中存在哪些问题呢？

第一，在目前博物馆亟须大发展的形势下，由于种种原因，我国博物馆科学搜集工作并未真正开展起来。前文虽然说过我国拥有大量的珍贵文物和自然标本，但目前保存在博物馆中的藏品总数却少得可怜，我国全部博物馆藏品总数仅略大于大英博物馆藏品的数量，这和我们这样一个拥有悠久历史的大国地位是十分不相称的。其最主要的原因在于博物馆各项工作的经费严重不足，全国博物馆事业一年的经费略等于大英博物馆一年的经费，其中用于搜集的经费就更少得可怜。所以我们认为，中国博物馆要有一个较大的发展，单靠个别领导人的几次讲话是无济于事的，必须在全国经济好转的形势下，对博物馆事业下大力气，多投资金，方能见到实效。

第二，作为藏品搜集的主要途径——馆际交换，在我国开展得很不活跃。作为调节馆际间藏品平衡的交换藏品，可以避免大量保留藏品的浪费和无所作为，这在我们提倡社会主义职业道德和互相协作的全盘观念的社会主义国家中，应该能够顺利进行。但目前馆际之间界限森严，完全被狭隘的本位主义所垄断，是亟须改变的。

当前，摆在我国博物馆工作面前的任务是要开创一个博物馆工作的新局面，建设有中国特色的社会主义博物馆。就博物馆建设本身来说，开创这个新局面的基础是什么呢？那就是藏品的搜集和积累。博物馆本身乃是文物和标本的收藏机构，没有一定数量和质量的藏品就不是真正的博物馆。离开藏品的搜集和积累去讲博物馆的建立和发展，只能是一句空话。

藏品的管理和利用在博物馆中是一个问题的两个方面，而藏品的研究可以说是藏品利用的一个侧面，也就是联系藏品管理各个侧面的一个桥梁。要讨论它们与博物馆发展的关系，割裂它们之间的联系是行不通的。

博物馆藏品管理和利用二者之间的关系，是博物馆发展中一个既复杂又十分重要的老问题。从理论上讲，藏品的管理和利用是辩证统一的关系，任何一方都不能随意偏废。首先，藏品的管理可以分为保和理两层含义。博物馆搜集的文物、标本都是具有一定历史价值、科学价值和艺术价值的。博物馆的工作如果离开藏品，就会成为无源之水、无本之木。从这一层意义来说，博物馆的藏品保管工作至关重要，搞得不好，博物馆就有逐渐丧失物质基础的危险，也会使子孙后代无法再目睹祖国宝贵文化遗产和自然资源的风采。其次，文物和标本被搜集到博物馆中，都是随时随地、杂乱无章的，理就是在保的基础上的进一步科学管理。把它们按照既定的原则一一分开，然后撮合成一类或几类，使其系统化，便于保管和利用。对于博物馆的保管人员来说，对藏品进行科学的保护和管理就是目的，它是符合博物馆长久稳步发展的最终利益的。

利用藏品，组织形象化的陈列展览，对广大群众进行历史唯物主义和爱国主义教育，提高他们的科学文化水平，是社会主义博物馆的最终目的。当然，科学管理意义下的藏品利用和盲目使用藏品是有截然区别的，如果从传播学的角度而言，博物馆收藏和保管文物，不仅要为陈列和科研服务，还要以"传"为目的，既包含重保管主义，为后世所用的纵向传播，也包括为现在和其他单位和个人利用的横向传播。科学的藏品利用应该是在科学管理意义下最大限度地满足当代人眼前的欣赏和受教育的利益，又立足于长远保护文化遗产和资源，造福子孙的基础上。既不能像罗马尼亚那样在陈列中完全使用真品，而库房保存复制品（这和他们国家历史的长短可能有关）；也不能死守保管教条，使文物成为博物馆藏品犹如第二次进坟墓。目前在我国大多数博物馆中普遍存在着重保管、轻陈列的现象，藏品利用率远远低于国外一些知名博物馆，这和我国社会主义博物馆全心全意为观众服务的宗旨是格格不入的。我们认为要使这种现象好转，只能寄希望于国家经济条件允许以及科学技术发达程度的提高，把藏品利用的场所，特别是陈列室的保管条件提高到如科学管理库房无差别的程度。同时，借鉴外国博物馆的一些先进经验，聘用那些受过专业训练的有经验的学者来做藏品保管员，因为他们既有能力适当安排、保存这些藏品，又由于他们的专业兴趣所致，对展览能否准确反映所陈列的文物、标本持关心态度，并促进他们对藏品的研究和利用，最终走向收藏、研究、陈列三位一体的博物馆工作制。当然，这需要从中国公众特别是学者对博物馆观念的改变出发，但只要对他们在博物馆工作的学术声誉给予足够的重视，还是可以实现的。

科研工作是博物馆工作的核心。搞好科研工作是不断提高博物馆业务水平和社会效益的保证。科研工作作为藏品利用的一个侧面，它应该深入到博物馆工作的各个方面，成为连接博物馆各项工作的桥梁。目前在我国博物馆界，藏品研究工作仅仅局限于考古实物研究，有关出版物奇缺。我们认为博物馆藏品研究不应局限于本馆人员对本馆藏品偏重于考古的研究，而应该研究藏品科学的搜集、保管、利用的理论和实践技术。并且应该在藏品的"横向传播"研究上多下工夫，为社会上的各种研究人员提供多样的服务，如果只局限于目前这种对外供应照片和为找上门来的专家提供服务和资料（有时还拒绝）的状况，就没能充分发挥博物馆的作用，势必影响博物馆事业的进一步发展。

以上我们从博物馆藏品搜集、管理、研究、利用四个方面对博物馆发展的影响作了一些分析。胡乔木同志说过："从新中国成立初期到现在，我们就忽视了这方面的工作，使这项工作没有得到应有的发展，以致现有的几座大型博物馆远远不能满足人们的需要，博物馆事业需要逐步有一个大发展。"我们正处在这样一个改革、开放、发展、前进的时代。要使参观博物馆真正成为人民日常文化生活的一项重要内容，把博物馆办成社会教育的"终生"学校，我们博物馆的工作者应该搜集更多、更好的文物和标本作为生动的教材，在良好的保管条件下，经过科学的研究，使之为参观博物馆的公众所拥有、所利用，真正发挥社会主义博物馆的社会效益。

略论西方博物馆的社会
功能和社会效益

冯承柏

作为一种人工系统，博物馆的产生和发展不仅取决于社会对它需要的程度，而且有赖于它满足社会需要的程度。同其他社会有机体一样，西方博物馆的结构和功能在长期发展过程中渐趋完善，其社会效益也日益显著。本文仅就这一问题略加论证，作为"博物馆与西方社会"一文的补充。

社会功能和社会效益是两个既有联系又有区别的概念。所谓社会功能是指一个有组织的人群或人工系统为了其成员或分子的利益所进行的服务活动。社会效益是指服务活动产生的结果和带来的影响。社会效益同经济效益一样，可以从量和质两个方面进行分析。我们以美国博物馆的统计资料为根据，先作一点简单的定量分析（见表1）。

表1   **按类型划分的美国博物馆统计资料**

项目	单位	总计	历史	科学	艺术	综合	专门	公园和观众中心	儿童和少年
博物馆	个	4408	2204	800	689	197	165	165	51
经营收入	百万美元	1088	261	380	294	88	27	30	8
经营支出	百万美元	1005	226	368	264	84	27	28	8
年度观众	百万人	347.8	85.6	150.3	49.8	24.4	8.7	26.2	2.7
固定职工	人	37533	8964	13439	9826	3100	897	861	410

从表1我们可以得知1979年美国官方统计资料所记载的博物馆总数为4408座，按人口平均，每51519人一个博物馆。各类博物馆全年总收入10.88亿美元，总支出10.05亿美元。平均每馆收入246800美元，支出227300美元。各类博物馆共雇用正式固定职工37533人，平均每馆8.5人。1979年观众为3.5亿人次。按人口平均每人每年参观博物馆1.5次。中国人口为美国的4.5倍，博物馆数约为美国博物馆的1/10。按人口平均的博物馆数约为美国的1/50。经费开支为美国的1/100。中国博物馆平均每馆固定职工人数为美国的3.1倍，参观人次为美国的1/9①。中美两国博物馆的社会效益从量的方面衡量，差距是很明显的。然而从观众特点方面看，由表2中可以得知家庭收入越高、户主的文化程度越高，其参观博物馆的比例就越大。白人与黑人比较，白人参观博物馆的人数比黑人高出近1倍。这说明了美国博物馆观众的社会经济局限性。就质的方面而言，西方博物馆对于社会经济文化的作用和影响可以归结为以下七个方面。

表2　　　　　　　　　美国观众情况与欣赏种类

观众情况 ＼ 欣赏种类	爵士音乐	古典音乐	歌剧	音乐会	话剧	芭蕾	博物馆	阅读
全　部	10	13	3	19	12	4	22	56
男	11	12	3	17	11	5	21	49
女	9	15	3	20	13	6	23	63
白人	9	14	3	20	13	5	23	58
黑人	15	7	1	10	6	2	12	42
其他	9	10	3	13	8	4	27	50
年龄								
18—24 岁	18	11	3	17	11	4	23	60
25—34 岁	15	13	4	20	12	5	27	62
35—44 岁	8	16	4	23	16	6	27	60
45—54 岁	7	15	5	21	13	6	22	55
55—64 岁	5	13	4	19	12	4	19	53
65—74 岁	2	12	7	14	10	3	15	47
75 岁及以上	1	7	3	9	5	2	8	41

---

① 中国方面的数字均为1981年的统计数字。

续表

欣赏种类　　观众情况	爵士音乐	古典音乐	歌剧	音乐会	话剧	芭蕾	博物馆	阅读
户主教育程度								
小学 0—8 年	1	2	1	4	2	0	3	21
中学 1—3 年	4	4	1	6		1	7	39
4 年	7	8	3	4		3	16	54
大学 1—3 年	15	18	5	27		7	33	73
4 年	19	29	8	38		10	44	80
5 年以上	20	39	11	45		14	56	85
家庭收入								
＄10000 以下	8	9	1	10	7	3	12	40
＄10000—＄14999	7	8	3	9	6	2	13	46
＄15000—＄19999	8	10	3	13	8	4	17	53
＄20000—＄29999	9	11	3	17	10	4	21	56
＄30000—＄49999	9	18		28	18	6	31	67
＄50000 以上		30	11	44	34	11	48	78

一　自然和人类文化遗存的收集者、保存者和保护者

　　收藏是博物馆的重要功能之一，随着科学的发展、社会的演进，西方博物馆搜集藏品的视野不断扩大，博物馆的概念和包括的范围也在不断地扩展、延伸，事实上，全部具有科学、历史和艺术价值的自然和文化遗存都纳入了广义博物馆的收藏和保护范围。西方国家注重从宏观上、从战略角度研讨这方面的问题，制定规划和法令，建立各种专门机构，统筹安排有关问题。

　　就自然科学方面而论，博物馆的藏品最初仅限于奇花异草和罕见的鸟兽昆虫标本，逐渐扩大到全部动植物和矿物标本，以说明自然进化的过程，进而注意到这些标本产生的环境，尽可能地再现其自然环境。在这方面，动植物园和水族馆显示了它们的优越性。工业革命引起了世界范围的生态变化，人类的生态范围（Ecological Niche）空前扩大，造成了对自然资源和生态系统（Ecosystem）的严重破坏，出现了生态危机（Ecological

Crisis)。自然保护作为一场社会运动兴起了。1832 年，美国的一位艺术家和作家乔治·凯特林（George Catlin）率先提出在大草原上建立国家公园的思想，以保护野生动物和印第安人的聚居区①。一些植物学家和动物学家也表达了他们对保护野生动物的兴趣和关切。超验主义作家拉尔夫·沃·爱默生（RalPh Waldo Emerson，1803—1882）和亨利·戴维·梭罗（Henry David Thoreau，1817—1862）在他们的著作中则强调保存大自然的原貌对于人类心理具有重要影响。19 世纪 60 年代美国出版了第一部关于自然保护的教科书，《人与自然》（*Man and Nature*），作者是乔治·帕金斯·马什（George Perkins Marsh）。在这些自然保护先驱的影响下，加利福尼亚州在约塞米蒂（Yosemite）建立了第一个由州政府管理的国家公园。1872 年美国国会宣布怀俄明州境内的黄石地区为国家公园，这是由联邦政府直接管理的第一个国家公园。接着又于 1891 年将公园周围地区的森林划为国家森林，禁止砍伐。成为美国国家森林资源保护的开端。1916 年，美国正式建立国家公园服务局，归内务部领导。至 20 世纪 80 年代，国家公园系统已发展成为包括 335 个自然和历史、文物保护单位，占地 4.5 亿亩的庞大系统，游览者达 3.34 亿人次（1982 年）②。在美国的影响下，英国、法国、加拿大、日本等一百多个国家也相继建立了国家公园。日本于 1931 年首次通过《国家公园法》。1957 年又颁布了内容更为完备的《国家公园法》，现有国家公园 27 处，准国家公园 47 处③。苏联则于 1924 年建立自然保护区系统，东欧国家均沿用这一名称。第二次世界大战后，自然资源的保护问题受到广泛重视，成立了自然保护和自然资源的国际同盟，受联合国委托，该联盟于 1961 年编辑出版了世界国家公园和自然保护区资料。自 1962 年起，每十年举行一次国家公园的国际会议，讨论共同感兴趣的问题，并成立了国家公园和自然保护区委员会④。保护自然资源、自然遗存，维护生态平衡已经超出国家和地区范围，成为

---

① Kathrine E. Early, *For The Benefit and Enjoyment of the People*：*Cultural Attitudes and the Establishment of Yellowstohe National Park*，The Georgetown Monogra Ph in American Studies，1984，p. 4.

② *Statistic Abstract of the United States*，1985，p. 221.

③ Mary Sutherland and Dorthy Britton, *National Parks of Japan*，Tokyo，1983，p. 7.

④ Jeffery A. McNeely and Kenton R. Miller ed.，*National Parks Conservation and DeveloPment*，*the Role of Protected Areas in Sustaining Society*，Smithsonian Institution Press，Washington D. C.，1984，pp. 2 –3.

全人类共同关心的问题。

就人类的文化遗存而言，人类的认识也有很大发展。从收集祖辈遗物、古董、古物发展到进行考古发掘，保护古建筑和历史文化遗址，进而形成了保护文化实物（Cultural Objects）和文化财产（Cultural Property）的概念。所谓文化实物涉及人类文明的一切方面，包括艺术、科学、教育和一切从事文化活动的组织，它们的产品、机构、组织、个人和物质设施。根据联合国教科文组织 1954 年海牙会议通过的关于在武装冲突发生时保护文化财产的协议，文化财产的定义是：

（1）各民族文化遗产中具有重大意义的动产和不动产。如：具有纪念意义的动产和不动产；具有纪念意义的历史性或艺术性建筑（不论宗教或世俗）、考古遗址、具有历史或艺术价值的建筑群体；艺术品；图书及其他具有艺术、历史或考古学意义的器物；科学藏品、重要的图书收藏或档案收藏以及上述财产之复制品。

（2）主要用于保存或展出（1）项中规定之文化动产的建筑，如博物馆、图书馆、大档案馆，以及准备在武装冲突发生时用于隐蔽（1）项所规定的文化动产的建筑。

（3）包含（1）、（2）两项规定之大量文化财产在内的保存纪念物的中心。①

保护的概念也在变化，从保护其物质实体免遭破坏，保存其非物质的因素，保护其生产者、制作者和消费者的利益，直到运用它发展人类文化使之成为人类进步的积极建设性力量②。

文化财产的保存和保护受到了联合国教科文组织的关注。其注意点有二：一是防止战争和军事冲突对文化财产的破坏；二是防止非法进出口和转移文化财产所有权。许多西方国家都通过了全国性的文物、博物馆和保护文化财产的法令，制定地方管理条例，有的国家还在广泛调查的基础上制定了全国规划③。

---

① A. Noblccourt, *Protection of Culture Property in the Events of Armed Conflict*, UNESCO, 1955, pp. 17 – 18.

② Esall Alexander, *International Legal Protection of Cultural Property*, Sofia Press, 1979, p. 13.

③ 例如澳大利亚议会曾组织专门委员会对全国博物馆状况进行调查，于 1975 年发表了著名的皮高特（Pigott）报告，提出了发展博物馆事业的全面规划。（Muscums jn Australis, 1975）

　　值得注意的是西方国家在制定文化财产保护政策时往往同自然景观、
自然资源保护和城市发展联系在一起进行通盘考虑。美国总统林登·约翰
逊在向国会提出的关于保护自然美的特别咨文中强调"我们所关心的并不
限于自然，而是人类同整个周围环境的关系"①。20 世纪 60 年代美国颁布的
《国家艺术和文化发展法》（1964 年）、《住房和城市发展法》（1965 年）、
《全国历史遗址保护法》（1966 年）和《全国环境保护法》（1969 年）就是
在这种思想指导下制定的。近年来在欧洲流行的生态博物馆进一步体现了
把人的自然环境同社会环境结合起来的思想。它"既描绘自然的原始状态
也说明传统社会和工业社会如何根据自己的需要来改变自然"②。

二　科学研究基地

　　西方博物馆的丰富藏品为科学研究提供了广阔的天地。博物馆的科研工
作可以分为两类：一类是对藏品的研究，涉及自然科学和社会科学的各个领
域；另一类是对博物馆组织机构和各项工作的研究，它促进了博物馆学作为
一门独立学科的发展。自然科学和社会科学中有些学科同博物馆的关系非常
密切，彼此互为条件，相互促进。首先应该论及的是生物学和自然史的研究。
古希腊哲学家亚里士多德是生物学的创始人，他是最早试图对动物进行系统
分类的，他的学生们试图对植物进行分类。为了开展生物学的教学和研究，
亚里士多德在他的著名学园里建立了一个动植物标本的贮藏室，这可以说是
最早的自然博物馆③。近代博物馆在某种意义上说是从自然博物馆开始的。据
统计，丹麦、法国、德国、英国、意大利、荷兰、美国五十家最老的博物馆
和私人收藏中有三十一家收藏主要是动植物标本④。意大利文艺复兴时期的博
物学家乌利希·阿尔德罗万迪（Ulissi Aldrovandi, 1522—1605）毕生从事自然
史的研究，在胚胎学、鱼类学和鸟类学等方面作出了贡献。他的研究工作是

①　Ormond H. Loomis, *Cultural Conservation, the Protection of Cultural Heritage in the United States*, Washington D. C. 1983, p. 97.

②　Georges Henri Riviers, *The Ecomuseum—An Evolutive Definition*, Museum, No. 4, 1985, p. 182.

③　W. D. Ross, *Aristole*, London, 1923, p. 6.

④　*The Evolution of Science Museums*, pp. 3 – 6.

同他在全欧洲旅行积累的大量标本分不开的，这笔珍贵的藏品是波洛尼亚公共博物馆藏品的基础①。19 世纪以来，美国生物学和自然史的研究是同哈佛大学的比较动物学博物馆、纽约的自然历史博物馆和华盛顿的国家自然历史博物馆的名字联系在一起的。著名生物学家路易·阿克西兹（Louis Agassiz, 1807—1873）、亚历山大·阿克西兹（Alexander Agassiz, 1835—1910）、斯宾塞·F. 贝尔德（Spencer F. Baird, 1823—1887）、查尔斯·D. 沃尔科特（Charles D. Walcott, 1850—1927）、亚历山大·韦特莫尔（Alexander Wetmore, 1886—）、斯·狄龙·里普利（S. Dillion Ripley, 1913—）是上述博物馆的创建者、赞助者和领导人②。

　　另一个同博物馆发展息息相关的学科是人类学。美国史密松学院在建立之初就把人类学的研究列为重要的科研项目，1879 年建美利坚民族学研究局（Bureau of American Ethnology）。在开展野外调查，对北美印第安人的宗教信仰、风俗、习惯、社会组织进行历史研究过程中把人类学从分散、零碎的知识发展为一门高等学校普遍开设的学科。它所出版的《墨西哥以北印第安人手册》（两卷）、《美国印第安人语言手册》（两卷）、《加利福尼亚印第安人手册》、《南美印第安人手册》（七卷）都是人类学研究中里程碑性质的著作③。该局与自然历史博物馆密切合作，在博物馆内建立了人类学部。1965 年合并为人类学研究室。著名人类学家长期在博物馆任职的例子也屡见不鲜。现代人类学的奠基人爱德华·泰洛（Edward Taylor, 1832—1917）从 1883 年起任牛津大学博物馆馆长。德国进化论派的代表人物阿道夫·巴斯提恩（Adolf Bastian, 1826—1905）是柏林皇家民族博物馆的创建人。文化历史学派的奠基人之一弗里兹·格雷布内尔（Pritz Graebner, 1877—1934）长期在柏林民族博物馆工作。美国著名人类学家历史学派创始人弗兰茨·博阿斯（Franz Boas, 1858—1942）先后在芝加哥菲尔德博物馆、纽约自然历史博物馆任职，担任纽约馆长期间组织和领导了太平洋沿岸的科学考察队，对北美西部和东北亚土著居民之间

---

① *Dictionary of Scientific Biography*, Washington D. C. 1970. Vol. I, p. 109.

② S. Dilliion Ripley, *The Sacred Grove*, *Essays on museums*, New York, Vol. I, 1969, pp. 45 – 47. Paul H. Oehser, *The Smithsonian Institution*, Boulder, Colorado 1983, pp. 29 –32, 40 –43, 53 –56.

③ Curtis M. Hinsley, Jr. , *Savages and Seientists*, *The Smithsonian Institution and the Development of Ameriean AnthroPology*. 1846—1910. Washington D. C. 1981, P. H. Oehser 前引书 p. 94。

的历史文化联系进行了广泛研究。

同博物馆事业结下了不解之缘的另一个学科是美学和艺术史。人们只要想一想，如果梵蒂冈的博物馆没有把拉奥孔和他的两个儿子与巨蟒搏斗的雕塑完美无缺地保存下来，莱辛（Gotthold E. Lessing, 1729—1781）如何能写出以"拉奥孔"（Laocoon）为题的著名美学论文？正是因为罗马、佛罗伦萨、维也纳、巴黎、伦敦、慕尼黑、纽约等地的博物馆藏有文艺复兴时期的绘画、雕塑供公众观赏，雅可布·伯克哈特（Jacob Burckhardt, 1818—1897）才得以完成他那部遐迩闻名的文化史巨著——《意大利文艺复兴时期的文化》（*Renaissance in Italien*）。英国著名艺术批评家约翰·罗斯金（John Ruskin, 1819—1900）为我们留下了《现代画家》（*Modern painter*）、《威尼斯之石》（*Stone of Venice*）、《关于美术学会美术馆中展出的特纳绘画札记》（*Notes on the Drawings by Turner Exhibited at the Fine Art Society's Galleries*）等脍炙人口的艺术批评著作，也都是以分析和鉴赏博物馆的艺术收藏为基础的。

从上面所举的几个例子我们可以悟出一个道理，博物馆自身开展藏品研究是完全必要的。许多西方博物馆本身就是第一流的学术研究机构，并以其研究成果推动了学科的建设和发展。西方博物馆对于科学研究的贡献绝不限于此。博物馆的丰富藏品和文献资料为研究工作提供了非常有利的条件。美国史密松学院所属博物馆藏品达 7500 万件之多，仅仅依靠本馆研究人员完成对藏品的研究是不可能的。鼓励、动员、组织社会上的研究力量对本馆藏品进行研究是博物馆的一项重要任务。史密松学院助理院长乔治·布朗·古德早在 1895 年就曾说过，博物馆的职责是"帮助学者从事扩大知识领域的工作，为他们提供资料进行研究、实验和应用，并以其收藏刺激科学家进行追本求源的研究，同时，推动科研成果的发表"[①]。

三　教育场所

博物馆的教育功能早就被西方学术界认识到。所谓教育是指通过正式

---

① P. H. Oehser 前引书 p. 92。

或非正式途径使成熟的有机体的潜在能力得到充分发展。历史上一直有两种对立的教育思想：一种强调向学习者灌输知识，采取教条式的方法；另一种强调启发和诱导，注重引起学习者的兴趣，自由选择，使有机体自然成长。博物馆是一种非正式的教育组织形式。它的这种非正式性决定了它主要采取启发诱导的方法，以丰富多彩的三维实物吸引观众，成为民主教育系统中的一个重要的子系统。

现代西方博物馆发挥其教育功能的基本原则是：把藏品变成有组织的知识整体；使这个特定的知识整体容易被理解和接受；根据现代科学发展的分工细致、相互渗透的两种趋向，兼顾知识的专门化和综合性，防止割裂和肢解知识系统；采取新的技术手段增大信息的储存量和传递量，使观众在单位时间内获得的信息量增加，而且能够主动地摄取知识[①]。

综观西方博物馆的历史，其在教育上的贡献和作用主要在于它是正式教育的一种重要的补充。对于少年儿童来说，它是启发兴趣，陶冶性情的场所；对于在校学生来说，它是开阔眼界，扩大知识的源泉；对于成人来说，它是实现终身教育理想的基地，与正规教育和其他文化教育设施相配合，提高了整个民族的文化水平和文化素质。具体地说，一批科学家和艺术家是在博物馆的直接熏陶下成长起来的。1812 年在美国费城建立的自然科学学园（Academy of Natural Science）和 1805 年成立的宾夕法尼亚美术学院（Pennsylvania Academy of the Fine Arts）是 19 世纪美国科学家和艺术家的摇篮。这两家博物馆自建立之初就以培育人才为宗旨，以藏品为基础举办定期的培训班。自然科学学园还多次组织科学考察，不仅扩大了馆藏来源，而且使科学工作者在考察中锻炼了能力，增长了才干，成为当时美国第一流的科学家。其中最突出的如托玛斯·赛（Thomas Say，1787—1834），被称作美国昆虫学之父，美国自然科学的伟大先行者康斯坦丁·萨谬尔·拉法因斯格（Constantine Samuel Rafinesgue，1783—1804），著名解剖学家约瑟夫·雷迪（Joseph Leidy，1823—1891），新拉马克主义理论家爱德华·科普（Edward D. CoPe，1840—1897）。在宾夕法尼亚美术学院学习过的画家较知名的有边疆画家乔治·卡来博·宾厄姆

---

① Edgar P. Riehardson, *The Museum and Education*, Eric Larrabee ed. , Museums and Education, Smithsonian Institution. Press, Washington D. C. , pp. 11 – 23.

（George Caleb Bingham，1811—1879），印象派女画家玛丽·卡萨特（Mary Cassatt，1844—1926）。

有些博物馆把工作的重点放在普及科学技术知识，培养和训练中等技术人员方面。美国最老的科技博物馆富兰克林学会（Franklin Institute）从1825年起举办每年一度的工业技术展览会，设立最佳产品奖金和奖章，并为82个行业的样品设置奖金，鼓励创造发明，提高工艺水平和产品质量。为了推广先进的机械制造工艺水平，富兰克林学会定期举办技术工人训练班①。1828年在纽约建立的美国学会（American Institute）仿效富兰克林学会的做法每年举办工农业产品的展览会，1835年的展览会出售门票即达23000张（当时纽约市人口仅27万人）。该学会还经常举办讨论会、讲演会介绍推广先进技术。19世纪中叶美国的一些重要发明如麦考米克收割机、胜家缝纫机、贝尔发明的电话和瑞明顿发明的打字机都是首先在美国学会举办的展览会上展出，而后得以推广②。该学会还先后组织了电器部、照相部推动这些新兴工业部门的发展。纽约州议会于1871年通过决议，把美国学会逐年举办的展览会的部分内容改为永久性展览，建立矿业、地质和艺术博物馆。设立实验室和试制车间，此外还有讲演厅。这已同现代的科技中心相去不远。与技术的传播和推广工作联系更紧密的是各种工艺博物馆。这类博物馆往往附属于某个公司。如著名的康宁玻璃公司附设的康宁玻璃中心（Corning Glass Center）包括三个部分，博物馆展出世界玻璃工艺的演进过程，工厂显示当代玻璃工艺品的生产过程，工业大厅展出该公司的展品，而且可以当场出售③。

进行爱国主义教育，增强民族自豪感是西方博物馆发挥其教育功能的一个重要方面。他们的普遍做法是寓教育于真实性、艺术性和娱乐性之中，意识形态的感染力和渗透性很强，远远胜过拘泥于说教方式的博物馆。上文提到的美国国家公园，除自然景观和自然资源的保护区外，历史文化遗址占有很大比重，包括国家历史公园、国家纪念建筑、国家历史遗址、国家军事公园、国家战场和战地公园共213处。每一处都是一个室内或露天的

---

① Russell F. Weiley et al. , *PhiladelPhia，A 300 - year History*，New York，1982，p. 275.

② Frederic William Wile，*Century of lndustrial Progress*，New York，1928，pp. Vlll – IX.

③ *Glass Colleetions in Museums in the United States and Canada*，New York，1982，pp. 46 – 47.

博物馆。对于美国历史上的重要战争、人物、事件都有所反映。此外，还有历史性的博物馆 2204 座，占全部博物馆的一半以上。有的是地方历史博物馆，有的是具有历史纪念意义的建筑物，种类繁多，不一而足。给人的印象是美国虽然是一个年轻的国家，但十分珍惜自己的过去。

四　社区文化活动中心

为社区服务是西方博物馆的一大特色。所谓社区是指人们共同生活的一定区域，构成社区的基本要素包括：以一定生产关系为基础而组织起来的人口集体；居民群之间发生的种种社会关系；为谋求人际关系相互协调产生的社会规范或行为准则；为实行规章制度而建立的社会群体和机构；为满足居民物质需要和精神需要而形成的服务设施。博物馆总是存在于一定社区之中，是为某一特定社区或整个社会服务的。博物馆与社区的关系有两个方面，一方面，博物馆必须使社区了解它的使命，理解它存在的价值，从而取得社区的支持。为此，博物馆不仅要进行宣传解释，而且必须开展社区所需和特别感兴趣的服务活动以证实其存在的价值；另一方面有些博物馆本身就是社区需要的产物，是当地居民所创办的，或由当地居民参与经营管理。有些博物馆在创立之初，往往并不能为社区大多数成员所理解。博物馆的任务之二就是尽最大努力使社区多数成员能够了解它存在的意义。

西方博物馆特别是美国博物馆大多设有公共关系部。所谓"公共关系"是指为了某一事业或某一部分人的利益，通过有组织的努力，经常不断地传播有关信息，以改变公众或顾客对于某一事业或组织机构的态度。其主要途径包括：通过大众媒介（报纸、杂志、广播、电视）宣传博物馆的业务活动，招来观众；出版刊物、通信、画册、年鉴、年度报告、小册子、招贴画，增进公众对本馆的了解；举办各种庆祝、纪念、娱乐活动，联络感情扩大影响。有的博物馆还专辟一个临时展厅供社区举办宴会、茶会、舞会等社交活动之用。

一些拥有特种藏品的博物馆往往通过有计划有组织的活动帮助社区认识其藏品的价值。美国中部颇负盛名的纳尔逊博物馆藏有一批东方艺术精品。建馆之初，当地人士对该馆态度甚为冷漠。该馆馆长有鉴于此，定期举办各种讲演会、音乐会、电影晚会以及成人和儿童的艺术创作讲习班，吸引了越来越多的观众，使他们加深了对东方艺术的了解。

西方学术界一直很重视博物馆与社区关系的研究。早在1939年T. R. 亚当姆在《博物馆与流行文化》一书中就辟有专章讨论博物馆扩大教育活动争取公众广泛支持的问题。他认为博物馆若是同社会相脱离，就会变得毫无意义。"博物馆是社会结构的有机组成部分，这种理论把博物馆置于与政党或电影院与社会保持密切联系的同样地位。""博物馆当局最主要的任务往往是政治性的，即唤起社区在分享艺术和文化知识方面民主的需要感。"[①] 第二次世界大战后，西方博物馆界更明确地提出"博物馆是为公众服务的工具"，"博物馆是社会变迁的催化剂"，"博物馆要与社区共命运"[②]。这主要是因为西方国家的城市人口结构发生了急剧的变化，社区人口的流动性加强了。最为突出的是中产阶级、白领工人迁居郊区，城市中心地区变成了贫民窟和少数民族的聚居区，如何适应这种新形势成为西方博物馆亟待解决的问题。美国和欧洲根据各自不同的情况对这个问题作出了自己的回答。史密松学院院长里普利主张建立邻里（或街道）博物馆（Neighbourhood Museum）和文化中心来满足变化了的社区文化需要，以法国为代表的欧洲国家则纷纷建立"生态博物馆"迎接博物馆面临的新的挑战。名称不同，做法和内容十分接近。1967年9月15日在美国首都华盛顿揭幕的阿纳科斯提亚邻里博物馆（Anacostia Neighbourhood Museum）以地区命名，坐落在低收入的黑人区，该馆举办的第一个展览"老鼠——人祸"（The Rat：Man's Invited Affliction）引人注目。它揭示了城市贫民区普遍存在的一个问题——鼠害。评论者指出，这次展览是"阿纳科斯提亚地区生活的科学的、社会学的和医学的写照"。发源于法国的生态博物馆，特别强调社区居民自己动手筹办反映自己生活的展览，提出"百看不如一干"的口号。认为当地"居民作为不可缺少的能动因素参与其事是生态博物馆办馆思想的核心"[③]。反映社区生活和社区居民

---

① T. R. Adam, *The Museum and Popular Culture*, New York, 1939, p. 16.

② John R. Kinard, *The Neighbourhood Museum As a Catalyst for Social Change*, Museum, No. 4, 1985, p. 220.

③ Franeois Hubert, *Ecomuseums in France：Contradictions and Distortions*, Museum, No. 4, 1985, p. 187.

参与的最终目的都是提高人们的认识水平，促进社区的发展。正因为如此，邻里博有馆和生态博物馆才具有如此强大的生命力，它们已经成为或正在成为社区社会文化活动的中心。

五　社会情趣的养成所

情趣（Taste）或鉴赏力是在教育（或环境）道德观念和感情的作用力下形成的，有高雅（High brow）、低俗（Low brow）和中庸（Middle brow）之别，而且有其发生、发展和演变的过程。以美国为例，有人把美国社会情趣的演进划为三个阶段：公共情趣（Public taste）、私人情趣（Private taste）和公司情趣（Corporate taste）①。在每一个阶段，博物馆对于情趣的养成都发生过重要影响。

公共情趣阶段始于 19 世纪初期，是以安德鲁·杰克逊·邓宁（Andrew Jackson Downing，1815—1852）非宫廷式的庭园设计哥特式建筑的复兴（40 年代），科里尔与艾维斯（Currier & Ives）公司印行的手绘彩色石版画，普尔曼普式火车车厢（Pullman's Car），富丽豪华的皇宫旅馆（Palace Hotel）和 P. T. 巴纳姆（Barnum，1801—1891）创办的美国博物馆为标志。由于阶级关系尚处于流动状态，在生产机械化的影响下，美国公众普遍接受了千篇一律很少变化的艺术款式。巴纳姆出于赢利的目的，把马戏团、杂耍、长胡子女人、卷毛马、畸形人和藏有奇珍异宝、动植物标本的博物馆拼凑一起，用耸人听闻的广告加以宣扬，把艺术欣赏商品化了。这当然是下里巴人而不是阳春白雪。在这个阶段里，艺术品的价格有高低之分，社会情趣尚无严格的雅俗之别。19 世纪 70 年代在纽约、波士顿、费城、巴尔的摩、华盛顿等地建立的大型艺术博物馆旨在提高公共情趣的水平，但在当时条件下奏效甚微。

19 世纪末美国社会发生了重大变化，阶级分野固定化了，贫富悬殊的现象到处可见。社会情趣的分化也随之越来越明显。财富的聚敛促进了艺术品的聚敛，追求艺术精品的嗜好逐渐形成，公共情趣阶段退场，私人情趣阶段登台。

---

① Russell Lynes, *The Tastemakers*, *The Sha Ping of American Popular Taste*, New York, 1980.

私人情趣的标志包括理查德·摩理斯·亨特（Richard Morris Hunt，1827—1895）从法国移植来的城堡式的豪华私人住宅，《妇女家庭杂志》主编爱德华·薄克（Edward Bok）所倡导的美观实用造价低廉的小型家庭住房，以及现代画派开始流行。这是艺术爱好个性化和分层化的时期，室内陈设、建筑造型、艺术收藏，千差万别，不拘一格。1913 年在纽约市 26 街 69 团的军械库举行首次国际现代艺术流派大型绘画雕塑展览，向居于统治地位的画院派提出了挑战。军械库画展（Armory show）具有划时代的意义。它是美国造型艺术从现实主义向现代派过渡的转折点。也是美国观众接受现代派作品的开端。1929 年建立的纽约现代艺术博物馆和 1936 年建成的惠特尼美国艺术博物馆有助于公众的艺术癖好继续沿着这个方向发展。

大公司控制美国经济生活始于 20 世纪初，随着电影事业的繁荣，七大电影制片厂逐渐控制了美国影片生产，开始了"公司情趣阶段"。好莱坞制作的西部片、滑稽片、社会批评片和科学幻想片影响了整整一代人。与此同时，一些大型艺术博物馆也开始发挥出它们的魅力。先是由摩根家族赞助，而后又得到洛克菲勒家族支持的纽约大都会艺术博物馆是美国也是西半球最壮观的艺术殿堂。凭借其雄厚的财力，包罗万象、丰富多彩的藏品，广泛的社会联系，适应不同年龄集团需要的多种多样活动，影响着美国社会情趣和风尚。它多次举办规模宏大的国际借展。古埃及图坦哈姆的墓葬、亚历山大的再发现、中国的青铜器、梵蒂冈收藏的艺术精品，美国观众都能一饱眼福。每一项展出都吸引了数以百万计的观众，震撼了西方艺坛。余波所及使服装式样也为之一变。在大公司主宰一切的时代里，大公司不仅是艺术和博物馆事业的赞助者、捐赠者，其成员还是艺术品的顾客和博物馆的重要观众。就连艺术教育事业也只有在大公司的赞助下才能得到发展。大公司则通过博物馆的陈列展出对社会情趣施加影响。

六　国家实力和民族精神的象征

如果说古希腊的神庙和古罗马的神殿、拱门、廊柱是古典文化的象征，体现了古希腊城邦国家的富强和罗马帝国的赫赫声威，那么，博物馆就是现代国家实力和民族精神的象征。参观过不列颠博物馆的观众可以从来自全球各地琳琅满目的历史文物和艺术瑰宝中感受到昔日"日不落"帝国的余威。在凡尔赛、枫丹白露、卢佛尔这些艺术殿堂里人们既可以领略路易十四时代法国灿烂的文化，也可以想见法国大革命对文化专制主义的冲击和荡涤。柏林、汉堡、德累斯顿、斯图加特、慕尼黑的博物馆不但令人回想起神圣罗马帝国和第二、第三帝国的兴衰，而且可以玩味德国人重理论思辨又具有科学实践精神的民族特点。斯堪的那维亚国家的清新、西班牙人的纤巧、奥地利人的壮重都可以从博物馆的造型和陈列中体察到。史密松学院所属的博物馆建筑群位于美国首都华盛顿的心脏。中世纪城堡式的办公大楼、新古典式的自然历史博物馆和国家美术馆大厦、由贝聿铭设计的美术馆东厅的现代建筑和航天博物馆整洁的白色大楼坐落在国家林荫道的两侧。东端是美国国会大厦——资产阶级民主的象征，西端是共和国创始人乔治·华盛顿高耸入云的纪念碑。协调而庄严的布局，给人一种静谧之感的林荫道和草坪同气势磅礴的博物馆建筑群集合在一起，显示出这个国家的富有强大、人民的勤劳和自然条件的优越。

能体现国家实力和民族精神的绝不限于首都的国家博物馆。西方国家的许多城市都因拥有众多的博物馆和具有特色的藏品感到自豪。在美化城市和规划城市发展的过程中，人们大都把博物馆放在重要地位，作为城市文化的象征。这一点是很值得借鉴的。

七　通向未来的工具

我们最后应该论及的是博物馆与未来的关系。从博物馆在西方社会中的发展趋势看，博物馆不仅是连接过去和现在的纽带，是帮助社会成员了解社会变化的课堂，在新的科学技术革命到来之际，它还是通往未来的工具。目前，一场新的科学技术革命正在发达的资本主义国家兴起，或称之为第三次浪潮，或叫做第四次科技革命。它的主要内容是以微电子技术、生物工程技术和新材料技术为标志的信息、资源、材料、能源、生命科学五大革命。新的技术革命将会使生产力出现新的飞跃，将会引起生产关系、社会关系的重大变革。人们预言，将会出现的是"后工业社会"、

"信息社会"、"高级知识社会"。这个社会将对文化教育提出更高的要求。知识的生产将成为首要的或先导性的工业，成为社会经济发展的主要动力。世界上所有的国家都面临着新的挑战。其中有两项共同的任务，这就是一方面要缩小科技界与人民大众之间的距离，让尖端技术为广大生产者所掌握；另一方面还必须使人民群众了解科学技术革命必然会引起社会经济的变化，在发生重大转折时能够有一定的思想准备。为了适应这种需要，西方的教育正在调整。从固定基地的教育向无固定基地的教育，从义务教育向终身教育，从按年龄分级的教育向按能力分级的教育转变。教育机构必须具有衔接性、多样性而且应该弹性化。教育工作正在把知识教育转向智能教育（解决问题、开拓未来的能力）、技术教育、伦理教育。博物馆是一种非正式的教育机构，是人与自然、人与科学文化、人与艺术品连接的桥梁，西方国家的博物馆正在这种社会生产的大变革中、社会和教育的大变革中发挥重要作用。一方面，许多国家正在兴建或扩建科学技术中心，充分利用微电子技术，发展电信网络系统，强调观众积极参与，以掌握日新月异的科学技术；另一方面，博物馆工作者未雨绸缪，为了迎接正在到来的社会文化变迁，正在有计划地搜集现代文物。他们的口号是"为了明天搜集"①。可以预料，西方博物馆一定会在新的历史条件下为社会的发展、文明的进步作出新的贡献。

---

① 瑞典从 1977 年开始实施的收集和注录当代文物计划（简称 SAMDOK）引起了西方博物馆界的广泛注意和重视。参阅 Gaynor Kavanagh SAMDOK is Sweden: Some otservatlons and Impressions, *Museums Journal*, June/July, 1983, pp. 85－88。Harry R. Rubestein, Collection for Tomorrow, Sweden's Contemporary Documentation Program, *Museum News*, August 1985, pp. 55－60. G. Cedrenius, Collecting the Present for the Future: Contemporary Documentation, *Museums Australia*, September, 1985, pp. 12－16.

吉祥寓意之纹饰与绘画撷谈

傅同钦

祈求吉祥如意是一种普遍存在的社会意识，吉祥纹饰便是这种社会意识的一种重要的物化表达方式。寓意纹饰的出现可上溯到史前时期，彩陶图案、符号以及各种图腾崇拜纹样都是某种观念或祈盼的反映。商周秦汉时期，纹样种类日趋繁多，内容也更加丰富多彩。佛教传入中国后，佛教文化艺术与传统儒家、道家文化艺术相融汇，从而奠定了吉祥寓意纹饰内容丰富、形式多样的基础。唐宋以来，社会经济发展为吉祥寓意纹饰进一步发展提供了有利的社会条件。宋元时期，古代绘画艺术空前发展，为吉祥图案的应用提供了更广阔的天地。明清时期是吉祥寓意纹饰和绘画普遍使用的鼎盛时期，它们在建筑装饰、纺织印染、瓷器、年画、剪纸等艺术表现形式上广泛出现。这一社会现象的普遍存在和明清时期社会经济发展、社会上出现了微弱的资本主义萌芽密切相关。吉祥寓意纹饰是这个时代社会各阶层，特别是已登上历史舞台的市民阶层期盼光明前程，万事如意的心态的反映。

一切艺术创造都是在制约它的环境中产生的，并在既有的现实条件下，特别是在一定的经济基础上进行的。吉祥寓意纹饰、绘画是借物（现实存在之物或虚拟之物）表达人们思想情感、志向、愿望、期盼等精神世界，简单可概括为以物表情，这种艺术形式的纹饰、绘画是社会物质文明与精神文明的结晶，它具有深刻的社会意义。因篇幅关系，本文仅择取相关吉祥纹饰图案与绘画加以讨论，以见古代社会物质文明与精神文明发展之一斑。

一　寓意吉祥的龙凤纹饰

龙凤纹饰在我国有着悠久的历史。很多史前文化遗址的遗物上都发现有蛇、鸟纹样，这些动物纹饰是社会上存在物类的纪实，有些可能还是某氏族崇拜的图腾物。龙凤纹是在蛇、鳄和鸟等现实存在的动物图形的基础上，经过艺术加工后虚拟出来的神灵物。1987 年，河南濮阳西水坡遗址一座仰韶文化时期的墓葬中（M45）发现了基本完整的蚌壳堆塑龙图案①，曾被誉为"华夏第一龙"。在以后的数千年岁月中，龙凤纹流传不绝，广泛用于青铜、陶瓷、砖石、漆器、玉器、金银等器物以及建筑物上，在具有独立艺术形式的绢画、纸画上也屡见不鲜。龙凤无定型，历代多有变化，它是人们思维创造出来的艺术表现物。各历史时期假想创造的龙、凤纹丰富多彩，具有鲜明的时代特色，皆别具风采，寓意吉祥。

民间传说龙多变多子是神灵之物，龙代表着吉祥。许慎《说文解字》中记述龙是"鳞虫之长，能幽能明，能大能小，能长能短。春分而登天，秋分而入渊"。即龙可上天入水，兴云作雨，使风调雨顺，从而使民间得五谷丰收之年，龙是神灵之物。明朝弘治年间（1488—1505 年），明孝宗曾向内阁询问"龙生九子"的典故，大学士李东阳对云："其子蒲牢好鸣，今为钟上钮鼻；囚牛好音，今为胡琴头刻兽；睚眦好杀，今为刀剑上吞口；嘲风好险，今为殿阁走兽；狻猊好坐，今为佛坐骑象；霸下好负重，今为碑碣石趺；狴犴好讼，今为狱户首镇压；赑屃好文，今为碑两旁蜿蜒；蚩吻好吞，今为殿脊兽头。"② 李东阳以蒲牢、囚牛、睚眦、嘲风、狻猊、霸下、狴犴、赑屃，蚩吻为龙九子。其他文献中对龙之九子的顺序、名称记载与李说不尽相同，但"龙生九子不为龙"的基本内涵却是一致的。在封建社会，以物示人威，龙纹后来更为皇帝所垄断，龙纹饰象征唯我独尊，至高无上的势力、权威，故天子的器用衣物皆饰以龙纹，一般臣民禁用。唐宋以后龙基本定型，宋罗愿《尔雅翼》以"九似"之说

---

① 濮阳市文物管理委员会等：《河南濮阳西水坡遗址发掘简报》，《文物》1988 年第 3 期。
② 沈德符：《万历野获编》卷七"龙子"，中华书局 1959 年点校本，第 190—191 页，事又见李东阳《怀麓堂集》。

概括描绘了龙的形象："角似鹿、头似驼、眼似鬼、项似蛇、腹似蜃、鳞似鱼、爪似鹰、掌似虎、耳似牛。"在传统民俗中龙是吉祥的化身，每逢吉庆节日，各地皆有舞龙的习俗。龙的造型是经过历代人的艺术加工而成，龙纹饰是民族传统文化中最具有民族性的艺术。龙是民众喜闻乐见的吉祥物，龙纹饰是民族传统艺术中的一枝奇葩。

凤也是古人虚拟出来的动物。古代器物上的山鸡、长尾鸟应是凤的原始形态。浙江余姚河姆渡出土的象牙雕刻器残片上曾见有鸟纹，这是我国时代较早的鸟纹饰，商周青铜器上的大鸟纹已屡见不鲜。《山海经》载："丹穴之山……有鸟焉，其状如鸡、五采而文，名曰凤凰，首文曰德，翼文曰义，背纹曰礼，腹文曰信。是鸟也，饮食自然，自歌自舞，见则天下安宁。"①1949年2月，湖南长沙陈家大山战国楚墓中曾出土两幅《人物龙凤帛画》，质地为平纹绢，高31厘米，宽22.5厘米，画面上一妇女侧身而立，细腰长裙，双手合十，其前上方有龙凤，龙如蜥蜴状，凤为鸟身，有孔雀状长尾②。此帛画上的凤已基本定型。

据说，凤性格温顺高洁善舞，被誉为鸟中之王。《宋书》说："凤凰者，仁鸟也。不剖胎剖卵则至。或翔或集。雄曰凤，雌曰凰。蛇头燕颔，龟背鳖腹，鹤颈鸡喙，鸿前鱼尾，青首骈翼，鹭立而鸳鸯思。首戴德而背负仁，项荷义而膺抱信，足履正而尾系武……唯凤凰能究万物，通天祉，象百状，达王道，牵五音，成九德，备文武，正下国。"③凤后来被演化为雌性形象，与龙象征皇帝相配，用来象征温顺贤惠的皇后。凤纹有时也为民间所用，元明时期，凤纹作为装饰艺术已施于瓷器和纺织品上，到了清代，凤纹饰更广泛盛行于民间的年画、剪纸以及建筑装饰、漆木家具等生活器用。龙凤在传统文化中是吉祥的化身，龙凤呈祥是吉庆美满的象征。

二　吉祥寓意纹饰、绘画与佛教艺术

我国传统文化的最大特点是善于学习，广泛吸收、相互融汇。早在春

---

① 《山海经》（袁轲校注本）卷一《南山经·南次三经》，中华书局1980年版，第16页。

② 湖南省博物馆：《新发现的长沙战国楚墓帛画》，《文物》1973年第7期；中央美术学院美术史系中国美术史教研室：《中国美术简史》，高等教育出版社1990年版，第21页。

③ 《宋书》卷二十八《符瑞志中·凤凰》，中华书局点校本，第792—793页。

秋战国时期，诸侯国之间混战，打破了原有的地域文化圈，加速生活习俗和文化等诸方面的交流融汇，促进了中国古代整体文明形成和发展。两汉时期，儒学思想与道家、阴阳家等思想进一步交融，长沙马王堆一号汉墓出土的"扉衣"①、洛阳西汉卜千秋墓壁画②等都是这种融汇的反映。汉魏以来，特别是佛教传入后，社会上各种思想活跃：儒家重伦理观念；道家讲升天成仙；佛教宣传轮回祈盼未来。各种庞杂的社会思想，丰富了文化艺术内容、形式，此时寓意纹饰、绘画的内容皆与社会风尚、思想相合拍，其艺术特点是复杂多层次的寓意，往往在壁画器用上同时出现。

佛教传入后，对我国传统思想、生活器用、工艺美术等都有着深远的影响，如佛寺壁画、石窟造像等勃然兴起，民间画工都借以创造性地吸收了外来文化艺术风格，下面仅以汉魏以来社会上流行与佛教有密切关系，且有吉祥寓意的莲花纹和如意纹为例来讨论这一问题。

"莲花"自然属性是出淤泥而不染，梗中通而外直，不蔓不枝，香远益清。用莲花作装饰造型最早见于河南新郑出土的春秋时期的青铜莲鹤方壶，此壶通高 125.7 厘米，壶盖作双层莲瓣形，中有覆盖，盖上立一鹤③。莲花作为纹饰推广使用于各种器用、建筑装饰，是在佛教广为传播的南北朝时期。佛教视莲花为吉祥神圣之花。在佛教经典中莲花代表"净土"，其意是佛所居住的地方，寓意为真、善、美所汇集的"极乐世界"。佛教的传播，使莲花纹饰与我国原有的装饰传统相结合，南北朝时期南北各地均有出土的青瓷仰覆莲花尊便是这一时期装饰风格的典型代表。这类瓷尊形体硕大，装饰精美，以仰覆莲花为主题纹饰④。这表明佛教的审美意识已渐渐渗透到人们的日常生活之中。在同一时代，社会上还十分流行缠枝花纹饰，即忍冬纹，有人认为它是荷叶的一种变体，它和古代传统云纹相结合，并附予神秘含义，借以宣传佛教中精神轮回不灭。

"如意"是中国传统文化与佛教文化交流的结晶。"如意"原为中国

---

① 吴作人：《读马王堆西汉帛画后》；商志香覃：《马王堆一号汉墓"非衣"试释》，《文物》1972 年第 7 期。

② 洛阳博物馆：《洛阳西汉卜千秋壁画墓发掘简报》，《文物》1977 年第 6 期。

③ 容庚、张维持：《殷周青铜器通论》，图 211，文物出版社 1984 年新一版，第 59 页。

④ 张季：《河北景县封氏墓群调查记》，《考古通讯》1957 年第 3 期；湖北省博物馆：《武汉地区四座南朝纪年墓》，《考古》1965 年第 4 期等。

古代实用物品。"如意"形如手臂，以木、竹为之，背痒以其搔背，用之
如人意，故名"如意"，或名不求人，或名搔杖、爪杖。"如意"是古人
日常实用物，在我国民间广为流传。"如意"在佛教中原为僧人所持，柄
端作手指形或作心形。据《释氏要览》："如意之制盖心之表也"，传说释
氏以文殊菩萨执此。菩萨是未成佛的信徒，执"如意"以表早日成佛的
心愿。佛教传入我国后，讲僧多持"如意"，记经文其上，以备遗忘。
"如意"的作用与中国传统的笏相同——备书写，勿遗忘。

　　在汉魏时期，士人多持笏（或称为手板）记事。"笏"原是古人用之
书写之具，传"殷汤作笏"①，"笏者，记其忽忘之心"②，笏相当于后世
随身携带的记事本，据《礼记·内则》记载："子事父母端韠绅搢笏。"
又记"年不顺成，君衣布搢本"③，意思是年景收成不好，君主自责，故
降级用士之笏。周武王伐纣，破之牧野"乃解剑带笏，以示无仇"④，故
知古代上自君王下至士皆执笏，有事则书之上，书毕则插之于带。到了三
国时期，贵族多手持之，取其"如意"之名也。吴国孙和"于月下舞水
精如意，误伤夫人颊"⑤，此时"如意"已非备记事书文的书写器用，而
已成为贵族手中的玩赏物，偶尔也用来助舞或扣拍节。《晋书·王敦传》：
"（敦）……有问鼎之心……每酒后，辄咏魏武帝乐府歌曰：'老骥伏枥，
志在千里，烈士暮年，壮心不已'，以如意打唾壶为节，壶边尽缺。"王
敦持"如意"的目的是表明自己政治上的追求与渴望。晋石崇与王恺斗
富，王恺将晋武帝赐给他的一株高两尺的珊瑚树展示给石崇时，石崇顺手
用"如意"打碎，同时让家人搬出高三四尺的珊瑚⑥，上述故事正反映此
时"如意"主要是手持的玩赏物。唐虞世南著有《北堂书钞》，曾"以犀
如意爬痒久之，叹曰：'妨吾声律半工夫'"⑦。"如意"在作为玩赏物后，

---

　　① 罗顾辑：《物原》，商务印书馆1937年6月初版。

　　② 马缟集：《中华古今注》，中华书局1985年版，第14页。

　　③ （汉）郑玄注，（唐）孔颖达等译：《礼记·玉藻》卷二十九，第545页。

　　④ （西汉）刘安：《淮南子》，许匡一译注：《淮南子译注》，贵州人民出版社1993年版，
第733页。

　　⑤ （晋）王嘉：《拾遗记》，中华书局1981年版，第189页。

　　⑥ （宋）刘义庆撰，米奇志校注：《世说新语校注》，岳麓书社2007年版，第495页。

　　⑦ 《云仙杂记》转引自《古今图书集成·考工记》，周博琪编：《古今图集成》，中国戏剧
出版社2008年版。

偶尔也有用其爬痒者，可谓是"如意"的返祖作用吧！

　　南北朝时期，社会动荡不安，有一部分士大夫崇本尚无，向往隐逸，尚玄学，不相信任何偶像，要求摆脱任何束缚回到大自然去，故常手持"如意"以表达自己的心愿。南京六朝墓葬中曾有"竹林七贤"之一的王戎手持"如意"的形象①。士人手持"如意"取代了古代士人持笏，此时"如意"头多作云叶状或灵芝状，云叶是中国传统云纹的变形，又云在佛教中被称为祥云，寓意慈悲、和蔼、安善。灵芝是真菌的一种，古人认为是瑞草，道家以为吃之可长生不老，可升天为仙。不死升天成仙是古代道家修炼的最终目标，这和佛教中人死精神灭，并可轮回再生，是不同的两种信仰。代表道家仙草的灵芝，装饰在佛教的器用"如意"头上，而崇尚玄学的文士持之，这正是社会文化相互吸收、相互融合的结晶。又据《琅环记》："昔有贫士，多元善阴德……忽遇一道士，遗（赠）一物谓之'如意'……凡心有所欲，一举之顷随即如意……"从上述故事看，道士为道教信徒，贫士应为儒生，而"如意"又原为佛教用具。道士赠"如意"给儒生，正是儒、道、佛相互吸收、相互融汇的社会风尚的写照。儒、道、佛三家虽各有其信仰主张，但在精神上皆希望吉祥如意美好，故在器用、艺术表现手法上，并不相互排斥，而是相互为用。明清时期，"如意"登堂入室，成为室内的陈列艺术品，此物因其名"如意"，而赢得了上自皇帝贵臣，下至市民百姓的喜爱。社会各阶层持"如意"的目的多是取其名词"如意"，"如意"即吉祥也，吉祥古代常写作"吉羊"。据《庄子·人间世》："虚室生白，吉祥止止。"成玄英疏："吉者，福善之事；祥者，嘉庆之征。"故"如意"是福、善、嘉庆等美好事物的物征。正因如此，明清时期，在建材、竹木漆器、陶瓷、刺绣等生活日用器上，常以"如意"作为装饰图案，或者以"如意"配予其他器用，借物的象征或取物的谐音（字音、字义或词义），组成各种具有特殊寓意，合乎人情众意的图案纹样，或出口吉利的语言，来表达内心的理想和愿望。"如意"虽是众人的"心之表"，但不同的阶级、阶层陈设它，却有着不同的愿望和追求。以皇室为首的封建贵族家室陈列"如意"，有着显示财富和粉饰天下太平如意的意义；而新兴的市民阶层陈列它，是希望经

营发展，政治地位提高、长寿交好运。"如意"的登堂，特别是市民阶层也可以陈设"如意"，是社会新风尚的象征，也可以说，"如意"在资本主义萌芽的历史条件下，又具有了新的文化内涵。伴随着社会经济发展和市民阶层的兴起，新兴的思想观念要求在文学、艺术、器用等诸方面有更广泛的表现，"如意"的登堂入室，正是在这种情况下产生的。市民阶层向往追求幸福美好的生活，更希望向早日从封建的经济束缚下解放出来，而获得自由发展。故明清时期，"如意"作为一种陈设艺术品，是含有丰富内容的社会文化表征。

"如意"反映传统文化与佛教文化在交流中进一步相融合，它为社会各阶层所喜爱，这一社会现象，不仅表现在文化、装饰艺术等方面，而且渗透在社会语言中，比如人们常以"事事如意"、"万事如意"等祝贺喜庆。

总之，善于学习、广泛吸收、相互融汇是中国传统文化的最大特点，这也是中国古代文化之所以能迅速发展壮大的重要原因。

三　鼎盛发展时期的吉祥纹饰和绘画

北宋以来伴随着社会经济的发展和市民阶层的兴起，反映其思想的文学、艺术也十分活跃。描写城乡各阶层人物活动的风俗画大量出现，北宋晚期张择端《清明上河图》最为著名，画的主题是描写首都汴京（今河南开封）城郊的交通和市内商业场景，据统计，画面各阶层人物五百余，牲畜五十多，船二十多，车轿二十多。城内有商业一条街，有茶棚、药店、戏楼、商贩、运夫，以及游闲逛市者……①这类以写实为主的风俗画，反映了当时的社会现实生活。与写实风俗画同时，吉祥寓意纹饰、绘画反映的是民众的内心精神世界，把它作为市民阶层的艺术更具有典型性。风俗画是描绘社会现实生活，而吉祥寓意纹饰、绘画的艺术表现是借物表情寓意，创造者有意识有目的地借物反映内心的志向、希望，祈盼美好的未来。吉祥寓意是其描绘的中心内容，故吉祥寓意纹饰、绘画正是社会现存的物质文明与内心精神文明相结合的产物，它具有深刻的社会

①　徐邦达：《清明上河图的初步研究》，《故宫博物院院刊》1958 年第 1 期。

意义。

明清时期是吉祥寓意纹饰、绘画的鼎盛时期。这一时期，社会经济空前发展，城市商品经济活跃，水陆运输通畅，各地联系较为方便。活字印刷术和竹纸制造的进一步推广使用，也为各地区的文化交流提供了物质条件。社会生产的发展促进了人们物质生活的相对提高，各阶层的精神享受也就相应有了更多类型，更多层次的要求，对美好未来的期盼是各层次人群的共同心愿，吉祥寓意纹饰、绘画正是这种共同心愿在艺术方面的体现，在装饰艺术上形成"图必有意、意必吉祥"的时代特点。在各种质地的生活器皿、纺织、建筑等诸方面，都广泛应用吉祥寓意纹饰，此时吉祥寓意纹饰和绘画普遍发展，吉祥图案的使用范围十分广泛，吉祥寓意纹饰和绘画进入鼎盛期。吉祥图案这一艺术表现形式的发展与社会内部经济变化、社会时尚更新有着密切的关系。不断壮大的市民阶层更希望自己所经营的事业能进一步发展、政治地位提高、长寿、交好运，在艺术表现上要求乐观、吉祥、通俗、易懂，这也是在稀疏的资本主义萌芽中，社会文化艺术向更广泛的社会阶层发展的历史必然。

吉祥寓意纹饰和绘画以表现吉庆、祥瑞为其核心内容，其艺术表现形式千变万化、丰富多彩，归纳起来主要有以下几个特点：

第一，借物的象征或取物的谐音组成各种具有特殊寓意的纹饰或图画。如把"戟"和"如意"画在一起表示"吉祥如意"，画猴骑在马上旁有蜜蜂，寓意"马上封侯"，画头戴高冠者立于鹿前表示"高官厚禄"，等等。这些合乎人情众意的装饰纹饰和绘画、版刻等皆喜闻乐见，出口吉利。

第二，表达形式不拘一格。借物表情寓意，不论儒、道、佛等各家器用物品，皆可随意组合，只要寓意吉利，出口通顺即可。取义于佛教的如"八吉祥"：即法螺、盘长、天盖、宝伞、法轮、莲花、双鱼、宝瓶。取义于道家的如"八仙"，传说八仙各有所宝，汉钟离持宝扇，张果老抱幽鼓，铁拐李背葫芦，韩湘子握箫管，蓝采和提花篮，何仙姑把荷花，吕洞宾负宝剑，曹国舅握拍板。取义于儒家的如文士的表征物笔、墨、纸、砚、琴、棋、书、画。儒、道、佛三家的表征物常常同时出现在器皿或建筑上，它们可以随意组合成多种吉祥图案，如画三支戟于宝瓶中表示"平升三级"；以笔、银锭、如意组成"必定如意"；等等。

　　第三，具有独特民族风格。创作者以通俗手法构思装饰纹样或绘画，与民俗传统认同，如以牡丹象征富贵，以石榴象征多子等。绘盛开的石榴以示"榴开百子"，绘牡丹、水仙和花瓶表示"富贵平安"，等等。创作者以通俗易懂的艺术表现手法，表达鲜明、欢快的主题，民众喜闻乐见，具有独特民族艺术风格。

　　第四，应用范围广泛。吉祥图案在明清时期的生活器用如竹木、漆器、陶瓷、刺绣以至建筑、雕刻等装饰中广为应用，作为独立艺术形式的绘画中亦常见之。

　　吉祥寓意纹饰和绘画有着顽强的艺术生命力。古代寓意纹饰经过漫长的历史年代，它不断地向民众基层发展，到明清进入鼎盛期，特别是在装饰艺术上形成了"图中有意，意必吉祥"的独特民族艺术。它以通俗易懂的艺术手法，最敏捷地反映社会各阶层内心的感情和愿望：追求向上、进取，向往幸福美好生活。此外，吉祥寓意纹饰和绘画有着巨大的融汇力。它没有严格的创作模式，儒、道、佛等各家专用纹样可任意组合成有吉祥寓意的图、纹，因而有着巨大无穷的融汇力。以物表情寓意，任创作者自由构思，其作品能使人从痛苦中解脱出来，从而获得自我满足。这种艺术创作思潮，反映社会经济发展，资本主义萌芽的时代特点。

　　成长于封建社会的吉祥寓意纹饰和绘画，毫无疑问在内容和表现手法上有封建、保守、落后，甚至迷信的一面，但我们也应当承认吉祥图案在传统装饰艺术中具有代表性，它是民族艺术中的一枝奇葩，我们应该批判地吸收其中的精华，弘扬传统的艺术表现形式，增添新的社会内容，使其进取向上的艺术感染力永放光芒。

　　　　　　　　傅同钦，1932 年生，南开大学历史学院副教授

论陈列形式的构成与设计

刘岱良

陈列形式是信息的载体。信息主要是由于符号语的发挥而起作用，非符号语则需要视情况而定。符号语是以静止的实物形态符号语为主体，以艺术、技艺形态符号语及文字符号语为支柱。非符号语主要是流动的声音、动势一类。对各符号语及非符号语的信息传播运用逻辑的方法进行排列组合，即可达到信息的正确表达。表达要考虑感染力的作用，内部形式注意重点造型组合，外部形式考虑美化，充分显示出文字符号的"文与理"、实物符号的"形与神"、艺术符号的"情与景"等陈列语言特色，以利信息的传播。

信息传播必须注意陈列的外在形式这一实用体设计。现代设计应从设备系统等方面全面考虑，运用新材料，考虑新形式，注意规格化与灵活性等，都是陈列艺术设计师的重大责任。

博物馆的陈列，除极少数的露天博物馆与生态博物馆外，主要是在室内场地空间上，按造型行为，通过物质材料的意匠处理与构建，形成陈列形式，由此成为陈列内容的存在方式，进而显现出具有审美意义的行色立体构成。陈列形式在空间的出现，体现出布局、排列、组合及表现，促成各体量在空间组织的和谐统一，也构成了整体的序列。这一序列形象的外观，既具有外部形式的形式美，又是内容赋予一定形式内在美的体现。因此，它一方面是那些反映内容的一定方式所具有的艺术性表现方式（如展品的组织排列、陈列手法对内容的表现等）；另一方面又是与反映内容无关只为展品陈列应用所需形式的实用与审美统一（如展柜、展壁、站台、展板、镜框等）。两者的融合，形成了陈列形式的构成特色，而这一特色又是展出内容信息传播所必备的。简言之，是陈列自身的特性来决定设计内容与内涵的，即陈列设计必须考虑展示的场地性、展品的物象性、陈展的载体性、表现的组合性、技艺的综合性以及观众心理、生理等特性。本文主要从以下几个方面来论述陈列形成的构成与设计。

1. 陈列形式构成的基本规律

陈列形式的构成，如上所述是陈列品及其装置方式在场地空间通过意匠的物化构建与组合，形成统一的具有形色审美意义的形体。它一方面是属于展品自身及组织的形式；另一方面是展品的载体形式。前者与内容密切相关，后者只为展品陈置效果的应用服务。这两者结合，构成了陈列形式。这一形式的构成，从原理上讲，是时空构成。具体表现的特征，有空间构成、时间构成、时空综合构成三种。空间构成，以静止的立体形态、平面形态在固定的空间位置出现为特色；时间构成是以流动的声态、动态在一定时间内出现为特色；时空综合构成则是以空间与时间表现共举，达到相辅相成的互补表现为特色。在博物馆陈列发展的历史中，其表现形式，空间构成是主流，现今仍有很多博物馆是这样，特别是美术馆的绘画陈列几乎皆如此。作为有声态、动态的陈列形式进行时间构成，从1851年英国伦敦水晶宫第一届国际博览会展示出现，已有一百多年的历史。而今，某些专门馆，如有的儿童博物馆，有的科技博物馆等多是以声态、动态的时间构成为特色。至于时空综合构成的陈列形式，当今不少博物馆都倡导与流行时空综合构成为展示特色，它在以空间构成为主，时间构成为辅的原则下，采取以动、静结合的整体表现，深受观者欢迎。

完成这三者形态的功能构建与审美表现，也可以说是按内容组织的陈列大纲进行总体设计图的规划：一是通过内部形式的结构组织，对各展品这一符号语形式按内容组织进行程序编排，即完成陈列语言的组合行为（体现于陈列平面图的展品排列）；二是通过外部形式的形体展现，对编排的各符号语，运用诸形式要素，考虑其空间位置、形体造型、材质特色、色彩效果、明暗关系、尺寸大小等，进行总体的、重点的、一般的规划与设计，目的是要体现出陈列空间的总体气氛、重点的意境构思造型、一般的意匠方法处理（体现于总体鸟瞰图、重点造型设计图、一般造型规划图等）；三是通过外在形式的设备系统，采以形式要素的构建与形式美规律的结构组织，在六面体围合的陈列场地空间，按实用与审美进行空

中的、地面的、墙上的摆布与装置。特别是展具的布局、穿插、分割，为
完成审美的定性的第二空间奠定基础。这些方面的设计，既互相依存可同
时考虑形式的表现，又必须是各自进行本系列的具体表现形式的处理。它
们通过设计、组织、构建、装置在陈列场地空间的结束，也就完成了陈列
形式的构成（见图1）。

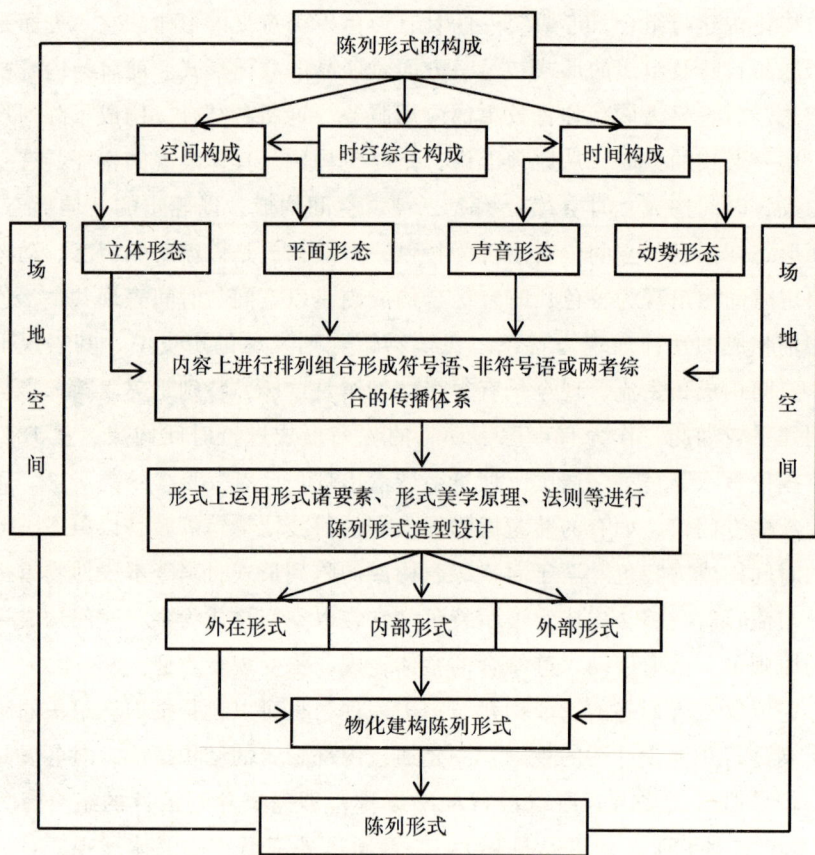

图1　陈列设计与陈列形式构成表

　　在此，还需对上述情况再作必要的解释。凡在场地空间以陈列形式出
现的静止物象，无论是属于展品内容的，抑或展具应用的，它们都既属于
陈列形式的空间构成，是空间展现的构成部分，也是陈列形式最主要的构
成部分（或者是最根本的）。作为物象的外观，它们又分属于立体形态与

平面形态。一般来说，陈展空间构成的形态，不外乎是两个方面：一是立体实物的、艺术的展品与平面实物的、艺术的展品等；二是立体展具的展柜、展台、平面展具的展壁、展板等。可以这样说，这两方面结合应用在陈展空间即具有审美意义的形式设计构成，已基本使视听所感受的陈列形式具有整体形象感的外现形式。作为时间构成，是为展示需要，在某一时间中，以流动的形态如音响，或动态在空间随出随即消失的表现形式出现。这一构成在声的形态方面，表现为人工讲解、语音讲解以及自然的、社会的、艺术的各种音响录音或仿真。这一构成在动的形态方面，表现为展示动的物象展出、人工表演、观者的实践参与、动的模拟现象、影视与传媒的动态等，它包括了声、光、电在内的更多的一切展示行为。总之，从理论上讲，陈列形式只有具有了完善的空间构成、完善的时间构成、完善的时空综合构成，才具有完善的陈列形式构成。所谓完善，即注意它的时、空两个构成在反映内容的形式表现上、物象审美上及造型设计等方面的完善。根据内容组织所写陈列大纲的逻辑形式，进行编排，并按艺术思想进行提高升华，进行形象的典型的再创造，达到"象外之象"的意境——观者通过艺术造型可联想而认识，这就是符号语最典型的组合方法。这一方法的一般规律是：当这一内部形式完成结构组织后，设计就应在外部形式上去考虑构建的形式要素，如：造型、材质、色彩、空间等运用。使这一组合达到高度的审美形象。这样的设计处理，就是完善的做法。以此类推，对时、空构成的方方面面各自内涵，进行严格与认真的设计与处理，不难完成完善的陈列形式构成。

2. 陈列形式构成中符号语言应用与内部形式、外部形式的设计

在文章中，博物馆学界习惯把陈列的表现方式称为陈列语言，它概括出博物馆与广大观众之间通过陈列表现达到思想感情交流的语言方式这一目的。这一提法是正确的。人在社会交往过程中，其主要交往途径与手段，就是语言的表达。从行为划分，按交流方式，语言可分为直接交流与间接交流两种形式。口头语言与书面文字语言，是最直接的交流语言。除此之外，凡能通过其他行为，在双方思想感情上得以交流，也是一种语言，即间接交流的语言。如人的表情、手势、图像、艺术、实物等，都能完全的或一定程度的达到内心的认识与感情交流作用。我们进行的陈列设计在表现形式上，则把上述所有的语言方式加以综合形成陈列语言，其科

学性在于各自发挥特性又具有相互补充作用，成为全方位语言协调反应的方式，从而使它成为有形、有色、有声、有文字记述等特性集于一体的综合语言。其构成以实物形态符号语为主体，以艺术、技艺形态符号语与文字符号语言为支柱，形成具有可视感的三位一体组合形式，若按信息传播逻辑组合，即具有信息的传播性；若再辅以口语形式的人工或语音讲解，则更具有信息的详细与强化性。这也显示出陈列形式这一媒体运用符号语言与非符号语言的全面中介来传播信息的完整性，从而也就发挥出全方位的陈列语言这一功能作用。这里对几个符号语作必要的解释。实物形态符号语，它之所以成为陈列的主体语言，主要是以它的物象直观性，对人、物、事的解释采取以物为证来说明它，这是最直接恰当的"唯物方式"，在某种程度上，比口语、文字的抽象表达更具说服力。在历史长河中沉淀的物质文化形态与自然标本，通过它的存在，使人们看见社会与自然在该时期的某些现象与本质的缩影。万象世界的多少物象，以它万千姿态涌进博物馆陈列，以其科学性、知识性、趣味性、审美性等将不同观众吸引，信息的多面性，也使得它们各具特征。所以，运用实物这种物象展示，是陈列最主要的特性。艺术、技艺形态符号语，特别是艺术形态符号语言，凡一切艺术形态都算实物形态符号语。它是艺术家的作品创作方式，作为情感与精神的载体，与观众之间感情达到了交流融合，这是人类众多语言中的一种特殊语言，也是最具感染力的符号语言。例如，在反映事物上，好的作品不仅反映出现象，也能深刻地反映出本质，可以与科学的结论相比。因为，一个是以抽象的概念表现出现象的本质，另一个则是以形象的描绘显示出了本质的现象。因此，博物馆陈列，或由于反映内容的需要，或由于激发观众的情感，或由于审美愉悦的目的，所以采用了各种恰当的艺术形态综合，诸如运用绘画、雕刻等艺术形式，通过它的主体性、情节性、形象性以及色彩与气氛等作用来反映恰当的内容。又如运用乐曲、音响效果与特定内容结合而艺术效果显著。至于电影、电视、录像、多媒体等影视传媒艺术，即专门拍摄陈列内容的运用，则是功能显著的辅助。实物形态符号语的宏观与微观在动、静结合中的处理，是展出物局部与展出物环境相互照应的最好方法。除此之外，博物馆陈列历史的发展，或创造了或移植改造了他种艺术某些技艺形成了博物馆陈列自身不可或缺的特有的艺术形式，诸如用全景画、半径画、布景箱、沙盘、模型、场景复原、仿真形象等方式来反映陈列内容，并已成为博物馆自身特有的陈列艺术形态。还有，陈列中所特需的手工技艺造型，特别是一般科技与当今的高科技的技艺表现应用，都应属于陈列特有的艺术形态与技艺成果。总之，艺术与技艺的多样性，基本决定了陈列中艺术、技艺形态符号语言的丰富特点。这正是作为时空艺术与时空技艺的存在需要时空的条件表现。而陈列形式的构成目的在于传播信息，它需要借助他种力量运用，艺术与技艺形态的介入也就成为必然。正因为这样，我们认为，时空艺术造型表现与相关技艺造型表现能巧妙结合于陈列，有利于事物语言的全面表达且起着有力的辅助作用。可以说，任何艺术品种与技艺都可以结合运用。例如舞蹈，常规陈列多不适宜，但若是属民族、民俗村博物馆展示，若有民族的、民风的露天舞蹈表演，岂不是合理而大受欢迎吗？又如科技馆陈列形式运用一般科技技艺及现代高科技技艺来说明原理与再现自然现象，这又使人何等愉悦与高兴！

　　文字符号语言在陈列中的运用，就是将理论的概括性、逻辑性，文字的描述性、纪实性、评价性等特性综合运用。它通过高度的概括与逻辑性的处理，解决了陈列结构的组织问题，如部分—单元—小组，形成系统的纲目标题及每一层次的大小说明；通过不同标签文字的描述及文摘书刊引用的评价与纪实，达到了既以物象为证，又有文字叙述的交互作用。因此，这一符号语的显明作用，一是对陈列的框架结构组织起语言条理化作用；二是助以实物符号语全面的深层含义予以解释；三是将陈列的科学性以文字语言的准确无误介绍给观众。

　　以上三方面符号语的采用，尽管是作为信息传播内容的方式，以中介符号出现于陈列形式这一媒体上，但其组合构成却与形式设计息息相关，因此，陈列艺术设计师掌握它们的性质与功能作用十分重要。作为设计考虑，这些符号既是内部形式在结构上的组织，也是外部形式要从内容上来考虑它的审美表现，但关键的一步，它们必须服从内容信息传播，按程序编排，完成整体组合。为此，首先是构思陈列形式的总体设计，以它反映内容的科学性与形式的艺术性归于总体的完整与统一。在此设计基础上，再分头考虑内部形式与外部形式的设计处理。内部形式设计主要是结构组织，即通过按比例的陈列图标规划，将场地空间限定的展示尺度，落实到按结构层次这一程序编排进行符号组合所需长度的图纸上，它既是各符号位置按尺寸的排列，又是大小重点的定位落实与表现思考，同时为制作提供了参考资料。对它的要求是，结构纲目标题规范，层次顺序清楚，重点表现位置突出，符号间距离合适，并准确合乎场地空间展现尺度。外部形式主要是对内部形式中除实物符号外的其他符号造型处理，除上所述重点造型定位与表现设计外，一般对符号语的样式、尺度、色彩、材质、个性及其空间处理，既要有对陈列空间整体的把握，又要对每类符号或某一符号有具体的要求。如标题字，要根据纲目结构去决定分别使用各类字形，并考虑它的规模大小、材料、色彩、制作要求。又如绘画创作，画家对他的作品完成就是内部形式与外部形式的统一，但陈列艺术设计师必须要求它在外部形式上，按陈列语言的符号信息传播需要，就是提出绘画的品种、横竖格式、尺度、表现上某些意见（如色彩、气氛等）等要求，画家再按要求去处理，其目的就是适应总体的符号编码排列与形式表现意图。因此，外部形式区别于内部形式，主要在于它密切关系着艺术形象的造型表现处理。不过它们既各自区别，又相互紧密联系，所以，陈列艺术设计师既要善于从内部形式的结构去组织陈列语言符号，而同时又包括了对其外部形式美的创造。

以上三方面的符号作为信息传播中介，主要在于组合。组合的性质，就是信息的编码，它将文字符号的"文与理"、实物符号的"形与神"、艺术符号的"情与景"三者完成统一，形成具有显著特点的陈列语言符号体系。这样，在视触感上，陈列形式就成为陈列语言符号的媒介载体，通过这些符号的中介作用，达到了信息传播的基本目的，若再加以口语讲解及语音作用，除声调外，还可借助表情、手势来传达语气，十分富有感情交流的融合性及介绍事物的具体性，这样，陈列语言就全面而完整了。

当然，陈列语言的表达，不只是一个单纯的简单化的展品组合与讲解，就算是尽善尽美的。要使得信息的传播达到十分满意的作用，还需要运用一些有利因素进行催化，功能才能更显著。特别是联系观众审美心理及其情感作用，去选择、设计与其有关的符号，合理使用，注意从审美心理上抓住感知的选择性、表象活动的回忆性、通感活动的相通性、想象的联想性、心境情绪的倾向性、理解的心领神会性等。同时还要善于运用审美的对立统一辩证法，如形与神、情与景、宾与主、虚与实、疏与密、大与小、多与少、曲与直等在审美形式上的恰当运用。还有艺术创作中一般通用的方法，诸如渲染、烘托、夸张、含蓄等以及形式美法则，诸如平衡、对称、对比、照应、节奏、韵律等运用。只有注意了这些，符号信息的传播功能才可能显著。

3. 陈列形式构成中的外在形式设计

艺术中的外在形式是与内容无关的存在形式。在陈列形式的构成中，除属于内容的表现形式构成外，还有着十分显著而庞大的外在形式，在同一场地空间与内容的表现形式并列同时出现，成为陈列形式构成的有机组成部分。它就是设备系统的形式。特别是其中占极大比例的展具，以它的使用功能与陈列内容的形式联系在一起。展具不仅因提供给展品使用而具备了它的载体功能，而且一些大的展具对于场地空间又起到分割、组合、构成的决定性作用，从而创造了陈列形式所需并具有审美意义的第二空间，并为奠定陈列空间的形式美起到决定性的作用。它是陈列形式中内含几种形式的主要形式之一。作为陈列形式的空间构成，展具有立体形态、平面形态两大类：立体形态展具包括各类展柜、各类站台、雕塑台、沙盘及模型底座、布景箱外壳等，平面形态展具类则有屏风类、展壁类、展板类、说明牌类、照片框板类、图表框板类等。值得注意的是，历史的发展使陈列形式已不满足只考虑展柜、展壁、展台、展板等展出形式的使用。逐渐发展的陈列设备系统，除各类展具外，还包括了各种功能在内的设备构成，如：扩大与缩小空间的拆卸装置、顶部发光梁的灯光安装结构、各种灯具的不同功能使用、室内安全现代保卫装置、现代空调设备及影视、录像、网络安装等等。其他诸如窗帘、地毯、休息座位等均属设备之列，都是同展具一样为陈列服务的。因此，设备构成设计，在当今有条件的博物馆陈列设计中，应从整体的设备构成系统来考虑。在设计中不仅要注意到它们的和谐统一于审美，而且更重要的是通过固定的现代设备各单项与以现代材料的室内设计构建相结合，并服从陈列特定的环境需要，去创造个性鲜明的陈列空间的序列形象。特别是要认识到现代工业化的材料必然带来陈列空间设备的规格化、范式化、系统化，以及装置拆卸的灵活性，陈列艺术设计师也就必须要了解诸如固定的有关设备、物资、材料等性能及其使用方法，并熟悉其尺寸的、度量的、经济的相关模数，以便用于设计。结合这些情况，设计思想一方面要考虑到民族传统的根基；另一方面要考虑到现代人的审美意象，去设计构建陈列设备与观众相协调的场地空间。这是陈列艺术设计师在设备设计上所肩负的重大责任。

总的说来，完成陈列形式的构成设计，第一，要注意陈列的特性，只有按其特性规律的设计，才是联系实际具有功能作用的设计，也才有可能取得设计的完善。第二，必须注意陈列形式构成的原理是时空构成的原理。它的表现规律特点，是空间构成、时间构成、时空综合构成三种表现形式，特别是时空综合构成是以空间为主，时间构成为辅的形态构成，它是以空间形态的立体物象与平面物象的设计为主，适当结合时间构成的动态、声态设计，这就是它的设计在把握原理基础上具有提纲挈领的原则。第三，对陈列形式有关形式的看法，它具有不同于一般艺术的特点。作为艺术的形式，一般只有内部形式与外部形式的存在与统一，陈列形式作为反映内容的这一点与艺术相同外，它还特别具有与内容不相干的外在形式，即展具等设备占据场地空间的很大位置，从而成为陈列形式的独具特色。因此，陈列形式的构成设计，是反映内容的形式设计与应用设备实用与审美的形式设计结合在一起的，也是视触感不加区分而同时出现在统一的形式中。所以，注意外在形式的实用与审美是陈列形式的构成设计中极其重要的一部分。第四，对于陈列语言的运用，关键在掌握各种符号的表现功能及其排列组合，特别是要善于进行有物、有理、有情的重点组合设计，要善于构思想象，创造意境，创造形象，按意匠施工，注意形式要素的造型使用，以思想与情感特征的设计打动观众。第五，陈列形式的形式美设计，是采用形式美规律的艺术原理——变化与统一及其各种形式法则的应用。注意了这些，陈列形式设计的构建成功，就能成为观众所喜欢的审美客体了。

试论东北地区先秦铜镜

张锡瑛

在我国古代，随着青铜冶炼的发生、发展和古代物质生活的不断进步，铜镜已在人们的生活中占据了十分重要的位置。从原始社会末期开始直到封建社会结束的整个古代史时期内铜镜都是以不可缺少的物质资料而存在。正是由于铜镜与人们生活的这种密切关系，使得它的发展与演变打上了时代的烙印。记载了朝代的兴衰，每个时代，每个朝代都把自己的思想、观念、意识赋予了铜镜。因此，对于铜镜的研究已成为我们考古工作者的一项重要课题。自甘肃广河齐家坪和青海贵南尕马台的齐家文化墓葬中出土三面铜镜以后[①]，对于研究我国铜镜的起源和早期铜镜情况有了新的突破。商代的铜镜也已在殷墟出土五面，到春秋战国，无论是制作还是使用都到了一个空前发展时期。在这个时期，除了负有盛名的南方楚镜和黄河流域的北方镜之外，东北地区各族也在制造和使用着自己的铜镜，并具有鲜明的地方色彩和它自己的发展序列与编年。

早在秦汉以前，我国东北地区各族就已经先后由石器时代进入了青铜时代，他们创造了具有鲜明的地方色彩和独特风格的青铜文化，其中，作为兵器的青铜短剑和作为生活修饰用的铜镜都是很富典型性的器物。青铜短剑已为国内外学者所关注，对青铜短剑的分期与编年的讨论仍在进行中。东北的先秦铜镜在国内很少有人问津。在国外，尤其是日本和朝鲜的学者由于东北先秦铜镜远远地影响和波及了朝鲜半岛、日本乃至整个东北亚地

---

① 甘肃省博物馆：《甘肃省文物考古工作三十年》；青海省文管处：《青海省文物考古工作三十年》；《文物考古工作三十年》，文物出版社 1979 年版，第 139—153、160—168 页。

区，成为这些地方古代物质文化的一个重要组成部分，因而引起了他们的广泛兴趣，他们在对先秦铜镜的类型学及编年方面都有了较深的研究。如日本的梅原末治、驹井和爱和朝鲜的全荣来、金元龙等人都在对他们称之为"多钮镜"的研究上有了一定成绩。但以上诸人的研究着重点在朝鲜半岛和日本出土的所谓"多钮镜"，对中国东北地区先秦铜镜仅涉及少数几面。尤其近几年出土的先秦镜尚未有人问津。笔者在东北的田野发掘中有机会见到一些先秦铜镜以及与这些镜有渊源关系的被人称为"镜形饰"的器物。涉猎东北地区已发表的有关先秦镜的材料，统计这类铜镜数目已有数十件。本文想就这些材料，对先秦镜和"镜形饰"的形制、花纹、用途以及编年等方面进行一些初步探索，以期引起学术界的讨论。

一　分布

东北先秦镜常常与青铜短剑相伴出土。因此，它的分布也大致与青铜短剑分布相同。唯辽东半岛目前虽屡出青铜短剑，但还未见有先秦镜的出土。

就目前的发现，可以把先秦镜和"镜形饰"的分布划分为几个区域：

（一）辽西地区

以老哈河、大凌河流域为中心。出土铜镜的地点计有：

（1）宁城南山根出土铜镜三面①；（2）朝阳十二台营子出土铜镜五面②；（3）建平县水泉城子出土"镜形饰"两面③；（4）建平县大拉罕沟出土"镜形饰"两面④。

（二）辽中地区

以浑河及其支流太子河为中心。出土铜镜的地点计有：

---

① 辽宁昭乌达盟文物工作站、中国科学院考古研究所东北工作队：《宁城高山根的石椁墓》，《考古学报》1973 年第 2 期；中国社会科学院考古研究所东北工作队：《内蒙古宁城县南山根 102 号石椁墓》，《考古》1981 年第 4 期。

② 朱贵：《辽宁朝阳十二台营于青铜短剑墓》，《考古学报》1960 年第 1 期。

③ 建平县文化馆、朝阳地区博物馆：《辽宁建平县的青铜时代墓及有关遗物》，《考古》1983 年第 8 期。

④ 同上。

（1）沈阳郑家洼子出土铜镜一面、"镜形饰"十四面①；（2）本溪高台子梁家出土铜镜一面②。

（三）第二松花江流域

以吉林地区为中心。近几年发现两处：

（1）吉林市猴石山出土"镜形饰"六面③；（2）吉林桦甸横道河子西荒山屯出土铜镜三面④。

（四）鸭绿江流域

（1）吉林省集安县太平五道岭沟门出土铜镜一面⑤；（2）辽宁省丹东宽甸双山赵家堡出土铜镜三面⑥。

以上各地出土先秦铜镜 17 面，"镜形饰" 24 面。未发表的资料尚不计算在内。由以上分布情况可以看出，先秦镜的发现目前还仅限于上述的四个地区，辽东半岛尚属空白。在辽东半岛的后牧城驿楼上墓地曾出土一面圆板具钮的铜片，发掘者称之为"圆形物"。有些学者认为"有可能是当镜子用"⑦，恐不妥当。因此件圆片上原有一不小的穿孔，非后来破坏所致。当镜子用是不适宜的，可能是一种饰物。类似这种青铜饰物，在宁城南山根石椁墓及其他同时期的墓中也有出土。

二 先秦铜镜的类型

东北地区的先秦镜以它独特的钮和别致的花纹著称。钮的形制除少数为单钮外，大多数为双钮或多钮。单钮者，位置在镜背中心。双钮和多钮镜，其钮的位置都偏离镜背中心，这种偏心的原因，大约是因用法不同而形成的，偏心钮便于悬挂，悬挂时形成一个斜度，便于照容使

---

① 沈阳故宫博物馆、沈阳市文物管理办公室：《沈阳郑家洼子两座青铜短剑墓》，《考古学报》1975 年第 1 期；沈阳市文物工作组：《沈阳地区出土的青铜短剑资料》，《考古》1964 年第 1 期。

② 魏海波：《本溪梁家出土青铜短剑和双钮铜镜》，《辽宁文物》1984 年第 6 期。

③ 刘景文：《西团山文化青铜器》，《文物》1984 年第 5 期。

④ 吉林省文物工作队、吉林市博物馆：《吉林桦甸西荒山青铜短剑墓》，《东北考古与历史》1982 年第 1 期。

⑤ 集安文物保管所：《集安发现青铜短剑墓》，《考古》1981 年第 5 期。

⑥ 许玉林、王连春：《丹东地区出土的青铜短剑》，《考古》1984 年第 8 期。

⑦ 朝鲜民主主义人民共和国社会科学院考古研究所编：《朝鲜考古学概要》，李运铎译，黑龙江文物出版编辑室 1983 年版。

用。中心单钮镜是用手握照容用，用毕放入奁内。多钮又分三钮和四钮。三钮有的成川字平行排列，也有成三角形布于边缘。四钮者都成四方形布于镜边缘。钮的形状多为桥状，拱起的中间较窄，两端与镜相连的部位较宽。也有条形等宽和小型的鼻钮。双钮者，在两钮的孔眼下有曲环状的凹带相连，这种做法大约是在铸造时为了铸出孔眼而加放某种填充圆棍所致。

钮的数目和位置的不同说明了什么，目前还难以下结论。但有两点可以较明显地看出：钮的数目，一般是早期多钮，即下面谈到的粗纹镜多钮为多。晚期即细纹镜多为双钮；在同一墓内所出钮的数目和形制相同。以上两点是否有分期断代意义，尚需今后更多的考古材料来证明。

铜镜的纹饰是随时代而变化最活跃的因素，东北先秦镜从纹饰的区别可以分为素面镜、粗纹镜、细纹镜三大类。所谓粗纹和细纹的区分是指镜的主题纹饰而言。

（一）A类　素面镜

镜体两面素面无纹。

宁城南山根石椁墓 M101 出土两面：M102 出土一面中心单钮，镜周缘稍上卷，器身较薄，直径 6.6—8.4 厘米。

丹东宽甸赵家堡出土两面：一面直径 14.5 厘米、厚 3 厘米、钮长 2.3 厘米、高 0.4 厘米；另一面直径 12 厘米、厚 2 厘米、钮长 1.7 厘米、高 0.4 厘米（见图 1）。这两件镜边缘都向上突起，断面为三角形。镜面平。

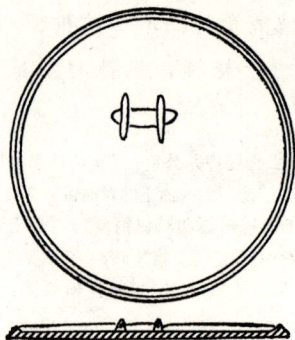

图 1　A 类素面镜

丹东赵家堡

桦甸西荒山屯出土两面：已破碎，大小不可知，镜缘向上凸起，断面为三角形。

（二）B 类　粗纹镜

在镜面或镜背饰以几何形粗线纹饰，可分为两型。

Ⅰ 型　纹饰在镜面周边。

朝阳十二合营子 M1、M2 各出土两面，花纹相同。原报告说"镜面微鼓，外缘有凸起的简单粗糙的花纹两周，内周为回纹，外周为变格回纹加斜线组成"。细致观察可以发现这些纹饰是由许多几何形纹组成，有曲尺形、三角形、长方形、梯形、平行四边形等互相穿插组成了两圈整齐的纹带，外圈纹饰较粗，内圈较细。背面的钮，M1 所出为三钮，作三角形列于镜背边缘；M2 所出为四钮，作方形排列于镜背边缘。这四面镜的直径都在 20.0—20.4 厘米，厚 0.2—0.6 厘米。在东北先秦镜中属大型的了。报告对镜缘形制未加说明。从图与照片对照看，缘部有微突起，并非平直。这种把纹饰放在镜面周边的镜子无论在东北或是中原皆属罕见。与此类镜共出的有石器、陶器和铜斧、铜丫形器、铜刀、铜凿、铜锥、铜牌、铜鱼钩、铜管状具和镳形具等，其中的斧、丫形器、刀上的纹饰与铜镜纹饰相同（见图 2，1、3、5、7、8）。

Ⅱ 型　纹饰在镜背面。

主题纹饰为复线曲折带勾连成许多开口三角形或角锋，间饰以平行斜线地纹形如闪电。

朝阳十二台营子 M3 出土一面，直径 22.5 厘米、厚 0.8 厘米、钮长 3.3 厘米、宽 1.3 厘米、高 0.5 厘米。镜面微鼓。背面边缘饰一圈突起的几何形短线，其内饰复线曲折纹布满镜体。三个作川字形排列的桥状大钮铸于近边缘处，钮上边饰复线曲折纹。制作精细。与此镜共出物仅余一件青铜短剑的剑把头（见图 3，5）。

沈阳郑家洼子第三地点 6512 号墓出土一面，直径仅 8.8 厘米、厚 1 厘米，这件镜制作粗糙，体厚重，背面的复线曲折纹也不工整，在双钮部位未饰纹，地纹斜线也多潦草。此镜与青铜短剑同出于棺内，出土时尚有绦带残留。墓内伴出的还有铜镞、锥、斧、凿、泡饰、"镜形饰"、镳、衔等马具以及陶壶，石串珠等（见图 3，2—4、7）。

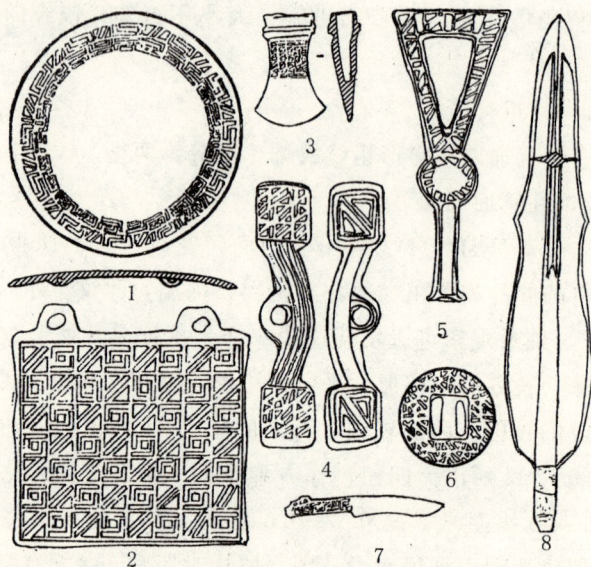

图2　B类 I 型镜及伴出器物与同期花纹

1、3、5、7、8　朝阳十二台营子 M1；2、4、6　锦西乌金塘东周墓

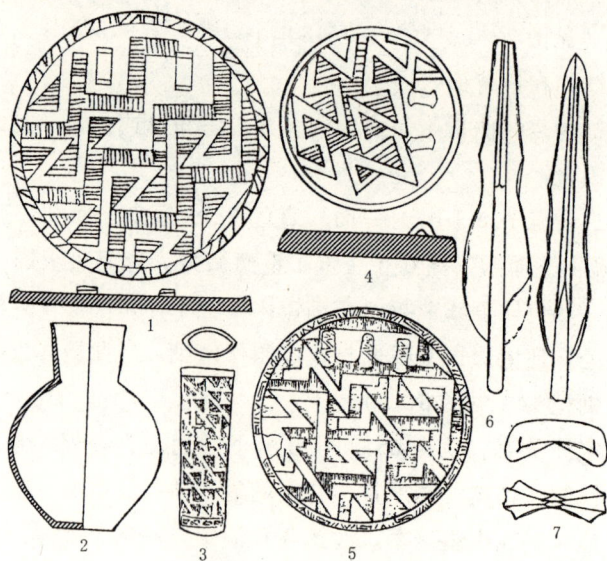

图3　B类 II 型镜及伴出器物

1、6　本溪梁家；2—4、7　沈阳郑家洼子 M6512；5　朝阳十二台营子 M3

本溪梁家出土一面，直径 12.8 厘米、厚 0.5 厘米。其背部周围与中间的纹饰略同于十二台营子镜，唯稍疏松，钮为双钮，条状桥钮。伴出有青铜短剑一把（见图 3，1、6）。

以上三面 Ⅱ 型镜的背部边缘形状报告都未加叙述，从图与照片对照观察应有隆起，纹饰既已有外周与中间的划区，则两区间当有界限，从十二台营子和梁家镜图观察似为圆形突起，郑家洼子镜图虽未表示突起，恐是锈蚀严重，因锈起填平所致。

（三）C 类　细纹镜

细纹镜的纹饰都是由单线条的凸起细线构成。可分为两型。

Ⅰ 型　叶脉状放射形纹。

以钮为中心（偏离镜心）、向周围放射出多道射线，射线间填以叶脉状（成羽状）纹。这一型铜镜有两面。

集安县五道岭沟门出土一面。直径 13.9 厘米、厚 0.2 厘米。放射线不规则，有四对射线呈向边缘相交的三角形，叶脉纹也不规则，方向不尽一致，疏密不匀。双钮周围有模糊的椭圆形镜座。宽 1 厘米的镜缘向上突起，断面为三角形。同一墓内还伴出有铜矛、斧、剑镖、铁镞等（见图 4，1、3、6、7）。

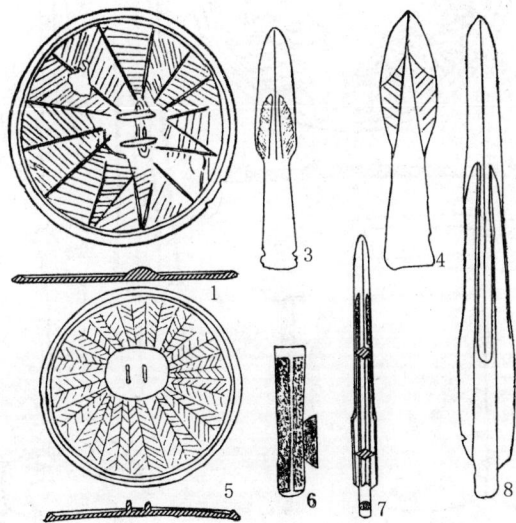

图 4　C 类 Ⅰ 型镜及伴出器物

1、3、6、7　集安五道岭沟门；4、5、8　丹东赵家堡丹东宽甸赵家堡镜面，纹饰与五道岭沟门镜相同，但叶脉纹夹于放射线之间，方向一致，纹路清晰。双钮周围的椭圆形镜座轮廓明显。直径12.3厘米、厚0.4厘米、钮长1.3厘米、高0.4厘米。镜缘突起的断面为三角形。同出器物有青铜短剑和铜矛（见图4，4、5、8）

Ⅱ型　斜线三角纹镜。

镜背有两圈突起的弦纹将镜纹分为三区，镜缘内的外区为尖端向外的许多三角形，三角形之间与三角形内填以平行斜线；中区也为横斜相交的斜线；内区为椭圆形素面钮座。这一型目前仅在桦甸西荒山屯出土一面，已残破。直径10厘米、厚0.3厘米，双钮，镜缘突起，断面为三角形（见图5，1）。伴出有青铜短剑柄、铁锛（见图5，2、3、4）、石球、陶杯、白石管等。

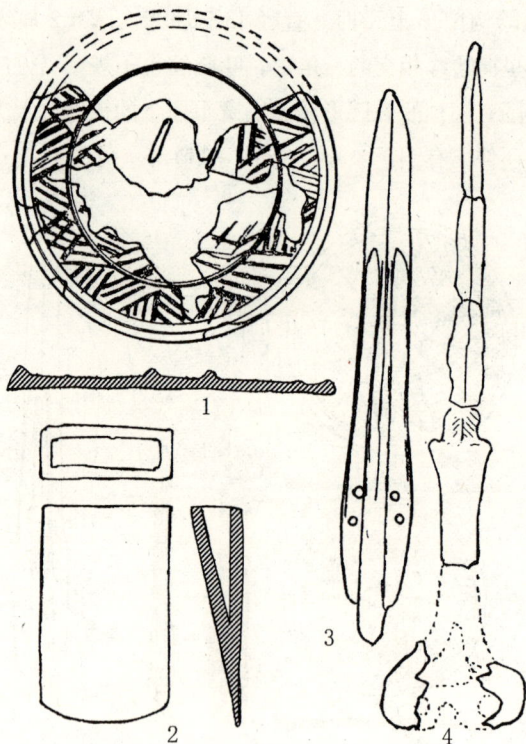

图5　C类Ⅱ型镜及伴出器物（桦甸西荒山屯）

三　先秦镜的分期

如前所述，东北先秦镜的一个特点是与青铜短剑伴出，这就为它的时代推定提供了一个相对的依据。丁字形柄曲刃青铜短剑的编年已经有许多学者作了细致的研究。所见大同小异。以此为借鉴，并与同时期中原铜镜纹饰对比，对东北地区先秦铜镜的分期和编年提出以下初步看法。

从先秦铜镜的分类中已能明显地看出，这些镜富于变化的有两个部分，一是花纹，二是镜缘的形制。

A类素面镜使用的年代较长。它的最早年代，在没有其他新材料之前，宁城南山根石椁墓所出应是最早的了。这一墓葬的年代有人认为"下限应在东西周之际，上限或在此以前"①。墓葬的发掘者认为墓中的随葬品与河南三门峡上村岭虢国墓器物相似。其时代约在西周末春秋初，即公元前9世纪中叶到前8世纪初叶，这两种意见完全一致。虢国墓除了出有与宁城石椁墓相同的铜礼器之外，还出有铜镜，尤其是其中的素面镜无论钮的形制还是镜边缘形制都与宁城镜相同，因此这两者的关系和年代上的接近是可以确定的。石椁墓中出土的曲刃剑是同类剑中较早的形制，林沄同志认为它的时代"西周的可能性比出现于春秋的可能性要大"②，这一意见与上面两种意见是基本一致的。

西周是中国铜镜形成的早期阶段，所流行的铜镜以素面者为多。除了上面提到的上村岭虢国墓所出三面，中有两面为素面外，在陕西凤翔新庄河、渭南桑园圃③都有素面镜的出土，这些镜的形制都呈现着一种古拙、粗犷的不加任何雕琢的风格，其形制特点是镜体单薄，镜缘平或稍上卷，宁城石椁墓所出铜镜的风格正是与此一致的。

这种素面镜在以后各个时期中都仍在使用，也如中原的素面镜延续到战国乃至以后一样，东北地区的素面镜的延续时间也很长，战国中晚期的西荒山屯短剑墓中仍有出土，但这时期的素面镜已变得厚重，边缘已向上

---

① 邹衡：《商周考古》，文物出版社 1979 年版，第 218 页。
② 林沄：《东北系铜剑初论》，《考古学报》1980 年第 2 期。
③ 转引自杜迺松《战国铜镜初探》，《故宫博物院院刊》1984 年第 1 期。

突起，断面呈三角形。这种镜缘的变化与有纹镜相同，后面再详加分析。

B类粗纹镜的使用时期，朝阳十二台营子青铜短剑墓的发掘者将该墓的时间定在春秋晚期或战国初期。这个时间作为这些墓的下限是可以的。而它的上限应在此以前。从 M1、M2 所出丁字形柄曲刃剑的形制与宁城南山根所出曲刃剑形制相同这点分析，它们的时间不应相去太远。与上述曲刃剑同出于 M1、M2 的 B 类 I 型镜，镜面所饰几何图形纹饰，不仅在它们共出的其他铜器，如丫形器、铜斧、铜刀上找到完全相同的纹饰，而且在锦西乌金塘东周墓所出的许多铜器上找到同样的纹饰①，如长方扁平形饰、铃形饰、铜斧、铜纽扣、长条形器等器物的纹饰都是完全相同的几何形纹饰（见图 2，2、4、6），可见这种几何纹在春秋战国的一定时期内流行于东北的青铜文化中。乌金塘东周墓的年代原报告定为战国，可能失之过晚，因为该墓所出铜戈是典型春秋早期形式。此外，我们还可以看到，这种几何形纹实际上是河南辉县琉璃阁②、山西长治分水岭③铜器以及玉器、漆器上勾连云雷纹的变异，以上两处墓地的时间约在春秋中期以前，因此，B 类 I 型镜的使用年代可能定在春秋初到春秋中期这段时间内较合适。

B 类 II 型镜，无论从制作还是从花纹上看都比 B 类 I 型镜有了进步，虽然它的镜缘花纹上仍保留着先前几何纹的味道，但主题纹下衬以细线地纹的做法表明当时冶铜及铸造技术都有了提高。这种主题纹衬以细线地纹的做法在中原地区出现于春秋晚期至战国初期，流行的纹饰有羽状地山字纹、羽状地草叶纹、羽状地方连纹以及细地虺纹等。日本、朝鲜的一些学者认为，B 类 II 型镜上的复线曲折纹是由中原的山字纹演变来的，这一看法并非全无道理。

B 类 II 型镜的复线曲折纹衬以细线地纹的做法在其他同期的铜器上流行，像沈阳郑家洼子、锦西寺儿堡④、朝阳建平等地所出的剑柄、剑镖上都装饰了复线曲折纹（见图 3，3）。

---

① 锦州市博物馆：《辽宁锦西乌金塘东周墓调查记》，《考古》1960 年第 5 期。

② 参见郭宝钧《山彪镇与琉璃阁》，科学出版社 1959 年版。

③ 山西省文物工作委员会、山西长治市博物馆：《长治分水岭 269、270 号东周墓》，《考古》1974 年第 2 期。

④ 孙守道、徐秉琨：《辽宁寺儿堡等地青铜短剑与大伙房石棺墓》，《考古》1964 年第 6 期。

　　根据 B 类 I 型、II 型镜的时间差距可以作出这样的推测，即朝阳十二台营子墓群的年代有早晚之分，其 M1、M2 较早，约在春秋初期到春秋中期，M3 可能较晚，约在春秋末到战国初。

　　C 类细纹镜的时间。如果仅从花纹上分析就会把它的存在时间推得过早，因为一旦见到西荒山屯镜和集安镜都会联想到青海贵南尕马台的三角斜线纹镜和安阳殷墟 1005 号墓铜镜以及安阳妇好墓的放射纹镜，这些齐家文化和商代的镜子与 C 类细纹镜上的纹饰十分近似，这种近似的原因只能看作是商文化影响的遗留。而要明确 C 类细纹镜的使用时间，必须从伴出的其他器物上去认识。

　　首先要指出的是，B 类镜所存在的时期尚未见到有铁器，C 类镜无论是 I 型还是 II 型的墓中都出有铁器。这是 C 类镜在时间上晚于 B 类镜的一个旁证。也说明 C 类镜的流行时间已经进入了铁器时代，这个时间起码已到战国的中晚期了。因为一般认为我国中原铁器的冶铸和使用最早在春秋末期到战国初期，那么它传到东北的边远地区当需要一段过程，尤其西荒山屯墓中出土的大量铁器，肯定已到战国中晚期了。这就为 C 类镜的使用流行年代划出了一个大致范围。但是，我们从 C 类镜的花纹可以看到，集安镜、丹东镜与西荒山屯镜之间，亦即 C 类 II 型镜与 I 型镜之间存在一定的差别，这种差别也应从时间的早晚上来分析。

　　与 C 类 I 型镜同的曲刃剑，无论是集安五道岭沟门还是丹东赵家堡的墓中都伴出了，这类型的曲刃剑在吉林怀德大青山①，辽东半岛的后牧城驿②都曾有出土，乌恩、林沄两位同志把这类剑定在战国中晚期有一定道理。这个时期铜镜花纹和形制的一个很大变化就是出现了椭圆形的钮座，这一做法是在受到中原铜镜上圆形或方形钮座的影响后产生的。它的作用，一方面为加固钮的牢度，另一方面也使花纹的布局更加规整，从而为以后纹饰的对称排列找到了中心。

　　放射形叶脉纹显然是受到植物叶脉形状的启发后产生的。这种叶脉纹饰同时出现在同期的短剑剑身、剑柄、剑镖及铜斧、铜矛上，尤其是铜矛的纹饰，五道岭沟门和赵家堡两墓中所出的铜矛全形犹如一柄树叶一般

①　吉林省文物管理委员会：《吉林怀德大青山发现青铜短剑》，《考古》1974 年第 4 期。

②　旅顺博物馆：《旅顺口区后牧城驿战国墓清理》，《考古》1960 年第 8 期。

（见图4，3、4）。这种装饰风格表明人们对大自然的描绘已从模仿云雷的写意（复线曲折纹），演变为接近于植物生态的写实了。

桦甸西荒山屯镜所伴出的器物，除了曲刃剑和触角式剑（见图5，3、4）之外，比较大宗的是铁器，集安五道岭沟门墓仅出了一件铁镢，西荒山屯墓的铁器不仅在种类方面而且在数量方面都远远超过了五道岭沟门墓。这些墓所出的铁锛、铁镰，与战国中期的河北兴隆①、燕下都②等地所出同类器物形制完全相同，因此，西荒山屯墓的年代当在战国中期稍晚。

实际上，C类Ⅱ型镜上的三角斜线纹在C类Ⅰ型镜时期就已初露端倪，或者说已经流行了。如五道岭沟门墓所出的剑镖上已经在使用三角斜线纹（见图4，6）。可见，这种纹饰是由叶脉纹演变来的，这一推论还可由五道岭沟门镜纹饰中几对放射线所构成的粗略三角形斜线中看到一些蛛丝马迹。由五道岭沟门剑镖上三角斜线纹的使用还可以说明，C类Ⅰ型镜和C类Ⅱ型镜在一段时间内是同时使用的，只是到了后来，Ⅰ型镜才完全让位于Ⅱ型镜。

东北先秦镜的发展除了上述花纹的演变外，另一条比较明显的线索就是镜周缘的变化。这一变化在叙述A类素面镜时已经提到了，有纹镜周缘的演变与素面镜是相同的。朝阳十二台营子镜的周缘与本溪梁家镜的周缘都比较清楚地看出是向上突起，它的断面呈近半圆的弧形；五道岭沟门镜和赵家堡镜以及西荒山屯镜的周缘都十分明显的向上卷起为棱状，它的断面已经成为三角形。

铜镜周缘的这种变化的原因，推测应是防止镜体的变形和折断。因此，这一演变是在生活实践中逐渐进行的。

东北先秦镜的发展序列和各类型的相对时间已如前述，从这一发展序列和相对年代上我们可以看出，第二松花江流域和鸭绿江流域使用铜镜的时间较晚，经过一个传播过程和发展变化，松花江流域和鸭绿江流域只是到了战国中期才开始使用C类镜，作为这一情况的旁证，还可以从西团山文化内涵的早晚期不同方面找到一些线索。西团山文化存在的年代正值

---

① 郑绍宗：《热河兴隆发现的战国生产工具铸范》，《考古通讯》1956年第1期。
② 中国历史博物馆考古组：《燕下都城址调查报告》，《考古》1962年第1期。

东北先秦镜的使用流行时期，已经围绕第二松花江、吉林地区为中心发现了这个文化的遗址和墓葬群多处，学术界对这些遗址和墓葬的时间顺序有个大略相同的看法，其中永吉星星哨①是西团山文化较早的类型；吉林猴石山为较晚的类型②。永吉星星哨 A 区 M19 中出土曲刃剑一柄，其形制与宁城南山根、朝阳十二台营子所出曲刃剑相同，时间较早，碳十四测得星星哨的时间距今 3055±100 年，约在西周早期，在这一墓群的 D 区 M16 一座大型石棺墓中曾出土有包铜片的木梳、铜钏等较丰富的装饰品，表明墓主人是较有地位的氏族首领一类人物，未见有铜镜或"镜形饰"。吉林猴石山是距今约 2355±100 年的一处西团山文化遗址，时间大约为战国中期以后，在这一遗址的石棺墓中许多墓出有"镜形饰"，"镜形饰"后文将专题谈到，它是由先秦镜衍生出来，作为镜的代用品的一种器物，因此它的存在时间是和铜镜相同的。由此可见作为第二松花江流域商周时代居住于此的西团山文化的原始居民，直到战国中期以后才开始使用铜镜。

我们已经论证了东北先秦镜的起始与发展线索，它的存在时间是从西周末期直到战国晚期将近整整六个世纪的历史时期内，但我们在谈到 C 类镜之后就惊奇地发现，东北先秦镜在东北地区突然地销声匿迹了，比青铜短剑存在时间较晚的西丰西岔沟③在时间上似乎是与青铜短剑相衔接的，这可以从它出土的触角布铜柄铁剑与西荒山屯短剑墓所出铜柄铜剑一脉相承这一点上看得比较清楚（张锡瑛：《试论我国北方和东北地区的"触角式"剑》，《考古》1984 年第 8 期）。但西岔沟墓所出铜镜已完全是汉镜。那么，作为曾经十分活跃、发达的东北系青铜短剑和它的伴出物——东北先秦镜究竟去向何方？许多学者在东北亚的其他地方找到了它的踪迹，那就是，随着曲刃剑的向北、向东、向南传播发展为有节带的朝鲜半岛和日本诸岛上的所谓"细形剑"，同时，先秦镜仿佛孪生兄弟一样地跟随到上述各地。1959 年 3 月在苏联远东的滨海地区迈黑河鸽子岗石棺墓中，出土了一面双钮镜（见图 6）④。这面镜的造型和花纹酷似西荒

---

① 董学增：《试论吉林地区西团山文化》，《考古学报》1983 年第 4 期。

② 同上。

③ 孙守道：《匈奴西岔沟文化的发现》，《文物》1960 年第 8、9 合刊。

④ А. П. 奥克拉德尼科夫、Э. Б. 萨夫库诺夫：《迈黑河（滨海地区）青铜短剑墓葬》，姚义田摘译，《辽宁文物》第 6 期。

山屯镜，不同的是，用来把镜纹分区的凸起的弦纹正进一步发展成一条窄带，上面同样装饰了一圈小的三角斜线；中心的钮座实际上已失去了座的意义，因为它已不环绕在钮周围，而是在镜的中心了，并且有模糊的斜线装饰，所以铜镜的花纹已明显地分成三区，即内区、中区、外区。这三区的纹饰内容是相同的。这个墓内同样也出有短剑和铜矛，不过短剑已不再是曲刃剑，而是有节带的"细形剑"。鸽子岗这面双钮镜与朝鲜半岛的诸多被日、朝学者称为"精文镜"的形制十分相似，它无疑也是所谓"精文镜"的先期形式。朝鲜半岛的西古都里五金山、平安南道成川、全南道高兴郡小鹿岛、扶余莲花里、大田市槐亭洞等地都出土有与东北先秦镜C类镜相类似的铜镜①，除了它们纹饰相近似而外，它的多钮偏心以及镜缘都与C类镜相同。因此，梅原末治和全荣来等人都一致认为十二台营子镜是日本、朝鲜半岛多钮镜的祖型。全荣来在他的《韩国青铜器文化的系谱和编年》一文中列举了许多他称之为"精文镜"的纹饰，我们从这些纹饰中可以清楚地看到东北先秦镜C类叶脉纹与三角斜线纹的发展与结合。"精文镜"的年代下限已到了汉置四郡的时期。至于这类镜又是如何由北向南；由朝鲜半岛向日本传播的，已不是本文论述的范围了。

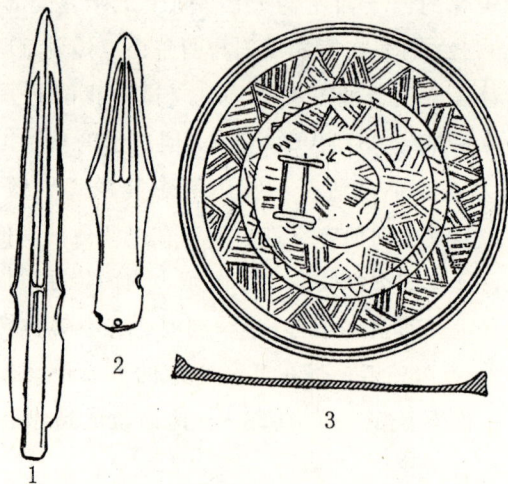

图 6　苏联滨海地区迈黑河鸽子岗石棺墓中出土铜镜及铜剑、矛

① 参见全荣来《韩国青铜器文化的系谱和编年》。

上面我们已经把东北先秦镜的分期、编年以及来龙去脉交代清楚，归纳以上所谈，可以把东北先秦镜的发展顺序列如下表。

表 1　　　　　　　　　　**东北先秦镜分期编年表**

时代	西周晚期	春秋			战国			汉代
		早	中	晚	早	中	晚	
类型	A类 → B I → B II ————————————→ C I → C II → 朝鲜半岛 型 型 型 型 "精文镜"							

四　关于"镜形饰"

前面所列东北地区出土的"镜形饰"共 24 面，这个数字只是就已发表的原报告中称为"镜形饰"者统计的。从已发表的报告分析，有些墓中出土的有钮的圆形饰也应是这类"镜形饰"，如宁城南山根所出"盖形器"。

所谓"镜形饰"是一种圆板具钮、形类铜镜的片状铜器。这一名称的由来是因为沈阳郑家洼子的墓葬中出土了这类器物，发掘者认为"推测生前可能是随身佩带的……镜背的桥形钮应是为了连缀衣襟纽带而设的"[①]，因此起名曰"镜形饰"，意即像镜子一样的佩饰。但这一看法大有商榷的必要。

所谓"镜形饰"的特点是体薄，多单钮，多平面或微凹面，放置的位置是在死者的头顶胸部、腹部、胯下（两大腿间）、脚下（图 7，右），沈阳郑家洼子第三地点 M6512 号看得十分清楚。其实，这种用"镜形饰"放于死者头上脚下以及身上的做法在宁城南山根石椁墓、朝阳十二台营子东周墓就已存在。宁城南山根石椁墓已遭早期扰乱，无法看清葬式与随葬品位置，但墓内出土有一种发掘者称为"盖形器"的铜器，报告说这种"盖形器""一面稍鼓起，顶上有小钮……略成椭圆形，直径 10.5—11.3

---

① 沈阳故宫博物馆、沈阳市文物管理办公室：《沈阳郑家洼子两座青铜短剑墓》，《考古学报》1975 年第 1 期；沈阳市文物工作组：《沈阳地区出土的青铜短剑资料》，《考古》1964 年第 1 期。

厘米"。这一叙述与吉林猴石山石棺墓中出土于死者胸、腹、胯下的"镜形饰"是相同的，不仅形制相同，而且直径大小也略同，说明它确实也是一种"镜形饰"。朝阳十二台营子东周墓内所出的几面铜镜，M1、M2所出其位置在死者的头顶脚下，发掘者认为"似非原来位置"，这一推测似是一种误解，实际上，这些铜镜的位置并未改变，是当时人们有意放置的。从十二台营子东周墓、郑家洼子以及猴石山各墓所葬此类器物位置完全相同分析，这种位置是否是由某种宗教意识所形成的葬俗，这一葬俗在东北地区的流行地域较广，并且延续了很长的时间。从十二台营子东周墓随葬铜镜位置可以看出，这种葬俗起初是用生活中实用的镜子随葬的，但铜镜的制造和磨光需要花费许多工夫，为了减少铜镜的消耗，就出现了铜镜的替代物，这就是所谓的"镜形饰"，这种"镜形饰"无论大小、重量和质量上都比铜镜相差甚多，且省去了花纹雕镂的工序。正面也不加磨砺，有的很薄，厚仅一毫米左右。

认为"镜形饰"是衣襟上佩饰的看法，可能是因为其钮向下、器上有布纹造成的，但如果看看朝阳建平水泉城子、吉林猴石山的"镜形饰"有的钮向上（见图7，左：2·3），尤其是水泉城子的一面"黏附有麻布痕迹多层，镜之凸面（有钮面——引者）尚附有刻纹骨片痕迹"。就会改变原来的看法。何况，人们怎么会把衣襟上的佩饰戴在头上、脚下乃至腿间呢？因此，我们认为，"镜形饰"并非佩饰，应改称为"镜形器"更妥当一些。

我们在前面分析东北先秦镜的分期与编年时，把每一类型都与同时期中原铜镜作了比较，从而找到了它的渊源。这一情况表明，自古以来东北地区的古代文化就与中原地区有着密切不可分割的联系，东北地区古代文化是我们华夏文化的一个重要组成部分。但中原文化是通过什么渠道传到了东北地区的？这一问题已引起了许多历史学家、考古学家的关注，并有种种猜测。考古资料是说明这一问题的最好证据。三四十年间，在老哈河上游、努鲁儿虎山东麓、大凌河流域的凌源、喀左一带先后出土过不少商周铜器，重要的发现有：

1941 年在喀左县城西咕噜沟村发现商周铜鼎[①]；1955 年在喀左县城

---

① 见陈梦家《西周铜器断代》（二），《考古学报》第十册，1955 年第 2 期。

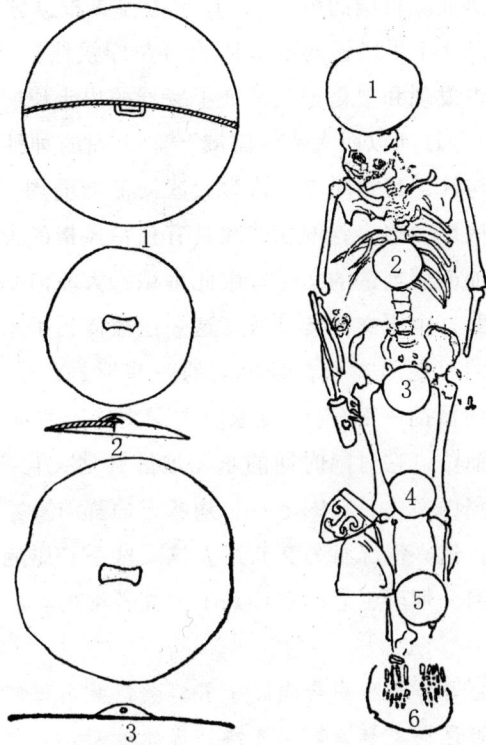

图 7 "镜形饰"及镜形器

左：1. 沈阳郑家洼子 M6512，2. 建平水泉城子 M7701，3. 吉林猴石山 M19

右：沈阳郑家洼子 M6512 镜形器出土位置

东南的马厂沟发现"匽侯盂"等二十件青铜器[1]；1967 年在北票东官营子发现"燕王职戈"[2]；1973 年在喀左北洞村发现两个铜器窖藏，共出土商周铜器十二件[3]。

对以上这些重要发现，许多学者曾作过考证，有人认为北洞村一号窖藏出土的"兕亚罍"铭文中的〢即竹字，因而推论〢族即孤竹，唐兰先

---

① 热河省博物馆筹备组：《热河凌源县海岛营子林发现的古代青铜器》，《文物参考资料》1955 年第 8 期。

② 张震泽：《燕王职戈考释》，《考古》1973 年第 4 期。

③ 喀左县文化馆、朝阳地区博物馆、辽宁省博物馆：《辽宁喀左县北洞村出土的殷周青铜器》，《考古》1974 年第 6 期；《辽宁喀左县北洞村发现殷代青铜器》，《考古》1973 年第 4 期。

生认为喀左一带是商孤竹国的范围①，辽宁考古界根据郭沫若先生推断商代的北孤在安阳以北千里之遥的说法认为喀左即孤地②，近来吉林大学张博泉先生更从考古发现和史籍记载论证了晸器的出土说明商周时期的箕族"最初活动地区在今辽河以西大凌河流域"③。上面的种种揣测与论证，无论北孤还是孤竹与箕，其共同点都认为大凌河流域商周时是"殷民六族"的一支所活动的区域，诸多青铜礼器和具有独特风格的青铜短剑和本文所谈先秦铜镜就是他们所创造的文化。由此可见，大凌河一带是古代中原通往东北的必经之路，中原文化就是通过这一途径传到了东北。在我们上面所谈到的先秦镜的早期形式和青铜短剑的一些形式，是考古命名为"夏家店上层文化"内涵的一部分。"夏家店上层文化"在东北地区先秦文化中占有很重要的地位，它对同时期的东北地区其他文化有过很大的影响，如吉林地区的西团山文化，在铜、石、陶各方面都与夏家店上层文化有着千丝万缕的联系，这一情况将另文叙述。这一联系和影响说明，东北地区先秦镜是从大凌河一带产生兴起并传到了东北各地的。

附记：本文在写作过程中得到辽宁省博物馆姚义田同志的热情支援并提供资料，由崔海顺同志翻译朝文资料，谨此致谢。

原载《考古》1986年第2期

---

① 唐兰：《从河南郑州出土的商前期青铜器谈起》，《文物》1973年第3期。
② 同上。
③ 张博泉：《从东北出土殷周铜器说起》，《辽宁文物》1984年第6期。

中国博物馆的骄傲

——关于张謇及其博物馆的随想

梁吉生

中国博物馆事业已经走过了一百年不平凡的历程。追根溯源，我们怀着崇敬之心纪念南通博物苑，纪念她的缔造者——近代著名实业家和文化教育先驱者张謇先生。

南通博物苑是中国最早的博物馆。从世界博物馆角度，它是博物馆植根东方的一个重要成果；从中国博物馆角度，它是博物馆本土化的成功尝试。

南通博物苑在黄海之滨、长江之津，为中国博物馆奠基立础，开辟先路。我不禁想起郭沫若的一首诗：

漫天飞雪迓春回，岭上梅花映日开。

一自高丘传号角，万紫千红进军来。

张謇是中国博物馆之父，中国博物馆启蒙思想家。

张謇把文化的新风从东南一隅吹响大江南北。我不禁想起美国号称"钢铁之父"的著名实业家卡内基。在他的墓碑上刻着一首诗：

这里安葬一个人，

他擅长于把那些强过自己的人，

组织到，

他服务的管理机构中。

张謇的墓碑上也应刻上一首诗：

> 这里安葬一个人，
> 他把自己化为一只火炬，
> 用智慧和奉献，
> 烛照来者。

一　博物苑是张謇创造的一个中国范型

博物馆作为西方文化的表征，代表了西方文化系统和思维模式。具有近代意义的博物馆产生在欧美。中国的传统文化和传统社会生长不出博物馆。中国近代博物馆是晚清社会转型和文化变革的产物。

清朝后期，是一个古老而辉煌的文明在现代文明的剧烈冲击下急剧转变的时期。西方列强用新式舰船和炮火敲开了中国大门，腐朽的封建社会制度是那样地不堪一击，一系列的与西方军事冲突，带来的是一系列的屈辱和失败，这不仅使中国人对军事、政治产生怀疑和否定，也对传统文化价值提出了怀疑和质问。产生于士大夫群体中的这种文化认同危机，促使人们睁开眼观看外部世界，也自然带来对有别于中国传统文化的西方文化的思考。

不同文化的接触是人类进步的路标，张謇赞成学习西方文化，对西学的关注已经成为张謇吸收新的思想营养，走出沉重的传统文化桎梏的人生方式。他清醒地感知世界文明发展的趋势，科学日昌，向西方学习，接受西方文化是时代的要求。他与康有为、梁启超的变革思想是一致的，自称"余与康梁是群非党"①。但他在学习西方文化上主张博采外来文化，"祈通中西"②，"提倡国粹，不废欧化"③。1898 年，他为翁同龢拟订京师大

---

① 《张謇全集》第六卷《啬翁自订年谱》，江苏古籍出版社 1994 年版，第 861 页。
② 《张謇全集》第四卷，江苏古籍出版社 1994 年版，第 270 页。
③ 同上书，第 106 页。

学堂办法，主张"宜分内外院，内院已仕，外院未仕。宜分初中上三等，宜有植物动物苑，宜有博学院，宜分类设堂，宜参东西洋教习，宜定学生膏火"①。这不仅反映了他的中西会通思想，而且其中的植物动物苑、博学院的构想，也隐含了博物苑的最初萌动。这说明张謇对西方博物馆这一文化模式的趋同，不是在 1905 年《上南皮相国请京师建设帝室博览馆议》、《上学部请设博览馆议》，或者创建南通博物苑时才有的异想。他的博物馆的见解经历了一个过程。这并不奇怪，有些生命体验是非要时光的磨洗才能领悟的。张謇不仅主张博采外来文化，中西会通，还强调学习西方文化"学必期于用，用必适于地"②。讲求实用和因地制宜，可以说是张謇中西文化观的又一个特点。近代以来，如何对待西方文化，如何处理中国传统文化与西方文化的关系等问题，一直纠缠并苦恼着中国知识分子。张謇在中西文化撞击中表现了不自我失重的文化节操。他坚持学习西方文化，必须从中国的历史和社会现实情况出发，不能"扬西抑中"，"弃本逐末"，"夫一国各有特别之历史、政治、风化，即各有其肆应之能力，不能强彼以就此，更何荣抑己以扬人"③，各国自有"各国相沿之历史，特殊之灵魂，又非可削趾以适履也"④。他博采外来文化，中西会通，又强调"学必期于用，用必适于地"，这是张謇对西方文化的认同与对变革维新的期待。这就从精神文化本原意义上赋予了一个古老民族生命潜力以解放的功能，成为他夺魁天下之后，弃官不做，在通海地区进行"早期现代化试验"的圭臬。

这也是张謇规划创建南通博物苑的思想主宰。没有对中国近代文化的宏观把握和对西方文化的清醒认识，就不可能在 1905 年起建勘为中国博物馆经典的博物苑。张謇不同于一般博物馆经营者，他是近代对文化有透彻理解力的思想者，是中国思想家型的博物馆家。

有了宏观把握，还必须有具体的构想和操作。张謇进行了许多创造性的劳动。

首先，为了将博物馆这种外来文化模式适应中国，特别是南通这新的

---

① 《张謇全集》第六卷《张謇日记》，江苏古籍出版社 1994 年版，第 409—410 页。
② 《张季子九录·教育录》卷五，中华书局 1931 年版，第 22 页。
③ 《张謇全集》第一卷，江苏古籍出版社 1994 年版，第 347 页。
④ 同上书，第 146 页。

环境，使其在与本地文化的冲突中生存流行，张謇创造性地推出了"博物苑"这一东方博物馆新样式。

中国古代没有博物馆，但对古文物向有收藏，称之为"古物库"、"积宝楼"等。戊戌变法时期，一些开明知识分子和官僚开始使用"博物院"一词。但多与藏书楼并列，分别收藏古器物和图书，所起作用"皆为考定之资"①。张謇也曾经有类似的看法。1903 年 5 月 2 日参观日本大阪博览会，看见"参考馆"中陈列各国物品，中国只有江、鄂、齐、蜀、闽六省参加，而湖北的陈列品更是汉瓦当、唐经幢等物。张謇不禁发出感慨："劝业以开来，而此以彰往，若移置中国博物院，差不倍耳。"②

1905 年，张謇创办博物苑并不是单纯收藏古物的场所，而是有着中国风格、中国气派的博物馆。张謇充分考虑了近代西方博物馆的性质和特征，借鉴了博物馆的开放、展览、教育的基本要素，又把中国文化中古已有之的古物保藏、园囿、天文气象等制式融入其中。张謇以个人财力迁移荒冢 30 余座，购地 35 亩，建立了中馆、南馆、北馆和东馆四个陈列馆，展示自然、历史、美术、教育四部分文物和自然标本，苑内还有鲜活动物、植物之养殖。漫步博物苑，不仅在建筑风格上馆与苑有机结合，而且随处都有中国文化因子的承袭，中国文化、东方哲学思想与方法论的底蕴隐然可见。如张謇书写的《博物苑》石额和题语，中馆名称和匾额以及他集《孟子》、《论语》联句为南馆手书的楹联，浓郁的人文氛围令人心怡。张謇的这种精心构思，是将科学与人文精神相结合，历史文化资源与自然环境资源相结合，展品与景观的动静相结合，从而化解了以西方为模本的博物馆与中国地方性、民族性文化之间的矛盾，开启了博物馆本土化之路。它是张謇基于自身文化语境，吸纳清新的外来文化因子，在中国近代文化变革中构合的一种新的东方启蒙思想的话语环境。它给中国人开拓了新的知识空间和文化视野，为中国传统文化找到了新的生长点和新的传播方式，也给中国人的文化习惯注入了新活力。

南通博物苑创造了一个中国范型。

这种范型的意义在于：它是建立在中国自己文化的价值基础上的，同

---

① 《中国博物馆学基础》（修订本），上海古籍出版社 2001 年版，第 75 页。

② 章开沅：《张謇传稿：开拓者的足迹》，中华书局 1986 年版，第 155 页。

时又利用自己文明的成就体认世界文化的共同性而创造新的价值趋向，符合中国人现代性追求的基本诉求。

这种范型的意义还在于：它给中国博物馆提供了一个重要的维度，即博物馆是一种教育工具。博物馆应当成为体现人文关怀的家园。张謇说博物馆"解消忙事为闲事"①，即指博物馆可以净化人的灵魂。他说各种文化形式"提倡美的艺术，尤为最高最后的目的"②，都深含了教育的意蕴。

把博物馆视为教育工具，是张謇博物馆思想的核心和精髓。许多的张謇与南通博物苑评论者，并没有深刻体认和准确把握这一内核。张謇之后的南通博物苑也未能守正不挠，百年来中国博物馆发展不无遗憾，也是没有很好继承张謇的博物馆思想。

二　博物苑是张謇国民教育构想的一部分

张謇的爱国情怀，是从教育救国出发的。办学校，办博物馆都是他教育救国的义中之事。他认为，国家要富强，必须开民智，办教育，培养人才，这是振兴中国的重要手段。"欲雪其耻，而不讲学问则无资，欲求学问，而不普及国民教育则无与"③，还说"开民智，惟有力行普及教育"④。他在《上学部请设博览馆议》中也说："东西各邦，其开化后于我国，而近今以来，政举事理，且驳驳为文明之先导矣。掸考其故，实本于教育之普及，学校之勃兴。"⑤ 为此，张謇以其大办实业之利润，补助创办教育事业，表现了执着的敬业精神。他先是创办了我国第一所民办的师范学校，并以该校培养的师资为主体，广设小学。在他积极倡导下，到1920 年代南通地区就办起了 370 多所小学校。同时，又开办纺织、农业、水利、医学、商业等专门学校，此外又办南通大学和其他高等学校，初步形成了南通地区以基础教育为主干的教育体系。据 1925 年统计，张謇及其兄，花在办学支出及其他文化公益事业上的费用，即达 350 多万银圆，

① 赵鹏：《漫步博物苑》，周德芝序，南通博物苑 2002 年版。
② 孙绪武等：《张謇与梅兰芳》，中华工商联合出版社 1999 年版。
③ 《张季子九录·教育录》卷一，中华书局 1931 年版。
④ 唐钺、朱经农、高觉敷编：《教育大辞书》，上海商务印书馆 1933 年版，第 1008 页。
⑤ 《张季子九录·教育录》卷二，中华书局 1931 年版。

占他办企业资产的七分之一。张謇个人因为办学而负债达 89 万元。

张謇对博物馆的最初认识和定位是在国民教育的大格局之中的，是为开发民智，培养人才服务的。所以他说："设苑为教育也。"① 张謇这里指的教育不单是学校教育。光凭学校教育，培养不出他心目中的人才。他说："然以少数学校，授学有秩序，毕业有程限，其所养成之人才，岂能蔚为通儒，尊其为绝学。"② 什么是通儒？通儒者，乃通才也，即"会通中西"、"文武兼攻"、"德术兼修"的全面发展的人才。张謇以为"辅益于学校"者，就少不了博物馆和图书馆。他说："今东西各邦，其所以为政治学术参考之大部以补助于学校者，为图书馆，为博物苑"③，"盖有图书馆、博物院以为学校之后盾，使承学之彦，有所参考，有所实验，得以综合古今，搜讨而研论之耳。"④

张謇"设苑为教育"的主张，在南通博物苑创建过程中得到充分的体现。在规划设计、制度保证、机制建立、环境营造、功能区分上采取了一系列措施。博物苑址即选在通州师范学校"校河之西"，目的是向学生公开开放，"为本校师范生备物理上之实验"。为此，张謇搜采了可供学校使用的动植物和矿物品、历史文物、美术品。为方便学校，创建初期博物苑就隶属通州师范学校，所用经费也由师范学校统一划拨。张謇还专门题写并悬挂于苑内主楼南馆的对联："设为庠序学校以教，多识鸟兽草木之名"，强调辅助学校教育的作用。为苑藏品分部时，更将原定三部，即天产（自然）、历史和美术，抽出有关教育的藏品另分出教育部⑤。张謇真可谓用心良苦。

由上可知，张謇博物馆思想的一个重要点，是把博物馆的建设置于国民教育体系之中，成为教育的一个构成部分，担负着"辅益于学校"的社会教育功能。张謇的这一思想是体现时代性、富有前瞻性的制度创新，对后来的博物馆管理体制产生了很大影响。清朝学部成立后，把博物馆明确纳入中央政府教育行政管理的职责范围，地方博物馆亦由各省主管教育

---

① 《张季子九录·教育录》卷四，中华书局 1931 年版。
② 《张季子九录·教育录》卷二，中华书局 1931 年版。
③ 同上。
④ 同上。
⑤ 赵鹏：《漫步博物苑》，南通博物苑 2002 年版（内部刊物），第 13 页。

的部门管理。这种体制延续到中华民国时期，并一直由教育部社会教育司统一管理。新中国成立以来，改变了这种体制链，中央教育部不再承担对博物馆的管理职能，博物馆归属于文化部门，这就注定博物馆永居于次位的格局，而且文化的意识总是高于教育的功能。

今天，我们重新审视一百年前张謇提出的博物馆社会教育构想，的确是振聋发聩、远见卓识的，契合了现代博物馆的发展潮流。当今世界博物馆的发展，更加重视以人为本。为学校教育服务，发挥社会教育功能，已经成为博物馆现代化的重要特征。

三　博物苑是张謇构建和谐社会的有机细胞

张謇早就怀有"建设一新新世界雏形之志"①。他的"新新世界"理想，具体到南通地区，就是通过"地方自治"，着眼于社会的整体改良，发展实业、教育，以及其他社会事业，构建一个文明和谐的地域社会，"直接解救人民之痛苦"。

文化是社会存在和发展的本质性力量，对社会有着导引、激活功能。张謇在构建南通文明和谐地域社会中，形成了一个以博物苑等文化载体为中心的文化圈，使其成为一种文化关切和文化平等的象征。这不仅是所谓"南通模式"的重要内容，也是张謇博物馆思想的一个特点。

张謇十分重视文化设施的综合效应。他建设博物苑的同时，就在规划其他文化设施：他在谋求南通地区经济、社会协调发展的同时，就把城市的发展与文化事业的发展纳入一个统一框架中考察，使其相互促动，相得益彰。在短短二十多年时间里，张謇殚精竭虑，孜孜以求，建成了一批多种形式的文化设施，其中除博物苑外，还有南通图书馆、《通海新报》、《公园日报》、东西南北中五公园、输墨林编辑印书局、更俗剧场、伶工学社、中国影戏制造有限公司、南通俱乐部等。同时在规划布局上，他对南通旧城进行合理的扩建，将博物苑、图书馆、五公园、俱乐部、濠南别业、翰墨林印书局等一批文化设施建于濠河畔，使之成为集中展示南通城

---

①　《垦牧公司第一次股东会演说公司成立之历史》，《张季子九录·实业录》，中华书局1931年版。

近代文化的濠河文化风景区。"进入这一区域，但见濠水清清，垂柳依依，上述文化景观错落有致，临水而建，宛如一幅精致的水墨长卷，给人留下终生难忘的印象"①。正如吴良镛先生在《张謇与"中国近代第一城"》中所说，"一系列建设事业与设施能在一个地方有大致规划地、较为集中地建设起来，在不太长的时间内将一个封建的县城开始过渡到现代城（并被称为'模范县'），的确具有划时代意义"②。

和谐社会是以人为主体的社会和谐发展状态。张謇希望以自己的努力为南通民众提供一个优美而富有教育寓意的社会环境。他很清楚，建设文明和谐的地域社会，离不开文化的协调、提升。正是博物苑等文化设施，把历史积累的文化与现实活力的文化结合起来，"物化"为城市形态、城市亮点和城市景观，构成近代南通文化"高地"，提升了南通的城市文化品位和竞争力，培育了城市精神。

博物苑等文化设施既是张謇的一种文化抉择，也是构成南通社会发展的活力。社会发展的活力包括了良好的人文环境、民众文明素质的提高和全社会的向心力、凝聚力等等。文化设施通过不同文化形式的融入和渗透，无疑对南通民众陶冶性情、涵养情操、移风易俗、更新观念、凝聚人心发挥了重大的教化作用，使"南通近代社会表现出一种经济与社会环境的全面发展，社会发展与人的素质提高的良性互动"③。正如有的学者指出的，经过张謇二十多年的经营，一个原本闭塞的封建小城镇，顿然以全新的现代都市的面貌展现给世人，以致被誉为全国"模范县"，甚至被外国参观者称赞为中国的一个"理想的文化城市"④。

四　结语

百年来，人们一想起张謇就会想起南通博物苑。张謇与博物苑这两个名字已经紧紧联系在一起。在中国文化从传统向现代转型过程中，张謇以其敢为天下先的气魄，创建了博物苑，为中国博物馆树立了榜样，也为中

---

① 庄安正：《张謇的文化观研究》，《南通师范学院学报》2003 年第 3 期。
② 吴良镛：《张謇与"中国近代第一城"》，《文史知识》2003 年第 8 期。
③ 庄安正：《张謇的文化观研究》，《南通师范学院学报》2003 年第 3 期。
④ 赵鹏：《漫步博物苑》，南通博物苑 2002 年版。

国人创造性学习外来文化树立成功的信心。张謇躬耕博物苑的实践和体会，为中国博物馆发展提供了重要思想和精神资源，也为世界博物馆理论宝库增添了中国人的思想财富。

遗憾的是，长时间张謇博物馆思想并未受到重视，南通博物苑这一博物馆模式也未得到推广。这除了历史的、政治的原因外，也与博物馆界长期以来对博物馆的认识误区有关。笔者希望以纪念中国博物馆创建百年为契机，超越以往的研究"范式"，从新审视张謇博物馆思想，冷静思考南通博物苑一百年来走过的道路。南通博物苑的生命之旅，即是中国博物馆事业的缩影，凝聚了几代博物馆人心血。几多艰难，几多酸楚，几多教训，几多欣慰！

"雄关漫道真如铁，而今迈步从头越"。当中国博物馆的第二个百年即将起步之时，应当充满信心，以科学发展观为指导，更加努力做好博物馆这篇大文章，共筑中国博物馆事业新的辉煌，真正成为世界博物馆现代化大国，作出无愧于伟大时代的贡献。

本文刊于王倚海主编，南通博物苑编：《南通博物苑百年苑庆纪念文集》，文物出版社 2005 年版，第 36—42 页。

河西的犁

傅 玫

考察队在河西走廊活动期间，正是这里的三夏大忙季节。当我们驱车在一片片绿洲上行驶时，经常看到当地的农民在使用一种古老的犁——二牛抬杠无床犁进行夏耕。这引起了考察队中许多同志的极大兴趣。为此，我们专程访问了武威县新鲜公社的一个生产队，对这种犁进行了实测。

这种二牛抬杠无床犁的构造极为简单，只有犁辕、犁身和犁铧三个部分。犁身全长10.4厘米。上部装有横木，为犁把，是耕地时扶犁人手扶之处。犁身（即犁梢）下部扁而宽，前端呈尖状，以插犁铧。铧长约32厘米，后部宽为24厘米，呈凹形，有鉴，前部宽约15厘米，呈舌形，有刃，中间有一桃尖形小突起。犁铧是从犁身的中部向前伸出的一根直杠，长约255厘米，耕地时，辕是系到架在二牛颈部横杠中间的。据当地农民介绍，这种犁一般是在收获后深翻土地时使用的。此外还有一种装有两个小铧头的犁，犁的构造与前述完全相同，只有犁身的前端分为两个木犁头，每个犁头上各装一小犁铧。这种小铧后部有銎，前部呈尖状，一般在播种时使用。

这种在中原地区比较少见的古老的犁，为什么至今还在河西走廊使用？它曾经经历了一种怎样的发展历程？这些问题为我们这次丝路访古的活动增添了一项新的探索内容。

一

这项十分有趣的探索是随着我们向西的行程逐步深入进行的。河西走廊这座祖国古代文物的宝库，为我们了解河西犁的发展变化提供了丰富的历史资料。

我们首先在武威地区博物馆看到了当地出土的汉代舌形大铧和磨咀子汉墓出土的木犁模型。据武威地区文管会的同志介绍，这件舌形铧是古浪县土门群众交来的。长36.5厘米，宽40厘米，底面板平，上面突起，中间有凸脊，后面有等腰三角形的銎，以纳木犁头，重为12公斤。磨咀子汉墓出土的木牛犁模型，据发掘简报报道①，木犁长为18厘米，犁铧头宽3厘米。犁的构造甚为简单，仅有犁辕、犁梢、犁床、犁铧、犁箭等部分，看不出犁壁、犁评等构造，时间被确定为西汉末年，当是目前河西走廊地区最早的关于耕犁的实物资料。

从这两件器物的形制来看，与内地出土的存留下来的汉代一些耕犁形制是十分相似的。据有关文物考古方面的记载，武威出土的这种舌形大铧，历来在关中、河北、辽东等地均有出土，其数量在各种汉代犁铧中为较多的一种。磨咀子的木牛犁模型，也与陕西绥德王德元墓石刻中的耕犁和米脂东汉画像石牛耕图的犁大同小异。三者均为框形的有床犁，由犁辕、犁床、犁箭、犁梢、犁铧等部分组成。这些事实说明，从汉代起，河西走廊的农业便与内地的农业有着密切的联系。

这一点，从文献上可得到进一步的证明。据《汉书·地理志》记载："武威郡，故匈奴休屠王地。"② 匈奴是以畜牧业为主，"逐水草迁徙，无城郭常居耕田之业"③ 的游牧民族。在他们占领期间，河西走廊的主要生产活动不是农业。汉武帝打败匈奴后，在这里设立了武威、酒泉郡。汉武帝和他的谋臣们很清楚，要想在这里巩固统治，必须在这个地区开垦荒地，发展农业，生产出足够大批士卒立足于此的粮食来。因此，武威、酒泉郡建立后的第一件事，就是"开田官"④，派大批士卒屯田于此。元鼎六年（前111年），伴随着军事上的进一步胜利，汉王朝又"分武威、酒泉地置张掖、敦煌郡，徙民以实之"⑤。这些屯垦的戍卒和实边的移民，

---

① 甘肃省博物馆：《武威磨咀子三座汉墓发掘简报》，《文物》1972年第12期。
② 《汉书·地理志》卷二十八下，中华书局1962年版，第1612页。
③ 《汉书·匈奴传》卷九十四上，《匈奴传上》，中华书局1962年版，第3743页。
④ 《汉书·食货志》卷二十四下，中华书局1962年版，第1173页。
⑤ 《汉书·武帝纪》卷六，中华书局1962年版，第189页。

便是河西走廊一带农业生产的奠基者。河西地区最早使用的犁，正是他们从内地带来的。

据《汉书·食货志》记载，汉武帝统治时期，赵过在三辅、河东等汉王朝统治的中心地带实行的代田法，也曾推广到了包括河西走廊在内的边郡县分①。可以想见，实行代田法的地区所使用的耦犁，也必然会随之推广到河西。从前述武威磨咀子木犁模型的形制来看，其犁辕为长辕单辕。按照汉民族的传统习惯，这种长辕单辕一般应为二牛牵引，即二牛抬杠式。没有犁评。虽有犁箭，却不能用来调节耕地的深浅，只能起支撑犁辕和固定犁架的作用。这样的犁，耕地时必须有一个人来掌辕，通过控制犁辕的高低来控制耕地的深浅。这样，一人扶犁，一人掌辕，再有一人在前面牵牛，恰好是赵过所创造的二牛三人的耦耕方式②。

底面板平，后部有等腰三角形的銎的舌形大铧，也正是在这种有床犁上使用的。把铁犁铧平插在木犁头上，便和犁床构成一个水平面。耕作时，用铧的锋部刺破土壤，形成垄沟。从这种舌形大铧的体积和重量来推测，此种形式的犁，其大者是相当笨重的。由于边地的屯田卒和屯田民是由国家统一管理，直接组织起来进行生产的，因此有条件使用这种大型的在当时需要多人共同操纵的犁。这也是赵过所以能在边郡推行代田法的原因之一。

磨咀子的木犁模型没有安装犁壁。这和河西地区一直没有出土过汉代犁壁的情况也是一致的，说明西汉末年，犁壁虽然已在三辅地区广泛使用，但还没有普及到河西走廊。

二

考察队到了酒泉地区以后，参观了酒泉县博物馆中复原的丁家闸5号十六国时期的画像砖墓，以及嘉峪关市新城公社6号、7号、8号三座魏晋画像砖墓，并在嘉峪关文管所的文物陈列室中看到了一部分画像砖。这

---

① 《汉书·食货志》（卷二十四上，中华书局1962年版，第1139页）讲，赵过把代田法"教边郡民及居延城，是后边城、河东、弘农、三辅太常民皆便代田法，用力少而得谷多"。按当时居延城为张掖所属。据此推测，张掖以及比张掖要靠近内地的武威，都已推行了代田法。

② 宋兆麟：《西汉时期农业技术的发展》，《考古》1976年第1期。

些画像砖中也保存了不少极为珍贵的反映当时农耕情况的资料。

从这些农耕资料来看，魏晋时期，此地犁的形制，总的来说，仍为长辕有床犁。与磨咀子木犁的形制和构造完全相同的犁虽然继续被使用，但也出现了不少较之进步的犁。这种犁的犁箭上端不再与犁辕平齐，而是高出犁辕，这就有可能通过楔形的犁箭来调整犁辕的高低，从而控制耕地的深浅。在犁床的前部，靠近犁铧的位置，也增加了一个部件。从图形来看，可能是能够起犁壁作用，把翻起的土拨到两边去的草把子或木棍之类的装置。

与犁的构造上的进步相适应，使用耦犁时所需的专门掌辕的人可以取消了；由于有了几百年犁耕的经验，人们已经可以十分熟练地驾驭耕牛，也就不再需要专门牵牛的人了。因此，在魏晋画像砖上的牛耕图中，已经全部是由一人操作了。

在耕犁的牵引方法上，画砖中较多反映出来的还是二牛抬杠式，但也有一牛牵引的。由一牛牵引的犁一种是双长辕，一种仍然是单长辕，丁家闸5号十六国墓中的一幅耕作图，犁的形状与磨咀子木犁模型完全相同。一根长辕，有犁梢、犁床、犁箭，无犁评、犁壁。此犁为一牛牵引。长辕系在牛身的一侧，扶犁人一手扶犁，一手拉缰绳。在牵引方法上与此类似的另外还有两幅。由于这种牵引方法在我国十分罕见，因此引起了考察队中不少同志的怀疑。但据新疆考古所同志介绍，直到现代，在新疆某些地方还有用这种方法来牵引的犁。魏晋时期的酒泉地区，是各民族杂居的地方。汉族以外其他民族的生活方式和劳动方式，在画像砖中也被大量地反映出来。我们所见到的描绘这种牵引方法的三块画像砖中，其中有两块，从人物的头饰来看，都可以肯定不是汉人。由此推测，这种牵引方法，很可能是西域某些民族的习惯。

在嘉峪关文物陈列室中，还看到一幅有两根长辕，有一牛牵引的犁的图像。此犁两根辕的后部都固定在犁梢上，前部分别伸向牛身的两侧，直到牛颈，然后系在轭上。由于装有两根长辕，使得犁本身的构造也与前述犁的形制有所不同。犁箭与犁辕分开，另与一横木相接，起到固定犁床的作用。这种一牛通过两根长辕来牵引的犁，在山东滕县宏道院东汉画像石上可以清楚地看到（参见图1①）。另外，现藏在日本京都醍醐报恩院的一份8世纪初期，由我国传到日本的《过去现在因果经》的附图上，亦

① 山东藤县宏道院东汉画像石中的耕犁

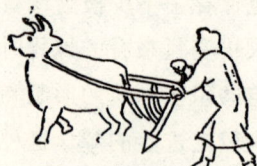

② 日本京都醍醐报恩寺所藏
《过去现在因果经》中的耕犁

③ 酒泉嘉峪关地区
魏晋画像墓中的耕犁

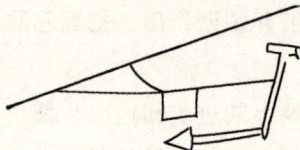

④ 敦煌莫高窟290窟中的北魏耕犁

⑤ 安西榆林窟25窟的耕犁

⑥ 莫高窟445窟中的曲辕犁

⑦ 东汉江苏睢宁双沟画像石中的耕犁

⑧ 李寿墓壁画中的耕犁

图1　汉至唐代各式耕犁图

有类似的图像（参见图1②）。说明这种双辕犁在我国是确实存在的。

如果把这三种牵引方法进行比较的话，恐怕二牛抬杠式还要算是比较灵活和先进的了。一牛在一侧牵引一根直长辕，在力的使用上不易平衡，必定会加大犁身的不稳定性，扶犁人要用很大的劲才能控制住犁身。由一牛牵引的双长辕犁，在拐弯时，由于牛身两侧均有长辕相仿，比起二牛抬杠来，更为不自如。也正因为这样，魏晋时期的酒泉地区，大量使用的还是二牛抬杠的牵引方法。因此，在研究耕犁发展史时，不应轻易地作出用一牛牵引就比用两牛牵引进步的结论来。

顺便提及，魏晋时期，处于河西走廊最尽头的酒泉地区尽管是各民族杂居的地方，但在这里占主导地位的生产方式仍然是汉民族的农耕方式。在农业生产技术和工具上，也仍然主要是接受内地的影响。《三国志·魏志》卷十六（1971 年版，第 513 页）《仓慈传》中曾转引《魏略》的材料，讲述了内地先进的农田灌溉法和耧犁传到敦煌的情况："至嘉平中，安定皇甫隆代（赵）基为太守。初，敦煌不甚晓田。常灌溉滀水，使极濡洽，然后乃耕，又不晓作耧犁。用水及种，人牛功力既费，而收谷更少。隆到，教作耧犁，又教衍溉，岁终率计甚所省庸力过半，得谷加五。"这个时期，中原陷于战乱，相比之下，地处偏远，带山阻河的河西走廊反而成了比较安定的地方，不少中原人口逃至此地。中原的技术和生产工具也随同传入。除了耧犁之外，从酒泉、嘉峪关的画像砖墓中来看，除有耕犁外（参见图 1③），作为我国精耕细作标志的整地工具耙和耱，也开始在这里使用了。而首先记载了耙和耱这两种工具的《齐民要术》，比这些画像砖的出现至少还要晚一个世纪。这种情况说明，魏晋时期，河西走廊的农业生产正在迅速追赶中原。

<h1 style="text-align:center">三</h1>

通过上述考察，使我们对河西地区汉晋时期的犁有了初步了解。但是，如前所述，这些早期的犁均为长辕长床犁，与我们所见到的本地区目前尚在使用的长辕无床犁存在着很大差别。由前者转变为后者，这无疑是河西地区耕犁发展史上的一个重大变化。这个变化究竟发生在何时？是什么原因促成了这种变化呢？

敦煌莫高窟和安西榆林窟的大量壁画，为我们提供了解决这个问题的重要资料。

莫高窟 290 窟北魏时期的佛传故事壁画中，有一幅耕作图（参见图 1④）。其中的犁，在犁辕部分以及牵引的方法上画得很不清楚，不易使人明白（但肯定不是曲辕犁），然而根据此图所画的犁梢、犁底和犁铧的形状，却能清晰地辨认出这是一个长床犁。如果把它和魏晋时期的材料联系起来看，可以推测，直到北魏时，河西地区使用的犁很可能还是长床犁。隋代和初唐，有关耕犁的壁画我们没有见到。进入盛唐以后，随着壁画中弥勒经变和法华经变的增加，耕犁的图像也多了起来。我们从属于盛唐时期的 445 窟，中唐的 25 窟，晚唐的 196 窟、85 窟、12 窟三窟，五代和宋的 61 窟、38 窟，以及属于中唐时期的安西榆林窟 25 窟的壁画中，都看到了耕犁（参见图 1⑤）。其中除 445 窟画的是曲辕犁外（参见图 1⑥），其余均为二牛抬杠的长辕无床犁。其形制已大体接近河西走廊今日的犁。由此可以断定，河西地区由长床犁向无床犁的变化是发生在唐代。

按照研究耕犁发展史的同志们的普遍看法，我国的耕犁是由耒耜发展而来的，它首先经历了无床犁的阶段，然后才由无床犁向有床犁发展。然而上述河西走廊的耕犁的发展道路却恰恰与这样的规律相反，这是与河西地区特殊的历史条件和自然条件分不开的。

从考古发掘来看，河西地区与内地广大地区一样，在远古时代，就已有原始部落生存。它们也经历了旧石器时代、新石器时代，发展起了原始农业。如果这种原始农业不遭破坏的话，也必然会逐渐产生并发展起适应自己本地区的自然条件的耕犁的。但是，如前面所讲到的，由于游牧民族的长期居留，中止了这样一个过程，致使这个地区始终没有经历过从耒耜向耕犁发展的阶段。直到归入汉王朝的版图后，随着大批屯田卒与徙民的到来，才从内地传来已经发展到相当程度的长床犁。因此，长床犁便成了河西地区最早的犁。

另外，从我国耕犁发展的全部历史来看，无床犁也并不是一定要发展成为有床犁的。早在汉代，无床犁就和有床犁是同时存在的。东汉江苏睢宁双沟画像石中的耕犁图，显然是个无床犁（参见图 1⑦）。初唐李寿墓壁画中的耕犁也是无床犁（参见图 1⑧）。直到近代，除河西走廊之外，宁夏六盘山区也是用无床犁。在山西晋城一带，还有名为"锸犁"的无床犁存在。这说明无床犁也是有它自己的优点和适应性的。一般来说，无床犁结构简单，由于没有犁床，耕地时的稳定性较差，不易扶持。又由于没有调节深浅的犁评、犁箭等装置，耕地的深度必须完全由扶犁人的双手来掌握，不易十分均衡。与此相反，有床犁由于犁床的作用，落地平稳，耕地时易于扶持。在有了犁评、犁箭和犁建等装置后，只要把这些部件事先调节好，耕地的深浅就可保持均衡，这些扶犁人的劳动强度也可适当减轻。但是，从耕地的深度来看，长床犁的犁铧由于被犁床所拖累，一般不可能入土太深。而无床犁由于没有犁床，犁铧是直接插在犁梢上的。耕地时，犁铧斜刺入土，深度肯定要大些，同时，无床犁虽然大多数都没有犁壁的装置，但由于犁铧与地面所构成的角度较大，犁铧的剖面呈三角形，耕地时便可将土垡翻转到两旁，也能起到犁壁的作用。我们在武威县新鲜公社新鲜大队参观当地的无床犁时，农民同志曾特别告诉我们，这种无床犁之所以受到喜爱，其中重要原因之一，就是耕地时可以翻转土块，把杂草压埋在下面，而起到锄草的作用。正因为这两种犁各自具有不同的特点，所以长期以来一直在我国不同的地区同时存在着。大致情况是，在水田和比较湿润的地区，多使用有床犁；在比较干燥的地区，无床犁便有较大的可能性继续保留下来。

河西走廊地区，气候干燥，土质松散，农业生产完全依靠人工灌溉；唐以前这里使用的那种把底面板平的犁铧平插在犁床前部的长床犁，不仅不能充分显露其落地平稳的优越性，而且不便于深耕；和修长的、一直伸到牛颈部的犁辕配合在一起，更显得十分笨重。因此，当成本低廉、轻便又可深耕，比较适合河西情况的无床犁一出现，便很快在河西地区显露了其优势，迅速推广开来，并深深扎下了根，一直使用了一千余年。

至于隋唐时代，河西地区的无床犁是怎样出现的，这还是一个值得深入探讨的问题，这里的无床犁和唐初长安李寿墓壁画中的无床犁相比，除了后者装有犁壁以外，整个形制都非常相似。究竟二者有何关系，目前尚无充分资料可以证实。另外，在山东莒县曾出土过一种唐代铁犁铧，形制为尖锋，体小、长銎。与今日河西犁的小铧也非常相似。是否唐代在河南道的密州、沂州一带也使用过与河西地区相似的无床犁？也还需要更多的资料来进一步证实。解决这些问题，对于进一步研究我国耕犁发展史是具有十分重要的意义的。

另外，在此不能不谈到的，是敦煌莫高窟445窟中的曲辕犁图。过去，曾有很多同志把此图作为曲辕犁已经推广到全国各地的证明。据敦煌文物研究所的同志介绍，445窟是盛唐时期的洞窟。若从我们见到的几种不同形制的耕犁在壁画上出现的时间来看，此窟中的曲辕犁图恰好处于最后的长床犁图与最早的无床犁图之间。前者与后者，我们都已得到较多的资料，足以证明它们是实际存在的。只有这幅曲辕犁的图像，在河西地区尚未找到任何佐证。对这种情况，我们可以作出两种估计。其一是，曲辕犁在河西地区使用过，但因时间很短，没有留下较多的资料；其二是，曲辕犁在河西走廊根本没有使用过，仅仅是由画工按照从内地传来的画稿描绘在壁画上的。如若按第一种估计来分析的话，这种犁的寿命很短，说明它不适应河西的农情。因而它绝不会是在河西走廊原有犁的基础上，根据该地的具体情况发展而来的，只能是由内地传来的。河西通往内地最方便的地方就是关中，但是，从初唐李寿墓壁画中的犁来看，当时在长安地区使用的也不是那种有床的曲辕犁。即使是在江南已经使用了，也很难想象它可以跳过长安而直接从江南水乡传到河西走廊的干旱地带来。因此，我们完全可以排斥掉第一种可能，而认定445窟的曲辕犁是由画工根据内地传来的画稿描绘出来的。换句话说就是，曲辕犁始终没有推广到河西走廊。

当然，这种情况并不影响这幅曲辕犁图在我们研究唐代曲辕犁时所具有的重要价值。从图本身来看，此犁除犁梢、犁床、犁铧之外，还有犁壁、犁箭、策额，但看不到犁评、犁建，还有可能是由于部件太小，在画中省略了。辕的形式亦为曲辕。这些都能与唐末陆龟蒙在《耒耜经》中所叙述的江东犁大致相同，比起魏晋南北朝时期的长床犁来，也确实有了一定的进步。历来研究曲辕犁的同志在这些方面也没有重大的分歧。但是此图所画犁辕的前半部却不甚清晰，以致一些同志把它误作短辕。其实，如果仔细辨认的话，在牛的身后，可以发现隐露的向左上方继续伸出来的辕，牛的身上也没有用来牵引犁的绳套。在两头牛的颈部却仍然横架一杠。根据这些情况来分析，此图画的应该仍然是长辕犁。这与《耒耜经》所讲"辕修九尺"也相符合。

是长辕，还是短辕？关系到对唐代曲辕犁在耕犁发展史上的地位应该如何估价的问题。正如一些主张唐代曲辕犁是短辕的同志所说，由长辕到短辕，由二牛抬杠到使用绳套是耕犁发展中的一个重大进步。但是，可惜的是，根据目前所见到的这幅唐代曲辕犁的唯一图像和《耒耜经》的记载来看，这个进步并不是在唐代，而是在唐以后才完成的。

从五代和宋的敦煌壁画中，我们可以看到，这个地区当时仍然在使用二牛抬杠无床犁。由此推测，从唐以后，历经宋元明清，河西地区的耕犁一直没有再发生重大的变化。这种情况一方面固然可以说明，二牛抬杠无床犁是比较适应河西地区农业生产的条件的；另一方面却更为有力地证明，中国封建社会的后期，生产力长期停滞不前的状态。

总之，河西之行使我们深深感到，这里是截至目前，在我国保留了较多，也较为系统的耕犁发展史资料的地区。尽管这些资料带有浓厚的地方特点，但对于研究农具史仍然是很重要的。深信今后研究农具史的专家们，一定会对这些丰富的资料进行深入研究，发表出一些具有远见卓识的文章来。

师酉鼎与师酉簋

朱凤瀚

　　师酉鼎是保利艺术博物馆新征集到的青铜器，其形制为盆形鼎，腹较浅而倾垂，腹壁微斜张，最大径近器底；双附耳，三柱足，足横截面近半圆；口沿下有变形鸟纹构成的类似于窃曲纹形式的纹饰带，以雷纹作底纹，腹中部有凸弦纹一周（见图1）。其形制、纹饰符合西周中期鼎的特征，附耳浅垂腹的形制尤与共王时的七年趞曹鼎相近。

　　此鼎腹内壁有铭文10行92字，重文2字（见图2、3），现将释文隶写如下：

> 佳（惟）王四祀九月初吉丁
> 亥，王各（格）于大室，吏（使）师俗
> 召师酉。王寴袤庢（宦）师酉，
> 易（赐）豹裘。曰：豾夙夜，辟事
> 我一人。酉敢拜颔（稽）首，对
> 龏（扬）皇天子不显休，用乍
> 朕文考乙白（伯）、亮姬宝障
> 鼎。酉其用追孝，用蘮爾
> 寿、猷录（禄）、屯（纯）鲁。酉其万年
> 子子孙孙永宝用訚（享）孝于宗。

　　对于这篇铭文涉及的问题，下面准备从三个方面谈些认识。

一

本铭文所记历日，所谓四要素，即王年、月份、月相（"初吉"从字义看并非与月相有关，但在记历日的铭文句式中位置与其他月相词语相同，过去一般亦将之归为月相中，此暂从旧说）、干支纪日俱全，为西周王年历谱研究又增加了一条资料。

现在对西周金文王年历谱的研究成果，已可以大致将西周中期（穆王至孝王）阶段的青铜器，按所属不同王世分组，诸器按王年所排序与器形、纹饰及铭文字体特征基本相适应，历日亦相契合。在理论上，这样的几个器组，各组所属王年始年可以按一定时差前后移动，而各器前后位置不变，仍可相互连接结合为一组。师酉鼎王年为四祀，即四年，如单纯从排历谱出发，在下文所排历谱（见表1）中既可以排入共王年历中，也可以排进孝王年历中。但排进孝王年历，有两点不妥，一是器形略有不妥，因为此种很浅的垂腹鼎从已知资料看，似主要流行在穆共时段中；二是如排在孝王年历中，即要将原来可以排入孝王年历中的器物，如同一王年数的散伯车父鼎（散季盨）排挤出去，而散伯车父鼎如进入夷王年历，又会因此影响夷王元年的选择，使本可以排入夷王年历的王臣簋等器物不太好排进历谱中。此外，从铭文字体看，师酉鼎铭文字体与师遽簋很相像，而师遽簋应属共王时器①。

根据以上考虑，师酉鼎以排入共王年历中较为稳妥。下面即将不成熟的共王至夷王阶段的金文历谱排定如表1所示。

表1　　　　　　　　　　共王至夷王金文历谱

共王元年	前 922 年			
三年	前 920 年	三月庚寅朔十三日壬寅	三年卫盉	三年三月既生霸壬寅
		四月庚申朔二日辛酉	师遽簋盖	三祀四月既生霸辛酉

①　师遽所制器尚有师遽方彝，其形制特征及纹饰与1955年3月陕西眉县李家村出土的盠方彝相近同。李家村出土的盠器还有盠驹尊，其铭文中言"王乎（呼）师豦（遽）召盠"。根据2003年陕西眉县杨家村窖藏出土的迷盘铭文，盠是穆王时人，盠方彝年代应属穆王。师遽方彝之形近同盠方彝，师遽与盠曾共服事穆王，但师遽簋历日作"惟王三祀四月既生霸辛酉"，并不能排入穆王历谱，而可以排入共王历谱，故应定为共王时器。

续表

共王元年	前 922 年			
四年	前 919 年	九月壬午朔六日丁亥	师酉鼎	四祀九月初吉丁亥
五年	前 918 年	正月戊申朔三日庚戌	五祀卫鼎	五祀正月初吉庚戌
六年	前 917 年	二月壬申朔三日甲戌	宰兽簋	六年二月初吉甲戌
八年	前 915 年	十二月丁亥朔	齐生鲁方彝盖	八年十二月初吉丁亥
九年	前 914 年	正月丁巳朔二十四日庚辰	九年卫鼎	九年正月既死霸庚辰
十二年	前 911 年	三月戊辰朔二十三日庚寅	走簋	十又二年三月既望庚寅
十三年	前 910 年	六月辛卯朔八日戊戌	望簋	十又三年六月初吉戊戌
十五年	前 908 年	五月己卯朔四日壬午	十又五年趞曹鼎	十又五年五月既生霸壬午
十六年	前 907 年	九月壬申朔十三日甲申	士山盘	十又六年九月既生霸甲申
二十年	前 903 年	正月壬午朔二十三日甲戌	休盘	二十年正月既望甲戌
懿王元年	前 899 年	六月丙辰朔十九日甲戌	师虎簋	元年六月既望甲戌
		六月丙辰朔二十日乙亥	曶鼎	元年六月既望乙亥
二年	前 898 年	二月壬午朔六日丁亥	吴方彝盖	二祀二月初吉丁亥
		三月壬午朔四日乙卯	趩觯	二祀三月初吉乙卯
七年	前 893 年	十三月戊申朔七日甲寅	牧簋	七年十又三月既生霸甲寅
孝王元年	前 891 年	四月辛丑朔十四日甲寅	元年师旋簋	元年四月既生霸甲寅
		九月己巳朔十九日丁亥	元年师颖簋	元年九月既望丁亥
三年	前 889 年	五月戊子朔十五日壬寅（本月甲辰望）	达盨盖	三年五月既生霸壬寅
四年	前 888 年	八月辛巳朔七日丁亥	散伯车父鼎	四年八月初吉丁亥
			散季盨	
夷王元年	前 885 年	二月丁卯朔二十四日庚寅	师询簋	元年二月既望庚寅
二年	前 884 年	三月辛卯朔前一日庚寅	王臣簋	二年三月初吉庚寅
五年	前 881 年	九月辛未朔十二日壬午	五年师旋簋	五年九月既生霸壬午

表 1 中存在的问题有两个。其一是，既生霸的范围，是从一个月的二日至十三日，大致相当于上半月。初吉则大致是从朔日至七日，前后可能有一天的差度，与上述既生霸的范围有所重复。在排金文历谱时，这个问题实际上一直存在。关于金文历谱中展现的既生霸的这个时段范

围，近期张培瑜先生也有过论述①。当然，这就涉及另一个问题，即初吉到底是不是月相词语，如按上述，既生霸也可能在月初，则用初吉再指示月初即没意义了，所以初吉表示的是初干（每月前十日）内的吉日即有可能。当然，这个吉日是如何定出来的，从现有的文献中不能确知，但应当有一种手段（比如占卜之类），或当时已有类似后世战国时那种"日书"，对每个月初干吉日有一个规定。第二个问题是，元年师旋簋排在孝王元年（以前 891 年计），但此簋中有人物遲公与作册尹，均作为王朝册命礼中的右者与宣布王命者，在历谱中应入厉王的十三年疢壶铭文中有遟父、作册尹，身份与元年师旋簋中的遟父、作册尹同。厉王元年以前 877 年计，则厉王十三年是前 865 年，与上举孝王元年（前 891 年）相差 26 年，如"遟父"即是"遲公"，两个作册尹也是同一人，则过了 26 年仍共事，也有些问题，或遟父并非遲公。因为从名字上看，一般作为生称的"公"前一字应是氏名，而遟父之"遟"是属私名之字。

<h2 style="text-align:center">二</h2>

　　师酉鼎铭文中需要解释的地方并不多。其中"王窺袤臣（宦）师酉，易（赐）豹裘。"之宦字，笔者曾在论中村不折旧藏的一片殷墟甲骨刻辞时作过考证②，认为此字应是宀、亞会意，亞亦声。亞有可能是卜辞中��字之省，本义当是表示宫室建筑之中庭。而亞与《说文解字》中之宁字声近同，宦可读如宁（宁字字形也有可能即是亞字之省变）。在西周金文中，宦常被假借为赐予之"予"，但也有时假借为"作"，在本铭中显然应读为赐予之"予"。

　　袤字，在以往著录的铭文中尚未见过，《广雅》："袤，长也。"在此当是形容王此次赏赐之隆重。

　　豹裘，在西周金文中亦见于上海博物馆所藏焂戒鼎铭文，是恰恰伯

<hr/>

　　① 张培瑜：《逨鼎的王世与西周晚期历法月相纪日》，《中国历史文物》2000 年第 3 期。
　　② 朱凤瀚：《记中村不折旧藏的一片甲骨刻辞》，收入《揖芬集——张政烺先生九十华诞纪念文集》，社会科学文献出版社 2002 年版。

赐于焂戒之物（同时赏赐的还有"虎裘"等）①。本铭言王"窥（亲）"
赐予师酉豹裘，与多数铭文中仅言王赐不言亲赐应该有别，窥（亲）赐
可能是说赏赐物是王亲自指定的，这对受赐者自然是无上之荣光。在西周
金文中言王窥（亲）赐臣属的，尚有通簋铭文（记穆王窥赐通𫑡）与噩
侯驭方鼎铭文（记王窥赐驭方"玉五瑴，马四匹、矢五［束］"）。

本铭在记王亲赐师酉豹裘后，又记王曰："圌夙夕，辟事我一人。"

圌字究竟应读为今何字，尚无定论。在西周中期几件器铭中出现的此
字口内所从𣎵舟，原篆中和𣎵相合的部分与"舟"字字形是有差别的。
如本铭作𦨶，九年卫鼎作𦨶，墙盘作𦨴。或以为所从乃肉，但在金文中肉
一般皆写作𠫔，并不相同。见于西周晚期器铭中的此部分，则多已写成𣎵
（毛公鼎）、𣍟（番生簋）、𣍟（叔向簋），亦可读作舟。所以，本字隶定为
圌，只符合西周晚期此字形体。貂原所从之𦨴后写成舟可能是讹变，但写
成"舟"也可能已被作为声符使用。

西周金文中多见"龘圌"一词，也常见"龘臺"一词。二者用法基本
相同，如"用龘圌大令（命）"（番生簋），"今余唯龘臺乃令（命）"（三
年师兑簋）。"臺"字当以读为"就"字较贴切②。"就"上古音为从纽、
幽部韵，而"舟"为知纽、幽部韵，字音相近③。这也证明"圌"（貂从
舟得声，圌从貂得声）与"臺"音相近，"龘圌"与"龘臺"皆可以读为
"申就"。

圌在这种句式中，也可以依音读为"周"。圌、周声、韵并同。但读
为周，仍可以有两种训解：

其一，周有帀、旋、复之义，即典籍中所言"周流"。《礼记·仲尼
燕居》："使女以礼周流无不遍也。"孔颖达疏解释"周流"是周旋流转。
"周夙夜"即是讲日夜周转，亦即夜以继日之意，或言日日夜夜。

其二，周有忠信之义。如《诗经·小雅·都人士》"行归于周"，毛
传曰："忠信曰周。"《左传·襄公四年》传"必谘於周"，杜预注："忠
信为周。"忠之意，当如《国语·国语》记晋孙周事单襄公"言忠必及

①　陈佩芬：《释焂戒鼎》，收入《第三届国际中国古文字研讨会论文集》，香港中文大学中
国文化研究所中国语言及文学系1997年10月发行。
②　王人聪：《西周金文中"圌臺"一词补释》，《考古与文物》1987年第2期。
③　周法高著，张日昇、林洁明编：《周法高上古音韵表稿》，台北三民书局1973年版。

意"，韦昭注："出自心意为忠。"如此，则"圝夙夜"，是讲早晚（时时）怀着虔诚之态度。西周金文中有"虔夙夕"的句式，与此读圝为周，训周为忠信之"圝夙夜"句式相同而意思亦相近。西周金文中也有"敬夙夕"、"敬夙夜"之语句。但"圝夙夜"之圝在这里似不大可能训为敬。毛公鼎铭文有句云"圝夙夕，敬念王威不赐"之句，于省吾即曾指出，在此句中，圝如训敬即难以讲得通①。

本铭记王言于师酉曰："圝夙夜，辟事我一人。"辟训"君"，周金文中多见辟于王之语，则辟即是事君②。本铭"辟事"当亦即"事君"之意。"我一人"即商卜辞中习见之"余一人"，乃王自称。如圝取上述"周流"之意，王这句话即可意译为：日日夜夜服事于我。如取上述"忠信"之意，此句话即可理解为：时时刻刻以虔诚之心来服事于我。

三

下面讨论一下师酉鼎与相系连之诸器的年代关系。

师酉鼎铭文言"用乍（作）朕文考乙白（伯）、寏姬宝障"，由师酉称其母为"寏姬"，可知师酉之家族非姬姓。

师酉所做另一套器即师酉簋（已见著录近同形器四件），铭末亦言"用乍（作）朕文考乙白、寏姬障簋"（参见图5）。师酉簋器形显现较晚特征（参见图4），判定师酉鼎与师酉簋确为同人所制，实际上还是凭借此种相同的亲称。

可以由此对先人之亲称系连的铜器还有询簋与师询簋。

询簋1959年6月出土于陕西蓝田县城南寺坡村③，器盖皆饰瓦纹，双兽首小半环耳衔环，其铭末言"用乍（作）文且（祖）乙白（伯）、同姬障簋"（参见图6、图7）。

师询簋器形已不得知，铭文见于宋薛尚功《历代钟鼎彝器款识法帖》

---

① 于省吾：《墙盘铭文十二解》，《古文字研究》第5辑。

② 杨树达曾论金文中"辟"之义云："古人称君曰辟，引申之，事君亦曰辟，《逸周书·祭公篇》云：'三公上下辟于文武'，谓三公上下臣事放文武也。"见《单伯昊生钟跋》，收入《积微居金文说》，中华书局1997年版。

③ 郭沫若：《弭叔簋及訇簋考释》，《文物》1960年第2期。

（14·14），铭末言"用乍（作）朕剌（烈）且（祖）乙白（伯）、同益姬宝簋"（参见图8）。

由亲称看，询与师询显然亦是一人。研究者一般认为询簋、师询簋中的文祖乙伯与同姬（同益姬）即是师酉鼎、簋中的文考乙伯与宽姬，师询应当是师酉之子。这是很有可能的。宽姬又称同姬、同益姬，其间关系可能是：

宽：溢美之词、谥号。西周金文中以此作为谥号之例数见。

同：可能是师酉、师询家族之氏名。即宽姬夫家氏名。

益：宽姬之父氏。

有助于证成对师酉与师询此种亲属关系推测的是，询簋铭文记录的王所册命询之职事与师酉簋铭文中所记王册命师酉的具体职事相近同：

师酉簋：王乎（呼）史匽（牆）册令（命）师酉：嗣乃且（祖）啻官邑人，虎臣，西门尸、㝊尸、秦尸、京尸、崀身尸。

询簋：王若曰：询，不（丕）显文武受命，则乃且（祖）莫周邦。今余令（命）女（汝）啻官嗣邑人，先虎臣、后庸、西门夷、秦尸、京夷、㝊尸，师笭侧新，□华夷、崀身夷、匰尸，成周走亚，戎秦人、降人、服夷。

相比起来，询的职事更要多一些。但是两篇铭文中所司理之属臣与诸尸（夷）的种类如此一致，且连表述方式也近同，反映出询即是在接替师酉的职事，只是有所扩展。故询也任师职，称作师询（师询簋）。师酉簋铭文中所记王册命师酉的语句中讲到，命师酉嗣（司，即承继）先祖职事，询的职事与师酉又大致相合，显然仍是在沿职事世袭之制。

有的学者从师询簋铭文历日可排进共王历谱，以及询簋器形可早到西周中期而师酉簋呈现西周晚期形制特征这种情况，认为师询可能是师酉之先人，师酉鼎铭文中所记"嗣乃祖"之职事即是承师询所受册命之职事。但是师酉鼎的发现，说明师酉在共王时期即已供职于王朝，所以师酉不大可能是师询之后辈。现在看来，师询为师酉之子的可能性还是较大的。而询的器物年代要视师酉簋年代而定。

　　师酉鼎如前文所论，应是共王时器。师酉簋已著录四器，大致同形①。有盖，器、盖相接处与圈足上饰重环纹，圈足下有三兽首小足。此种形制，主要流行于西周晚期，在夷王以后。但师酉鼎属共王四年器，按上文所列金文年历表，共王四年在公元前 919 年，而夷王元年已是前 885年，其间相距 30 余年，略显过长。且师酉簋铭文中有史墙，即扶风庄白一号窖藏出土之墙盘之器主人，墙盘亦属共王时。由这种情况似可以认为师酉簋应当比夷王稍早，器铭所记"惟王元年"，有可能是孝王元年。上文所列共王至夷王金文年表中，列为懿王元年的师虎簋也属于此种有盖、全瓦纹的形制，说明此种盛行于西周晚期的器形始出现于西周中期偏晚。

　　师酉簋如是孝王元年器，询所制器物则应当在此以后。询簋铭文中署明是十七年，按上文金文年历表，夷王不可能有十七年，则此十七年当属厉王。询簋亦为有盖、全瓦纹簋，但双耳作兽首形小半耳衔环。此种形制与无曩簋相同，无曩簋在金文历谱中应排入厉王十三年。1974 年扶风强家村窖藏出土的虢季氏家族铜器中有即簋，形制亦与询簋相同。即之祖父师龢曾服事穆王（师龢鼎），其父师望（见师望鼎）当活动于共、懿王至孝王时期，则即担任王官时间在孝、夷王乃至厉王早期，即簋年代亦在此阶段内。所以询簋年代入厉王似无不可。也有学者曾注意到询簋文中有"益公"，是询见王时的右者，认为有"益公"之名的器物在穆王、共王之时，故询簋不会晚到西周晚期。但属于穆王的盠方彝铭文中称"益公"为"文祖"，此益公当是成、康时人，则西周中期的器铭的"益公"，应当是第二代或第三代益公，可见"益公"之名未必仅限于一两个王世。"益"是氏名，该氏历代宗子当皆可称"益公"。故询簋属厉王时其铭文中仍可以有"益公"。师询簋年代也大致应在夷王至厉王范畴内。师询簋铭文中有一些语句形式与宣王时期的毛公鼎相同，这点已为不少金文研究者指出。但师询簋历日似不会晚到宣王，实际其历日（元年二月既望庚寅）也不合宣王元年（前 826 年或前 827 年），而且也不合厉王元年（前 877 年）。如上文所列共王至夷王金文年历谱中所示，师询簋的历日选定在表中所列夷王元年（前 885 年）时，可以与夷王元年历日大致相合。唯二月庚寅日已在是月之二十四日，按粗疏的月相四分说约后天一日。

---

　　① 见郭沫若《两周金文辞大系图录考释》（科学出版社 1958 年版）图 93、录 76，图 94、录 77，图 95、录 78 前，图 95、录 78 后。

西周中期昭穆后，可能已行用推步历法，但观象授时仍并用，早期推步历法有 ±1 天失天是可能的①。

师询簋主要记王之训诰，表达了王在艰难时日对师询的期望与重视，虽未言及具体官职及职守的任命，但言及赐予师询"尸（夷）允三百人"，"允"可能是夷人中之一类，由此亦可见师询地位之高。在上述厉王十七年的询簋中，王册命其承继师酉簋所记师酉的官职，而在职事上委任更重。

上文已论证师酉簋当属孝王元年器，至询簋之厉王十七年已是 30 年以后。由师酉鼎铭文可知，师酉在共王四年（按上举历表为前 919 年）已经在王室供职，至厉王十七年（前 867 年）已是 52 年了，或已去世，即使仍生存其年岁亦甚高，故师询始接任其职。但在此前，师询已经服事于王，作为世家巨族、王室干辅，故有询簋所记王之册诰。

综上所述，师酉与师询所制四件（组）器的年代关系应是：

师酉鼎（共王四年）

师酉簋（孝王元年）

师询簋（夷王元年）

询簋（厉王十七年）

由以上器物年代排列引发的问题，除了上面已谈到的师酉簋、询簋所代表的铜簋器形流行的年代与其发展变化的情况等问题外，还有这几件器物铭文内容中所涉及的两个问题。

一个问题是关于师酉鼎中出现的受王命"召师酉"的师俗在王朝活动的时间问题。因此事关乎有关铜器之断代，有必要讨论一下。师酉鼎属共王四年，此是迄今可知师俗首见于器铭之时间。师俗在共王时铜器师永盂铭文中也出现过，被称作"师俗父"，与井伯、燮伯、尹氏等并列，显然为王朝要臣。在同为共王时器的岐山董家村出土的五祀卫鼎铭文中，所记王朝卿士内有"白（伯）俗父"，应即师俗。"伯俗父"之称亦见于年代相近的龠（或释庚）季鼎铭文（《集成》2781）。师俗（或"伯俗父"）较多地出现于师酉鼎外的其他共王时铜器铭文中，也

① 张培瑜：《逑鼎的王世与西周晚期历法月相纪日》，《中国历史文物》2000 年第 3 期。

证明将师酉鼎列入共王是合适的。在较晚的器中，如约相当于孝王或夷王时的史密簋铭文（《文物》1989年第7期）中仍可以见到"王命师俗、史密"东征，夷王元年按本文金文年历表所示前885年计，此时师俗至少也应有五十余岁（共王四年即前919年之师酉鼎中师俗按二十岁计）。值得注意的是，在应属于厉王三年的铜器师晨鼎中仍可见到师俗，其铭文曰："王乎作册尹册令师晨：疋（胥）师俗嗣（司）邑人。"厉王三年为前875年，按上述计算方法，此时师俗已六十余岁，这个年龄仍作为王臣服事于王朝是可能的。总之，师俗之名在师酉鼎所记共王四年后相隔四十余年的铜器铭文中仍出现似无不可，上举金文年历表中对师酉鼎年代的安排应当是可以的。

　　另一个问题是上文已提到的，即本文定为夷王元年的师询簋铭文与宣王时期的毛公鼎铭文在字句中有相合处该如何理解的问题。其相近同的字句如：

> 王曰：师询，哀才（哉），今日天疾畏降丧。（师询簋）
>
> 王若曰：敃天疾畏。（毛公鼎）
>
> 今余佳（惟）醽囊乃令，令女（汝）重雝我邦大小猷。（师询簋）
>
> 今余唯肇巠（经）先王令，令女……雝我邦小大猷。（毛公鼎）
>
> 率以乃友，干吾王身。（师询簋）
>
> 㠯（以）乃族，干吾王身。（毛公鼎）
>
> 谷（欲）女（汝）弗㠯（以）乃辟圅（陷）于艱（艰）。（师询簋）
>
> 俗（欲）女（汝）弗㠯（以）乃辟圅（陷）于艱（艰）。（毛公鼎）

　　除了与毛公鼎铭文字句有相合处外，师询簋言"哀才（哉），今日天疾畏降丧"，与禹鼎"哀哉，用天降大丧于下或（国）"、塑盨"则唯辅天降丧"相近同。"干吾王身"句，与师克盨"干害王身"近，"敬明乃心"句曾见于西周早期的琉璃河M1193出土的克罍、克盉铭文，但亦见于塑盨。上举禹鼎、师克盨、塑盨这几件器物应属于西周晚期夷、厉王时期。师询簋年代归于夷王元年，已进入西周晚期，在年代上与以上诸器接近，有相近同的语句应该是可以理解的。而相近同的字句、词语在接近的几代王世（几十年期间）所作器之铭文中皆行用，这种相对稳定状态也是当时语言文字的一种特征。

　　师询簋铭文与毛公鼎等西周晚期铭文表现出来的一个较为突出的特点，是一种忧患意识，铭文中凡几见的天"降丧"之词语仅出现于西周晚期铜器。在《诗经》中与天"降丧"有关的诗句亦仅见于西周晚期诗篇，如《小雅》之《节南山》有"昊天不惠，降此大戾"句，《雨无正》有"浩浩昊天，不骏其德，降丧饥馑"（同诗还有"旻天疾威"句）。《大雅·云汉》有"天降丧乱"句。这种时代性语言是夷王以后西周王朝内外矛盾激化这一特定历史背景的反映。这对于判定师询簋的年代有参考作用。

　　西周自西周中叶偏晚后，特别是进入夷王期后，王朝已开始衰败。《礼记·郊特牲》记行觐礼时天子下堂见诸侯为失礼，乃"由夷王以下"，郑玄注："时微弱，不敢自尊於诸侯也。"《郊特牲》此言与郑注所据现已不得知，但所云可作参考①。

附　图

图 1　师酉鼎

---

　　① 参见白川静《金文通释》第四六、四七辑第五章《夷王朝与淮夷的动向》"一、齐侯烹杀"。白川静对夷王朝开始的西周晚期的社会危机有过讨论，唯所引有关器铭之断代多有不妥。

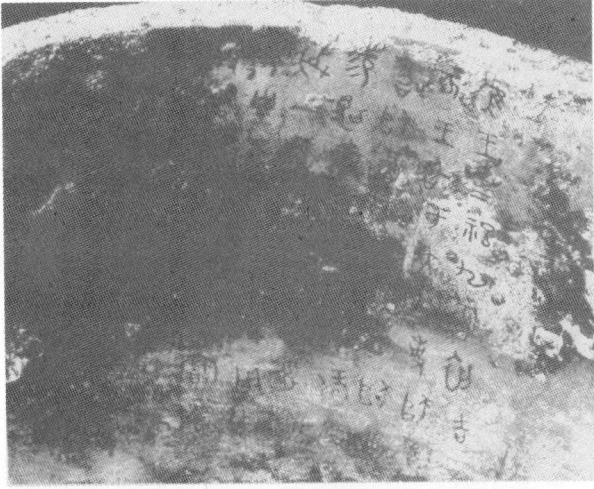

图 2　师酉鼎内壁铭文

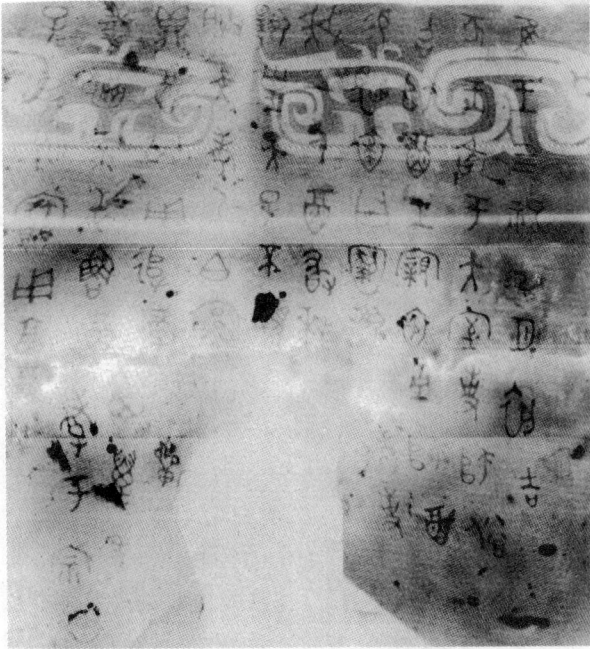

图 3　师酉鼎铭文 X 光片

图4　师酉簋

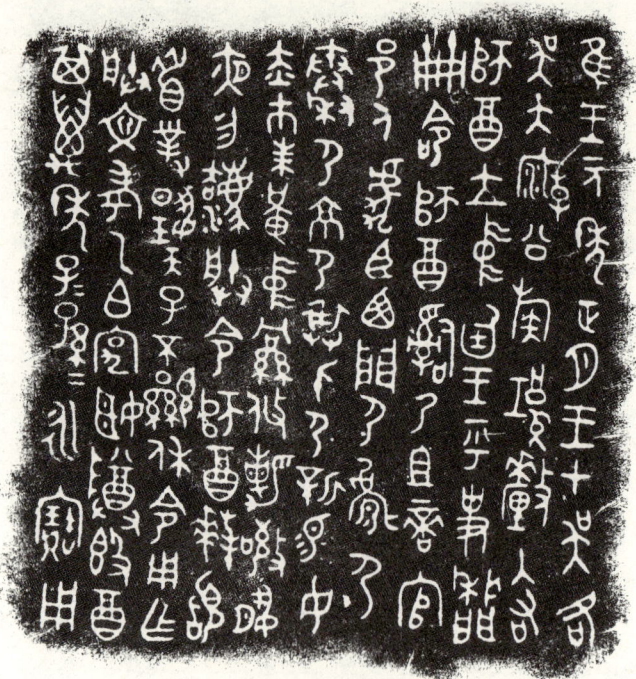

图5　师酉簋铭文

图 6　询簋

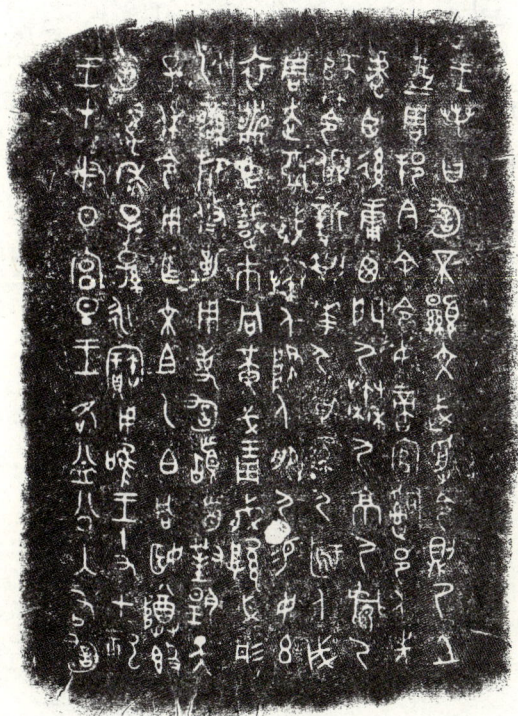

图 7　询簋铭文

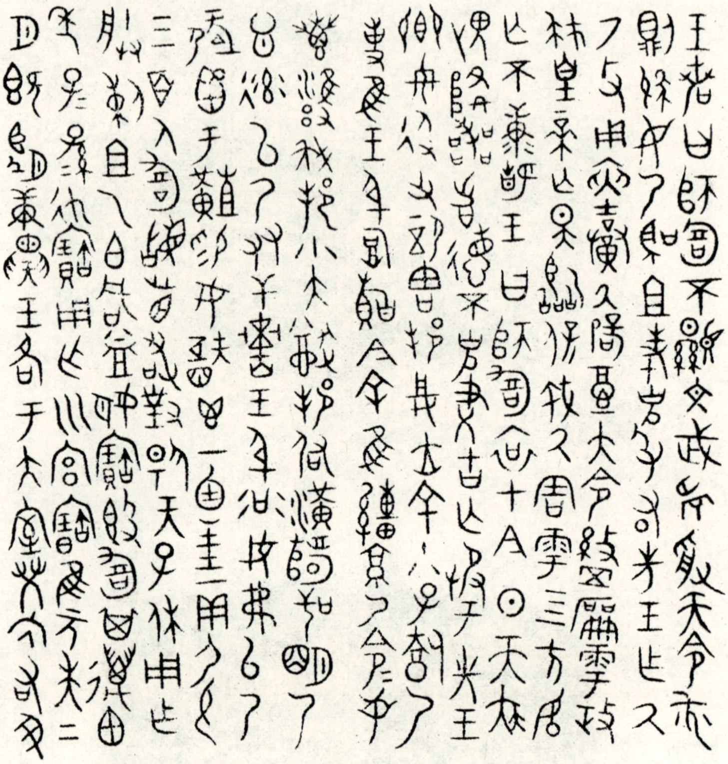

图8　师询簋铭文（《历代钟鼎彝器款识法帖》14·14）

大南沟石棚山墓地研究

陈 畅

　　大南沟墓地，位于内蒙古赤峰市迤北约 25 公里的大南沟村南，由相距 2 公里的石棚山墓地和老鸱窝梁山墓地组成。该墓地的考古收获最先见诸《昭乌达盟石棚山考古新发现》①，而后出版了《大南沟——后红山文化墓地发掘报告》② （以下简称《报告》）。石棚山墓地发现墓葬 77 座，墓葬间没有叠压打破关系，有 74 座介绍了葬式、随葬品及其出土位置等情况。老鸱窝梁山墓地发现墓葬 6 座，没有发表墓葬平面图等重要资料。本文拟对石棚山墓地的资料重新分析，揭示墓葬埋葬顺序和器物组合关系在空间上的分布规律，结合葬俗等发掘材料，研究墓地形态，并以此为基础，对该墓地人群进行社会学考察。

一　墓地形态

　　墓地形态研究，是以随葬品分析和墓地分期为基础，结合全部可发掘的墓葬信息，从既有的考古资料中归纳出葬俗和随葬品的特征组合在时间和空间的分布规律，以探讨墓地人群组织方面和非物质方面的问题。

---

　　① 李恭笃：《昭乌达盟石棚山考古新发现》，《文物》1982 年第 3 期。
　　② 辽宁省文物考古研究所、赤峰市博物馆：《大南沟——后红山文化墓地发掘报告》，科学出版社 1998 年版。

（一）陶器分析和墓葬分期

随葬品是研究墓地时间属性和墓地形态的重要依据。74 座墓葬中随葬陶器的墓葬 60 座[1]，未见陶器的墓葬 14 座。这里选择随葬的陶罐、钵、碗、豆、盆五类常见器进行类型学研究。

罐　分为筒形罐、带耳罐、敞口罐三类。

筒形罐　最常见的陶器类型，随葬筒形罐的墓葬占陶器墓的 79.7%。按有无附耳分为两类。

有耳类　按穿耳和实耳区分为 A、B 两型。

A 型：穿耳。按口、耳形态对应关系分三个亚型。

Aa 型：竖穿耳，敛口。根据口部收敛程度和腹部曲率变化分三式，参见图 1：1～3。Ⅰ式标本 M8：2、M20：5、M33：6、M38：2、M39：3、M50：1、M59：3，Ⅱ式标本 M67：15、M68：2、M71：4，Ⅲ式标本 M4：1、M60：5、M61：2、M66：1。

Ab 型：竖穿耳，侈口。标本 M14：7、M60：4，参见《报告》图六六：7。

Ac 型：横穿耳，侈口。根据最大径位置的变化分为三式，参见图 1：7～9。Ⅰ式标本 M2：2，Ⅱ式标本 M52：1，Ⅲ式标本 M22：1、M28：2。

B 型：实耳。个体通高与口径的比值的平均数为 0.93，罐的几何外轮廓呈扁方者（即小于或等于平均值）为 Ba 型；罐的几何外轮廓呈近方或长方者（即大于平均值）为 Bb 型。

Ba 型：按口部收敛程度变化和最大腹径与底径比值差距的变化分三式，参见图 1：10～12。Ⅰ式标本 M3：2、M40：2、M72：3，Ⅱ式标本 M26：2、M34：4、M70：6、M77：1，Ⅲ式标本 M31：3。

Bb 型：根据罐最大径位置的变化分为三式，参见图 1：4～6。Ⅰ式标本 M19：5、M36：2、M76：18，Ⅱ式标本 M23：4、M25：3、M27：4、M28：1、M37：2、M41：1、M57：3，Ⅲ式标本 M4：2、M30：4。

需要说明的是，M3：3、M32：3、M55：1、M64：2 四件标本没有

---

① 《报告》第 24 页说两片墓地总的陶器墓数量共有 63 座，这一数字是刨除石棚山墓地第一次调查时清理的 M3、M4、M77 三座墓葬后得到的。

耳的文字介绍，根据线图推测，非 B 型即 Ac 型。《报告》介绍具有实耳的筒形罐 23 件，具有横穿耳的 4 件，故暂将此 4 件视为实耳类的 B 型，则有 M55：1 和 M64：2 为 Ba I 式，M3：3 为 Ba II 式，M32：3 为 Bb II 式。

无耳类 3 件。标本形态与 B 型相似，暂依 B 型的形式划分，M51：2 近于 Ba II 式，M73：12 近于 Bb I 式，M48：4 近于 Bb III 式。

带耳罐　根据口径和腹径的比例分二型。

A 型：口径小于腹径。根据耳部特征分二个亚型。

Aa 型：双耳罐，根据最大腹径位置和罐身曲线的曲率变化分三式，参见图 1：13 ~ 15。I 式标本 M29：1，II 式标本 M70：5、M77：2，III 式标本 M28：4。

Ab 型：动物造型附耳，标本 M36：1，参见《报告》图三六：7。

B 型：口径大于腹径。根据腹部和耳部形态特征分二个亚型。

Ba 型：鼓腹，竖耳。按最大腹径位置和曲率的变化分二式，参见图 1：16、17，I 式标本 M76：1，II 式标本 M46：2。

Bb 型：折腹，横耳，标本 M27：5，参见图 1：18。

敞口罐　根据罐身形态特征分二型，参见图 1：2—6。

A 型：通体曲线流畅。标本 M28：7、M55：3、M77：3，参见《报告》图三五：2。

B 型：器身靠近底部处有折棱。标本 M23：7、M43：2、M56：1，参见《报告》图七八：7。

钵　分为素面钵和彩陶钵二类。

素面钵　几何外轮廓扁方，根据器身近底部的收缩变化分二式，参见《报告》图一一三：3、图三三：2。I 式标本 M28：12、M40：1、M55：4、M64：3、M72：1，II 式标本 M24：1、M25：2、M30：3、M41：2、M54：4。

彩陶钵　根据口部收敛程度以及钵身曲率和高度变化分三式，参见图 1：19—21。I 式标本 M20：3、M29：4、M33：7、M64：1、M67：11、M73：2，II 式标本 M3：1、M18：1、M27：6，III 式标本 M35：1、M74：5。

碗　分为素面碗和彩陶碗二类。

素面碗　根据器身与底部结合处曲线变化分二式，参见《报告》图七五：4、图一一五（续）：12。Ⅰ式标本 M38：3、M25：4，Ⅱ式标本 M67：12。

彩陶碗 按碗壁分二型。

A 型：直壁。根据壁与碗底部结合处的曲线变化分二式。Ⅰ式标本 M53：2，Ⅱ式标本 M20：1、M57：1。参见图1：22、23。

B 型：斜壁，标本 M31：9，参见图1：24。

豆 分素面豆和彩陶豆二类。

素面豆 按口部差别分三型。

A 型：侈口，按豆盘形态特征分二个亚型。

Aa 型：斜壁，按口缘和豆盘底部形态变化分三式，参见图1：25 ~ 27。Ⅰ式标本 M19：2、M36：3、M38：1、M39：2、M50：4、M59：4、M67：1、M67：6、M71：2，Ⅱ式标本 M27：3、M67：3、M67：7、M67：9、M67：10、M68：3，Ⅲ式标本 M18：2、M23：3、M60：6、M61：1、M66：3、M70：4。

Ab 型：直壁折盘，圆锥形底，根据口缘外侈角度和豆盘形态的变化分三式，参见图1：28 ~ 30。Ⅰ式标本 M19：3、M42：1，Ⅱ式标本 M14：6、M53：1、M67：16，Ⅲ式标本 M22：2。

Ac 型：柿形盘，标本 M44：1，参见《报告》图九四：1。

B 型：敛口，按盘口收敛程度分二式，参见《报告》图七九：3、图七八：3。Ⅰ式标本 M7：1、M29：3，Ⅱ式标本 M28：3、M74：3。

C 型：敞口，标本 M14：2，参见《报告》图六六：2。

彩陶豆 发表的3件标本器形差别较大，M24：3 与 BⅠ式豆形态相同，M31：6 豆盘与彩陶碗 AⅠ式相似，M54：8 豆盘与彩陶钵 Ⅱ式相似。参见《报告》图三七：1 ~ 3。

盆 分侈口和敞口二型。

A 型：侈口，根据盆壁不同分二个亚型。

Aa 型：弧壁。根据腹部曲率以及口沿外侈程度变化分三式，参见图1：31 ~ 33。Ⅰ式标本 M51：2，Ⅱ式标本 M28：11、M32：7、M32：8、M52：3，Ⅲ式标本 M31：2。

Ab 型：直壁折腹，按折棱以下部分与折棱以上部分高度的比例变化分三式，参见图1：34 ~ 36。Ⅰ式标本 M40：3、M8：1，Ⅱ式标本 M20：2、M26：3、M32：6、M52：4，Ⅲ式标本 M41：3。

B 型：敞口，标本 M20：4、M43：1，参见《报告》图七〇：4，图九三：1。

在正常死亡的情况下，墓地形成是一个渐进的过程。对墓地进行分期，就是确定适当的时间间隔，将墓地中的各墓葬置入一定的时间维度中，以求得墓葬埋葬的先后顺序。根据随葬陶器型式组合变化可将陶器组合分为三组，依器物式别变化的递进关系推定为三期，见表1。

表1　　　　　　　　　陶器组合分期表

期别	筒形罐				带耳罐		彩陶钵	素面钵	彩陶碗	素面碗	素面豆			彩陶豆	盆	
	Aa	Ac	Ba	Bb	Aa	Ba			A		Aa	Ab	B		Aa	Ab
一期	I	I	I	I	I	I	I				I	I	I			I
二期	II	II	I II II	II	I II	II	I II	I II	I II	I II	I II II	II		√	I II	II
三期	III	III	III	II III	III	III	II III		III		III	III	II	√	III	III

说明：由于不能肯定 M20、M28 和 M54 三座合葬墓是否为一次葬，暂且将每座合葬墓按男女各自的随葬陶器析为两座，记为 M20♂、M20♀、M28♂、M28♀、M54♂、M54♀。

由此推导出随葬不同陶器组合墓葬的对应期别，见表2。

表2　　　　　　　　　墓葬分期表

一期	7	8	19	20♀	33	36	38	39	40	42	50	55	59	64	72	73	76		2	29	24
二期	3	9	14	20♂	25	26	27	28♂	32	34	46	51	52	53	67	68	77		54♂	37	
三期	4	15	18	22	23	28♀	30	31	35	41	48	57	60	61	66	70	71	74			
不明	13	43	44	56	58	54♀															

说明：据墓葬分期可以推知 M20 和 M28 为二次合葬墓。因 M54 的女墓主一边无随葬品，故无法判断究为一次或二次葬。下文涉及合葬墓时均视为两座单人墓。没有随葬陶器以及《报告》发表资料缺失的墓葬的期属，自当不明。

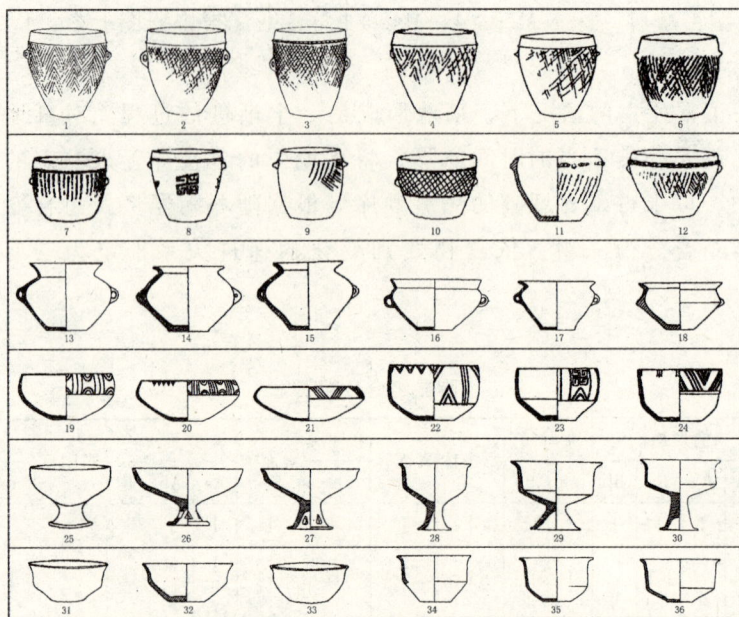

图 1　主要陶器分类排序图

1 ~ 3. Aa 型筒形罐 Ⅰ—Ⅲ式（M59：3、M68：2、M61：2），4 ~ 6. Bb 型筒形罐 Ⅰ—Ⅲ式（M76：18、M27：4、M30：4），7 ~ 9. Ac 型筒形罐 Ⅰ—Ⅲ式（M2：2、M52：1、M28：2），10 ~ 12. Ba 型筒形罐 Ⅰ—Ⅲ式（M40：2、M34：4、M31：3），13 ~ 15. Aa 型带耳罐 Ⅰ—Ⅲ式（M29：1、M70：5、M28：4），16、17. Ba 型带耳罐 Ⅰ、Ⅱ式（M76：1、M46：2），18. Bb 型带耳罐（M39：1），19 ~ 21. 彩陶钵 Ⅰ—Ⅲ式（M29：4、M27：6、M35：1），22、23. A 型彩陶碗 Ⅰ、Ⅱ式（M53：2、M20：1），24. B 型彩陶碗（M31：9），25 ~ 27. Aa 型素面豆 Ⅰ—Ⅲ式（M19：2、M67：9、M60：6），28 ~ 30. Ab 型素面豆 Ⅰ—Ⅲ式（M42：1、M67：16、M22：2），31 ~ 33. Aa 型盆 Ⅰ—Ⅲ式（M51：2、M28：11、M31：2），34 ~ 36. Ab 型盆 Ⅰ—Ⅲ式（M40：3、M52：4、M41：3）

（二）墓地布局和墓地结构

墓地布局和墓地结构是构成墓地形态的主要内容。

墓地布局，指墓地平面上墓葬的分布以及墓葬间的相对位置关系。《报告》根据石棚山墓地地势的差别和墓葬分布特点、密集程度，将墓地从平面上分为三个墓区。B 墓区地势较高，墓葬密集，与坡下墓群距离较远，位置相对独立；A 墓区和 C 墓区地势较低，根据墓葬头向东北和头向西南分为两区，参见图 2。

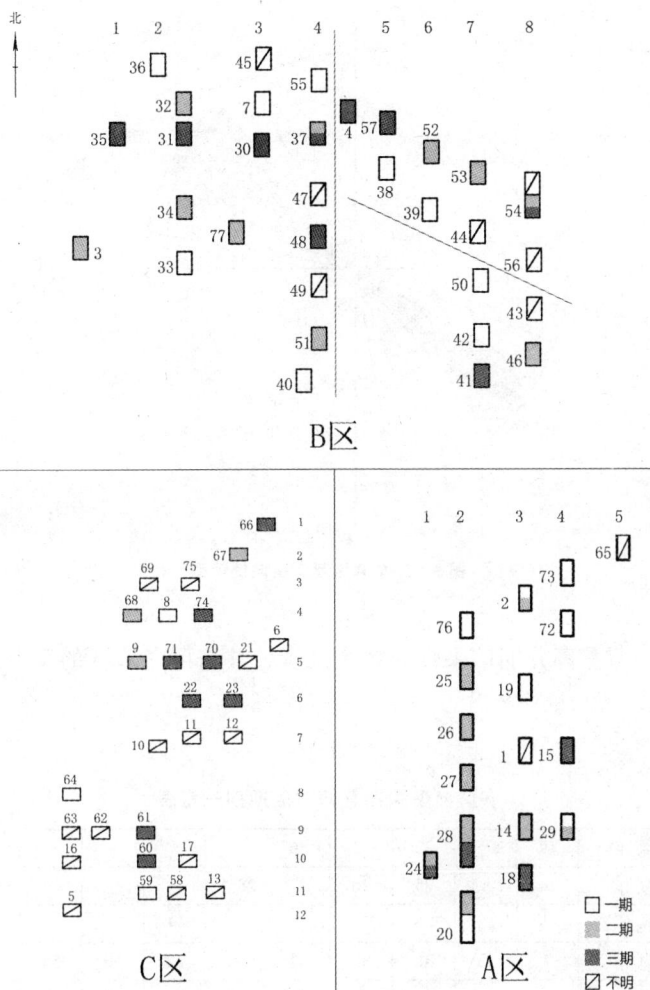

图 2　墓葬平面分布和分期示意图

说明：图中以白色块标示一期墓葬、浅灰色块标示二期墓葬、深灰色块标示三期墓葬，期别不明陶器墓、非陶器墓以及《报告》缺少资料的墓葬用一斜线标示。B 区 M3、M4、M77 三座墓葬为第一次调查时清理，具体位置不确定，因此平面图仅示意期别，无法计入行列。

整片墓地只有 3 座男女合葬墓，见于 A、B 两区，头向相反。A 区除合葬墓 M20 之女性和 M28 之男性，其他墓主的头向基本落在 0°到 40°之间；B 区除 M54 之男性，其他墓主的头向都落在 50°到 70°之间；C 区墓葬头向西南，落在 220°至 240°之间，参见图 3。

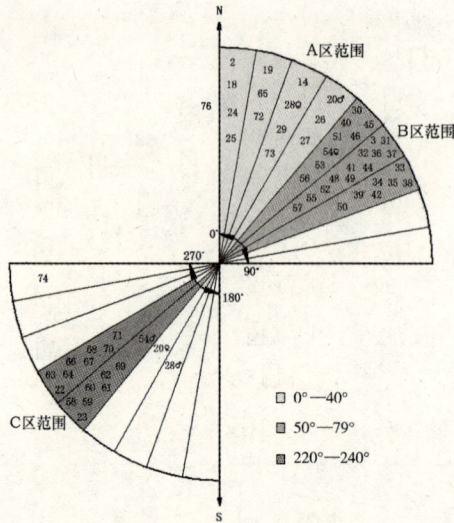

图 3　三个墓区死者头向统计图

　　将第二节墓葬分期结果带入各个墓葬，并按照三墓区的墓葬排列顺序汇列成表 3。

表 3　　　　　　　　　　　　**各区典型陶器墓葬对应期别一览表**

A 区	一期墓葬	19	20♀	72	73	76					2	29
	二期墓葬	14	20♂	25	26	27	28♂					
	三期墓葬	15	18	28♀							24	
B 区	一期墓葬	7	33	36	38	39	40	42	50	55	37	54♂
	二期墓葬	3	32	34	46	51	52	53	57	77		
	三期墓葬	4	30	31	35	41	48					
	期别不明	43	44	56	54♀							
C 区	一期墓葬	8	59	64								
	二期墓葬	67	68	70	71							
	三期墓葬	22	23	60	61	66	74					
	期别不明	9	13	58								

　　由表 3 可以看出，三个墓区均包含一期、二期、三期墓葬，表明三个墓区的启用时间是同步的，而废弃时间也基本一致，三个墓区经历了大体相同的时间过程。将墓葬的分期结果逐一标记到墓地分区图上，就可清晰

地看出三个墓区墓葬的埋葬顺序，参见图3。

A、B、C三区埋葬顺序的基本特征为：

A区第一、二、四列为一组，平面位置靠近该区上下边界的墓葬形成时间早，位置居中的相对较晚，区别于第三列从早到晚的顺序，因而将第三列作为另一组。

B区第一、二、三、四列为一组，平面位置靠近该区上下边界的墓葬形成时间早，位置居中的晚，与A区第1组相同；第五、六、七、八列作为另一组，平面位置靠近上下边界的墓葬形成时间晚，位置居中的早。

C区因材料限制无法将各行墓葬按时间特征分组，但从平面相对位置看来大体可将坡上的第一至第七行作为一组，坡下的第八至第十二行作为另一组。

墓地结构，指墓地布局的原则。墓葬分期和墓地埋葬顺序表明，各个墓区各个行、列在墓地的形成过程中并行存在，可以认为各个墓区各个行、列的发展处于相对静止的状态，墓地布局规划没有改变，时间的影响可以忽略；同样，当各组墓葬随葬品的基本组合没有发生改变，且各类器物随时间变化速率几乎相同时，可以认为使用器物的人群组织不变，墓地结构相对稳定，时间的影响应当忽略。若将墓地比作汽车，各墓区好比汽车上的一排排座位，按一定方式排列的座位不会因汽车的行驶（时间的推移）而改变固有的位置；各组墓葬好比车上的乘员，他们如果相互认识，就会按照亲疏尊卑就座，人和车的相对关系也不会因车的行驶（时间的推移）而改变；如果墓地布局好比是乘员的座次表，那么墓地结构就是乘员就座的秩序和规则。因此，墓地布局具有空间的连续性和时间的稳定性，墓地结构也不会因时间的推移而发生变化，因此存在于同一墓地单位的墓葬和随葬品都应视为是"同时"的，在考察墓地结构时，墓葬分期便失去了意义，构成墓地的各"要素"具有"共时性"是墓地结构研究的前提。本文以"共时"的视角，考察各个墓区各个行、列、各组墓葬之间的关系、墓区与墓葬分组的关系。

在分区的基础上考察个体墓葬中随葬品和葬俗的组合关系，不仅能进一步认识各墓区之间的文化异同，而且还能看出各个墓区内部人群之间的关系。三个墓区中以筒形罐数量最多、器型最常见，因此依筒形罐将随葬筒形罐的墓葬分类：

第一类，随葬 Aa 型筒形罐、Aa 型豆的墓葬；

第二类，随葬 Ba 型筒形罐、素面钵、A 型盆的墓葬；

第三类，随葬 Bb 型筒形罐与带耳罐、素面豆，Bb 型筒形罐与素面钵、素面豆，Bb 型筒形罐与素面钵、A 型盆的墓葬。

三类墓葬在三个期别都有存在，各类别墓葬没有时间的先后顺序，"共时性"前提成立。

随葬 Ac 型筒形罐的墓葬 4 座，与第三类墓葬的随葬品组合方式类似，将其归入第三组；将无筒形罐但随葬带耳罐、素面豆、素面钵或 A 型盆的墓葬根据组合特征推测相应所属类别。三类墓葬在墓地平面的分布情况如图 4 所示。图中白色块墓葬代表第一类组合方式、深灰色块墓葬代表第二类组合方式、浅灰色块墓葬代表第三类组合方式、一半为白色一半为浅灰色块的代表一或三类组合墓葬，一半浅灰一半深灰色块代表二或三类组合的墓葬。从图 4 可以观察到：

A 区第一、二、四列墓葬陶器的组合方式基本为第二、三类交替出现，而中间第三列组合方式不明显，因此上 A 区各列墓葬在陶器组合方式的搭配形式依然能够划分为两组，结果与埋葬顺序分组基本一致。

B 区的第一、二、三、四列墓葬陶器的组合方式基本为第二、三类交替出现，第五、六、七、八列组合方式为第一、三类，若在 M38、M39、M44、M56 和 M50、M43 之间画一条分界线，第一类陶器组合方式基本属于分界线两侧的第一行的墓葬，即 M38、M39、M44、M56、M50 和 M43；第三类和一或三类陶器组合分布在分界线两侧的第二、三行，即 M57、M52、M53、M42、M46 和 M41。显然 B 区各列墓葬陶器组合方式的搭配形式依然能够划分为两组，结果同样与埋葬顺序分组一致，参见图 2。

概括说来，以第二、三类陶器组合随葬的墓葬由两端向中间逐次埋葬；以第一、三类陶器组合随葬的墓葬由中间向两端依次按行列埋葬。

C 区因墓葬材料残缺，只能就目前结果大致判断第一、二、三、四行和第九、十、十一、十二行为第一类组合形式；区别于中间第五、六、八行出现的第一、二、三类组合方式。Ab 型豆和 Ab 型盆只见于坡上一组。

以上三类典型陶器的组合方式代表了三种不同的习俗传统，亦即代表了三个人群。为方便起见，现分别将使用这三类陶器组合方式的人群命名为甲人群、乙人群和丙人群。由墓葬的埋葬顺序、陶器的组合特征等现象

的分布倾向，可以得到墓区平面布局内不同人群的分布，引导出认识各墓
区结构的主要途径。

三个墓区内部有如下对应关系：

第一，A 区，左右两侧第一、二、四列的乙、丙人群与中间的文化成
分复杂且人群分类不明的人群相比，文化成分相对单纯，应视为一个整
体，乙、丙人群作为稳定的结合体与非乙非丙的人群对应。

根据墓葬平面图，头向北或东北的墓葬中，第一、二、四列墓葬主人
向右手侧屈膝，而第三列墓葬主人向左手侧屈膝。

根据随葬彩陶在墓地中的出土位置可知，乙、丙人群使用竖线分割的
构图方式绘制彩陶盛器的环带状图案，分类不明的人群则采用折线构图方
式与之对应，看来彩陶图案的构图方式具有区分人群的作用。

Ab 型素面豆只见于第三列，可能也具有标示人群的意义。

素面筒形罐只见于第四列墓葬，推测乙、丙人群内部可能存在二分结
构，这一结构的构成为［乙、丙人群集团一：乙、丙人群集团二］，而不
是［乙集团：丙集团］，参见图 4。

第二，B 区，左侧第一至第四列乙、丙人群与右侧第五至第八列甲、
乙人群对应。

墓区左侧一组的墓葬因埋葬顺序的缘故中间部分与两端相比较为疏朗，
若将南北向的、横切右侧列的分界线延长至左侧，将一至四列也从中间分开，
那么加之东—西向墓葬人群分组的界线，此区墓葬按逆时针方向分为四组，
第Ⅰ组：M54、M56、M53、M44、M52、M39、M57、M38、M4；第Ⅱ组：M55、
M37、M47、M45、M7、M30、M36、M32、M31、M35；第 Ⅲ 组：M3、M34、
M33、M77、M48、M49、M51、M40；第Ⅳ组：M50、M42、M41、M43、M46。

头向东北的墓葬中仅有第Ⅱ组的 M31 和第Ⅳ组的 M43、M46 墓主人
向左手侧屈膝，其余均向右手侧屈膝。

墓区内出土的随葬彩陶盛器环带状图案具有竖线和折线两种构图方
式，以竖线方式构图的彩陶盛器见于第Ⅰ、Ⅲ组，以折线方式构图的见于
第Ⅱ组，第Ⅳ组未见彩陶。

素面筒形罐见于第Ⅲ、Ⅳ组，即横切分割线以下的墓葬，筒形罐纹饰的差
别显示 B 区同 A 区相近，存在甲、丙人群和乙、丙人群内部分组，墓葬在左
右二分的基础之上又沿坡上下区分，分别为Ⅰ对应Ⅳ、Ⅱ对应Ⅲ。属于甲、丙人

群的Ⅰ、Ⅳ组中，甲人群墓葬皆为一期，并且均沿横切分割线两侧分布，丙人群墓葬为第二、三期，位于B区两侧边缘行的位置，两组的成员存在以横切分割线为对称轴的人群对应关系——坡上［丙：甲］和坡下［甲：丙］。Ⅱ、Ⅲ组中乙、丙人群结合，见不到这两群人分块埋葬现象，参见图4。

第三，C区墓葬只能就陶器组合方式大致判断上下两侧第一、二、三、四行和第九、十、十一、十二行甲人群与中间第五、六、八行的甲、乙、丙人群对应。C墓区的墓主人均向左手侧屈膝，只见折线彩陶纹样，素面罐见于中间含乙、丙人群的，Ab型豆只见于坡上一组，参见图4。

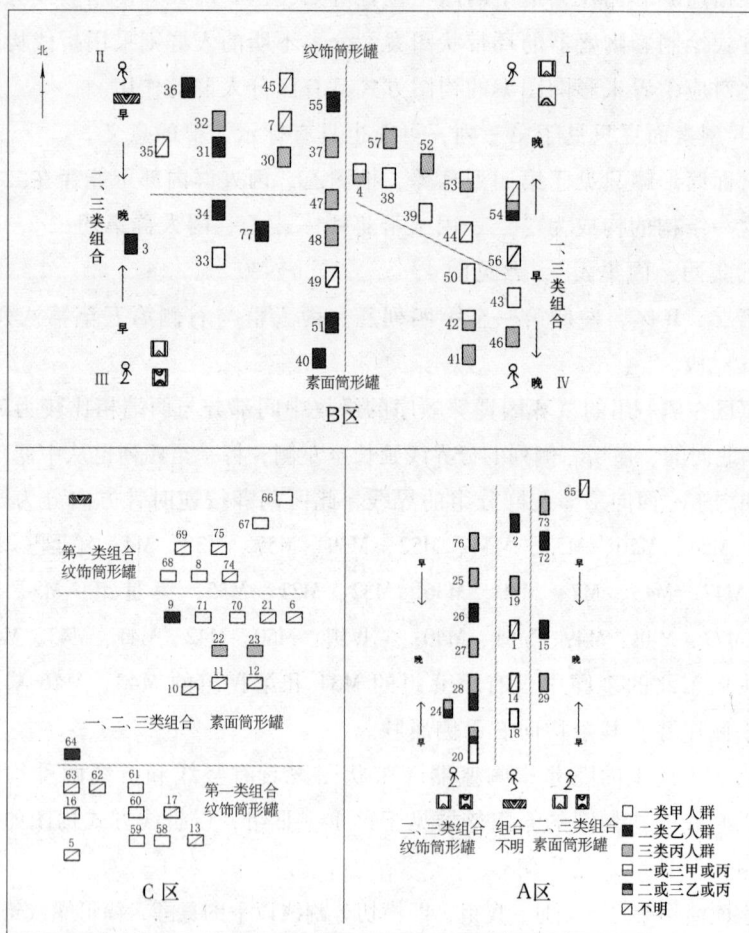

图4　墓葬类别与葬俗分布示意图

从墓区之间空间相对位置来看，A 区、C 区地势较低，彼此间距小，而距离地势较高的 B 区较远。山坡下的 A 区、C 区和山坡上的 B 区构成对应关系，而 A 区和 C 区之间又构成了第二层对应关系。在微观上，A 区和 C 区的墓葬平面布局皆为两侧布列文化面貌相对一致的墓葬与中间所夹的文化面貌相对复杂的部分对应，人群结构的表象是三分的，但实质是二分的。B 区墓地平面呈左右二分，与之对应的是乙、丙人群和甲、丙人群的对立，丙人群介于甲、乙人群之间，因此 B 区的墓葬分布体现出的人群结构的表象是二分的，实质是甲、乙、丙人群的三元对立。三个墓区具有两种内部结构，这是一个三元和二元的转换。若将三个墓区中文化相对单纯，个体数目比例大的人群作为该区主体，则 A 墓区属乙、丙人群，B 墓区属甲、乙、丙三个人群，C 墓区属甲人群。墓地结构为 B 墓区对应 A 墓区与 C 墓区，参见图 5。

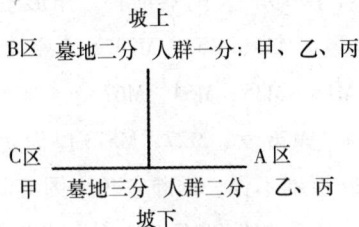

```
                        坡上
        B区   墓地二分  人群一分：甲、乙、丙
                         │
                         │
                         │
        C区 ─────────────┴───────────── A区
        甲     墓地三分  人群二分  乙、丙
                        坡下
```

图 5　墓地结构示意图

二　社会状况

墓地的营建是埋葬死者的生者们有意识的行为，反映出当时的社会意愿。墓地中的种种遗迹遗物及其构成的现象，是生者依据对现实世界的认识，来对死者的世界进行规划和创造的遗留，是墓地使用者对自身和外界的理解。与聚落相比，墓地规划布局摒除了自然环境等非主观因素的影响，比居址规划布局更接近使用者理想的空间规划，更能体现出家庭与亲属组织，阶级、宗教群体和族群，专门化，价值与取向、宇宙观等社会层面的意义[①]。利用墓葬证据是最正式的重建社会结构的研究方法[②]。

---

①　参见张光直《考古中的聚落形态》，《华夏考古》2002 年第 1 期。

②　[英] 肯·达柯：《理论考古学》，刘文锁等译，岳麓书社 2005 年版，第 101 页。

（一）随葬品体现的社会性别

社会性别（gender）指的是以社会性的方式建构出来的社会身份和期待，即社会文化体现的男女有别，社会性别将人分为男人（man）和妇女（woman）①。将墓地死者的生理性别（biological sex）即男性（male）和女性（female），和随葬品及其组合相对应，可以了解随葬品及其组合的男性特质（masculine）和女性（feminine）特质，进而通过随葬品确定死者的社会性别，通过确定社会性别推断缺乏人骨鉴定结果的死者的生理性别。

1. 彩陶纹样和刻画纹与整片社会性别的关系

钵、碗、豆等盛器外壁通常饰有二方连续纹样环带，一种母题为一对呈中心对称的、相互倒置的三角形，有的用短竖线分割出若干图案单元，有的用连续折线分割出若干图案单元；另一种母题为一对呈轴对称的半圆形，几乎全部用短竖线分割出若干单元②。陶器饰有三角形图案的墓葬 10 座，经人骨鉴定，其中 M3、M20 男、M31、M53、M73 等 5 座为男性墓葬，M74 在发掘现场鉴定为女性墓葬，M18、M35、M64、M67 等 4 座性别不详；而绘有半圆形图案陶器的 5 座墓葬中，M20 女、M27、M573 座为女性墓葬，M33 在发掘现场鉴定为男性墓葬，M29 性别不详。推断三角形图案具有男性特质，而半圆形图案具有女性特质，出土彩陶性别不详的 5 座墓葬中，出三角图案彩陶的可能为男性墓葬，出半圆图案彩陶的可能为女性墓葬。三角和半圆似乎是标示死者性别的符号。如，合葬墓 M20 男女各随葬一件彩陶器，以性别符号相互对应，与这一情况不同的是，合葬墓 M54 仅出土一件彩陶器（M54：8），图案带绘以成组竖线，没有标示性别的符号，那么似可将这件彩陶器视为两人共用，进而认为同一件器物上不能标记不同性别的符号。

可见，彩陶带状纹样的识别意义远大于装饰意义。彩陶盛器外壁的三角和半圆，是文化中表达男女对立的符号载体，符号所指与构图对立关系如图 6 所示。

M20 男性墓主的彩陶碗上除了彩绘三角纹外，还有"卐"形符号，类似符号出现在 M39、M52、M55 的随葬品上③。经人骨鉴定，4 座墓中

----

① ［澳］马尔科姆·沃特斯：《现代社会学理论》，华夏出版社 2000 年版，第 266 页。
② 整片墓地中仅 M57：1 一例构图无竖线（或折线），仅有条带半圆图案。
③ 三座墓葬出土的随葬品为 M39：1、M52：1、M55：5。

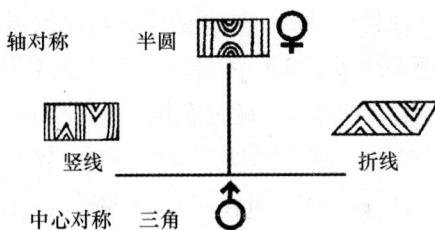

图 6　彩陶纹样和性别的关系

说明："⊥"形竖线联系的是男女对立，横线联系的是三角图案两种构图方式的对立。图案构成元素的对应与对立关系可归纳为〔三角：半圆::男人：女人〕，图案构图方式的对立关系可归纳为：〔竖线：折线〕。

M39 性别不详，其他 3 座均为男性。由此判断，"卐"形符号具有表示男性特质的功能，M39 可能为男性墓葬。

M20 男墓主的 Ab 型盆上有一圈折线刻划纹，此类纹样还出现在 M60 的 Ab 形筒形罐以及 M76 的 Ba 型带耳罐上，经人骨鉴定，M20 男和 M60 为男性墓葬，M76 性别不详，若这类刻划纹与彩陶纹样的标示作用相同，那么 M76 可能为男性墓葬。

2. 带耳罐与整片社会性别的关系

在所有的随葬品中，带耳罐的型别以及与陶器的组合似乎也具有性别倾向。共有 8 座随葬带耳罐的墓葬。经人骨鉴定，M28 女、M70、M36、M27 4 座为女性墓葬，随葬 A 型或 Bb 型带耳罐，且与素面豆共出，没有发现男性随葬带耳罐和素面豆的组合，也没有男性随葬 A 型或 Bb 型带耳罐；而 M46 鉴定为男性，带耳罐为 Ba 型，无素面豆，因此推断 A 型或 Bb 型带耳罐和素面豆的组合属于妇女的随葬品组合，而 Ba 型带耳罐属于男人的随葬品，如果这一推断无误的话，M29 和 M77 的墓主人为女性的可能性较大。而 M76 墓主人为男性的可能性较大。

3. 不同随葬品与各墓区社会性别的关系

以观察者、研究者的眼光来看，色彩鲜明的彩陶纹饰是整片墓地男女对立的显性表述，而工具和某些陶器表现出的性别倾向则是隐性表述，并且只在特定的墓区或人群中显现。

B 墓区共有 7 座随葬纺轮的墓葬，经人骨鉴定，其中 M32、M36、M41、M57 为女性墓，M54 为男女合葬墓，M30 和 M77 墓主人性别不详；

由于没有在该区内发现男性随葬纺轮的例子，因此推断纺轮为妇女的随葬品，如果这一推断无误的话，M30 和 M77 的墓主人为女性的可能性较大。

B 墓区内共 14 座墓葬随葬锛、锤、斧等石制生产工具，经人骨鉴定，其中 M31、M34、M38、M43、M46、M48、M49、M52、M53、M56 10 座为男性墓，M33 当场鉴定为男性墓，M4、M44、M51 3 座性别不详。由于没有在该区内发现女性随葬石制生产工具的例子，因此推断石制生产工具为男人的随葬品，若推断无误，M4、M44 和 M51 的墓主人为男性的可能性较大。

但是 A 墓区的男性和女性都见有随葬纺轮和石制工具的例子，而在 C 墓区不论男女似乎都偏爱纺轮，可见只有 B 墓区的男女通过生产工具的差异表示不同的社会性别。值得讨论的是 B 墓区 M33，这座墓葬是二、三类组合交错排列的墓葬群中唯一使用第一类陶器组合方式的墓葬，墓主人发掘现场鉴定为男性，并且随葬石锛，但使用的彩陶却绘有半圆的女性符号。与 M33 组合方式以及形成时间几乎相同的是 A 墓区 M20 之女性墓葬，M20 的墓主人是生活在乙、丙人群中的甲人群妇女，由如此相似的文化习俗以及人员交换流动的方式判断，M33 的墓主人可能是女性。

C 墓区是甲人群墓葬集中的墓区，豆是主要随葬品之一，在文化中有重要地位，此区的豆有一部分带有三角镂孔的豆，而区别于其他墓区，这种装饰也和性别有关：6 座随葬镂孔豆的墓葬中，M60 和 M66 两座墓主人鉴定为男性，M67、M74 两座由彩陶纹样判定为男性[1]，只有 M61 性别鉴定为女性，那么缺少性别鉴定的 M23 墓主人为男性的可能性更大。

通过本文分析结果与原报告性别鉴定[2]可知，石棚山墓地性别确定的墓葬中，男性墓葬 35 座，女性墓葬 19 座，性别比为 1.8∶1，与《报告》1.7∶1 的结论相近[3]。

（二）社会性别与墓地结构的关系

根据人骨鉴定和以上分析推测，A 墓区 19 座墓葬中有 13 座可知性别，B 墓区 33 座墓葬中有 29 座可知性别，C 墓区 28 座墓葬中有 11 座可知性别。将墓主人性别标示在墓地平面图上，与墓葬的埋葬顺序、陶器的

---

[1]　M67 未发现人骨，推测属于甲人群文化中现实的或虚拟的人。

[2]　潘其风：《大南沟新石器时代墓葬出土人骨的观察鉴定与研究》，《大南沟——后红山文化墓地发掘报告》，科学出版社 1998 年版，第 145—150 页。

[3]　同上。

组合特征，葬俗特点、彩陶构图纹样分布规律等各种现象分布规律进行整合，可进一步认识墓区平面布局内不同人群的分布特征，如图7所示。

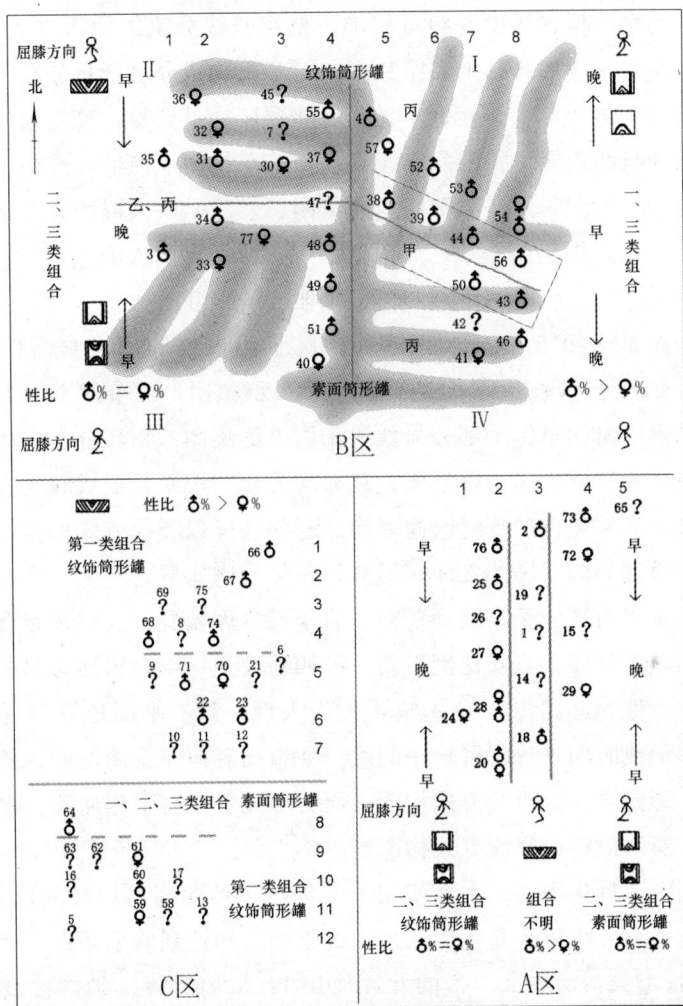

图7 墓地结构信息图

说明：B区Ⅰ、Ⅳ组随葬陶器为一、三类组合方式，对应甲、丙人群，Ⅱ、Ⅲ组随葬陶器为二、三类组合方式，对应乙丙人群集团。彩陶盛器环带状图案竖线分割的构图方式仅见于Ⅰ、Ⅲ组，因此Ⅰ、Ⅲ组对应。向右手侧屈膝的葬俗仅见于Ⅱ、Ⅳ组，因此Ⅱ、Ⅳ对应。此示意图的底纹出自M52:1上的刻划纹，该纹样的构图方式和B区墓葬的分布方式有着惊人相似的结构。

A 墓区，左右两侧第一、二、四列为乙、丙人群墓葬，第二、四列坡上一端均以男性为起始点，坡下一端以女性为起始点，大致按照女男、男女、女……的顺序埋葬，男女比例平衡，平面位置靠近该区上下边界的墓葬形成时间早，位置居中的相对较晚，使用竖线分割的构图方式的彩陶，墓葬主人向右手侧屈膝。中间第三列归属于文化成分复杂且分类不明的人群，两端均为男性，中间性别不详，埋葬顺序从早到晚，墓主人向左手侧屈膝，随葬折线构图方式的彩陶。又根据墓葬排列及筒形罐纹饰，将乙丙集团分为一二列的集团一和第四列的集团二。乙、丙人群和分类不明人群的关系为〔乙、丙集团一；乙、丙集团二：分类不明人群〕。

B 墓区墓葬在平面上分为Ⅰ、Ⅱ、Ⅲ、Ⅳ四组。

Ⅰ、Ⅳ组为第五至第八列墓葬，属于甲人群和丙人群，性别比为3∶1，男女比例失调，大部分男性属于甲人群集团，在墓地平面上墓葬位置居中，形成时间早，少部分男性属于丙人群集团，墓葬分布在边缘，形成时间晚，女性似乎属于丙集团，墓葬均分布在边缘，形成时间晚。Ⅰ组死者向右手侧屈膝，随葬绳纹筒形罐、彩陶纹样以竖线方式构图，而Ⅳ组死者向左手侧屈膝，随葬素面筒形罐，不见彩陶盛器。

Ⅱ、Ⅲ组为第一至第四列墓葬，属于乙、丙人群，大致按照女男、男女……的顺序埋葬，男女比例平衡。第四列坡上一端以男性为起始点，坡下一端以女性为起始点，与 A 墓区乙丙人群一致。平面位置靠近上下边界的墓葬形成时间早，位置居中的晚。Ⅱ组死者向左手侧屈膝，随葬绳纹筒形罐，彩陶纹样以折线方式构图；而Ⅲ组死者向右手侧屈膝，随葬素面筒形罐、彩陶纹样以竖线方式构图。

在乙丙人群集团内，女性使用的筒形罐个体通高与口径的比值偏大，图 8 显示，A 墓区和 B 墓区内乙丙人群集团已知性别的墓葬中，75% 的男性使用 Ba 型筒形罐，66.7% 的女性使用 Bb 型筒形罐，最能代表乙丙集团特征的筒形罐呈现出按性别分布的倾向，可以认为男性多出自乙集团，女性多出自丙集团，暗示出两个集团之间可能存在通婚关系。

C 墓区 28 座墓葬中有 11 座可知性别。性别比为 3∶1，男女比例失调。墓主人均向左手侧屈膝，只见折线彩陶纹样。墓葬埋葬顺序不详，但从平面相对位置看来大体可将坡上的第一至第七行作为一组，坡下的第八至第十二行作为另一组，Ab 型豆只见于坡上一组。就陶器组合方式大致判断上

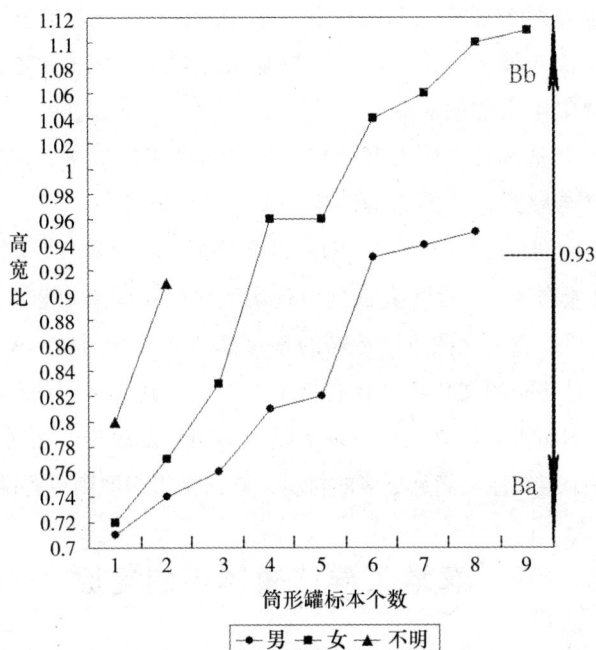

图8　乙丙人群集团筒形罐的性别倾向

下两侧第一、二、三、四行和第九、十、十一、十二行甲人群与中间第五、六、八行的甲、乙、丙人群对应，素面罐见于中间含乙、丙人群的墓葬。

　　由以上分析可知，各墓区性别分布特点与墓区布局相吻合，反映出人群结构和墓区结构的对应关系：

　　第一，A墓区布局呈三分结构，人群结构分为两个层次，第一层次是第一、二、四列的乙丙人群与第三列不明人群的对立，第二层次是第一、二列与第四列乙丙人群内部的对立，A墓区人群结构为［乙丙集团一：乙丙集团二：不明人群集团］

　　第二，B墓区布局分为四组，呈二分结构，人群结构为两个层次的对立关系。第一层次是甲人群、丙人群与乙丙人群对立，对应墓区结构为Ⅰ、Ⅳ组和Ⅱ、Ⅲ组的对立；第二层次是Ⅰ组的甲人群丙人群一、Ⅳ组的甲人群丙人群二对立，Ⅱ组的乙丙人群一、Ⅲ组的乙丙人群二对立。B墓区人群结构为［乙丙集团一：乙丙集团二：：甲、丙集团一：甲、丙集团二］

　　第三，C墓区呈三分结构，依照A墓区和B墓区结构，C墓区的人群结构有可能也分两个层次的对立，第一层次是坡上一组与坡下一组的对立；第二个层次是坡上甲集团与坡下甲集团的对立、坡上甲乙丙集团人群与坡下甲乙丙集团人群的对立。

第四，三个墓区各自的人群结构都包含两个对应层次，与各自的墓区结构一致，又与整片墓地的布局结构一致，参见图 5。

墓地中的性别分布、性别比、陶器组合特征、埋葬顺序、葬俗、彩陶纹样等种种遗迹遗物现象，是生者依据对现实世界的认识来对死者世界进行规划和创造的遗留，以上这些不同范畴的现象都转换成了同样的模式结构。墓地的设计结构对共同的文化结构具有指示作用，与其将不同的范畴看成是独立的子系统，不如将它们看成是一种实践的不同外部表现，在同样的历史情境中，如果一个组织原则满足更多的材料，则这个组织原则更有说服力①。

三 墓地人群认知体系的复原

思维方式由人的认知体系决定。认知体系包括对具体事物的分类系统、对周围环境以及自身在环境中的位置的空间方位认识、行为活动的逻辑三方面内容。生活在一定人群内、处于相同自然环境和社会环境之中，具有一致的认知体系，只有按社会整体趋同的定式思考行事，才能满足社会的要求、得到社会的认可。埋葬死者时采用何种葬俗、随葬哪类陶器以及墓葬在整片墓地中的位置等，都是依照社会意志做出的行为结果，反映出当时社会的意愿。从物质形态的表现中可以获得许多关于个人或集体的认知图的情况，模型或布局是特殊的例子，更一般的例子是对世界或世界某一方面的表现，它代表了观察者眼中看到的情景以及他的内心世界，通过了解人群使用符号的方法可以了解人群的关系②。墓地中的物品或图像起着传递和表达信息的作用，可视作以满足当时社会特定功能的象征符号，符号的功能是靠符号之间的联系实现的，脱离了自身的文化背景而孤立存在的符号不可能被另一种文化恰当地理解，因此只有通过遗迹遗物的

---

① ［英］伊恩·霍德等：《阅读过去》，徐坚译，岳麓书社 2005 年版，第 44、58、62 页。

② ［英］科林·伦福儒、保罗·巴恩：《考古学：理论、方法与实践》，中国社会科学院考古研究所主持翻译，文物出版社 2004 年版，第 416、390 页。

共存关系和组合方式，弄清符号在墓地中如何使用、彼此间的关系如何，才有可能理解古代人是如何认识世界的。

1. 彩陶层面

在彩陶制作的过程中制陶者通常有很多种选择，这些选择部分被文化习惯，如传统或经验所制约①。因此一个器物一方面可以被看成生产和行为过程的结果；另一方面，器物本身可能是其他概念的表述方式②。器物上的抽象图案是古代人群为表现世界而进行的创作，提供了认知图中表现符号之间与物体之间联系的信息，对纹样进行研究，不但可以了解制作者如何想象他们周围的空间，而且还能分析他们表现动物、人和真实世界其他方面的方式和风格。民族学的证据显示，某一文化群偏爱某种图案的对称类别，一般是一类到两类，他们之间的这种关系还能由其他社会关系证明③。

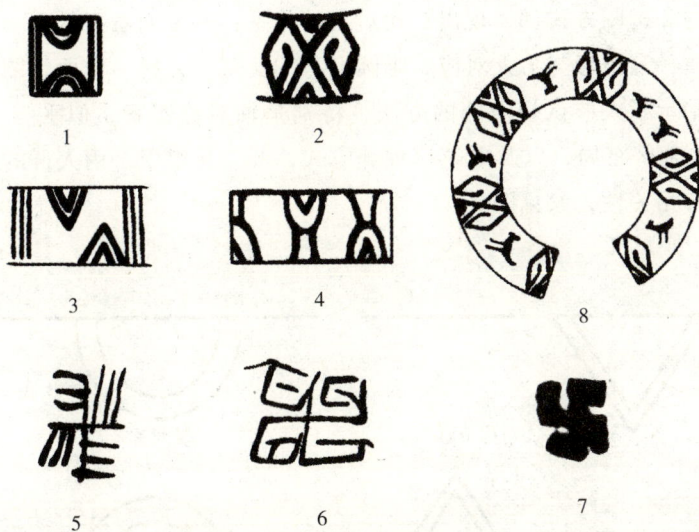

图 9　彩陶母题和刻划纹

---

① ［英］肯·达柯：《理论考古学》，刘文锁等译，岳麓书社 2005 年版，第 180 页。

② ［英］伊恩·霍德等：《阅读过去》，徐坚译，岳麓书社 2005 年版，第 51 页。

③ ［英］科林·伦福儒、保罗·巴恩：《考古学：理论、方法与实践》，中国社会科学院考古研究所主持翻译，文物出版社 2004 年版，第 417、419 页。

　　石棚山墓地彩陶的带状图案纹样向两个方向连续展开，分为若干单元，由于发表材料的局限性，不清楚每件器物的纹样环带究竟分为几个单元，器物间有无差别，无法在这一方面进行比较研究。仅就彩陶纹样来看，在母题分为的几何图形和写实动物形象中，抽象几何图形最为常见，如图9之1~3所示，写实的动物形象如图9之4所示的M36：1上的犬正面纹样①。而M55：5上的带状图案将两种类型母题统一在一起（见图9之8）。纹样单元的构图方式有两种，一种纹样如图9之3、4所示，呈中心对称构图，这一对称形式如图10之1所示，若按从左向右的顺序将上方倒三角的三个顶点暂命名为1、2、3，绕着对称中心逆时针旋转180度，即成下方的正三角，三个顶点的顺序为3'、2'、1'。另一种构图呈轴对称，纹样如图9之1、2所示，这一对称形式如图10之2所示，若将上方的半圆绕着对称轴翻转180度，即成下方的半圆形，互为对称的两个部分犹如照镜子一般，所以这一对称形式又叫镜像对称。二方连续的彩陶纹样母题和构图方式都表现出二元对立的关系：一方面图案具有与性别相关的特质，三角形与男人对应，半圆形与妇女对应，另一方面，图案的对称方式暗示了人群认识空间的方法，特别是轴对称图案，似乎与A墓区布局，C墓区布局，以及B墓区埋葬方式，Ⅱ、Ⅳ组甲、丙人群的分布等现象具有相关性，参见图7。

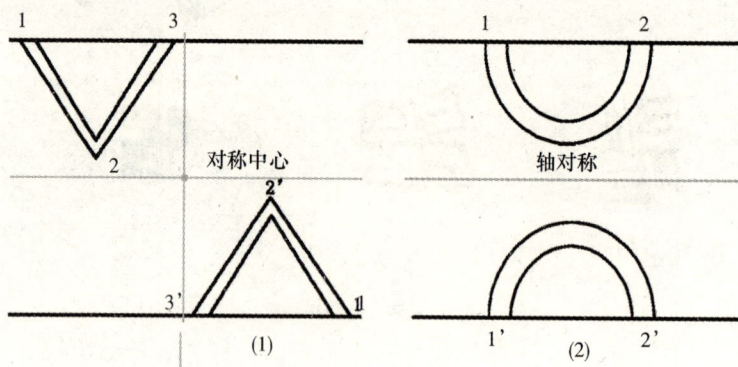

图10　对称示意图

---

① 通过和图7的1犬立体造型对比可知纹样描绘的是犬正视坐姿图像。

四分的刻划符如图 9 之 5 至 7 所示，如果把纹样中心视为原点，四个部分分别处于Ⅰ、Ⅱ、Ⅲ、Ⅳ象限，则Ⅰ、Ⅲ象限呈倒置的对应，Ⅱ、Ⅳ象限也呈倒置的对应，整个纹样可以理解为由居于Ⅰ象限的图案发生了如图 10 之 1 所示的一个呈中心对称的复制，形成Ⅲ象限，Ⅰ、Ⅲ象限组成一个上下倒置的二分纹样，再逆时针转动 90°形成Ⅱ、Ⅳ象限，与Ⅰ、Ⅲ象限叠加组成四分纹样。一个四分纹样，两次运用了中心对称，展现了思维中规划一个平面的方法，仿佛是图案化了的 B 墓区规划布局。

原始艺术之中，二维的艺术最能将现实世界中的复杂性与多变性浓缩成一种主题和结构更有限的系列，与描绘实际显现出的东西的企图相比，目标常常更重要①。作为象征符号，图案需满足特定的社会功能；作为艺术品，其风格必须符合欣赏者的审美标准，也就是看上去赏心悦目。图案的表现形式激发了人们情感的共鸣，能使某些固有观念通过艺术在社会中强化，这一点又回到了象征意义上来，所以科林·伦福儒认为图像具有描述世界、帮助理解规划设计、管理和组织人和人之间的关系等作用，"图像的象征有可能直接反映史前个体或社区的认知图"②。

写实的形象不只限于平面图案，如图 11 之 1、2 所示，带耳罐 M36∶1不但器身绘有犬造型图案（见图 9 之 4）还有一犬形附耳，壶 M67∶2 呈一禽类造型，两个动物造型采用了立体的、写实的表现风格。而壶 M55∶5（见图 9 之 8）肩部所绘制的动物头部有一对立耳或犄角，呈现兽类特征，身体只有两足、翘尾，呈现禽类特征，这个物种显然是人创造出来的，如图 11 之 3 所示。制作者把头脑中的形象变成手工制品的过程，是根据现实进行再创作的过程，组织化的要求对艺术和科学的要求是相同的，最卓越的进行组织的分类学具有显著的美学价值，创作是把一种或多种人为的结构、自然的结构、社会的秩序，进行统一的过程，美感的情绪是结构秩序和事件秩序统一的结果，观赏者通过观察发现这一统一体，它由艺术家及观赏者内部产生，所以审美感本身就能通向分类学，甚至预先显示某些

---

① ［英］亚当·库珀等：《社会科学百科全书》，上海译文出版社 1989 年版，第 39 页。
② ［英］科林·伦福儒、保罗·巴恩：《考古学：理论、方法与实践》，中国社会科学院考古研究所主持翻译，文物出版社 2004 年版，第 395 页。

分类学的结果 ①。通过三种动物形象和表现风格推测，石棚山墓地人群对动物的分类存在两个层次，第一个层次是真实存在与主观想象的对立，可能暗示了认识自然本身与摆脱自然之间的关系，第二个层次是存在于真实世界中的兽类与禽类的对立，暗示了人群对具体事物的分类。

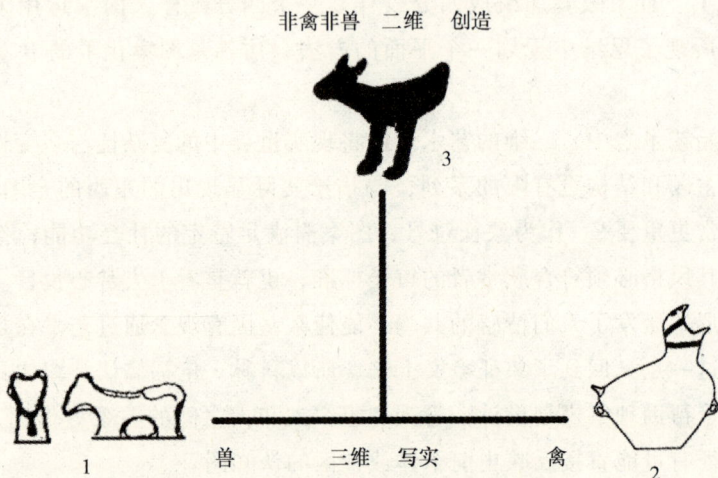

图 11　对动物的三分

1.狗（M36：1）　2.禽（M67：2）　3.非兽非禽（M55：5）

2. 墓地规划和死者归属层面

A 墓区平面人群分布为 ［乙丙集团一：不明人群：乙丙集团二］，死者屈膝方式与彩陶纹样构图为第一、二、四列对应第三列，两个人群集团，两种屈膝方向，两种彩陶构图方法，墓地结构中表现为形式上的三分。B 墓区平面人群分布为 ［乙丙集团一：乙丙集团二：甲、丙集团一：甲、丙集团二］，死者屈膝方向和彩陶构图方式为 Ⅰ、Ⅲ组对应，Ⅱ、Ⅳ组对应。C 墓群平面布局呈镜像的二分的形式，上下两部分对应人群集团依次为 ［甲：混合］、［混合：甲］。对于整片墓地的规划而言，死者头向有两个大方向，却分为一个头向西南与两个头向东北的三个墓区。透过死

① ［法］克劳德·列维·斯特劳斯：《野性的思维》，李幼蒸译，中国人民大学出版社 2006 年版，第 31、16 页。

者人群的空间分布的形式，其本质是两个人群的二元对立。这样看来，墓地规划布局的目的是区分和组配人群，核心思想仍是二元对立，三分的形式或四分的形式均源于两个层次的二分模式，彼此间相互转化。

3. 社会文化层面

墓地人群由甲、乙、丙三个集团组成。甲、乙人群基本呈对立状态，丙具有二重属性，从中协调甲、乙，在和二者结合时发挥的作用不同：和甲结合被单纯的甲人群集团排斥，两个人群以文化对立的形式结合；和乙结合时，男性大多出自乙人群，女性大多出自丙人群，两个人群之间似乎更偏向于人的交换关系。石棚山墓地人群结构为［丙集团：甲集团：乙集团］。

4. 考古学文化层面

除去甲、乙、丙对应的陶器组合中的共同元素筒形罐后，豆与甲人群对应、盆与乙人群对应、豆和盆的组合与丙人群对应，丙人群的文化是将甲、乙文化中二元对立的两极元素相加而成的。

豆、盆、筒形罐代表的文化因素呈两个层次的对立，第一个层次是豆和盆的对立，第二个层次是二者与筒形罐的对立。探究其文化传统渊源，这一现象反映了庙底沟文化时期太行山以东一支以豆为代表的文化和另一支以盆为代表的文化，与燕山以北以筒形罐为代表的文化相遇后发生了文化重组。豆和盆被纳入当地筒形罐的文化系统中，筒形罐成为豆、盆对立的载体，而脱离了筒形罐的文化环境二者便失去了联系，对立关系无从谈起，从这一角度而言又发生了融合。

石棚山墓地人群体质人类学特征表现出明显的东亚蒙古人种和北亚蒙古人种二重特征[①]。文化特征和文化传统在墓地中的形式，大多是两个层次的二分构成形式上三分，三分的文化人属性和二分的自然人属性，构成了庙底沟文化解体以后，华与夷在北方地区融合的人群组织特征。

5. 结论

墓地多种现象的对应关系有着相同模式，即：两个层次的二元对立，通常第一个层次的二元对立的一极具有二重属性，另一极有两个具有单一

---

① 潘其风：《大南沟新石器时代墓葬出土人骨的观察鉴定与研究》，《大南沟——后红山文化墓地发掘报告》，科学出版社 1998 年版，第 145—150 页。

属性的元素与之对立，第二个层次是具有单一属性的两个元素之间的对立；或可视为是二分模式的基础上进行三分，三分格局中总有一个元素，分别与其他的两个元素相对应，构成本质的二分和形式的三分。以上分析涵盖了石棚山墓地人群的认知体系的三方面内容，这一模式可以视为墓地人群思维的基本模式。

里弗斯曾经指出土著人的思维中存在一种双重系列，两个系列是同源的关系①。列维·斯特劳斯更加明确地指出是宇宙的结构再造了原始社会的结构。动物界和植物界的分类为人群划分提供一种思维模式，一个以群体差别为基础的体系和一个以物种差别为基础的体系构成原始的两个体系，而群体的多元性与物种的多元性直接相关，又彼此对立②。墓地中的纷杂现象是处于不同层面上的符号，它们所要表达、传递的信息只有一个，即自然界的二元对立的本质和文化的三元对立的形式。

附记：文章原载于《边疆考古研究第7辑》和《边疆考古研究第9辑》本项研究得到天津市哲学社会科学规划项目 TJZL12—009 资助

---

① Rivers, The History of Melanesian Society, Vol. 2, 1914, p. 75. 转引自注释②。
② ［法］克劳德·列维·斯特劳斯：《图腾制度》，渠东译，上海人民出版社 2002 年版。

论令彝铭文的年代与人物纠葛

——兼略申唐兰先生西周金文"康宫说"

贾洪波

西周金文中有"康宫"一称，最早罗振玉即认为它是康王之庙①。40年前，唐兰先生著《西周铜器断代中的"康宫"问题》一文，论述西周金文中所见有"京宫"和"康宫"两大周王宗庙系统，"京宫"祭周太王以来康王以前各王，"康宫"祭康王以下各王，宣王时的"康宫"有康、昭（金文作卲）、穆、夷（金文作彶或屖）、厉（金文作剌）五王之庙（共、懿、孝王已祧附入昭宫或穆宫中）②。论说宏富详备，影响巨大，乃立所谓西周铜器断代中的"康宫"原则或标准（以下简称"康宫说"）。但历来有学者不承认"康宫说"，其中争议最大的就是唐兰先生始据以立论的作册夨令方彝铭文的年代和人物的问题。依笔者所能见到的材料统计，迄今西周铜器铭文言及"康"之宫庙的，凡二十七器（同铭者以一器计）③，有五器仅言"穆王大室"、"穆庙"、"卲宫大室"、"卲大室"、"夷宫"而其前不缀以"康"或"康宫"者未计入，以"康（宫）穆宫"、"康卲宫"、"康宫夷宫"等例之，可能也属于康宫系统。仅言"新宫"、

---

① 罗振玉：《辽居杂著·夨彝考释》，1929 年石印本，第 1—4 页。

② 唐兰：《西周铜器断代中的"康宫"问题》，《考古学报》1962 年第 1 期。下引此文不另注。

③ 其中应侯钟铭言"王归自成周，应侯见工遗王于周。辛未，王各于康"（《集成》1·107），然后册命应侯。此铭中"康"如理解为地名，不仅难以解释王为何到康地去册命应侯，而且亦与上句文意不合，所以此"康"应是"康宫"或"康大室"之类的省称。

"大室"、"大庙"、"周庙"等而不说隶于某宫的铜器也为数不少。另外，有一些宫名可以确定其不属于王而是贵族臣下的宫，有一些则不能确定其是臣下之宫还是王宫，这一类总的数量虽也不少，但分别开来各自一般也就是一、二器或二、三器，最多的"周师录宫大室"也只有五器。显然，在西周金文所见的宫室中，"康宫"的地位是非常突出和重要的。金文称"康宫"、"康寝"、"康庙"、"康"、"康某宫"、"康宫某宫"、"康宫某大室"、"康宫某宫大室"，却从不见有"某宫康宫"或"某康宫"或"某宫康大室"之称例，又伊簋说"官司康宫王臣妾百工"（《集成》8·4287），所以"康宫"无疑是一个独立而特殊的系统，其称必不如郭沫若先生所谓的是"懿美"之名而"偶与王号相同"①。以迄今所见的相关铜器资料来检验，特别是在集众多学科和学者研究成果的"夏商周断代工程"排定的《西周金文历谱》②的衡量下，在年代上还没有发现与"康宫说"相违的例证。故我们认为唐兰先生的"康宫说"是正确的。

但是时至今日，仍有一些学者不以为然，他们的驳难仍主要围绕令彝铭文及相关一些铜器的年代和人物来展开③，唐兰先生的"康宫说"于此也确有不够缜密之处。本文即就此略为辨析，揭其是非，以解纠葛。

一

为了讨论的方便，先将令彝铭文（同出令方尊同铭）相关部分摘录如下：

> 惟八月辰在甲申，王令周公子明保尹三事四方，受卿事寮。丁亥，令矢告于周公宫。公令𦱷同卿事寮。佳十月月吉癸未，明公朝至于成周，𦱷令舍三事令，及卿事寮及诸尹及……舍四方令。既咸令，甲申明公用

---

① 郭沫若：《两周金文辞大系图录考释》下册，上海书店出版社 1999 年影印版，第 7—8 页。

② 见《夏商周断代工程 1996—2000 年阶段成果报告》（简本），世界图书出版公司 2000 年版，第 30—35 页。以下凡言及某铜器年代的具体王年之数者，皆依据此谱。又以下凡言及西周某王在位年数者，亦皆依据本书排定之《夏商周年表》，见第 88 页。

③ 杜勇：《关于令方彝的年代问题》，《中国史研究》2001 年第 2 期；王永波：《矢令组铜器相关人物及其年代》，考古与文物丛刊第四号《古文字论集》（二），考古与文物编辑部 2001 年版。

牲于京宫，乙酉用牲于康宫。咸既用牲，于王。明公归自王……作册令
敢扬明公尹人宜（休），用作父丁宝尊彝。（《集成》16·9901）

　　因有"用牲"一词限定，包括"康宫说"的反对者在内的多数学者
是同意所谓"京宫"、"康宫"是周王室宗庙之称的①。最关键的问题在
于对令彝年代认识上的分歧。唐兰先生在"康宫说"下将此器定为昭王
时期，反对者们则多定为成王或康王时期，从而认定"康宫说"因其立
论的前提错误而不能成立。随着考古新材料的增多，从器形、纹饰、铭文
字体等方面考察，成王时期说难与契合，关于西周青铜器类型学研究的最
新成果表明此器属于西周早期晚段，绝不可能早至成王一世②。诚如我们
前面所说，既然迄今所见的相关铜器材料都可以纳入"康宫说"的体系，
并未发现相反的例证；所存争议者也仅是令彝一器，就足以证明"康宫
说"是正确的，令彝的年代也就应该置于昭王一世。

　　考察令彝的年代，需要联系到一批相关铜器。首先是与令彝同出的作
册夨令簋（以下简称"令簋"），其铭曰："惟王于伐楚白（伯），在炎。
惟九月既死霸丁丑，乍册夨令尊宜于王姜，姜赏令……令敢扬皇王休，用
作丁公宝簋，用尊史于皇宗。"（《集成》8·4300、4301）其作器者为
"作册夨令"，而在令彝中叫"作册令"，又叫"夨令"，名既一样，任职
亦同，二器又是共出，毫无疑问作器者应是同一人，其作器年代亦应相同
或相近。类型学的研究已表明令簋与令彝的时代是一致的，属西周早期晚

---

　　①　有的学者以此铭"用牲"是指享宴之事［吴其昌：《夨彝考释》，《燕京学报》1937年
第9期；谭戒甫：《周初夨器铭文综合研究》，《武汉大学学报》1956年第1期；王永波：《夨令
组铜器相关人物及其年代》，考古与文物丛刊第四号《古文字论集》（二），考古与文物编辑部
2001年版］。固然享宴时可有用牲事（其实此亦多与祭礼关联），但特言"用牲"之辞在卜辞、
金文和典籍中皆指宗庙郊社等祭礼之事，"用牲于某"即是对某人或在某处杀牲以祭祀，此种用
例俯拾即是、举不胜举。《周礼·天官·膳夫》所谓"凡王之馈，食用六谷，膳用六牲，饮用六
清，羞用百有二十品，珍用八物，酱用百有二十瓮"，此用"六牲"不过是间于六谷、六清等物
之中，是王之馈食之一，毫无特别之处，如何能以"用牲"一词来指称宴饮之事，又能在哪里
找到"用牲于某"是说对某人宴享或在某地宴享这样的文例呢？令彝铭所言"用牲"反映的是
明公到成周就职时的典礼仪式和程序，且下文又特言"咸既用牲"，可见极为庄重，其为告庙祭
祀自不待言。至于陈梦家先生谓用牲于京宫、康宫是为此二王宫奠基［陈梦家：《西周铜器断
代》（二），《考古学报》第十册，1955年］，同样于史无证，不切铭意。

　　②　王世民、陈公柔、张长寿：《西周青铜器分期断代研究》，文物出版社1999年版。以下
凡言及某铜器年代的类型学研究结论，皆出自此书，不另注。

段康昭时期器。此铭中有两处关键的地方可以作为卡定具体年代的标尺："伐楚"和"王姜"。昭王伐楚一事，见于《左传》、《史记》、《楚辞》、《吕氏春秋》、《竹书纪年》等文献记载，为大家所熟知，也有相当一批铜器铭文反映了此事，而说得最明确的是共王时的史墙盘。盘铭历数周先王功绩，及昭王时则说广伐荆楚①，而于其前成王、康王之世则没有言及与荆楚的关系。《史记·楚世家》记楚之先祖熊绎在成王时受封，《国语·晋语八》记成王盟诸侯于岐阳而楚与鲜卑守燎，《左传·昭公十二年》记楚灵王言其先王熊绎御事康王。故唐兰先生说楚国在成王时还很弱小而地位低下，至康王时已渐强大而熊绎能到王朝来任职，到昭王时与周王朝有了矛盾而引起昭王南征。文献反映成、康两世周与楚并无矛盾冲突，亦无任何伐楚之事，与金文资料两相对照，可谓若合符节。成世铜器禽簋（禽鼎同铭）言"王伐荙侯"（《集成》7·4041），刚劫尊（卣同铭）言"王伐荙"（《集成》11·5977），有的学者将"荙"释为"楚"而认为铭记成王伐楚之事。"荙"与"楚"二字字形实不类，故多数学者从唐兰、陈梦家先生释为"葢"（盖），亦即"奄"，奄、盖皆训覆而音可通转，尊铭反映的乃是东伐淮夷践奄之事②。既然成王、康王皆无伐楚之事，而昭王南征伐楚则于史有证，是西周历史上的一件大事，那么将令簋及令彝的年代定在昭王之世乃是最合理的选择。

在这个基础上我们再来考察"王姜"的问题。"王姜"之名又见于下列诸器：

作册睘卣："惟十又九年，王在斥。王姜令作册睘安尸（夷）白（伯）。尸白宾睘贝布，扬王姜休，用作文考癸宝尊彝。"（《集成》10·5407）

作册睘尊："在斥，君令余作册睘安夷伯，夷伯宾用贝布，用作

---

① 由于对此句中的主要谓语动词各家释读不同，致使句意理解亦不尽一致：有释为挞伐荆楚之意；有释为柔抚亲善之意，以故是对昭王阿谀颂扬的政治辞令，或是掩饰其十九年南征失败惨死真相的避讳之语。

② 唐兰：《西周青铜器铭文分代史征》卷一下，中华书局1986年版，第38页；陈梦家：《西周铜器断代》（二），《考古学报》第十册，1955年；并参见王彦坤《"掩"、"盖"通用别议》，《学术研究》1986年第3期。

朕文考日癸旅宝。"（《集成》11·5988）

旟鼎："王姜易旟田三。"（《集成》5·2704）

不寿簋："王才（在）大官，王姜易不寿裘。"（《集成》7·4060）

叔卣："隹王窀于宗周。王姜史叔事于大保，赏叔。"（《集成》8·4132）

以作册睘卣与作册睘尊铭对勘，知二器为同一人所作，所记为同一事，尊铭之"君"即卣铭之"王姜"。器型学研究的结果表明，作册睘卣与尊为西周早期后段约当昭王前后器。不寿簋颈部饰有窃曲纹，不能早至康王，应为西周中期器。旟鼎的形制、纹饰与康王时的大盂鼎相近，时代亦在康昭时期。所以，旟鼎的"王姜"与睘卣和睘尊的"王姜"应是一人，而与不寿簋的"王姜"则可能是两人。王姜是姜姓之女为周王之后者，此不成问题，但她是哪位周王之后，却分歧为武王、成王、康王和昭王四说。按文献中除武王、昭王、厉王、宣王和幽王之后有可查寻外，其余西周诸王之后皆缺载，其中所知为姜姓者只有武王后邑姜加上先王太王之后大姜（太姜）。今令簋既定于昭王时，而睘卣、睘尊时代亦在昭王前后，则王姜为武王后应首先排除。即使有人把睘器时代定于康世，武王后邑姜也不大可能活动至康王十九年，因为武王克商后二年而崩，年五十四①，邑姜的年龄应与之相差无多，经成王一世二十二年，至康王十九年，邑姜年龄当在九十岁上下，岂有还频繁外出活动之理。唐兰初将王姜定为昭王之后②，后来大概因为郭沫若据《国语·周语》记载"昔昭王娶于房曰房后"指出"房乃祈姓之国……不当称王姜也"③，故改说是康王之后，也就是昭王的太后，并以睘卣铭文中的"斥"（唐释为斥）地为昭王伐楚时的所在地，说"昭王南征，是带游观性质的，《天问》所说'昭后成游，南土爰底，厥利为何，逢彼白雉'可证，才不妨带了他的母亲一齐去的。睘卣的十九年就是昭王死的一年，假定康王死时，王姜还不过

---

① 按《路史·发挥》四引《古本竹书纪年》载武王崩年五十四，王国维《周开国年表》（《观堂别集》卷一）以为事较近之，谓武王崩年当近六十。

② 容庚：《武英殿彝器图录》，哈佛燕京学社 1934 年影印本，第 93 页注引。

③ 郭沫若：《两周金文辞大系图录考释》下册，上海书店出版社 1999 年影印版，第 14 页。

三四十岁，那末到昭王末年也只有五六十岁，跟昭王一起去南征是完全可能的"。《史记·周本纪》载"穆王即位，春秋已五十矣"，刘启益先生据此谓："昭王是穆王的父亲，假定比穆王大二十岁，王姜是昭王的母亲，也假定比昭王大二十岁，那末，昭王十九年时，王姜已经近九十岁了，这样大年纪的人还跟随儿子南征，是不好想象的。"① 唐兰先生后来或许也注意到了这个问题，故复又改订为昭王之后②。刘启益先生整合文献与金文资料，对于西周王后有如下研究结果：

武　王：邑姜

成　王：王姒

康　王：王姜

昭　王：王祈

穆　王：王俎姜（王姜）

共　王：王妫？

懿　王：王白姜

孝　王：王京

夷　王：王姞

厉　王：申姜

宣　王：齐姜

幽　王：申姜（前）、褒姒（后）

刘启益先生总结说："从以上排比可以看出，从武王到幽王有七个周王的后妃为姜姓。西周十二王，实际上只有十一代人，因为孝王是穆王的

---

① 刘启益：《西周金文中所见的周王后妃》，《考古与文物》1980年第4期。

② 按直至唐兰先生晚年，他于此"王姜"问题实是把握不定。在《略论西周微史家族窖藏青铜器群的重要意义》（《文物》1978年第3期）一文中他只是说王姜为昭王之后，并没有说明任何理由；在《西周青铜器铭文分代史征》中虽然论证了房氏出于祈姓的说法是没有根据的，但他仅以昭王时铜器中有王姜为由而说房国当亦是姜姓，同样无据（见《西周青铜器铭文分代史征》卷四上·昭王，中华书局1986年版，第197页）；在《论周昭王时代的青铜器铭刻》（《古文字研究》第2辑）一文中他又说，昭王所娶王后可能是祈姓并生了穆王，但在昭王即位后王后已经不是房后而是王姜了，"或者房后已死，就可以有继室；或者房后被黜，就可以另立新后"，也是推测之辞。

儿子，不单独构成一个世代。因此，如果把孝王除开不计，从武王至厉王恰好是每隔一代周王，就要娶一个姜姓女子为妻。这说明西周时姬、姜两姓是两个互为婚姻的政治集团，而这种习俗的来源或者可以追溯到更遥远的古代。"① 宣王之妃先秦文献中无载，汉刘向在《列女传》（卷二）中说："周宣姜后者，齐侯之女也。贤而有德，事非礼不言，行非礼不动。宣王尝早卧而晏起，后夫人不出房，姜后脱簪珥待罪于永巷，使其傅母通言于王曰：'妾不才，妾之淫心见矣，至使君王失礼而晏朝，以见君王乐色而忘德也……'"汉成帝宠爱赵飞燕姐妹，光禄大夫刘向乃作《列女传》以诫天子，多有编造之辞，宣王后是否为齐姜亦值得疑问，而有关宣后的铜器目前还尚未找到，也就是说宣王之后仍有非姜姓的可能。刘启益先生这个周王后妃的排列结果，不能不使人联想到周人的昭穆制度。关于周人墓葬、宗庙及祭祀时班次排位中区分昭穆的现象，过去两千多年来经史学家们有过很多解释和争论，却始终也未能说出个所以然来。近人开始利用民族学方法与材料，从原始氏族婚姻体系出发去认识昭穆制度，才逐渐揭发其实质，而以李衡眉先生的"两合氏族婚姻组织说"最为新近和得其要领，简要概括来说，就是原始氏族时期父与子分属于两个不同的母系氏族集团，祖与孙则属于同一氏族集团，而外婚制要求相邻辈分的男人（父与子）之间必须划分一条清晰的界限以区分二者氏族成员的身份，昭穆制度的来源和最初意义即在于此②。上述周王隔代娶姜姓之女为后的情况，虽不见得是昭穆制的直接反映，确是折射出昭穆制的痕迹③。所

① 刘启益：《西周金文中所见的周王后妃》。后来刘启益先生又据丰镐遗址出土之诲簋铭断定昭王之后是"王员"，见其著《西周昭王时期铜器的初步清理》一文，载《出土文献研究续集》，文物出版社 1989 年版。

② 参见李衡眉《昭穆制度与周人早期婚姻形式》，《历史研究》1990 年第 2 期。见其著《昭穆制度研究》之第四章《昭穆制度产生的过程及实质》，齐鲁书社 1996 年版。

③ 还有学者指出，姒姓、祁姓、姞姓都是属于黄帝氏族集团，姜姓属于炎帝集团，西周王室的昭辈和穆辈是依次与黄帝、炎帝两大氏族集团轮流通婚，西周时氏族社会的血缘通婚制仍旧保存，而氏族社会血缘埋葬制度却演变出新形式，即昭穆制（刘士莪、尹盛平：《微氏家族青铜器群研究》，载尹盛平主编《西周微氏家族青铜器群研究》，文物出版社 1992 年版）。至于武王以前周先王之后，文献载太王（古公亶父）之后为太姜（大姜）（见《史记·周本纪》、《诗·大雅》之《绵》、《思齐》篇及笺注），而其下王季和文王两代，为抬高周族在方国诸侯中的地位或有意拉近与殷商的关系，则分别娶殷商畿内显贵大族之女和殷王帝乙之女为后（参见顾颉刚《〈周易卦爻辞〉中的故事》，《顾颉刚选集》，天津人民出版社 1988 年版；王晖《季历选立之谜与贵族等级名号传嗣制》，《中国史研究》1996 年第 1 期），故与此通例有所不符。

以，我们认为刘启益先生对周王后妃的研究结果应大体正确。

　　既如上述，则西周前期铜器铭文中的"王姜"是康王之后，可为定论，某些"王姜"铜器定于康世也自成立，但这并不妨碍我们将令簋及相关一些铜器的时代定在昭世。刘启益先生因《史记·周本纪》"穆王即位春秋已五十矣"一语而认为王姜作为昭王母后不大可能活动于昭世。按《周本纪》此语大有可疑。首先，《周本纪》又云"穆王立五十五年崩"，是穆王死时有一百零五岁之多，如此高寿虽不无可能，但揆诸史籍，实难相信。《穆天子传》记穆王征伐四方、周游天下，固是充满传奇色彩，却也不全为向壁虚构，《古本竹书纪年》亦见记载，其中记穆王"十三年西征至于青鸟之所憩"，"十七年西征昆仑丘见西王母"，"三十七年伐越，大起九师，东至于九江"①。年过花甲尚喜征游四方已有违常情，耄期之年还要大兴攻伐则更难理喻。其次，成王将崩时惧太子钊之不任，于是命召公、毕公为顾命大臣以相立之（事见《史记·周本纪》和《尚书·顾命》），明明是康王即位时还年少稚嫩难胜重任，这与成王即位时年少、二十二年后而崩亦相契合②。即以康王二十岁即位计之，在位二十五年，崩时当在四十五岁左右，假定其二十岁左右生昭王，则昭王即位时在二十五岁左右，其在位十九年，崩时当在五十岁以下，岂有穆王即位时已五十岁的道理！据上述事证，疑今本《周本纪》"五十"实为"十五"之倒误，或者干脆就是后世窜入之文，因为《周本纪》全篇于其余各世周王无一记其即位时年龄者，独此穆王一例，自是可疑。这样，王姜的年龄至多也是与康王相仿，康王崩时其应在四十岁上下，那么她完全可以活动在昭王一世。所以，唐兰先生对自己的王姜为昭王太后说原本是不必游移的。但如若以王姜为成王之后，即使她能活至昭王初年，也不可能频频活动于昭王末年。

　　回头再看叔卣的问题。此器形制特异，整体器形近于卣，但器和盖的口部作椭方形（即圆角长方形），口沿下和盖上有四个相对的贯耳，器之圈足和盖顶捉手上各有四个相对的穿孔，陈梦家先生谓这四对贯耳和穿孔

---

　　① 王国维：《古本竹书纪年辑校》，辽宁教育出版社1997年版。
　　② 有人否认成王年少、周公摄政称王的事实，就此笔者另有《对周公称王问题相关几件铜器铭文的释疑》（载《中国社会历史评论》第四辑，商务印书馆2002年版）一文为辨。

乃所以穿系用绳类提携的，并把它叫做"史叔椭器"①，唐兰先生称为"叔卣"，《殷周金文集成》则名为"叔簋"。此器在器形上几乎找不到类型排比的依据对象，单从纹饰上只能判断为西周早期器。铭有"王姜"与"大保"，王姜为康王之后已如上述。这个大保，诸家公认为是召公奭。唐兰先生起先也认为是召公奭，并将此器定为康王时期，本来不错，后却转而以此大保即是令彝和鲁侯簋中的明公，是召公奭的继任者②，又生枝节且致错误（明公何人后文详论）。《尚书·顾命》及《史记·周本纪》记太保召公奭在成王死后为顾命大臣相立康王，《论衡·气寿篇》说召公"至康王之时尚为太保，出入百有余岁矣……传称老子二百余岁，邵公百八十"，《风俗通义·皇霸·六国》亦说召公"寿百九十余乃卒"，春秋时的者减钟铭曰"用祈眉寿□鳌于其皇祖皇考，若召公寿，若参寿"③。以上记召公具体年岁自是不实之词，但召公以长寿著称殆无可疑问。周公、召公兄弟同佐武王伐商立国，克殷后二年武王即崩，年五十四，假定时召公为四十多岁，经成王一世二十二年则有六十多岁，以其德高望重固可为康王顾命大臣而有所作为，又历康王一朝二十五年，寿有八九十岁。即使再历昭王一世，成百岁寿星，衡以上述文献所载，事虽不无可能，但实难有把握。所以，叔卣自以定于康世为宜。

从罍器铭文来看，当时王和王姜都在"庠"地，于是又涉及所谓"王在庠"组的相关几件铜器。著名的微史家族铜器群中有作册折尊、觥、方彝三器同铭："惟五月，王在庠。戊子，令作册折觅望土于相侯，赐金，赐臣。扬王休。隹王十又九祀。"④ 传世有趞尊、趞卣二器同铭："惟十又三月辛卯，王在庠，赐趞……"（《集成》11·5992）器型学年代属西周早期偏晚约当昭王前后。学者公认这一批"王在庠"组器属于同一时期，其中趞组与罍组器并作于同一年，即"十九年"，分歧在于将它们隶于哪一王世。过去以令簋为成世器的学者，如郭沫若和陈梦家先生自然也将罍器和趞器定

① 陈梦家：《西周铜器断代》（三），图版一，《考古学报》1956 年第 1 期。

② 唐兰：《西周青铜器铭文分代史征》，中华书局 1986 年版，第 206—207、219—210 页；《论周昭王时的铜器铭刻》，《古文字研究》第 2 辑。

③ 《殷周金文集成释文》1·202 第一卷，香港中文大学中国文化研究所 2001 年版，第 164 页。

④ 陕西周原考古队：《陕西扶风庄白一号西周青铜器窖藏发掘简报》，《文物》1978 年第 3 期。

在了成世①。今以折器校之，此说殆非。因为据史墙盘铭所述的微氏家族的世系来看，作册折是生活于共王时期的史墙的祖父，其前有折之父"乙祖"、折之祖"剌祖"，而剌祖在武王克殷后乃来朝见并受赐，故折的活动时代绝不可能早于康昭时期。此亦是目前学界的公论，无须赘言。对"王在斥"组器的年代，现主要是康世和昭世两派意见的对立，对斥地所在各家考证亦多歧见。唐兰先生从令簋、夝卣出发，将"王在斥"与昭王十九年南征伐楚之事相联系，本是言之成理，只是将斥地考为伐楚的一个军事重镇，地在今湖北孝感一带，招致质疑。他后来修正了先前的看法，据作册麦尊铭认为斥地与菁京甚近，离宗周不远，但仍未确指其具体位置②，而且人们仍有疑问：昭王南征前夕老是在这里干什么呢？卢连成先生将斥地考订在古汧（水）渭（水）之会，即今宝鸡、凤翔、眉县交界地，西距丰、镐二百余里，本是西周王室的马场所在，建有天子行宫，周王在此地时行执驹典礼祭祀。他说："昭王十九年南征的前夕，斥地是一处十分重要的据点，一切南征的准备工作都是在这里进行的。斥地地处汧渭之会，东距丰镐二京、东北距周人故都歧周甚近。战争的准备工作中最重要的一项是粮草、车马的筹集，尤其是军马的筹集和训练，这对于当时以车战为主的远征是十分必要的。斥地居于关中平原西部，粮草腴集，附近又有天然的马场，作为一场大的远征战准备地，斥地条件最为理想。由昭王时期王在斥地的三组铜器铭文还可以看出，在南征即将开始的时刻，昭王在此地频繁地对诸侯、臣僚封土赐地的做法也绝不会是一般的赏赐，应当看作是战争前夕安抚诸侯臣僚，稳固后方，调兵遣将，聚集力量，为南征进行准备工作的一种重要措施。这些政治措施多是针对畿内异姓侯伯。从这些意义上来说，作册折组铜器、作册夝组铜器和趙组铜器铭文中虽然没有直接点明昭王十九年南征的史实，而事实上这三组铜器和昭王十九年南征息息相关，它们从不同侧面间接反映了昭王十九南征的史实。"③ 此说于文献和考古皆有

①　郭沫若：《两周金文辞大系图录考释》下册，上海书店出版社 1999 年影印版，第 14—15 页；陈梦家：《西周铜器断代》（二），《考古学报》第十册，1955 年。

②　唐兰：《论周昭王时代的青铜器铭刻》，《古文字研究》第 2 辑。

③　卢连成：《斥地与昭王十九年南征》，《考古与文物》1984 年第 6 期。另，直接点明昭王十九年南征伐楚的铜器铭文目前的确尚未见到，对此似可作这样的理解：十九年南征昭王丧师殒命，大概当时周人以为奇耻大辱，颜面尽无，故而对此讳莫如深，并且战败后当然不可能颁爵行赐，也就不会有铭功纪德了。

本证，最为精当，即使南征的一切准备工作不必皆在此进行，单只视察军马的筹集和训练情况这一项，就足以使"昭王南征途中有什么必要跑到那里去安营扎寨并班赐行赏"①、"昭王十九年既'丧六师于汉'，且其'南征而不返'者当即此年，为其臣者不应再有此闲情逸趣，作器以扬休烈"② 等一类诘难乏力告破！而这样草肥水美的地方，亦是行猎游玩的胜地，既建有天子行宫，则王姜实也有在此修身养息的可能，不必非得是从昭王事征伐。可是，唐兰、卢连成将趞器的"十三月辛卯"说成是昭王十八年的岁终，于是杜勇先生就以折器的历日"五月戊子"来质疑，用阴阳历推算，结果是"不论是假定上年十三月为辛卯朔，还是以辛卯前其他二十九个干支分别为朔日往下推，都是上年十三月有'辛卯'，则次年五月无'戊子'，即使在此数月间安排一次连大月，也无法摆脱这个困境"③。其实这个推算是不周密的。对于西周以前的历法情况，我们至今仍不是十分清楚，姑不论还有一年再闰的可能，即按一般情况设定上年十三月朔日为辛卯日，先以一月三十天计，则次年六月朔日为辛卯日，则五月二十八日为戊子日，再推去两个小月的两天，则五月三十日为辛卯日，如此间有连大月，则五月二十九日为辛卯日。这样，如以趞器和折器分置十八年与十九年两年，则趞器的"十三月辛卯"可有朔日和初二日两种安排。当然，这种安排从概率上来说可能性较小一些，所以我们的意见更倾向于趞器并非在昭王十八年，即使不考虑昭王十六年亦有南征之举，把它定在昭王十九年之前的两三年又有何不可呢？退一步讲，即如杜勇先生所说将趞器排于十九年，则十三月如是周正建子，其当夏历十一月，则昭王在辛卯日后即出师，至南方汉水尚有遭遇骤风急水的可能，何况昭王丧师殒命还有不同版本的说法，亦未见得一定就是暴风雨和大水所致④，只是这样安排的可能性也是比较小的。

---

① 杜勇：《关于令方彝的年代问题》，《中国史研究》2001 年第 2 期。

② 郭沫若：《两周金文辞大系图录考释》下册，上海书店出版社 1999 年影印版，第 14 页。

③ 杜勇：《关于令方彝的年代问题》，《中国史研究》2001 年第 2 期。

④ 《史记·周本纪》正义引《帝王世纪》云："昭王德衰，南征，济于汉，船人恶之，以胶船进王，王御船至中流，胶液船解，王及祭公俱没于水中而崩。其右辛游靡长臂且多力，游振得王，周人讳之。"《吕氏春秋·音初》："周昭王将征荆楚，辛余靡长且多力，为王右。还返涉汉，梁败，王及祭公抎于汉中。辛余靡振王北济，又反振祭公。"都并未明言有大水风浪之情。

直接关涉令彝年代的还有作册大鼎。此鼎三件同铭，与令簋、令彝及令尊同出于洛阳邙山马坡①，铭末同有鸟形及"册"字符号，作器者大与令同以作册为职，因此他们无疑属于同一家族。鼎铭云"公束铸武王成王异鼎，惟四月既生霸己丑，公赏作册大白马。大扬皇天尹大保休，用作祖丁宝尊彝"（《集成》5·2758），郭沫若、陈梦家、唐兰诸家皆定为康王时器，此毫无疑问。争议的焦点在于作册大与作册矢令的关系。罗振玉、郭沫若、陈梦家均以大为令之子，这是因为父子世官而令称为父丁作器、大称为祖丁作器②。唐兰因为其康宫说下是将令器置于昭世的，故认为"作册大必须早于作册令。'大'的作册在康王初年，而矢令的作册在昭王时期……尽管作册大是作册矢令的父亲，也依然可以作册大的祖父是用丁日祭祖丁，而作册大自己，死后也成为用丁日祭的父丁的"。但后来唐兰又转而认为矢令的"父丁即康王时作册大鼎的祖丁，那么，作册矢令当是作册大的叔父辈。但时代反较晚，等于祭公为穆王祖父一辈而当穆王前期。作册矢令的地位看来也高于作册大，是在昭王时，他的年事应很高"③。在西周世官世袭制下唐兰这种父子两代反向继承的说法的确有悖常情，颇显牵强，反不如其前说确当。客观而论，在没有其他任何辅证的情况下，上述以大与令互为父子的两说都有可能，仅从彝铭本身出发，二人的关系殊难断定，因为包括商王在内的殷商贵族中祖孙庙号或日名相同的情况是很平常的，同一日名也不限于一两代祖先使用，刘启益先生曾据微氏家族铜器所反映的世系对此有过说明④。问题在于，作册大鼎是康王前期器，若偏执一端地以大是矢令之子，硬要将令器的年代置于成世，这不仅从我们前面的论证来看显得扞格难通，而且于今天充足的类型学证据绝不相容。令器的年代纠葛既经如上辨析，将其置于昭世已无其他障碍，那么以作册大为作册矢令之父就是合理的选择，又何所犯驳！

---

① 陈梦家：《西周铜器断代》（二）（《考古学报》第十册，1955 年）、（三）（《考古学报》1956 年第 1 期）。

② 罗振玉：《辽居乙稿·作册大鼎跋》，1931 年石印本；郭沫若：《两周金文辞大系图录考释》下册，上海书店出版社 1999 年影印版，第 33 页；陈梦家：《西周铜器断代》（三）。

③ 唐兰：《西周青铜器铭文分代史征》，中华书局 1986 年版，第 212 页。

④ 刘启益：《微氏家族铜器与西周铜器断代》，《考古》1978 年第 5 期。

二

令彝铭中还有周公与明保两个人物与其年代互相关涉，关于他们的争议也是最多的。

首先应该明确，令彝铭中的"明保"是人名，也就是其后所称的"明公"，这是我们讨论的前提。不以明保为人名，而与《尚书》之《洛诰》"公明保予冲子"及《多方》"大不克明保享于民"之语中的"明保"相牵合，以之为动词，是罗振玉的发明①，于省吾先生也这样认为②。郭沫若反驳罗说，引作册䰧卣铭"惟明保殷成周年"和传卣铭"命师田父殷成周年"之例证明"明保"是人名③。吴其昌并从语法角度说明《洛诰》中的"明保"确是动词，因其后直有"予冲子"为宾语，而令彝铭"'明保'以下更无名词或主词，则'明保'字无所系属，所明保者为何物？故此'明保'决不能以动词释之，亦决不能以为断句。'周公子明保'乃一整名，下'尹'字始为动词，'三事四方'始为宾词也"④，其说详备，无可辩驳。但至今仍有学者坚持认为明保不是人名，如李学勤先生甚至更将作册䰧卣中的明保是人名也否定了⑤，故不能不再略为辨析。李先生对彝铭的读法是："王令周公：子明保尹三事四方"，以"子"是代词指周公，"明"是副词为勉意，"保"是动词为"辅保"之意，"尹"为动词训为"主"，说"主三事四方的，本为周王。王令周公'明保尹三事四方'，犹如大盂鼎言盂'法保先王□有四方'，'保'都是辅保的意思。《多方》说夏多士'大不克明保享于民'，也是讲不能辅保夏王享民，从语法和涵义看，都与方彝铭接近"。但我们的看法并非如此。首先一点，在王命周公时，既用第二人称代词"子"（也就是"你"），则必为当面所命，而李先生于下文又说"王命周公任职辅保，本在八月甲申，

---

① 罗振玉：《辽居杂著·矢彝考释》，1929 年石印本。

② 于省吾：《双剑誃吉金文选》上二，中华书局 1998 年版，第 25 页。

③ 郭沫若：《令彝令簋与其他诸器物之综合研究》，载《殷周青铜器铭文研究》，科学出版社 1961 年版。

④ 吴其昌：《矢彝考释》，《燕京学报》1937 年第 9 期。

⑤ 李学勤：《令方尊、方彝新释》，《古文字研究》第 16 辑。

其时周公大约不在朝中，故第四日丁亥令矢告于周公宫"，这是矛盾的。
其次，大盂鼎铭两动词间即"法保"之下、"□有"（按"有"前一字
渳，依文意及右侧残留一竖笔，应即前铭"匍有四方"之"匍"，训
"抚"）之上有"先王"一词作"法保"的宾语兼"抚有"的主语，而在
令彝的"明保"与"尹"之间缺了这个重要的兼语词，这是很迂曲难通
的，于文献及彝铭更无他证。《多方》的"保享"之后有介词"于"介
出宾语，与令彝句式亦复不同，即便如此，也不宜"明保享"三字连读，
其文应正读如下"惟夏之恭多士，大不克明；保享于民，乃胥惟虐于民
至于百为，大不克开"①，保训为"安"②。问题还在于，李先生为了证成
其说，同样也将作册嗌卣中的"明保"拉了进来。作册嗌卣铭云"惟明保
殷成周年，公赐作册嗌"（《集成》10·5400）。李先生说："'殷成周'
即在成周举行殷同之礼，自为天子之事。此语主词是'公'，他还是在殷
同中辅相周王的。'明保殷成周'，文例仍与前举'明保享于民'、'明保
尹三事四方'相若。"按以事纪年，金文习见。除作册嗌卣外，还可以列
举如下数例：

　　小臣传簋（即郭沫若所说传卣）："惟五月既望甲子，王
□□（在莽）京，令师田父殷成周年。师田父令小臣传非余。"（《集
成》8·4206。容庚云王下当有"在莽"，见《殷周金文集成释文》
三卷第334页）
　　作册魖卣："惟公大史见服于成周年。在二月既望乙亥，公大史
咸见服于辟王，辨于多正。雩四月既生霸庚午，王遣公大史。公大史
在丰，赏作册魖马。"（《集成》10·5432）
　　陵贮簋："□陵贮及子鼓每铸旅簋。唯巢来歔，王令东宫追以六师
之年。"（《集成》7·4047）
　　士上卣（盉）："惟王大禴于宗周，徝饗莽京年。在五月既望辛
酉，王令士上及史寅殷于成周。"（《集成》10·5421）

---

① 此从郭沫若先生说，见《令彝令簋与其他诸器物之综合研究》，载《殷周青铜器铭文研
究》，科学出版社1961年版。
② 从孙星衍《尚书今古文注疏》说，中华书局1986年版。

此外，罗振玉尚列有旅鼎（隹公大保来伐叛夷年）、趞鼎（隹王来各于成周年）、克鼎（王令善夫克舍命成周年）、齐国差甗（国差立事岁）、子禾子釜（□□立事岁）、陈猷釜（陈猷立事岁）诸例①。其中纪年之事与后铭所述之事，或有关联（如小臣传簋、作册魖卣），或无关联（如陵贮簋、士上卣），并无一定。然无论如何，纪年之事句中必须出现主词亦即事件的执行者，或是王或是公卿大臣或是二者兼有，无一例外。以作册魖卣言，若照李先生的意思，也必须是"唯某人明保王殷成周年"的格式，或者说"唯某人保殷成周年"，又或者说"唯保王殷成周年"，亦勉强可通；断不至于"保殷"两个动词连用，前面又加上一个修饰副词"明"，如此啰唆却又省掉了关键的主词，这样迂曲而使人不知所云的表达方式可谓见所未见。所以，作册魖卣中的"明保"必须是人名，是"殷成周"这一行动的主词，他可能也就是后铭所称的"公"，正如令彝中先点出"明保"人名而后又尊称其为"公"、"明公"，亦如班簋中"王令毛伯更虢成公服"以后又尊称其"毛公"（铭见《集成》8·4341），"公"或是美称，或是爵称，或是兼而有之。至于李先生以"明公"是"周公"之美称，亦难征信，遍检文献与彝铭难以找到这种用例。

综上所述，令彝之"明保"是人名，不应再有疑问。诚如赵光贤先生所说，在考索"明保"时，应当将矢令彝的"明保"与《洛诰》、《多方》中的"明保"完全分开，因为它们根本是两回事，意义不同，不可牵合为一②。

以"明保"为人名的学者中对"明保"究竟是谁却又众说纷纭。归纳起来，有周公之子鲁侯伯禽说、周公次子君陈说、周公之子祭公说、文王之子周公之弟毛叔郑说（此说将"周公子明保"读为"周之公子明保"）、明保即周公自己说（此说与李学勤先生明公即周公说不同，是将"周公子明保"的"子明保"看作是周公的尊称，又将"子明保"分为二，说"子明"是字，"保"是尊称，而李先生不以"明保"为人名已见上述）、周公之孙即第二代周公之子说、周公之子茅公说。对前五说之非，赵光贤先生已有过详尽辨析，此不赘述，赵先生自己提出明保即第二

---

① 罗振玉：《辽居乙稿·臣辰作父癸簋跋》，1931 年石印本。

② 赵光贤：《"明保"与"保"考辨》，《中华文史论丛》1982 年第 1 辑。

代周公而史失其名的说法①。我们这里仅就后三说及伯禽说略为补辩数言。

说者往往又将鲁侯簋（旧称明公簋）中的"明公"与"鲁侯"相联系。簋铭云："惟王令明公遣三族伐东国，在□，鲁侯又（有）□工（功），用作旅彝。"（《集成》7·4029）郭沫若据此及令彝谓明公与鲁侯即是一人，即周公子伯禽封于鲁者②。其实，从簋铭本身看，上言明公，下言鲁侯，说他们不是一人的可能性要大得多。其他不以明公为伯禽的学者却也多以此鲁侯即是伯禽。其实，伯禽称"鲁公"而不称"鲁侯"。《史记·鲁世家》云："（武王）封周公旦于少昊之虚曲阜，是为鲁公。周公不就封，留佐武王。"又曰："周公卒，子伯禽固已前受封，是为鲁公。鲁公伯禽之初受封之鲁，三年而后报政周公。"《左传·定公四年》记祝佗讲到周初分封："昔武王克商，成王定之，选建明德，以蕃屏周。故周公相王室以尹天下，于周为睦。分鲁公以大路、大旆……以法则周公，用即命于周。是使之职事于鲁，以昭周公之明德……命以《伯禽》而封于少皞之虚。"《诗·鲁颂·閟宫》："王曰叔父：'建尔元子，俾侯于鲁。大启尔宇，为周室辅。'乃命鲁公，俾侯于东。"虽说是"侯于鲁"、"侯于东"，但并不叫他"鲁侯"而曰"鲁公"。《公羊传·文公十三年》："世室者何？鲁公之庙也。周公称太庙，鲁公称世室，群公称宫。此鲁公之庙也。"按《鲁世家》的记载，伯禽之后的历代鲁君皆曰"某公"，但如考公、炀公者，都是谥号，至于生称如何，则无从可知③。

《閟宫》后文及《鲁颂·泮水》在歌颂鲁僖公的功德时说"鲁侯之

---

① 赵光贤：《"明保"与"保"考辨》，《中华文史论丛》1982 年第 1 辑。

② 郭沫若：《令彝令簋与其他诸器物之综合研究》，载《殷周青铜器铭文研究》，科学出版社 1961 年版；《两周金文辞大系图录考释》下册，上海书店出版社 1999 年影印版，第 6—7、10—11 页。

③ 关于谥法之兴，近世王国维考证当在西周中期恭懿以后，周初诸王如文、武、成、康、昭、穆皆生时称号而非死后之谥（王国维：《遹敦跋》，《观堂集林》卷一八）。此说在学术界产生重大影响，几成不刊之论。80 年代以后始有学者发表不同意见，复申金文中所谓"王号生称"实际仍是死后之谥，谥法之兴当在商末或周初（参见黄奇逸《甲金文中王号生称与谥法问题的研究》，《中华文史论丛》1983 年第 1 辑；盛冬铃《西周青铜器铭文中的人名及其对断代的意义》，《文史》第 17 辑，中华书局 1983 年版；彭裕商《谥法探源》，《中国史研究》1999 年第 1 期）。我们赞同后者，详参拙文《对周公称王问题相关几件铜器铭文的释疑》，载《中国社会历史评论》第四辑，商务印书馆 2002 年版。

功"、"鲁侯是若"、"鲁侯燕喜"、"鲁侯戾止"、"穆穆鲁侯"、"明明鲁侯"等，可见时人是称鲁君为"鲁侯"的。彝铭也为我们提供了一些信息。除鲁侯簋外，今知尚有鲁侯熙鬲（《集成》3·648，西周早期）、鲁侯盉盖（《集成》15·9408，西周早期）、鲁侯爵（《集成》14·9096，西周早期）、鲁侯壶（《集成》15·9579，西周晚期）、鲁侯鬲（《集成》3·545，西周晚期），这都是自称"鲁侯"的，而无一称"鲁公"者。其中鲁侯熙鬲铭曰"鲁侯熙作彝，用享蒸厥文考鲁公"，熙字之释各家一致，而且都认为鲁侯熙即是文献中伯禽之子、考公之弟炀公熙，那么铭中"文考鲁公"一定是指伯禽了，而且这个"鲁公"一定也是生前之称，因为缀以封国氏名"鲁"而无其他美号，犹同"周公"之类非谥称（周公谥曰周文公），并有周公作文王方鼎（《集成》4·2268）、毛公鼎（《集成》5·2841）、宋公䜌鼎（《集成》4·2233）、晋公𥂩（《集成》16·10342）等彝铭为证。所以，前引鲁侯簋不会是伯禽之器。退一步讲，即使是以"鲁公"为美称而认为伯禽可以称鲁侯，又怎么能断定鲁侯簋之鲁侯一定就是伯禽呢？诚如学者所论，事实上东夷诸族与周王朝的敌对状态持续了多年，不仅周公反政后犹再东征，且下至成、康之世屡有战事征伐①。"周人与东方民族的斗争靡费时日，从长远的角度看，东征当指平定管蔡武庚之后，周民族对山东半岛和淮水流域的陆续经营"，"如果混淆克殷践奄与征服东夷为一事，不仅把周人与东方夷人的斗争历史太简单化，把夷人的屈服看得太轻易，对周初繁多的东征铭文也无法予以确切圆满的解释"，"西周初期艰难缔造新国家的曲折史实便永远沈霾不显"②。人们却往往因为《史记·周本纪》一句"成康之际，天下安宁，刑措四十余年不用"的话而忽视成康时代特别是康王时代的文治武功。《国语·周语下》："自后稷以来宁乱，及文、武、成、康而仅克安民。自后稷之始基靖民，十五王而文始平之，十八王而康克安之，其难也如是。"可以

---

① 参见杜正胜《周代城邦》之附录《尚书中的周公》，联经出版事业公司1998年版；王玉哲《周公旦的当政及其东征考》，《人文杂志》丛刊第2辑《西周史研究》，1984年；王玉哲《中华远古史》，上海人民出版社2000年版，第520、526—527页；沈长云《论成康时代和成康时代的铜器铭刻》，《中原文物》1997年第2期；杜勇《〈尚书〉周初八诰研究》第六章第二节，中国社会科学出版社1998年版。

② 杜正胜：《尚书中的周公》，载《周代城邦》之附录，联经出版事业公司1998年版。

体会到康王后期才有天下基本太平的局面，《史记》之语与之所隔又何止一间。既如上述，则鲁侯簋的时代完全可以定在康王之世。

陈梦家先生认为"明保"是留相王室世守采地的周公次子君陈①，赵光贤先生批评其所据不过是郑玄据《书序》为说，殊难足信，然而赵先生自己又提出的明保为第二代周公而史失其名的说法，较之陈氏之说更无实据。还有学者虽将鲁侯簋定在康世固是不错，以此鲁侯为第二代鲁侯即伯禽子考公酋也有可能，但认为"明"是"茅"之假，即周公庶子所封的茅国②，却另有可商。按《左传·僖公二十四年》"凡、蒋、邢、茅、胙、祭，周公之胤也"，是周公之子有茅公，但其既封于外，无由再掌王室职事，且由鲁侯簋铭看明公是这次"伐东国"的总指挥，鲁侯协同参与似乎位居其下，而六胤既小又是庶出，何故于茅独尊且可居于鲁侯之上？此与以"明公"为"祭公"说者其病一也。茅、明虽同声纽，但韵部相差较远，一在幽部，一在阳部，以二者相通假证据尚嫌不足。唐兰先生将鲁侯簋也定在昭王时期，为了弥补年代上的差距，他说明公是第二代周公的儿子、周公旦的孙子。从令彝铭文本身来看，铭首既特意言明周公之子，后又告于周公宫，是示其名门出身、家世显赫，可谓别有用心，这位周公地位之高、名声之大、招牌之响乃不言而喻，非周公旦莫属。若是第二代周公（在没有别的确切证据以前，我们还是坚持以君陈为是），在成康之世并没有什么突出之处，是故文献几乎失载（除了《尚书序》、《礼记》郑注及《汉书·古今人表》言及外，尚有伪古文《尚书·君陈》一篇，当是据《书序》及郑说而作），丝毫没有必要在有限的铭文空间中去赘言提及，倒不如直接说"周公之孙"更为响亮。况且这里的"周公"与"周公宫"不能分割开来。"周公宫"就是周公旦之庙。有人不同意这个说法，认为时周公还活着，王命明保时周公不在场，故后又令夨告于"周公宫"也就是周公之家。诚如唐兰先生所质，确如此，"只要告周公就得了，为什么要告'周公宫'呢？可见这是告于周公的宗庙"。西周金文中的"宫"大都指宗庙，特别是涉及册命赏赐典礼仪式时，更是这样，此容另文详论。此周王对明保任命之后（可能是在某王庙之大室），又特

① 陈梦家：《西周铜器断代》（二），《考古学报》第十册，1955年。

② 马承源主编：《商周青铜器铭文选》第三册，文物出版社1988年版，第35页。

令矢告命于周公之庙，除对周公表示尊崇外，亦是另有用意。我们觉得，朱凤瀚先生对明保何人的看法乃是后来居上者："既冠以'周公子'之称，而不是迳称'周公'，自然是为了表示其名门出身，故这里的'周公'很可能是指周公旦，似不会是指君陈，因为君陈在成、康时地位并不高。周公旦之子，除长子受封于鲁外，次子君陈留于王朝为卿士，其余庶子亦多受封于外（见《左传·僖公二十四年》）。明保自然不应在这些庶子之中，故其可能是周公旦未得封之幼子。周公旦卒年，据唐兰先生考证，是六十多岁①，即使他的幼子当时已十岁，则历经成王至康王中晚期，亦不过五六十岁，至昭王时是六七十岁，因年辈关系在昭王时至成周'尹三事四方'，亦顺乎情理。"② 按周公摄政七年后反政成王，之后犹再度东征，那么他可能卒于成王十年以后，假定其卒于成王十年，此明保经十二年而至康王，又经康王二十五年至昭王时尚不到五十岁，至昭王末年不到七十岁。所以明保在康王朝方年富力强，昭王时已德高望重，又是名门之后，完全可以活动于康昭二朝并有所作为。正因为他是康王的叔父辈、昭王的祖父辈，又是周公嫡子，且在周公生前未得受封，大概还有周公曾为王的缘故③，所以在对他委以重任时还要特地在周公庙祭告一番。按明保所负使命实是重大，像"殷成周"、"尹三事四方"基本上是代行王事，故至成周后要隆重地杀牲祭告于"京宫"、"康宫"；而"遣三族伐东国"也是一方统帅，鲁侯（第二代）既是他的侄子，自是无妨居其麾下受其调遣的。

三

　　讨论至此，关于令彝铭文的年代和人物纠葛可以说已基本解清。但还有几个细节问题尚需交代。

---

①　唐兰：《西周青铜器铭文分代史征》，中华书局 1986 年版，第 160 页。——原文注
②　朱凤瀚：《商周家族形态研究》，天津古籍出版社 1990 年版，第 406—407 页。
③　至今学术界基本公认周公摄政的事实，但对其是否曾称王，分歧尚大。按文献特别是周初若干诰文中所映出的周公称王的迹象凿凿可考，此已为不少学者所论。今人对此持否定或怀疑态度的根据主要是几件铜器铭文，其实不能引以为据，详参拙文《对周公称王问题相关几件铜器铭文的释疑》。

彝铭言"令矢告于周公宫。公令徣同卿事寮"。"徣"字当从杨树达先生释为"遂"①，虚词，此处用法同"即"，此句意为集合其僚属②。此"公"当然不能是周公，而是明公即明保。如上所述，铭首先指出明保的出身和名字，而后便尊称其为"公"、"明公"，犹如班簋中"王令毛伯更虢成公服"以后又尊称其"毛公"，也和作册䰞卣中先称"明保"后称"公"的句式一样，"公"或是美称，或是爵称，或是兼而有之。且令彝中的这个"公"称似乎还是一个承前启后的巧用，将前"明保"之称与后"明公"之称衔接起来，不致使"明保"之后的"明公"来得突兀。

本文首引令彝铭文一段，后半部分唐兰先生的断句有所不同："……咸既令，甲申，明公用牲于京宫。乙酉，用牲于康宫。咸既，用牲于王。明公归自王。"他将此器定为昭王时期，又认为"用牲于康宫"是祭康王之庙，在这样的前提下自然不能再说"用牲于王"是祭祀昭王了，于是他把"用牲于王"解释为"祭祀王城"。这种解释于铭意有所扞格，自然也为反对其"康宫说"的学者所捉撼。但是包括承认和反对"康宫说"的学者在内，尽管对铭文解释角度不同，却对彝铭多如斯断句，并深受其"王城说"的影响，认为西周时的东都洛邑就已分"成周"与"王城"二城。其实，据有的学者研究，"王城"一名，西周金文中没一例提到，文献中出现于春秋时期（最早见于《左传·庄公二十一年》），实际与成周还是一回事，在战国时才分为两地，甚至还有学者认为其分更在秦汉以后③。至少可以肯定西周时并无"王城"之地与名，唐兰以彝铭之"王"释"王城"不仅于文意格涩难通，也不符合史实。有的学者虽然不以"王"为"王城"，但仍作这种断句，只是又另生他义，如说"用牲于王"是缟王、"王"是王宫等等，皆不能自圆其说。李学勤先生对彝铭的断句如下"咸既用牲于王，明公归自王"，认为此句的"王"是指前面提到的"京宫"、"康宫"这两处先王宗庙，是说对他们用牲祭祀完毕了，

---

① 杨树达：《积微居金文说》（增订本）卷四，中华书局1997年版，第94页。

② 参见李学勤《令方尊、方彝新释》，《古文字研究》第16辑；并见裴学海《古书虚字集释》卷八，中华书局2004年版，第717页。

③ 参见童书业《春秋左传研究》，上海人民出版社1980年版，第223—225页；谭戒甫《周初矢器铭文综合研究》；李民《尚书与古史研究》（增订本），中州书画社1983年版，第197—204页；曲英杰《先秦都城复原研究》，黑龙江人民出版社1991年版，第132—140页。

然后从他们那里回来①。此说虽然绕过了王城问题，但仍是不妥：铭首说"王令周公子明保"当然是指活着的周王，而此处的"王"却要指"二宫"宗庙或是迳指二宫中死去的周先王，同铭之中似不当如此安排，如说"咸既用牲于宫"岂不更为明了。我们的断句则是："咸既用牲，于王。明公归自王。"以此"咸既"为副词，修饰动词"用牲"，正与前铭的"既咸令"句式用法相同（金文同义并列复合词，字序往往可以对换），都是表示全部完成某种行为之义，"咸既用牲"是说在京宫和康宫举行的杀牲祭祀典礼都已全部完成。然后，"于王"，于训"往"，意为到王那里去，因为王对明公任命时并不在成周（可能是在周都镐京），故明公两个月后到成周行就职典礼，事毕后往王室去复命。又然后，"明公归自王"，是说明公从周王那里归来。这样读来，语气通畅，文义明白，全铭三处"王"字皆指周王，用词一致，了无扦格。此说由陈邦怀先生首创②，王人聪先生继为证申③，其说详备，可为定论。

学者在讨论明保的问题时，有人又牵扯到保卣，认为其作器者"保"即是"明保"。按保卣说"用作文父癸宗尊彝"（《集成》10·5415），而据学者研究，周人是不用日名的，只有召公家族的青铜器是例外④，所以保卣恐怕与召公大保氏的干系更大一些，而与明保无关⑤。

还有人将宜侯夨簋的"夨"与令彝的"夨令"拉在一起，认为是同一人，同定为康王时器。这个说法，最先是郭沫若于20世纪50年代提出的⑥，在70年代末曾得到刘启益先生的支持⑦，现在还有学者坚持⑧。其实，刘启益先生在80年代就修正了自己先前的观点，认为宜侯夨与作册夨是不同的两个人，不能混为一人⑨，我们认为是正确的，此不具论。

---

①　李学勤：《令方尊、方彝新释》，《古文字研究》第16辑。

②　陈邦怀：《嗣朴斋金文跋》，香港吴多泰中国语文研究中心1993年版，第85—86页。

③　王人聪：《令彝铭文释读与王城问题》，《文物》1997年第6期。

④　参见张懋镕《周人不用日名说》，《历史研究》1993年第5期；《周人不用族徽说》，《考古》1995年第9期。

⑤　关于保卣的争议也很多，于其作器者，多数人认为是保，也有人认为是宾，有人认为无作器者之名。我们这里从作器者为保说。

⑥　郭沫若：《夨簋铭考释》，《考古学报》1956年第1期。

⑦　刘启益：《微氏家族铜器与西周铜器断代》，《考古》1978年第5期。

⑧　杜勇：《关于令方彝的年代问题》，《中国史研究》2001年第2期。

⑨　刘启益：《西周康王时期铜器的初步清理》，《出土文献研究》，文物出版社1985年版。

西周前期的青铜器，与令彝铭文年代及其人物或许多少有关联的，尚有另外一些，然与本文构架皆能契合或无碍驳，是所不论，读者可以一一检验。

通过以上对令彝及相关铜器铭文和史实的综合考察，我们认为，将令彝的年代定在昭王时期是可以成立的，与其他相关铜器的年代与人物关系并无扞格犯驳之处。就是说，唐兰先生据以创立"康宫说"的基点原本也没有问题。而迄今所见的相关铜器材料中也没有一例是与"康宫说"相违的，相反却不断有新出材料验证了它的正确性。比如，唐兰先生在立说的时候，还没有看到"康宫徲宫"的铜器铭文，只是据斱攸从鼎的"康宫徲大室"（《集成》5·2818）及害簋的"王在犀宫"（《集成》8·4258），推测"康宫"中还有一个"徲宫"，"徲大室"是"徲宫"之大室。其后不久的 70 年代，即出有此鼎和此簋，二器同铭，曰"王才周康宫徲宫。旦，王各大室"①，时在宣王十七年；近年有吴虎鼎的发现，铭曰"王在周康宫徲宫"②，时在宣王十八年。这简直如同是特为先生的立说而作！我们还看到，所有"康宫说"的反对者，实都不能对西周金文中的"康宫"问题，特别是我们前面提到的"康宫某宫"、"康某宫"等辞例格式，作出任何合理圆满的解释。而他们据以为论的令方彝的年代问题，既经本文辨析，亦难以为据。那么，如今我们还有什么理由不接受先生的"康宫说"呢？西周铜器断代中的"康宫"原则或标尺必须予以确立！至于西周金文中宫寝宗庙用词的含义区别、相互关系以及"康宫"现象的原因等问题，我们将另有专文拟在唐兰先生"康宫说"的基础上作进一步的讨论，此不具述。

本文原刊于《中国史研究》2003 年第 1 期

---

① 庞怀清等：《陕西省岐山县董家村西周铜器窖藏发掘简报》，《文物》1976 年第 5 期，图一二、一七。

② 穆晓军：《陕西长安县出土西周吴虎鼎》，李学勤：《吴虎鼎铭考释》，皆载《考古与文物》1998 年第 3 期。

作者补正

本文发表于《中国史研究》2003 年第 1 期。发表不久，杜勇先生即与笔者交流了一些意见，并指出文章在关于趞器和折器的历日推算方面可能有误。笔者重新检查后，发现确是有所疏误，如原文"再推去两个小月的两天，则五月三十日为辛卯日，如此间有连大月，则五月二十九日为辛卯日"（见下引原文部分倒数第 3 行）句中，两个"辛卯"应为"戊子"，此为笔者当时疏忽笔误所致，并且"如此间有连大月，则五月二十九日为戊子日"一句当删去，"则趞器的'十三月辛卯'可有朔日和初二日两种安排"（见下引原文部分倒数第 1、2 行）句应改为"则趞器的十三月辛卯可有朔日一种安排"，除此之外其他结论仍大体不误，只是推证过程说明有所未周。以后由于各种原因一直未能就此进行釐正。今南开大学文博系 30 周年系庆结集论文出版，遂以此文充竽，亦借此机会对前之疏误进行补正，并对杜勇先生表示衷心感谢。

本文收录于此论文集时忠于原貌而未作一字改动。为便于对照，再将原文相关部分摘录如下（具体见《中国史研究》2003 年第 1 期，第 10页，本论文集第 126 页），然后稍加正析：

可是，唐兰、卢连成将趞器的"十三月辛卯"说成是昭王十八年的岁终，于是杜勇先生就以折器的历日"五月戊子"来质疑，用阴阳历推算，结果是"不论假定上年十三月为辛卯朔，还是以辛卯前其他二十九个干支分别为朔日往下推，都是上年十三月有'辛卯'，则次年五月无'戊子'，即使在此数月间安排一次连大月，也无法摆脱这个困境"（见杜勇《关于令方彝的年代问题》，《中国史研究》2001 年第 2 期）。其实，这个推算是不周密的。对于西周以前的历法情况，我们至今仍不是十分清楚，姑不论还有一年再闰的可能，即按一般情况设定上年十三月朔日为辛卯日，先以一月三十天计，则次年六月朔日为辛卯日，则五月二十八日为戊子日，再推去两个小月的两天，则五月三十日为辛卯日，如此间有连大月，则五月二十九日为辛卯日。这样，如以趞器和折器分置十八年与十九年，则趞器的

"十三月辛卯"可有朔日和初二日两种安排。

杜勇先生的阴阳历日推算，应是以上年十三月是小月二十九天为前提的，这样在次年五月内的确不可能有戊子日。但是以太阴历十九年七闰而言应存在闰大月，这种情况下，我们设定上年十三月为辛卯朔，先以每月三十天计则次年六月朔日为辛卯、五月二十八日为戊子，再行推去两个小月的两天（而不是闰小月情况下的三天），则五月三十日就是戊子日，或者如杜勇先生所说在此数月间安排一次连大月，也是同样的推算过程和结果。这样看来，以趠器和折器分置十八年与十九年，是可以成立的。当然，这种安排从概率上来说可能性是比较小的，所以笔者的意见更倾向于趠器并非在昭王十八年。即使不考虑昭王十六年亦有南征之举，把趠器置于折器的昭王十九年之前的两三年，又有什么不可以呢？今学术界对于趠器和折器的年代排列，在认为它们同属昭世的学者中间，除了分置于昭王十八年和十九年的多数做法外（出于对历日记法的不同理解，有的学者认为折器的戊子应在六月——见李学勤《静方鼎与周昭王历日》，载《夏商周年代学札记》，辽宁大学出版社 1999 年版；《静方鼎考释》，《第三届国际中国古文字学研讨会论文集》，香港中文大学 1997 年版），也有将二者分置于昭王十六年和十九年的（见彭裕商《西周青铜器年代综合研究》，巴蜀书社 2003 年版，第 268 页），可谓与笔者之见不谋而合。

春秋战国组玉研究

杨东明

一　引言

玉石质地坚韧，色泽悦目。为我国物质文化发展史上的重要物类。早在新石器时代，古代先民就利用玉石制成精美的工具、武器和装饰品，其用于仪仗、祭祀和佩带者，应是最早的原始礼器和装饰。古人把礼玉称为瑞玉，《左传·哀公七年》："禹合诸侯于塗山，执玉帛者万国。"所谓"化干戈为玉帛"，就是把兵器变为礼器的意思。汉许慎《说文》："玉、石之美，有五德，润泽以温，仁之方也；鳃理自外，可以知中，义之方也；其声舒扬，专以远闻，智之方也；不挠不折，勇之方也；锐廉而不忮，絜之方也。"此中虽杂有汉儒发挥的成分，但古人以玉喻人，足见对玉石器的重视。

春秋战国时期，玉器的发展形成了一个高峰期，随着西周奴隶制的没落，封建势力的兴起，以井田制为基础的旧礼乐制度日益崩坏，商周以来，以单件玉器作为礼器和玩赏的传统，已不能满足新的社会思想观念的需要，而赋予政治、道德、宗教色彩的组成玉器开始盛行并日益完善。

成书于战国至初汉的《礼记》，在《玉藻》篇说："古之君子必佩玉，右徵角，左宫羽，趋以采齐，行以肆夏，周还中规，折还中矩，进则揖之，退则扬之，然后玉锵鸣也……君子无故，玉不去身，君子于玉比德焉。"

《周礼·大宗伯》："以玉作六瑞，以等邦国。王执镇圭，公执桓圭，侯执信圭，伯执躬圭，子执穀璧，男执蒲璧。"

又曰："以玉作六器，以礼天地四方，以苍璧礼天，以黄琮礼地，以青圭礼东方，以赤璋礼南方，以玄璜礼北方。"

依文献记载，当时根据社会活动的性质将玉器配成不同的体系，组成装饰以象征道德理想，限定种类尺寸以标明等级身份，编排方位以祭祀天地四方。组玉的使用，寓意着当时种种时代精神的追求。因此探索春秋战国时期成组玉器的真实面貌，对于我们了解当时物质文化的特点，认识春秋战国时社会制度，生活习俗的演变，发掘传统文化深邃的思想含义无不具有特殊的意义。同时认清此时玉器发展的线索对于中国发展史的研究也是不可缺少的一个环节。

由于《周礼》、《礼记》、《仪礼》等古文献所载古玉使用的制度十分简略，关于各类性质的成组玉器的玉件形制、组合及串联关系，均无明确可考的记载，再加上三礼的成书与注释，掺杂了大量战国和数代儒生主观臆想的成分，不能完全信之必然。所幸科学的考古发掘已积累了大量的春秋战国时期可靠的实物资料，为我们了解当时玉器的真实情况提供了条件。郭宝钧先生曾于新中国成立前，根据辉县琉璃阁战国墓群出土的材料做过有益的尝试[1]。夏鼐先生在总结两汉玉器的发展时，更进一步提出立足于考古发掘资料，参考古文献记载，以考古学方法研究古玉的新途径[2]。

现据已发掘的春秋战国墓葬情况看，随葬玉器极为普遍，其中尤以璧、璜、圭、环、琥、珑、觽等成组配列的玉器为最多，在纹饰诸方面，均具有新的特点。然而，对于这一历史时期成组玉器所属性质以及使用情况，学术界的认识至今仍较为混乱，一是因为当时周代礼制虽已呈崩坏之势，但旧的传统仍在相当长的时间内部分延续，有的更融为新体系的一部分，这种旧礼制在各地区的反应强弱不一，也为了解春秋战国玉器使用的真实情况增加了困难。二是春秋战国时期，长期的割据局面，使不同地区的区域文化特色加重，各文化地区在制度、习俗等方面形成各具特色的系统，互相间既有统一又有差异。三是汉初尊崇儒术，汉儒将春秋战国时的传统，加以系统化整理，创造出符合儒家思想的古礼制。两千多年来，以"三礼"为依据，用诠经解义式的方法研究东周的古玉，一直成为我国玉器研究的传统，影响甚巨。时至今日，虽然在结合实物方面有重大的进

---

① 郭宝钧：《古玉新诠》，《历史语言研究所集刊》第二十七本下册，1948 年。
② 夏鼐：《汉代的玉器——汉代玉器中传统的延续和变化》，《考古学报》1983 年第 2 期。

步，但旧的框架对于揭示春秋战国用玉的真面目，有极大的束缚性。四是近代考古学传入我国以来，科学发掘的春秋战国墓葬已达数千座，但玉器资料的整理发表一直是薄弱环节。这些原因造成的春秋时期玉器使用问题的认识，出现了莫衷一是的混乱局面。

目前用考古学的方法研究春秋战国玉器尚未深入，许多概念还不清楚，影响了古玉研究的科学性，而首先需要解决的是：

典型墓葬玉器的年代序列；

组成玉器的分类与定名；

考古发掘品与古文献记载的异同关系。

只有解决好这三个问题，才能突破诠经释义式的方法对古玉的研究束缚。从分析研究考古发掘的实物资料入手，结合文献，对其进行科学的分类与复原，从而逐步揭示出春秋战国成组玉器使用的真实面目，进而考察当时礼仪制度与社会习俗的部分内容，便是试图写作本文的目的。

这里需要注明几点：

文章中所选取的墓葬资料，着重于未被扰乱、盗掘的典型墓和小部分虽经扰乱，但所遗玉器资料仍有重要价值的墓葬。

目前我国考古学界所使用的"玉器"一词，是古人所言玉的含义。今日矿物学家则限定玉专指软玉（nephrite）和硬玉（jadeite）[①]。

研究古玉的使用情况，矿物学家关于玉的定义无疑过于狭小，因此本文关于玉的含义仍取《说文》玉为美石的范畴，包括墓葬中用石质的代用品和明器，下文将不再一一说明。

二　春秋战国典型玉器墓考古年代

（一）考古学区域的划分与春秋战国各地物质文化的差异

古玉研究的最大困难，便是玉器自身很少有铭文记载年代与名称。虽然考古发掘已出土了大量的玉器实物资料，但仅依靠玉器自身的特点很难

---

① 夏鼐：《有关安阳殷墟玉器的几个问题》，《殷墟玉器》，文物出版社1982年版。

总结其演化发展的规律，判明其年代，也无法进行分区分类的研究。因此，必须借助于春秋战国考古研究的整体成果。随着近代考古学的发展，在考古学文化的区域、类型方面研究上，大大地超越了前人。在春秋战国墓葬断代、分期、分类以及青铜器等典型器类的礼制和形制演变等方面的认识都取得了重大进步。利用已判明年代、国别的墓葬推断同一墓葬中玉器的年代，根据青铜器、其他随葬品及墓葬形制的规格，以考察玉器使用的等级问题，将弥补玉器资料自身的不足，本文主要依据现有条件排列出玉器发展的序列，从而勾画出春秋战国墓葬玉器发展的轨迹。

目前考古发掘的春秋战国墓葬数量较多，资料较丰富的墓地或墓葬有：河南三门峡上村岭虢国墓地，河南光山宝相寺黄君孟夫妇合葬墓，河南洛阳中州路西工段东周墓地，山西侯马上马村晋国墓地群，河南淅川下寺楚墓地，安徽寿县蔡侯墓，陕西宝鸡福临堡秦墓，山西长治分水岭战国墓群，河南辉县战国墓地，山西潞城潞河战国墓，河北邯郸百家村战国墓，山东临淄郎家庄一号战国墓地，河北平山中山国墓，湖北随县曾侯乙墓，湖北江陵雨台山楚墓地，河南淮阳平粮台十六号楚墓等。这些墓群分布于不同地区，考古学界根据考古发掘实物资料同文献记载相结合，将春秋战国时各地划分为七个文化圈①，即周晋文化、北方文化、齐鲁文化、吴越文化、巴蜀文化、楚文化、秦文化七个区域。由于各地区在物质文化的内涵、特征等方面均有各自的特点，相互间发展并不平衡，因此考察玉器的发展也必须首先考虑各文化圈的发展历程，进而把握春秋战国时期玉器演进的总体规律。

春秋玉器墓地现已发现者多集中在河南的周晋及楚国北部的江、汉、淮水一带，其他地区材料较少。战国玉器墓分布很广，尤以中原的周晋文化和楚文化境内数量较多，时代前后相连，其他地区多是孤例，限于资料，这里仅以中原文化区域和楚文化区域的玉器发掘为重点，考察年代序列。

（二）各区域典型墓葬玉器断代

1. 中原文化圈，以周为中心，东到郑卫，北到晋国南部，地处黄河中游，这一地区发现的玉器墓葬最多。

（1）河南三门峡上村岭虢国墓地②，发掘于 1955—1959 年，是出现

---

① 李学勤：《东周与秦代文明》，文物出版社 1984 年版。

② 中国科学院考古研究所编著：《上村岭虢国墓地》，科学出版社 1959 年版。

成组玉器最早的一个墓地。春秋初，虢公为周王卿士，东周王室建立之初，曾起过重要作用，公元前665年虢国被晋国假道于虞所灭。虢国墓地下限应在虢灭之前即春秋早期。上村岭 M1820 等墓出土有成组串饰，其他各墓也有大量玉器。如玦、璧、环、璜、簪、腰带饰，以及各种肖生或几何形装饰品，包括鱼形、龙形、两头兽形、蚕形、卵形、牙形、球形、圆柱形等。

（2）河南光山宝相寺黄君孟夫妇合葬墓①。1983 年发掘，墓中出土记有"黄君孟"和"黄子作黄夫人孟姬"铭文铜器数件。黄国为嬴姓国，故城在潢川县西北六公里，古城遗址至今尚存。《春秋公羊传·僖公十二年》："冬，楚人灭黄。"即公元前 648 年，故知此墓年代应早于公元前 648 年。墓中出土的青铜器风格也是呈现出春秋早期偏晚的特征，直耳鼎已发展成浅腹矮足，鬲的裆和足均较矮，无簋和簠的组合，出现豆等新器物，纹饰出现了春秋中叶流行的细密蟠虺纹等。黄君孟夫妇墓有大量玉器出土。

（3）河南洛阳中州路西工段东周墓地②。中州路西工段 260 座东周墓的发掘和整理，是 20 世纪 50 年代取得的一个重要考古成果。根据陶器的形制和组合，结合地质关系，当时将全部墓葬分为七期。一至三期为春秋时期，四至七期为战国时期，这一断代标准至今仍在沿用。西工段出土玉石器的墓共 139 座，根据玉石器在墓中摆布的位置和编排形式，《西工段》报告将其分为 Ⅲ、Ⅳ、IA、IB、IC、ⅡA、ⅡB 七种组合，并总结出玉石器演变的四个阶段。

（4）山西侯马上马村晋国墓群③，上马村墓群是 1961 年发掘的。春秋时期侯马属晋国，此次发掘的 14 座墓葬依其陶器的演变可分为四组，其 M7、M14 出土的I式陶鬲与洛阳中州路西工段出土的西周陶鬲近似，铜鼎的形制，纹饰具有西周晚期风格，时代应在春秋早期。第二组 M9 出土陶器为晚期风格。M5、M11 出土的Ⅲ式及Ⅴ式平盖铜鼎，器型也为春秋晚期风格。第三组、第四组陶器组合为鼎、豆、壶、鬲，出现了盘、匜，这些陶器与这一地区的战国陶器相近似。上马村墓地早晚墓葬均有玉器出土。

---

① 河南信阳文管会、光山县文管会：《春秋早期黄君孟夫妇墓发掘报告》，《考古》1984 年第 4 期。

② 中国科学院考古研究所编著：《洛阳中州路（西工段）》，科学出版社 1959 年版。

③ 山西省文物管理委员会侯马工作站：《山西侯马上马村东周墓葬》，《考古》1963 年第 5 期。

（5）山西长治分水岭战国墓群①，长治分水岭墓地先后发掘出 30 余座古墓。战国时长治为上党郡，处于韩、赵、魏三国交界地带，自三家分晋至秦昭王四十五年（公元前 246 年）属于韩，这些墓葬多属于这一时期，早、中、晚均有，出土的成组玉器相当丰富。

（6）河南辉县战国墓群②，辉县春秋时属卫，战国时属魏，其墓地包括琉璃阁、固围村、赵固、褚邱四地，1950 年发掘的固围村 M1、M2、M3 为现在已知魏墓中规格最高者，应是魏王室的异穴合葬墓，由于这三座墓多次被盗掘，只有 M1、M2 出有两个埋玉坑，有两组完整的玉器。辉县墓地的年代，琉璃阁出土成组玉器的 M105，其陶器为战国中期风格，褚邱墓地属战国中至晚期，固围村和赵固同属战国晚期。

新中国成立前，辉县琉璃阁墓地曾进行发掘，战国早、中、晚期墓均有发现，出土完整成组玉器很多③。

（7）河北邯郸百家村战国墓④，邯郸战国时代为赵国都城，赵敬侯元年（公元前 386 年）建都于此，前后相继 159 年。百家村发现了 41 座战国墓，多数被盗掘。从现存完整的陶器组合看，墓中基本陶器鼎、豆、壶三种，代表早期的鬲与盂未见发现，因此其时代应为战国中期，未被盗掘的几座墓中，出土玉器较丰富。

2. 与中原文化圈相邻的东边的齐鲁文化，北边的燕、赵（北部）、中山文化，西边的秦文化，现已发表的玉器资料很少，且零星不成系统，其墓葬有以下几例。

（1）陕西宝鸡福临堡秦墓⑤，陶器组合以鼎、簋为主，与斗鸡台 M19、M32 很接近，出鬲、盒、豆的墓与上村岭和中州路一期同类组合墓相似，因此推断福临堡的几座秦墓，应为春秋早期。

---

① 山西省文物管理委员会：《山西长治分水岭古墓的清理》，《考古学报》1957 年第 1 期。山西省文管会、山西省考古所：《山西长治分水岭战国墓第二次发掘》，《考古》1964 年第 3 期。山西省文物工作站委员会晋东南工作组、山西长治市博物馆：《长治分水岭 269、270 号东周墓》、《考古学报》1974 年第 2 期。边修成：《山西长治分水岭 126 号墓发掘简报》，《文物》1972 年第 4 期。

② 中国科学院考古研究所编著：《辉县发掘报告》，科学出版社 1956 年版。

③ 郭宝钧：《古玉新诠》，《历史语言研究所集刊》第二十七本下册，1948 年。

④ 河北省文化局文化工作队：《河北邯郸百家村战国墓》，《考古》1962 年第 12 期。

⑤ 中国科学院考古研究所宝鸡发掘队：《陕西宝鸡福临堡东周墓葬发掘记》，《考古》1963 年第 10 期。

（2）陕西户县宋村秦墓①，宋村墓地葬制和铜礼器风格，为明显的春秋早期特征，应属春秋早期墓地。以上两墓地所出玉器风格与西周相似。

（3）山东临淄郎家庄一号墓②，郎家庄距齐国都临淄半公里，地面原有高大夯土堆，主室曾被多次盗掘，所存器物不多，椁室周围环绕十七个陪葬坑，尚有七个完整，出土了大量精美的成组玉石水晶串饰、佩饰。此墓已无文字可考，从残存的铜器、陶器碎片看，其时代当属春秋末期至战国初期。

（4）河北平山中山王墓③，1974—1978 年发掘的平山中山王墓，M1、M6 规模巨大。M1 出土的铁足大鼎，方壶和圆壶三器，器身刻长篇铭文，铭文追述了公元前 316 年燕王哙让位给相邦子之，以致"邦亡身死"的史实，推测 M1 入墓年代应在伐齐燕以后，即公元前 310 年前后④。中山王墓出土了数量较多的玉器。尤为可贵的是，墓中出土了一批上面书有名称的玉器。

3. 南方的楚文化在春秋战国时影响很大，且目前楚墓发掘的数量最多，江陵雨台山⑤，长沙市郊均发现有大量楚墓群⑥，但两湖地区成组玉器极少，其他玉器的种类和数量也不多。

已发掘的玉器资料较丰富的楚墓有以下几例。

（1）河南淅川下寺楚墓地⑦，M1 出土的青铜器，从器形和纹饰上看，与安徽寿县蔡侯墓出土器物相似。M2 的升鼎盖上有"王子午"的铭文。"王子午"见于《左传·襄公十二年》"楚司马子庚聘于秦"。杜注所称"子庚，莊王子，午也"即公子午，公子午死于楚康王八年（公元前 552 年）。那么此墓的绝对年代应在本年，这一墓地的时代则为公元前 6 世纪中叶，属春秋晚期。下寺楚墓出土有大量玉器，与两湖地区墓葬有别。

（2）湖北江陵天星观 1 号楚墓⑧，1978 年发掘，该墓早年被盗，但残存器物仍很丰富，据所存竹简记载，墓主为邸殇君番（潘）勅，表明该

①　陕西省文管会秦墓发掘组：《陕西户县宋村春秋秦墓发掘简报》，《文物》1975 年第 10 期。

②　山东省博物馆：《临淄郎家庄一号东周殉人墓》，《考古学报》1977 年第 1 期。

③　河北文物管理处：《河北平山县中山国墓葬发掘简报》，《文物》1979 年第 1 期。

④　王世民：《三晋地区和中山国的墓葬》，《新中国考古发现和研究》，文物出版社 1984 年版。

⑤　荆州地区博物馆：《江陵雨台山楚墓》，文物出版社 1986 年版。

⑥　中国科学院考古研究所编著：《长沙发掘报告》，科学出版社 1957 年版。

⑦　河南省博物馆、淅川县文管会、南阳地区文管会：《河南淅川下寺一号墓发掘简报》，《考古》1981 年第 2 期。

⑧　湖北荆州地区博物馆：《江陵天星观 1 号楚墓》，《考古学报》1982 年第 1 期。

墓墓主应是封君。墓中出的"卜筮记录",三条简文记有"秦客公孙缺（鞅）闻（问）王于蔵郢之岁"。《天星观》报告推测"秦客公孙鞅"即是秦商鞅。《史记·楚世家》楚宣王三十五年（公元前340年），秦封卫鞅于商，简文的年代应在商鞅受封三年，即公元前361—前340年，天星观M1的年代与之约相仿。

（3）河南淮阳平粮台十六号楚墓①，淮阳春秋时为陈国都城，公元前478年陈为楚惠王所灭②，楚设陈县。公元前278年秦破郢后，楚重迁都于此，称"陈郢"，历时三十八年。平粮台十六号楚墓出土大量精美的玉器，与辉县魏墓有相似之处，其陶器与江陵第八期（战国晚期）器物相近，时代应在楚都于陈时期。

（4）安徽长丰杨公战国墓③，1977—1979年长丰杨公清理发掘的九座楚国大墓，都曾被盗掘，但M2、M8、M9仍出有79件精美玉器。据《史记·楚世家》记载，杨公地区为春秋战国时楚国辖地。今实测距后期郢都寿春20公里，出土的陶器，鼎、敦、壶与湖北江陵、湖南长沙等晚期楚墓相似，墓式亦保持楚墓特点，因此其时代应为战国晚期。

（5）安徽寿县蔡侯墓④，蔡国春秋时与楚邻境。公元前493年楚昭王伐蔡，蔡因吴人的解救迁到州来（寿县）。1955年，在寿县发现了蔡昭侯墓，蔡国于公元前447年被楚所灭，从迁都到灭国，仅46年，所以此墓应在公元前493—前447年之间，是春秋晚期。蔡侯墓中出土有排列清晰的一组玉饰，对于考察这一时期成组玉饰的情况有重要意义。

（6）湖北随县擂鼓墩曾侯乙墓⑤是一座年代和墓主都明确的战国早期大墓，其大型铜镈上的铭文记载，为楚惠王五十六年制做的"曾侯乙宗彝"。此墓年代当稍晚于此，曾侯乙墓出土有大量玉器，惜资料尚未全部发表。

此外，东南的吴越和西南的巴蜀地区，先秦时期大型墓葬很少，玉器

---

① 河南省文物研究所、淮阳县文物保管所：《淮阳平粮台十六号楚墓发掘简报》，《文物》1984年第10期。

② 曹桂岑：《楚都陈城考》，《中原文物》特刊1981年。

③ 安徽文物工作队：《安徽长丰杨公发掘九座战国墓》，《考古学集刊》第2集，中国社会科学出版社1982年版，第47—60页。

④ 安徽省文物管理委员会、安徽博物馆：《寿县蔡侯墓出土遗物》，科学出版社1956年版。

⑤ 随县擂古墩一号墓考古发掘队：《湖北随县曾侯乙墓发掘简报》，《文物》1979年第2期。

材料更为分散。1984 年发掘的绍兴 306 号墓，出土玉器较为丰富①，此墓
与侯马上马村 M13 及淅川下寺 M2 所出铜器风格较为接近，时代应在春秋
晚期至战国初期。

（三）典型墓葬考古年代的排列

以上所列各地墓群，由于时代明确或相对明确，按其发展可排出年代顺序。

1. 中原文化圈典型墓葬玉器群年代排列（见表 1）

表1　　　　　　　　　春秋战国周晋文化区典型墓葬玉器登记表

时代	地点	墓号	随墓玉器	备注
春秋	上村岭	M1052	石戈（圭）石璧、玉玦、鸡血石串饰	列鼎7
		M1852	石圭、石璧、玉玦串饰	列鼎3
	光山黄君孟夫妇合葬墓	G1	石圭、玉瑗、玦、环、虎、圆柱状玦、鱼、管、兽面纹玉饰、人首形玉饰、玛瑙串珠	列鼎2 豆2 壶2等青铜礼器
		G2	璧、环、璜、虎、鱼、牌形玉饰、兽面玉饰、三角形饰、玉雕人头、玛瑙串珠、黑色串珠	
	洛阳中州路西工段	M2415	石圭、兽面形玉片、长条形玉片、玉珠	
		M1	石玦、长方形有穿方片（组）柱状石玦	
		M2729	片状石玦（佩玉一组）、长方形有穿石片、石璜（2）、玉珠、松石、石环、长方形石片	
		M467	圆角长方形石璧、石玦、有穿圆形石片、有穿长方形石片	
战国	洛阳中州路西工段	M1316	一组人脸型石片、长方形石片、圆角长方形石璧、玉髓环、虬龙形佩、水晶珠、石璧、石环、石璜	
		M1402	一组人脸形石片，水晶环，水晶珠，绿松石串饰，兽形石片，长方形石片	
		M2721	石璧，石璜，长方形石片，棱形石片，石环	
		M2717	玉璧，紫晶珠，虬龙玉（一组），石璜，长条形玉，料珠，兽形玉（二组）	
		M1723	脸部有人脸形镂空石片，兽形石片，齿边有孔石片，长条形石片	
春秋	侯马上马村	M14	石圭、玉玦、玉片	列鼎7
		M13	石圭、玉环、玉璜，圆柱状时石器，石碑，玉鱼，玉兽，玉蚕，玉片，玛瑙饰，玉珠	

①　浙江省文物管理委员会、浙江省文物考古所、绍兴地区文化局、绍兴市文管会：《绍兴战国306号墓发掘简报》，《文物》1984年第1期。

续表

时代	地点	墓号	随葬玉器	备注
战国	长治分水岭	M269	璧、璜、玦、觿、石片、石圭、扁条形佩玉	
		M270	石圭、石璋、石璧、玉璜、玉环、玉龙佩、玉兽、琥、玉柱、玉牙、玉簪、玉管、玉玦珠、玉片、玛瑙环、瑙管、玛瑙珠、水晶珠、琉璃珠	
		M126	石圭、玉璧、玉璜、玉琮、玉章、玉牙、玉柱，玛瑙串饰，料珠，水晶珠	
		M25	石圭、玉环、玛瑙环、玉龙佩、玉柱、玉璧、水晶珠、玉片饰、料珠	
		M53	玉璧、玉琮、玉龙、玉柱、玉饰片	
		M14	圭、璜、环、龙、鸱鸮形玉饰、玉珠	列鼎7
战国	潞城潞河墓	M7	圭、璧、琮、珑、虎形佩、方玉片棒	
	邯郸百家村	M3	石圭、玉璧、玉环、玉片	
		M20	石圭、玉环、玉片饰	
		M57	石圭、玉璧、玉璜、玉琮、石片饰、玉管、玛瑙环、水晶珠	
		M60	玉璧、玛瑙环、玉牙、方玉、管状玉条、玛瑙珠	
	辉县琉璃阁	M1	玉璧、璜、玛瑙环、水晶环、珠雕玉佩	
		M75	璧、环、璜、璋、珑、方形玉、有穿玉片、柱玉	
		M105	玉环、璜、片、夔形玉、玉牙	
	固围村	M1（祭坑中）	玉圭、玉简册、大玉璜、小玉璜、龙佩、环、管、石圭、琉璃珠	
	赵国	M1	璜、龙佩、璧、环、圆玉、方形玉、玉具剑（首、璏、珥、珌）、琉璃珠	
	褚邱	M2	玉璜、琮、圆形玉饰、佩玉片饰（一组）、缀玉片（一组）	

春秋早期：

三门峡上村岭虢国墓地玉器群

光山黄君孟夫妇合葬墓玉器群

春秋中期：

洛阳中州路西工段一、二期玉器群

侯马上马村晋墓玉器群

春秋晚期：

洛阳中州路西工段三期玉器群

侯马上马村晋墓玉器群

战国早期：

洛阳中州路西工段四期玉器群

辉县琉璃阁魏墓玉器群

长治分水岭 M269、M270 玉器群

战国中晚期：

洛阳中州路西工段五至七期玉器群

三门峡上村岭秦国墓玉器群

辉县魏墓玉器群

邯郸百家村赵墓玉器群

2. 楚文化圈典型玉器墓年代排列（见表 2）

表 2 　　　　　　　　　　　　楚墓典型墓葬玉器登记表

时代	地点	墓号	随葬玉器	备注
春秋	江陵	M201	玉环	
	雨台山	M113	玉璧	
	淅川下寺	M1	玉璧、瑗、环、玦、虎形璜、牌、梳、笄、玉饰、石珠	
战国	江陵天星观	M1		
	江陵望山	M1	玉璧、料珠	
		M2	玉璧、璜、瑗、玉佩	
	淮阳平粮台	M16	玉璧、璜、方形穿孔玉佩、鼓形佩、玉带钩、玉环、管、玉龙形佩、玉条	
	安徽长丰杨公	M2、M8、M9	玉璧、璜、龙佩、圭、环、玉牙、三角形片饰、瓶形饰、条形饰、管形饰	

春秋晚期：

淅川下寺楚墓玉器群

战国早中期：

江陵天星观 1 号楚墓玉器群

战国晚期：

淮阳平粮台楚墓玉器群

长丰杨公楚墓玉器群

3. 其他地区典型玉器墓年代（见表3）

表3　　　　　　　　　其他地区典型墓葬玉器登记表

时代	地点	墓号	随葬玉器	备注
东周	陕西宝鸡福临堡	M1	石圭、石管、石珠、石蚕、玉鱼	
春秋	陕西户县宋村	M3	玉圭、玉戈、玉玦、玉管、玉牌、串珠	
春秋	安徽寿县蔡侯墓		璧、璜、长方形条饰、管形饰、环形饰、龙形饰、玉珠、牌、牙	
战国	湖北随县曾侯乙墓	M1	璧、环、瑗、璜、玦、佩、梳、带钩	
	随县擂鼓墩	M2	玉璜、玉环、石璧、料珠	
战国	河北平山中山王墓	M1	璧、瑗、环、琥、珑、玉带钩、鼻塞	
秦国	河南泌阳秦墓	M	玉璧	
战国	绍兴战国墓	M306	圭形玉佩、瑗、琥、龙形佩、璜龙形佩、璜、蝉形佩、牙形佩、方形佩、玉兽面、长方形玉饰、玉扣、玛瑙管、玛瑙竿、玛瑙珠	

春秋早期：

宝鸡福临堡秦墓

户县宋村秦墓

春秋中晚期：

寿县蔡侯墓

绍兴 306 号越墓

战国初期：

临淄郎家庄一号齐墓

平山中山王墓

随县曾侯乙墓

三　成组玉器的演进与分类

（一）春秋成组玉器的发展与分类

商代、西周玉器的主要类别多为单件的几何形和像生形器类[1]。东周初

---

① 郑振香、陈志达：《近年来殷墟新出土的玉器》，《殷墟玉器》，文物出版社 1982 年版。杨建芳：《西周玉器的特色》，《中国文物世界》1986 年第 6 期。

年，由于礼仪的完善和奢靡之风超越前代，致使标明等级身份，象征权力财富的编组器物风行，列鼎编钟车马成套。玉器也进入成套配列的时期，并用于贵族生前的礼仪佩戴，死后丧葬等事。今日所见最早的成组玉饰，出土于三门峡上村岭虢国墓地。M1052 在相当于死者耳部放置一对石玦，颈部有一组鸡血石串饰，由管形珠 69 枚、马蹄形玉饰 4 件、圆形玉饰 1 件组成，胸部有石璧。此墓出有铜戈两件，戈内上铸有"虢太子之徒戈"六字，知墓主人为虢国太子。上村岭墓地从 M1820 出土玉石装饰品为最多。死者耳部有玉玦，颈部绕一组串饰，胸部置一组串饰，腹部放一组串饰。上村岭墓地共发现 58组串饰，其绝大多数配置比较简单，为以石饰、鸡血石单独串成项链性质的装饰和用圆形、马蹄形小玉饰间隔串列的项链。值得注意的是 M1619：3—4（参见图 1）、M1820：34（参见图 2）两组，前者出于人架头侧，上边以一件玉璜为挈领，中间分两行，每行各 13 件鸡血石石珠，下面并穿一件铜珠和一件贝形石饰。后者由 577 颗鸡血石石珠和 21 件管形石饰组成，将鸡血石珠纵分为 12 节，每节又横分若干行，上下各节串联成一条带，有的行节杂串管形石饰，总长 52 厘米①。上村岭墓地还出土了不少石戈（圭）、石璧。这里的玉石器组合主要以串饰为主，具有较多的原始性。

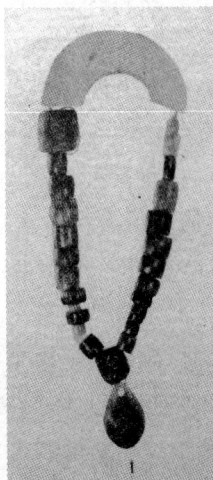

图 1　水晶佩饰
（坑 4：27）

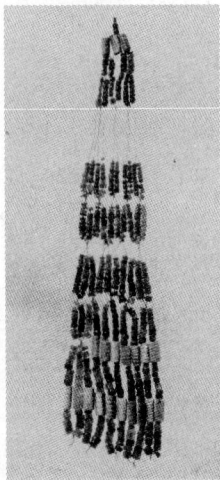

图 2　串饰

---

① 中国科学院考古研究所编著：《上村岭虢国基地》，科学出版社 1959 年版。

　　光山黄君孟夫妇合葬墓，出土玉石器为二百余件，可谓春秋早期河南地区玉石器的典型代表，黄君孟夫妇同穴异棺，黄君孟棺椁已被扰乱，其夫人椁室保存完整，棺内玉石器出土时的位置是头骨下散落玉石 102 件，胸前存有一玉璧，左腰间有一玉雕人头和两件黑玉虎，左脚下散落玉器 12 件，脚下的玉器计有玉环 1 件，琥 2 件，牙形饰 2 件，牌形玉饰 5 件，兽面玉饰、蚕纹饰 1 件。其中牌形玉饰、兽面玉饰、蚕纹玉饰均为扁平状，尺寸在 2 厘米左右，表面有穿孔，身上的缀物，环、琥、牙形饰可组成一组佩玉，头骨下散落玉器包括：玉玦 5 件，璜 2 件，虎 12 件，鱼 2 件，牙形器 4 件，牌形器 12 件，兽面玉饰 12 件，小玉珠 1 件，黑色串珠 27 件，螺旋形器 2 件，兽首纹饰 1 件，玉雕兽头 1 件，三角形饰 1 件，方形饰 1 件。这些器物应属几组不同的玉饰，参照脚下的玉饰，璜、虎、鱼、牙形器等，当属悬佩之用，牌形、兽首、三角、方形等器物，器小且多，每件有 1—4 个穿孔，都是缀于织物之上的玉饰。限于资料，墓中玉器怎样排列，尚无法断定，此墓中所出牌形玉饰，不见于前代，但在春秋战国时各地的墓葬中却很常见。黄君孟夫妇墓中出土玉器的种类远较上村岭墓地丰富，据玉器出土位置及各类玉器特点观察，此时成组佩列玉器用于佩戴和服玉形饰，已经确立。同穴中的黄君孟墓虽然被破坏，但出土玉器也相当丰富。

　　同属于春秋初期的关中地区宝鸡福临堡秦墓出土玉器，却更多地保留有西周风格，其 M1 出土的玉石器为玉圭、玉玦、石管、石珠、玉鱼、玉蚕。串珠由石管、石珠组成，置于胸前，尚不见成组配列的玉石器[①]。户县宋村秦 M3，出土的玉石器与宝鸡福临堡墓相似，但有两件玉牌出土[②]。这种现象表明玉器的发展，在各地区存在着不平衡性，洛阳西工段一期 M2415，为该墓地春秋早期墓出土玉器最多者，骨架腹部有玉圭，胸部放置兽形玉片，腹部有长方形玉片、石珠。该墓为铜鼎墓，规格稍低，所出玉器均不成组。春秋早期的几个典型玉器墓，以黄君孟夫妇墓最为完备，已出现由环、璜、虎、牙等配列的佩玉组成和缀于织物上的牌形、兽形小

---

　　①　中国科学院考古研究所宝鸡发掘队：《陕西宝鸡福临堡东周墓葬发掘记》，《考古》1963 年第 10 期。

　　②　陕西省文管会秦墓发掘组：《陕西户县宋村春秋秦墓发掘简报》，《文物》1975 年第 10 期。

玉饰。

洛阳西工段二期墓葬，相当于春秋中叶，这一时期的 M1、M6、M4 出土的玉器状况为：耳部有两件片状玉玦，颈部有数件齿边有穿的长方形石片（有的被压左颈下）。M1 在颈部左侧出一件柱形石玦，左右手掌各有一件长方形石片。M105、M133 等墓只出玉玦，或有石圭。《洛阳中州路西工段》报告，将前者定位玉器组成 IA 类，后者定为玉器组合 IB 类。齿边石片，长 2 厘米左右，四角有细穿孔，个别者饰有涡纹，其作用应与黄墓所出土的玉器一致。

春秋晚期，以洛阳中州路西工段第三期为代表，M2729 玉器排列位置：二耳各有一件片状石玦，脸上有六件平边有穿长方形石片，两耳下各有三件相互对称的水晶和绿松石珠，颈部有 4 件水晶和绿松石珠，腹部有一组由两件玉璜和三件绿松石和石珠组成的佩玉。脚部有碎石片，棺外有长方形石片和石环。该墓主身上的玉器组合为两组。属于同一时期的西工段 M467，玉器等较特殊，头顶上有一件长方形石壁，脸上及两侧有两件片状有穿石玦和 11 件有穿圆形石片，胸部有 11 件齿边有穿上方形石片，腹部有一件石璜和一件石片，脚下 2 件长方形石片。《洛阳中州路西工段》报告将上述墓玉玦与脸部石片定位 IC 类组合同时将颈部有数件至十数件齿边或平边有穿长方形石片的玉器定为 IP 组合。春秋晚期此类墓葬数也不少。这时期西工段还出现另一类型即 IA 类组合：脸上有一组像人脸型石片，用像人五官形的石片排列于面部，在头骨上或下放一件方璧，两耳处放一件有穿圆形石片，两颊部位排列若干兽形石片，再在石片的两侧和下边放数件至数十件长方形石片，这些石片大部分穿孔。《洛阳中州路西工段》报告，将春秋墓葬中成组玉器划分为 IA、IB、IC、ID、IIA，主要是依据人头骨部玉石片的形制和位置区分的。使用这种方法很难看出各类成组玉器的性质差别和玉片之外其他玉器的演化历程。头骨部位的玉片，虽然随时代的不同和墓葬不一而在出土位置和形制上有所差别，但就其使用来讲，IB 与 ID、IC 与 IIA 无疑为同一性质，关于这类玉器的用途问题，下文将作叙述。

山西侯马上马村 M13，时代为春秋中晚期，与中州路第二、三期相当，这座墓规模较大，出土器物丰富，青铜礼器出土铜鼎 7 件，簋 4 件。玉石器出土位置明确，骨架面部有 7 件完整，整件残碎的扁平长方形四角有穿玉片，耳部有两件玉玦，下颌部发现玉璜一件，人身上放置由玛瑙珠、玉珠、骨珠、玉环、玉兽组成的串饰两串（参见图3）。此外还有小玛瑙环、玉兽、柱状形器、石碑等。上马村M13出土的玉器中，玦、片状长方形玉饰的位置形状与西工段三期IC类似，身上所置两组串饰明确，为研究春秋中期成组玉饰提供了可靠的例证。与上马村M13时代相仿的山西长子县东周墓M7①为晋国大墓，出土列鼎5件，玉器出土位置多集中在人骨架上半身，计有蝌蚪纹玉瑗1件，青玉瑗（环）29件，玛瑙瑗（环）14件、玉环11件、璜13件，较独特的是在人骨架上半身放置斜长方形玉片2件，长18.7厘米，上有文身，长方形玉片2件，长26.4厘米，上有穿孔。另外还有圆形玉片7件，玉柱3件；龙形佩19件；虎头形玉雕9件，弧背，中间有穿。这些与西工段三期所出玉器均有差别。

图3 侯马上马村 M13 串珠

　　楚文化区域内，春秋早中期的墓在江陵地区、长沙地区发现的数量虽然很多，但所出玉器较少，种类主要有环、璧、珠等，未见成组玉器出土②。淅川下寺墓地位于河南南部，当属楚国北部，这里发现了春秋晚期九座楚国贵族大墓。M1墓室西北部放置一组玉石器包括玉璧2件、玉瑗

---

① 山西省考古研究所：《山西长子县东周墓》，《考古学报》1984年第4期。
② 同上。

2件，玉环2件、玉玦2件、龙形玉璜2件，玉牌（齿边长方形玉片）2件，大者表面为兽面纹，小者为窃曲纹，玉梳1件，玉笄2件，另有小玉环、长方形玉片、蚕形玉璜等39件，石珠两串。该墓所出小玉牌与黄君孟夫人墓所出G2：25B、37相同，两件玉虎与黄墓Ⅱ式虎相同。邻近楚国的安徽寿县蔡侯墓，时代为春秋晚期，该墓出土玉器51件，出土时位置明确，可为参考。蔡侯墓坑漆棺痕迹处，满铺一层朱砂，朱砂下面有排列整齐的一组玉器，由玉璧2件、玉璜2件、管形饰2件、环形饰2件、扁形饰1件、龙形饰2件组成。靠近头部出一组长方形有穿玉片。这组玉器，长方形玉片，与黄君孟墓、中州路出土者相同，亦为缀于织物之玉饰，其余各器当为悬佩玉，其主干为环、璜、璧、龙。淅川下寺M1所出玉器种类与此相仿。其散落的璧、瑗、环、璜、琥亦当为成组配饰。蔡侯墓棺西邻出土一组笏形玉饰5件与黄君孟夫妇墓所处龙纹玉牌形制相近。黄西南出土8件觿形玉饰，两两成对，另外墓中出土玉珠4件，紫晶珠5件，绿松石1518件。

春秋成组玉器发展的线索，以周晋地区较为清楚，典型玉器墓按时代基本可上下相连，从上述总的情况看，这一时期成组玉器依其形制使用的形制可以分为三类：

串饰类

组佩类（悬挂、佩戴的玉器组合）

服玉与葬玉类（缀于织物覆面或覆身）

关于串饰的玉石珠，自原始社会出现装饰品时，即已存在，到春秋早期发生了新的变化，春秋串饰又可分为三小类：（1）串珠。（2）串珠杂合小型玉件。（3）由小玉环、冲牙小玉璜、兽形玉组成的组串。第1种类型的串珠从春秋早期到晚期一直存在，串珠的治料以石、玛瑙、松石等为主。第2种类型实例最早见于上村岭墓地，M1720、M1662：7、M1820：43为此类典型形态。串饰用圆形、马蹄形玉、杂石玉、玛瑙珠，间隔串成①，这种类型在上村岭墓群中较为流行，春秋中后期，佩玉兴起，这种串饰较少，也不如前期规整。如春秋中期侯马上马村M13所出

---

① 中国科学院考古研究所编著：《上村岭虢国墓地》，科学出版社1959年版，见图二十四、二十五。

串玉，系由玛瑙珠、骨珠、玉珠、玉环及玉兽组成①。第3种类型的串饰，完整的例子最早见于寿县蔡侯墓，该墓出土的八件觿形玉饰出土时为一组，两两成对，均一端有孔②。与此时代相仿的淅川下寺 M1 所处的小玉环，玉觿形器，半管状块形饰，与蔡侯墓用法应为一致。中川路第二、三期墓葬中有为数不少的各种类型的小玉片、小玉饰出土，这些玉器出土时位置散乱，但多数有穿孔，是否用作串饰，尚无法确定。

组佩（成组悬佩玉器），关于组佩的名称，历来比较混乱，《周礼·玉府》："掌王之金玉玩好兵器，凡良货贿之藏。共王之服玉、佩玉、珠玉。"这里所称的服玉应是指缀于衣服之玉，佩玉是指悬挂之玉，珠玉则指各种质料的串饰而言。郭宝钧《古玉新诠》仍用佩玉之名，然古人及近代学者也有称成组佩玉为"玉佩"者③，考古界也往往将墓中所出成组玉饰一概称为"佩玉"。依笔者之见，对于佩带的成组玉饰应专称为"佩玉"或"组佩"，"玉佩"之名由于现代含义较狭小，易引起混乱，不用为宜。

组佩初见端倪于上村岭 M1820：34，这组串饰，系由石管和石珠串成纵行，佩戴于死者的腰部，虽然不能称之为"组佩"，但其装饰性与组佩相似，可谓开春秋战国成组配列的先河。春秋组佩的玉件种类主要有：环（或璧）、璜、龙、牙、銎（扁管状玉）、虎、珠等。已见其串联方式可分为三种，一是挈领下单行悬佩，二是挈领下双行悬佩，三是挈领下以环或璜为中心，其下再分行悬佩。现已出土的数组佩玉，玉件种类组合多不相同，似标明当时没有形成一致的体例。用作挈领的多数为环或璜。如中州路 M2717，第三组佩玉以璜为领，下垂双兽形玉，M2729，两件玉璜下悬四个玉管、一个玉珠。黄君孟夫妇墓出土的玉组佩和蔡侯墓出土的组佩均以环为挈领。由璜管、牙（或龙）珠等组成。根据出土时的位置考察这两组玉器当系双行并列悬佩的形式，这种形式还见于淅川下寺 M1 所出一

①　山西省文物管理委员会侯马工作站：《山西侯马上马村东周墓葬》，《考古》1963 年第 5 期，见图一七。

②　安徽省文物管理委员会、安徽省博物馆：《寿县蔡侯墓出土遗物》，科学出版社 1956 年版，见图二十九。

③　此称法见（清）俞樾《玉佩考》，《皇清经解》卷三十五；劳干《玉佩与刚卯》，《历史语言所集刊》二十七本，台北，1956 年。

组玉饰，由环、璧、瑗、璜、牙组成，两件虎形璜均一端有孔，当为佩玉，两行悬坠之用，因此此组佩玉也是环、璧为挈领双行悬佩的方式。

　　服玉与葬玉为春秋时兴起的玉类，《周礼·玉府》所言之"服玉"，应属春秋墓中普遍出土的长方形平边或齿边有穿玉石片及兽面形饰、石牌等。考古学界一直倾向认为此类玉器为覆于死者面部的"幎目"[1]，此说源于《礼仪·士丧礼》"幎目用缁"的记载，观察这些玉石片出土时的位置和形态，这一说法不能成立。（1）出土时遗物位置明确的墓葬，墓玉石片不在人头骨面部，今所见最早的一例为黄君孟夫人墓中的两组，一组出于头骨下靠颈部，一组出于左脚下。中川路西工段第二、三期墓葬中出此类玉器的，无一不在头骨下，典型如 M1 出于颈部，M67 出于胸部。仅上马村 M13 一例，报告谓出于面部，但根据两耳玦的观察，此组玉玦亦应在靠近颈部。如为面饰，绝无黄夫人墓置于脚下之理，寿县蔡侯墓所出明显成一列，排于颈部。（2）黄君孟夫妇墓、蔡侯墓、淅川下寺 M1 等所出玉片，玉兽面饰，玉牌等表面均刻有精美的花纹（见图4）。幎目为用于殓葬之用，而以上所出均可作为日常生活中配饰之用，中州路所出石片虽多为明器，但不能谓此类型器物只能为丧葬用。（3）户县宋村秦墓，侯马上马村 M14 等仅出玉石片（长方有穿）两件，用于幎目，数量过少。

图4　辉县琉璃阁战国墓 M105 出土玉片

　　古文献中记载服玉，专指饰于冠饰上的玉器。《周礼·玉府》郑注引郑司农云："服玉，冠饰十二玉者。"贾公彦疏："案，弁师掌五冕，衮冕十二旒，鷩冕九旒，毳冕七旒，絺冕五旒，玄冕三旒，皆十二玉。冕则冠

① 贾峨：《关于河南出土东周玉器的几个问题》，《文物》1983 年第 4 期。

也。弁师又有皮弁、韦弁、冠弁，亦皆十二玉，故云冠饰十二玉也。"①
《说文》："弁，冕也。"② 郑、贾二人认为服玉专指饰于冠饰上的玉器但
未言服玉形状如何，此类玉片为缀附于织物上的玉饰可以无疑，如上所
述，它一般处于头颈部位，如黄君孟夫人墓，但也有处于身上者，如长治
小山头、洛阳西工段，表明"服玉"仅指冠饰玉，不足以盖全。《礼记·
玉藻》："天子玉藻：十有二旒，前后邃延，龙卷以祭。"③ 意指天子祭祀，
佩戴缀有玉饰的藻绘的冠冕、服装，并未专指冕饰。孙诒让《周礼正义》
在《玉府》按语中说："弁师又有玉笄，玉瑱，当亦在服玉之内。"玉笄，
属发饰，玉瑱为耳饰，也不在冠饰之列。从已掌握材料观察，服玉还应包
括缀于衣服上的玉片。依黄君孟夫人墓出土情况看，孙说有一定道理，在
考古发掘的玉石器中，属装饰品一类的串饰（珠玉），组佩（佩玉）已经
确定，而此类"服玉"即缀于冠饰服装上的玉饰，正与古籍记载相合。

葬玉专指用于埋葬的玉器，通常指玉含、玉握、玉面幕（汉代演化
成玉衣）、玉塞。其中玉含、玉握商代已经出现，其演变较清楚④，玉塞
为汉代葬玉，这里不详述。"玉面幕"为春秋战国时期出现的玉器种类，
"幎目"一词两见于《礼仪·士丧礼》"幎目用缁"、"商祝掩瑱设幎目"，
注："幎目，覆面者。"春秋末，战国初，洛阳中州路西工段三期的ⅠA
类组合，当属此种用途。其社会根源、思想根源与当时阴阳五行学说兴起
有关。幎目的出现，就器物的形制来讲，与服玉有直接联系。中州路西工
段三期墓葬表明，当葬玉组合出现时，原属服玉的饰于颈部的长方齿边有
穿石片有混杂其中的现象，这些玉石可能直接由服玉转化为葬玉。同时这
一时期服玉仍然用于一些墓葬中，反映出社会风气处于变化之中。葬玉的
形式，一种为人五官部位玉石片，耳、目、口、鼻各有形象相近的石片，
两颊排兽形石片。另一种是胸腹部放圆形、方形石片、石璧，或在手脚部
放二三件兽形或方形石片。有的同志考证手边的石片为《礼义·士丧礼》
所记载"握手用玄，纁里，长尺二寸，广五寸，牢中旁寸，着，组系"

① 《周礼·玉府》，《十三经注疏》，中华书局 1929 年版。
② 段玉裁：《说文解字注》，上海古籍出版社 1981 年版。
③ 《礼记·玉藻》，四部备要本。
④ 夏鼐：《汉代的玉器——汉代玉器中传统的延续和变化》，《考古学报》1983 年第 2 期。

中的"握"①。

（二）战国各类组玉的发展与完善

战国时期，成组玉器更为盛行。由于诸侯势力兴起，井田制的彻底破坏，奴隶社会所残存下来的礼制，此时已基本不复存在。社会生活呈现出"礼崩乐坏"的局面。新兴地主阶级在摆脱旧等级制的严格束缚后，于生活上日益追求奢华，厚葬之风更重。各地区墓葬中出土玉器的数量大大超过春秋时期。依考古发掘品的使用性质区分，战国玉器类别与春秋时基本相同，形制上却有许多新的发展与变化。

战国组玉在春秋的基础上继续发展与完善。类别仍分为三种：（1）串饰；（2）组佩；（3）服玉与葬玉。这三类中串饰仍较简单，易于区分；佩玉中的璧与前代礼器的璧较难作出明确的分辨。尤其是该时期数量众多的玉璧开始用作辟邪。更增加了识别其使用性质的困难。大量的穿孔玉片饰广泛出土于战国北方墓葬中，是属于随葬的服玉，还是为敛尸的葬玉，在许多墓中也不易一一识别。我们只能根据出土位置明确，串联关系清楚的墓葬特例，对成组玉器发展的规律和组玉的面貌进行推论。

串饰，Ⅰ类串饰在战国早至晚期各地墓葬中都有大量出土，不再详述。Ⅱ类，战国早期者，以临淄郎家庄 M1 陪葬坑出土的最完整②。坑1、10、12，各出一串由枣核形方解石珠夹以方形、璜形青石片串成的串饰（报告分串珠为甲、乙、丙三种，此为甲种）。出土位置在颈部或腕部。坑8出一组由枣核形方解石珠夹以方形、璜形青石片串成的串饰（报告分串珠为甲乙丙三种，此为甲种）。出土位置在颈部或腕部。坑8出一组由枣核形方解石和两枚扁圆骨珠相间穿成，中间杂以方形蚌片，最下用条形蚌片相连（乙种）。另外坑2还出一串内由玉髓管串成的串饰。

组佩，战国各地墓葬中出土最多，典型材料有：战国早期洛阳西工段M1316、M2717。出土了完整的两例。M131 一组，上边是玉髓环，中间分两行，一行是石璧，另一行是玉髓环，下边并穿一件虬龙佩，各层间杂以绿松石和水晶珠。M2717 出土了三组玉佩，两组在人架腹部，排列为：上边玉璧，中间穿邃玉（扁管状玉器），最下系一件虬龙形玉器，另一组

---

① 贾峨：《关于河南出土东周玉器的几个问题》，《文物》1983 年第 4 期。

② 山东省博物馆：《临淄郎家庄一号东周殉人墓》，《考古学报》1977 年第 1 期。

为以环为挈领，中间一条鎏玉，下垂两件兽形玉饰。长治分水岭 M11 时代当属战国中期，出土玉佩种类有玛瑙环 4 件，龙形玉佩 2 件，玛瑙觿（牙）2 件，方形玉饰 1 件。M12、M53 等墓所出的玉饰种类与 M4 相似，均可佩成以环为挈领，下垂龙、牙、方玉的组配形式。这一形式与前述中州路 M1316、M2717 出土地两种以环为挈领的组佩，在结合与串联上都有不同，与春秋时期的光山黄君孟夫人墓、寿县蔡侯墓出土的佩玉形式相近。

临淄郎家庄 M1 陪葬坑中，出土了二十组完整玉髓、水晶成组佩饰，这些佩饰均以环为挈领。此墓地位于齐鲁文化的范围内，该地区组佩的早期形态尚不清楚，但它对于了解战国初期各文化圈组佩差异性，复原组佩的串联方法有重要价值。M1 七个陪葬坑共出二十组佩饰，分为玉髓和水晶两类：玉髓佩饰六组，一种由环和蚕形饰组成，环与蚕形饰数量多少不一，表明此种玉佩的穿结似无严格的定制。依蚕形饰的形状及头端的撞痕推测，佩饰的串联为上端以环为挈领，提环环下垂双行蚕形饰；另一种只一组，由二十六个玉髓环组成（坑 13）。推测该组佩的串联可能：上以两个较大的环为挈领，下分三行，每行八环，中行环较大。组佩呈"玉连环"状。

水晶佩饰出土十四组。《郎家庄》报告将类分为甲、乙、丙、丁四种串法。甲种七组，出于坑 10 的两组，仍保持着原状。它以水晶环为挈领和饰尾，中间串以各种水晶珠、紫晶珠，或少数石珠、玛瑙珠。珠的配合有一定规律，乙种三组以环为挈领，玉髓璜为饰尾，中间串各类珠子。丙种三组，由五至八枚水晶环组成。丁种是水晶管串饰。

从佩饰在坑中的位置观察，甲、丙两种多出于腿部或足旁，可能与玉佩饰一样是悬挂在下身的。乙种佩饰出于胸部，应属胸饰。郎家庄 M1 出土的玉髓，水晶组佩与中州路西工段，上村岭等地同期墓葬所出的玉组佩差别甚大，当为地域文化间差异所致，同时这种情况也表明，在齐鲁文化范围内，组佩已形成一个独具特色的系统。

河南、安徽地区战国楚墓出土了大量玉石器、两湖地区楚墓同春秋时一样，玉器仍较少。现今所见江陵雨台山墓地，长沙墓地战国玉器仍以环、璧、管、珠为主。雨台山三期（战国早期）M403 出土玉环 9 件、玉管 20 件，M471 出土玉环 2 件、玉璧 6 件、璜 1 件。可配列成组佩。江陵望山 M2，出土玉石器 50 件，是当地楚墓出土玉器较丰富的一座，棺内出有玉璧、玉璜、玉龙形佩可成组佩[1]。安徽淮阳平粮台十六号楚墓出土玉器 35 件，其中 25 件出于棺内，另有一组出于棺东北角。棺内玉器排列有序，墓主人头枕玉璧、足蹬玉璧、胸部又放 1 件玉璧、龙形玉佩、方形玉佩、玉管、玉璜置于身上。在棺东北角的一组玉器计有玉环 1、玉璜 2、玉龙 3、料珠几枚。玉环为椭圆形，有一金钿镶在玉环上，应是组佩和絜领。这里玉器的组合推测为：

$$\text{环} \ + \ \begin{matrix} \text{兽首形璜} \\ \text{兽首形璜} \end{matrix} \ + \ \text{龙形佩}$$

棺内死者左上部的环（M16：10）、椭圆形环（M16：58）、龙（M16：18）应为一组佩玉。置于身体下部璜（M16：18）、鼓形佩、龙形佩（M16：19）两件又成一组佩玉。此墓棺内的两件青玉残璜及数件玉龙的悬佩组合难以断明。楚墓组佩以环璧为絜领的较多，两湖楚墓和平粮台楚墓此特点十分明显，这种特征与春秋楚墓是一致的。

三晋墓葬中玉组佩的出土相当普遍，组佩的形式复杂，种类较多。辉县琉璃阁 M60 多战国初年贵族墓，死者胸前佩玉 119 件，郭宝钧先生将其配为六组[2]。

第一组：旒（长条状玉管）1、珩（璜状）1、珠玑 3、旒 1、珠玑 14、璧 1、旒 12。

第二组：系璧、珩（璜）、玑、冲（方形玉）、牙。

第三组：系璧、珩（璜）、旒、冲（方形玉）、珠玑、牙。

M1 为战国晚期一女子墓，出土珠玉水晶 35 件，内计玉珩（璜）4、玉璧 2、玉环 4、玛瑙环 5、水晶环 3、雕玉佩 3、玉旒 1、水晶松石珠 13。郭先生配其为八组，其中第六组玛瑙饰，置于下腹出土时位置明确，其串联为：

玛瑙小环（白）＋水晶珠玑（各色相间）＋玛瑙大环（白）＋玛瑙小环（黄）

这组水晶玛瑙佩饰，类似郎家庄 M1 陪葬坑的水晶串饰四种串法。

辉县琉璃阁 M105① 出土玉饰 37 件，其中玉片 29 件，应为服玉或葬玉，佩玉出璜 3 件、珩（大璜）2 件（参见图4）。赵固 M1 棺室左部被明代打井毁坏一部分，头颈和身体右部玉石器出土时位置依然明确，右臂出玉璜 1 件、谷纹璧 1 件、白玛瑙环 1 件、龙佩 1 件。系一组佩玉。固围村 1 号大墓，在墓室外发现了两座埋玉坑。一号坑出土玉环 2 件、料珠 2 枚，成一组佩饰。二号坑内藏圭、册、璧、璜、料珠二百余件。璧、璜、料珠放在坑西段，珠璧相叠，放置有序似当时盛于匣内。玉佩饰包括大玉璜 1 件、由七块美玉、两个鎏金铜饕餮头组成，璜两端上翘与其他璜异制。小玉璜 3 件、玉龙配 1 件、玉环 42 件、玉璧 1 件、琉璃珠 56 枚、这些玉器当为几组玉佩饰。大玉璜形制较大可能是一组玉佩的主干。

山西潞城战国韩墓 M7 出土一组玉片和佩饰，玉佩饰的种类有珑 6 件、璜 13 件、空心玉柱 1 件、琮 2 件、璧 2 件、矮圆柱 2 件，另有滑石龙两件，这组玉石器制作粗糙，当是明器。内中的琮与璧究竟属于佩饰器还是礼器，由于材料所限，暂时无法断明。此墓玉璜、玉龙出土数量较多，可配成几组佩饰。

现在美国佛利尔博物馆的战国金链玉佩，传为新中国成立前洛阳金村出土②。这组玉佩形制较为特殊，它上部以三个玉璧为挈领，中悬一个玉雕双人，下部在一个玉璧下悬一件璜形双兽首连体器，两端兽首处、各垂一件角状兽形玉。该组玉没有璧环，也无典型的璜。

葬玉，中州路西工段战国墓除继续保持春秋时的特点外，又出现了新的葬玉形式。《中州路西工段》所定的ⅡB 类型始于战国中晚期，特征是：脸上有镂空像五官形石片，胸腹手脚部位放置长方形齿边圆形、圆形、镂空兽形石片若干，部分石片有穿。如 M1223 出土的一组。这种类

---

① 中国科学院考古研究所编著：《辉县发掘报告》，科学出版社 1956 年版。
② ［日］梅原末治：《支那古玉图录》，日本同朋舍 1984 年重印版。

型的葬玉亦见于战国晚期的洛阳烧沟 M637、M651[①]。

西工段东周墓地流行于春秋时期的 IA、IB、IC 类组合（性质应属服玉）至战国已消失。葬玉组合已完善为由脸部石片、胸腹部石片、于脚边石片组成的完整体系，初具玉衣的性质。战国葬玉发展的另一个特点，是洛阳以外的各地战国墓普遍发现类似的玉石片。三晋墓葬出土的数量最多，潞城潞河 M7，为战国初期韩墓，出土圆玉片 110 件，一种稍厚，四周作齿边，表面刻云纹，另一种素面形状不规整。此墓还出土大型圆玉片 2 件，长方形玉片 2 件，后者四角有穿，用途不明。长治分水岭战国早期的 M270，中期的 M53、M12、M25 等墓也出土了大量的长方形玉饰片，但未见洛阳出土的如人五官形式的片饰。邯郸百家村战国中期赵墓群、中型以上的墓普遍出土方形玉片饰，出土时或于脸上（如 M3）或于身上（如 M1）。M57 为一座大型墓，出石片饰 14 件，一组出于死者脸部，两件大玉石片放在两肋，两手各持一件石璜，脚部出有石圭，配置比较完备，与中州路西工段葬玉排列相似，只是脸部玉片形状不同，主要为方形玉片。

辉县琉璃阁 M105 出土一组玉片共 29 件，完整者 23 件，其中 18 件为长方形，5 件梯形，齿边素面有穿。这组玉片与邯郸百家村赵墓所出十分相似。褚邱 M2 出土一组 22 件、排列在胸部。计有长方形 8 件、梯形 10 件、磬形 1 件、半圆形 1 件、椭圆形 1 件、弧形 1 件。玉片均有一至两个穿孔，形制与琉璃阁 M115 略同。相当于战国晚期的赵固 M1 在相当于人架面部、颈部处也出一组石片共 32 件，当是面葬，其形制与洛阳所出有别，由璧形、牙形、三角形、桃核形、正方形等组成。

楚墓里成组玉片发现的很少，江陵、长沙等地战国楚墓基本不见葬玉类型出土。战国晚期的淮阳平粮台 M18 与安徽长丰杨公楚墓出土一些拥有穿玉佩饰，如平粮台 M16：60，方形白玉质，饰同心圆"S"纹，上下各有三个对称缺口而成齿边状，表面有 5 个小穿孔。长丰杨公 M9：34，呈三角形，有小穿孔，这些当是缀于织物上的服玉。

（三）各类组玉的分期

从现有资料看，春秋战国成组玉佩的发展大致经历了四个阶段。

（1）西周末春秋初年。此时玉佩的发展仍未完全脱离西周的风格，

---

① 王仲殊：《洛阳烧沟附近的战国墓葬》，《考古学报》第八册，1955 年，第 127 页。

玉器以像生形为多，未见形态比较完善的组佩。如三门峡上村岭虢国墓，宝鸡福临堡秦墓等。

（2）春秋早中期，起始在春秋早期偏晚，玉佩已成组配列，如光山黄君孟夫妇墓，当时的组佩形态较为单纯，现有资料表明佩玉组成有壁、环、虎、璜、牙等。各玉件的造型、纹饰较为一致，式样变化不大，而且明显遗留有西周玉器风格。

（3）春秋晚期至战国初年，成组玉佩发展进入高峰时代。玉佩组合出现多种形态，各地区间差异明显，已形成不同的区域特色。佩玉的成组多者数十件，少者仅两三件，寿县蔡侯墓洛阳中州路西工段 M2717，临淄郎家庄一号墓殉葬坑、辉县琉璃阁 M1、随县曾侯乙墓出土了数组串联关系明确的组佩，可作为该阶段组佩形态的标志。

（4）战国中晚期，佩玉继续发展，玉件的造型与组合形态出现许多变式，成组玉佩的使用，一方面在大型墓中日趋精巧富丽，另一方面形态较为简单的组佩广泛用于中小型墓中。今所见辉县固围村魏墓，淮阳平粮台十六号楚墓，长丰杨公楚墓以及洛阳金村出土的金链玉佩等组佩，玉件造型复杂，花纹雕刻精巧，玉佩串联变化更多，出现了许多新形式。同时中小型墓中出土的器物多为石质，制作一般较粗糙。楚、韩、赵、魏、中山国墓等出土的玉石器均体现了明显的地方特色。

服玉与葬玉的发展，整个春秋战国时期可分为三个阶段。

（1）春秋早中期，此阶段为服玉占主导地位时期，各地墓葬中普遍出土有长方形或兽面形片饰。这些纹饰多表面刻精细花纹，黄君孟夫妇墓、淅川下寺楚墓及中州路西工段二期墓等所出的玉片、玉牌，其性质的判断前文已述，成组服玉出土的数量不等，一般在十件左右。此时期各地玉片的差别不大，典型的葬玉面幕还未见有出土。

（2）春秋末战国初，成组玉片的性质发生分化，典型的用于殓尸的葬玉片出现，并与服玉共存。最早的实例见于洛阳中州路西工段三期墓葬和侯马上马村春秋墓，玉石片覆于死者脸部，当系文献中记载的缀于织物上用于覆面的面幕、葬玉的形制在各地区间存在着较大的差异，洛阳地区出土的像人五官形石片，与其他地区墓中出土的长方形、三角形、梯形石片明显不同。此时服玉仍然流行，如蔡侯墓出土的玉片饰即是典型的服玉形式。服玉与葬玉造型接近，但性质有别。春秋战国之交，正是阴阳五行合流，迷信思想大盛的时期，推测葬玉可能是此思潮影响，直接受服玉的形式而发展起来的。

（3）战国中晚期，葬玉形式盛行，服玉已基本衰落。洛阳地区典型的服玉形式已经不见，其他地区能明确识别的也不多。葬玉形式则有了新的发展与完善、洛阳中州路西工段、烧沟均出土了像人脸形镂空玉片组合。手、身、足部也出现葬玉片与脸上面幕相配合。另外葬玉片普遍见于各地大墓中。辉县琉璃阁、褚邱战国晚期墓，邯郸百家村战国中期墓所出的葬玉片均呈几何形，仍与洛阳战国墓葬玉片有明显的差异。

以上对春秋战国组佩和服玉葬玉的发展分期，主要立足于从各地总的发展趋势去分析与归纳，但该时期组玉在各地间的发展并不均衡，即有类别的差异，又有发展前后的差异，因此它不能取代各文化圈内组玉发展的细部分期。这一问题下文将予以进一步论述。

（四）关于组佩的类型与其物质文化含义的几点分析

上文我们已把春秋战国组玉划分成为串饰，组佩，服玉，葬玉几个不同性质的类别。其中串饰、服玉、葬玉性质明确。配列方式单纯。本文不再对其作进一步的类型区分。成组玉佩出土的实物资料串联关系明确的有十几例，表现为多样的形式。另外古来对成组玉佩串联关系的研究说法各异，疑义甚多。下面本文依上列实物资料对组佩的面貌和性质试作几点推测。

古文献中有关玉佩记载最详尽者见于《周礼·玉府》郑注引《诗传》曰："佩玉上有葱衡，下有双璜，冲牙、珍珠以纳其间。"[1]《大戴礼记·保傅篇》曰："上车以和鸾为节，下车以佩玉为度，上有双衡，下有双璜，冲牙、批珠以纳其间、琚瑀以杂之。"[2] 历代学者一直以之为玉组佩的标准，来考释复原当时佩玉的形式。郭宝钧先生依据这些记载，参照辉县琉璃阁战国魏墓的出土玉器，提出了战国玉佩的完备体制。他认为文献中所载玉佩的实际形式是：以环（或璧）为佩玉主体，上边有一珩系之，珩形状如残环，在环璧之下，悬以件珩与上珩对称，此珩下再垂三列玉器，中间方形玉为冲，两旁为牙。郭先生以为此种组合是战国时玉组佩的正常制、完备制，当时实际存在的组佩均以此为本，或简或繁，或为变

---

[1] 《周礼·玉府》，《十三经注疏》，中华书局 1929 年版。
[2] （清）王聘珍：《大戴礼记解诂》，中华书局 1983 年版。

例。这一看法多年来一直为学术界所认同。从现已掌握的春秋战国一些完整的佩玉形式观察，这一复原与有的实例确有相符之处，但若以此作为春秋战国佩玉的完备制和正常制，却恐是以一概全。

分析归纳组合串联关系明确的出土玉佩，如把每个重要玉件作为一个空格单位，那么已见的组佩串联方式可归属三种定式。

第一种形式见于中州路 M2717 的两组佩玉，上为璧、下为龙，中间穿以扁状玉管。郎家庄 M1 出土的水晶佩饰甲种上下为环，中穿管珠，Ⅰ种上为环，下为璜，都属此种定式。

第二种形式见于黄君孟墓 G2：30B，上为环下垂两行各悬一虎形璜，一龙。蔡侯墓出土的组佩也应属此种串法。中州路 M1316 以大环为絜领下垂两行环并穿 1 件龙形饰成变例 1。M2729 两璜下垂两列鎏玉，则是一种简化形式，即变例 2。

第三种形式与郭宝钧先生的佩玉复原图串法相似，河南信阳 M2 楚墓出土的彩绘木俑下身绘有三种佩玉的图样①。组配的主干为环璜、环，璜两角未见悬垂的牙饰，估计这几组佩玉是此类串法的一种简单的形式（变例 1 式），分水岭 M269，赵固 M，平粮台 M16 等墓出土的玉组佩用于两端下垂的多为玉龙、玉虎、战国玉佩用牙相对较少。中州路 M2717 出土的第三组佩玉，一璜下垂两件兽形玉系此种定式的简化，洛阳金村所出金链玉佩则为该定式的变例。第三种串式与文献所载较相近，文献所载佩玉组合中的"珩"究竟为什么样，学术界一直没有定论。河北平山中山王墓出土的玉器中，书有"珩"墨记的，一件为卷曲龙形，另一件为双龙蛟尾状（为璜的变形）。两者器型并不一致，因此"珩"可能是指位于第三种定式主干中心部位用于系下垂玉件的器物，而不限定为某种器型，从现已出土的情况看，璜形器较多用于"珩"。

以上三种定式，并存于春秋战国时期，相互间的区别在于串联体系的不同，而非繁简之别，以一种串联方式作为战国佩玉串联完备制的看法显然有误。同时由于春秋战国各地区文化习俗并不一致，表现在选用玉佩的种类组合上又呈现出多样的变化。楚墓出土的组佩大量使用环、璧，洛阳东周墓与三晋墓中以璜作为佩玉主体的情况较多，齐鲁墓葬中出土的连环

---

① 沈从文：《中国古代服饰研究》，香港商务印书馆 1981 年版。

组佩又另具特色。同一种串联定式，由于所用玉件不同，便体现出不同的风格。

《礼记·玉藻》："孔子佩象环五寸而綦组绶。"文中所言的"佩"当是以环连成的组佩，而不应是《玉府》郑注中的佩。鲁与齐相邻文化风格相近，物质文化的特色也基本相似。郎家庄出土的完整组玉佩以环相连当时属"像环"一类的佩玉。

春秋战国墓葬出土的组玉情况表明当时各地区间并无统一的佩玉制度。古代学术界关于春秋战国佩玉存在统一形制的误解，实源于汉代儒生注释和先秦有关玉佩的记载过于简略。西汉武帝罢黜百家，独尊儒术，于思想文化上推行一体化，从而使儒家依据上代所遗传统，掺和阴阳五行思想而理想化的种种礼仪系统得以传世，其主导精神便是天下一体，等级分明。至《后汉书·舆服志》所称明帝所为之大佩，上下珩璜，便是这种儒家理想佩玉的具象化产物。郭宝钧先生限于当时考古资料较少，复原的佩玉实际只与战国流行较普遍的一种形制相近，而不是此时佩玉的统一正规形式。

佩玉出现于春秋早期，其用途是装饰品和人们精神面貌、理想品德的象征物。佩玉盛行时正值中国历史经历一个思想解放的时代，旧的奴隶制礼系制度已经衰败，思想上、文化上是百家齐放。反对建立在氏族血缘关系基础上的宗法思想，提倡尊重个人的感情与力量被各派学说普遍提出。巩固新兴起的地主阶级的政治权利，在政治上得以贯彻。这样一种社会环境，自然无法形成以日渐没落的东周王室为中心的佩玉礼制。《礼记·玉藻》："天子佩白玉而玄组绶，公侯佩玄玉而朱组绶，大夫佩水苍玉而缁组绶，世子佩瑜玉而綦组绶，士佩瓀玟而缊组绶。"这一体系即没有发现实际的例证，又与当时的社会状况不符，当属撰者臆想的蓝图。

随着各地墓葬规格的大小，玉石器出土的数量往往为之变化，却又找不到明确的制度性的对应关系。墓葬中出土玉石佩饰的多少在许多情况下是出于财富与性别的差异。如长治分水岭墓地，六对墓葬里女性墓出土的玉石器大大超过男性墓。形成春秋战国组玉形式多变的原因是多方面的，时代早晚、地区差异、性别不同等都能导致佩玉的形式产生差别，服玉与葬玉发生变化，深入研究、细致辨别其中的差异目前仍是一个十分困难的课题。

四 结论

传统文献认为，春秋战国时期佩玉的形式存在着统一制度，但从目前发现的考古材料分析，这个制度并不十分严格，各地存在比较明显的地域性差异。文献记载的形式主要存在于河南、山西地区的晋周王室势力范围内。另外，考古资料发现的玉器，也不都是佩玉，一些是服玉和葬玉，原来也都归入佩玉范畴。春秋末期始盛，用于装饰的成组玉佩，是该时期玉器的主流，其配列方式有多种类型，未见制度的统一规定。葬玉中的"玉面葬"，于春秋末年出现，其渊源应是受服玉的启发，并在阴阳五行思想的影响下发展出来的。战国时期，服玉和葬玉两种形式曾同时存在，但服玉已成衰弱之势，这一趋势与汉代玉器的发展线索相符。

春秋战国玉器研究，目前尚存在着许多问题，有待于我们今后去解决，如器物类型学研究，产地和工艺的研究，玉器所含的礼制、习俗、社会思潮的揭示，等等。上述春秋战国玉器的分期分类，如能对这些研究起一些参考作用，则是作者的幸事。

一九八七年六月于南开园

徐州地区汉画像石的产生、发展与衰落

刘尊志

画像石是古代物质文化中的一个重要组成部分，它不仅时代跨度长，分布地点广，而且内容丰富多样。画像石墓及相关设施是使用画像石的主体，就徐州地区而言，画像石墓也是徐州汉墓的一个重要组成部分。从墓葬形制看，徐州地区的画像石墓主要有石坑竖穴洞室墓、石坑竖穴墓、石（土）坑竖穴石椁墓、横穴石室及砖石混筑墓等多种。多年来的考古工作使越来越多的画像石呈现在人们的面前，同时也证明它和许多汉代物质文化一样，经历了产生、发展、繁荣和衰落的全过程。与全国其他地区相比较，徐州地区汉画像石产生的时代早，存在时间长，几乎贯穿整个汉代，有完整的发展变化，且数量众多，内容包罗万象。因此对徐州汉画像石的发展过程进行研究将有助于我们更深一步地认识画像石墓这一汉代特有的墓葬形式，进而对其所包含的诸多社会内容进行分析和研究。

一 徐州早期画像石的产生

关于汉画像石的产生，很多学者作过有益的探讨[①]，多数学者认为画像石在西汉中晚期开始出现于石椁墓中[②]。近年来，随着徐州及周边地区

---

① 王建中：《试论汉画像石墓的起源——兼谈南阳汉画像石墓出现的年代》，《汉代画像石研究》，文物出版社 1987 年版，第 1—11 页。

② 王恺：《徐州地区的汉代石椁墓》，徐州师范学院汉文化研究所编《汉文化研究论丛》，中国社会科学出版社 1993 年版，第 223—237 页。

考古工作的不断深入，早期汉画像石的资料发现较多，为研究这一地区早期画像石的产生提供更多可能的同时也对原有的认识提出了质疑。

（一）徐州及周边地区早期画像石墓的发现概况与相关问题

据目前考古资料，早期画像石均出现在墓葬中，而这些墓葬又多发现于苏北、鲁南和豫东这一画像石墓分布较为密集的地区，主要为今山东临沂、枣庄、微山，江苏徐州和河南永城等地区，其中又以徐州地区发现多且典型。

1. 临沂地区

（1）庆云山 M1、M2①。位于临沂城南 15 公里处，均为土坑竖穴石椁墓，由椁盖、两侧石板、前后挡板及椁底 6 块石板组成。其中 M1 中 6 石均刻画像，M2 除椁盖外其他 5 块均有画像（参见图 1）。报告将其时代定为西汉早期，而信立祥先生认为其时代要晚，大约在西汉宣元之间（公元前 73—前 32 年）②，即西汉中晚期，笔者比较认同。一方面，二墓内没有发现可以说明墓葬时代的钱币，仅根据出土的陶鼎、盒、壶的组合来断定其时代似乎不能全面说明问题，而且二墓出土的陶器形制上也具有一些中晚期的特征，特别是陶俑，大喇叭口形的裙摆具有典型的中期特点；另一方面，二墓出土的画像石画像内容相对较为复杂，除几何纹、十字穿环、常青树外，还有建筑、人物、六博棋盘等。一般来说，画像石的画像内容是随时间的发展逐渐丰富的，而临近的枣庄小山西汉中期的画像石墓 M1 内出土的画像内容要简单许多③。

（2）临沭曹庄西南岭 M1、M2④。均为石椁单室墓，两墓并列，内侧带小边箱。墓内出土有四铢半两钱币，可知这两墓的时代为西汉早期偏晚阶段，即公元前 175 年至公元前 118 年之前阶段。出土画像石 6 块，椁北挡为单树叶纹，南挡为单穿璧纹（参见图 2），另外 M2 椁侧石刻双穿璧纹，均阴线刻，石面未经打磨。

---

①　临沂博物馆：《临沂的西汉瓮棺、砖棺、石椁墓》，《文物》1988 年第 10 期。

②　信立祥：《汉代画像石综合研究》，文物出版社 2000 年版，第 198—200 页。

③　枣庄市文物管理委员会办公室、枣庄市博物馆：《山东枣庄小山西汉画像石墓》，《文物》1997 年第 12 期。

④　刘福俊、齐克荣：《临沭县西南岭西汉画像石墓》，《中国考古学年鉴》1995 年，第155—156 页。

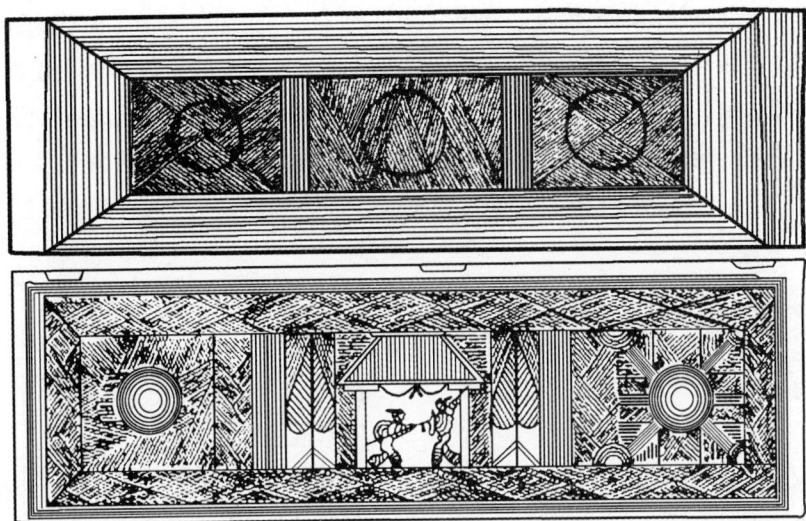

图1　山东临沂庆云山西汉墓出土石刻画像

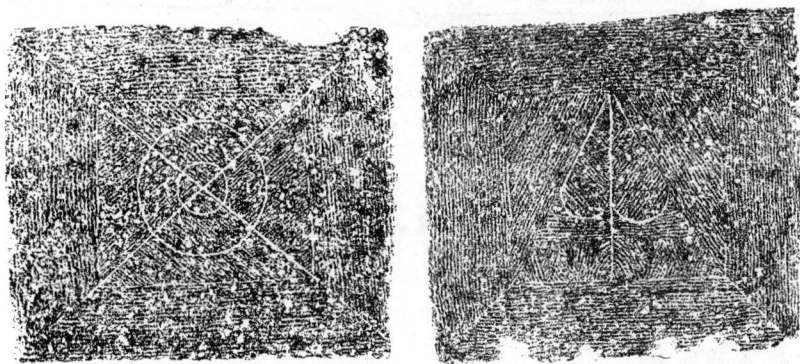

图2　山东临沭曹庄西南岭西汉早期墓出土画像石画像

2. 枣庄地区

小山西汉画像石墓 M3①。位于枣庄市西南 6 公里处的一石山上。该墓北室为木椁墓，南室为石椁墓。石椁的挡板及侧板均刻有画像，底板上刻有三角形等几何纹，东挡板刻璧及绶带纹，南侧板刻三璧纹，璧纹间饰树，树下

---

① 枣庄市文物管理委员会办公室、枣庄市博物馆：《山东枣庄小山西汉画像石墓》，《文物》1997 年第 12 期。

有绶带，北侧板刻有璧纹及二鸟等（参见图3）。发掘报告称 M3 时代为西汉早期，但该墓的时代可能会晚至西汉中期①。而且该墓的画像石四周用横竖线构成边框，框内刻物像，并间饰三角形、菱形等几何图案，也是早期画像石发展到一定阶段的产物，所以该墓的时代当为西汉中期偏早为宜。

图 3　山东枣庄小山子 M3 剖面图

3. 微山地区

山东微山伴出半两钱的石椁画像石墓 6 座。均为单椁墓，时代在武帝元狩五年（公元前 118 年）之前，画像主要位于头挡和足挡，内容有柏树、圆璧、三角几何纹、菱形纹等②。

4. 徐州地区

（1）韩山 M1③。位于徐州西郊韩山顶部偏北。洞室两石门的外侧各有一阴线刻的画像。画像内容相同，为一常青树，树上立一鸟，尾翘起，

---

① 燕东生、刘智敏：《苏鲁豫皖交界区西汉石椁画像石的分期》，《中原文物》1995 年第 1 期。

② 杨建东：《微山岛版出半两钱的石椁画像墓》，见中国汉画学会、南阳师范学院汉文化研究中心编《中国汉画学会第十届年会论文集》，湖北长江出版集团、湖北人民出版社 2006 年版，第 452—454 页。

③ 徐州市博物馆：《江苏徐州韩山汉墓》，《文物》1997 年第 2 期；胡望林：《徐州韩山汉墓》，《中国考古学年鉴》2006 年，第 190—191 页。

作鸣叫状。树下各悬挂两个对称的玉璧，由绶带穿系，树下有两条"∧"形根（参见图 4）。该墓随葬品中的许多器物如铜镜、陶器等具有战国时期的风格。墓内没有发现陶猪圈，而徐州地区至西汉早期偏晚阶段才开始出现这类模型明器。因此笔者推测该墓的年代可能不会晚于西汉景帝初。该墓墓主为女性，身份地位极高，从出土的殓葬玉器等看，墓主可能为某代楚王的姊妹，身份相当于长公主。根据史书记载，第三代楚王刘戊于汉文帝初即位，景帝初参与"七国之乱"，后兵败自杀。汉代对谋反者的处罚较重，楚王刘戊的女儿肯定会受株连，因此韩山 M1 的墓主极有可能为楚元王刘交或夷王刘郢（客）的女儿，而这与墓葬的年代也较为相符。

（2）睢宁县官山汉墓①。为石坑竖穴墓，从出土陶俑、铜兵器等分析，墓葬时代为西汉早期偏晚或中期偏早阶段，墓主为具有一定身份地位的地方官吏。画像刻于竖穴一侧，阴线刻。画像内容为两棵常青树，左侧树下悬挂璧（参见图 5）。

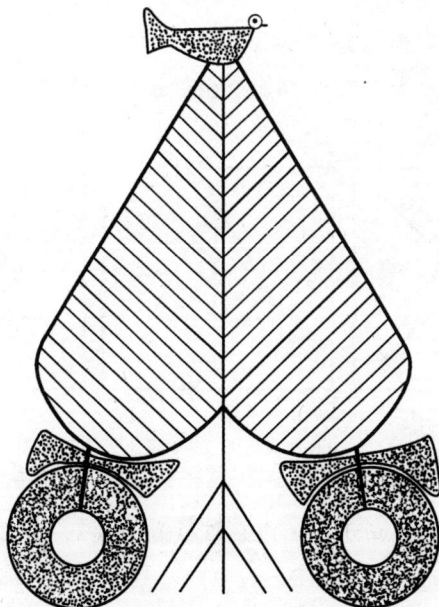

图 4　徐州市韩山西汉 M1 洞室门画像

① 仝泽荣、武利华等：《睢宁汉画像石》，山东美术出版社 1998 年版，第 94、108 页。

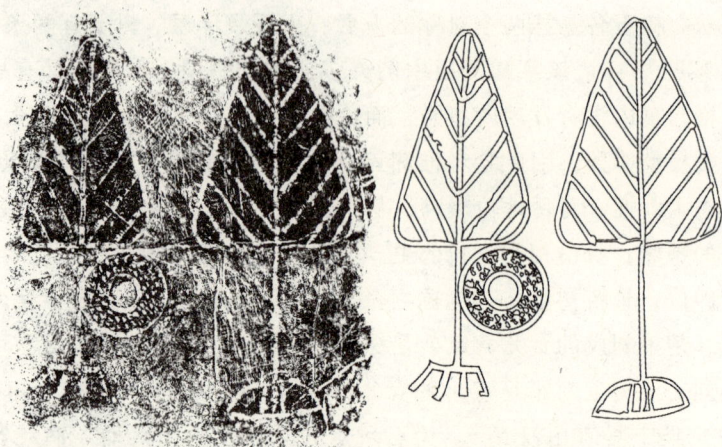

图 5　睢宁县官山西汉墓出土画像石画像拓片及线图

（3）铜山县凤凰山 M1[①]。位于山顶，为石坑竖穴石椁墓。竖穴底部以石板砌双椁室，两椁室的东、西挡板皆刻有画像，头部挡板刻十字穿璧，足部挡板为常青树图案（参见图 6）。该墓时代为西汉中期偏早，但从出土的陶器看，墓葬的时代可能早至西汉早期偏晚。

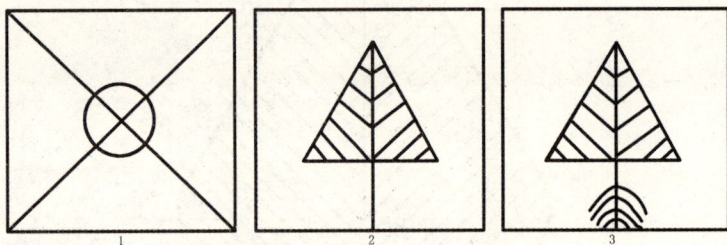

图 6　铜山县凤凰山西汉 M1 出土画像石画像

（4）铁刹山 M3[②]。位于徐州市东郊铁刹山顶部，为石坑竖穴双椁室墓。竖穴底部南侧为石板砌成的椁室，石椁内壁刻画像，头部为十字穿璧纹，璧上有绶带系缚，足部刻常青树、鸟等，两侧板上有几何纹，四周有边框，不

① 徐州市博物馆：《江苏铜山县凤凰山西汉墓》，《考古》2004 年第 5 期。
② 李祥、郑洪全：《徐州市铁刹山汉墓群》，《中国考古学年鉴》2006 年，第 193 页。

规整。石椁内葬女性，从出土随葬品看，时代为西汉中期偏早阶段。北侧为开凿的椁室，内葬男性墓主，从出土遗物看，时代为西汉早期偏晚阶段。

5. 永城地区

河南永城保安山二号墓墓内厕所上发现有树纹、菱形纹等石刻画像①。较之时代稍晚的柿园汉墓也有石刻画像出土，内容相对较复杂，有凤鸟、树及穿璧纹等②（参见图7）。一般认为，保安山二号墓为梁孝王夫人李王后墓，李王后死于公元前125—前124年，墓葬时代为武帝早期，即西汉中期偏早阶段，而柿园汉墓的年代亦可归入这一时期。有学者对保安山二号墓的墓主提出怀疑，认为该墓当为梁孝王③，梁孝王死于公元前144年，按此墓葬的时代当为景帝末年。虽然保安山二号墓的墓主归属没有最终确定，但可以肯定的是，至迟在武帝早期，一些梁王墓中已经使用了画像石，而从画像石的位置来看，其主要是作为装饰使用的。

从上述早期画像石墓的发现概况可以看出，画像石墓在西汉早期偏晚阶段已经出现，其上限可至景帝初期，但这一时期的画像石还处于初期阶段，因此可以说，西汉早期偏晚至中期偏早阶段应该是画像石的产生期或萌芽期。过去学术界多将徐州地区画像石墓的发展分为三期，即产生期、繁荣期和衰落期，缺少了西汉早期偏晚至中期偏早这一阶段，故笔者将其分为四期，即萌芽期（西汉早期偏晚至中期偏早）、发展期（西汉中晚期至东汉初）、繁荣期（东汉初至东汉晚期）、衰落期（东汉末期）。

另外，徐州地区是画像石产生较早的地区。不仅时代上要早于其他地区，而且相关墓葬发现较多。西汉时期，徐州是汉代重要封国都城即彭城的所在地，政治、经济地位十分重要。公元前155年以前，上述的山东临沂庆云山、临沭曹庄西南岭、枣庄小山皆属楚国管辖范围，其后，这些地区划归他郡，但丧葬习俗在短时间内是不可能改变的，楚国的一些葬俗还会对这些地区有一定的影响，画像石墓即是如此。西汉梁国与楚国相距较

①　河南省文物考古研究所：《永城西汉梁国王陵与寝园》，中州古籍出版社1996年版，第124—129页。

②　河南省商丘市文物管理委员会、河南省文物考古研究所、河南省永城市文物管理委员会：《芒砀山西汉梁王墓地》，文物出版社2001年版，第95—100页；郑清森：《初论河南永城芒砀山出土的西汉早期画像石》，《四川文物》2003年第6期等。

③　刘振东、谭青枝：《关于河南永城保安山二号墓墓主问题》，《考古与文物》2001年第4期。

图 7　河南永城保安山 M2 及柿园汉墓出土画像石画像

近，受到影响亦属正常。这些情况说明画像石是在一地（徐州地区）产生之后渐渐影响到周边地区，进而向其他地区推广的。

　　汉画像石墓的产生反映出汉代丧葬习俗的地域性差异。形成丧葬差异性的主要原因是各地不同的历史传统、地理环境、文化习俗及其他因素影响而造成的，而这种差异性又是在总的统一性基础上表现出的个性特点[①]。徐州早期汉画像石墓是在汉代丧葬习俗，特别是在厚葬思想的影响下形成的汉代石坑竖穴墓的一个种墓葬形式，一方面它与西汉石坑竖穴墓有着密切关系，另一方面又具有自身特点，特别是区别于其他地区汉墓如壁画墓等的特点。

　　画像石的使用在其萌芽期还较混乱。作为等级较高的贵族地主为装饰墓葬及辟邪、升仙等目的将画像刻于墓葬之中，但随着墓内瓦木建筑的兴

---

① 韩国河：《秦汉魏晋丧葬制度研究》，陕西人民出版社 1999 年版，第 119、122 页。

起，这种表达形式逐渐被他们抛弃。七国之乱之后，王权衰落，中下层官吏或大地主的政治地位相对抬升，有了模仿较高等级墓葬某些葬俗的更多可能，画像石于是被等级较低的石椁墓采用并逐渐发展繁荣，成为汉代墓葬装饰的一个重要组成部分。而就石椁墓的石椁而言，在某种程度上与画像砖墓的形制相近，这也许是石椁墓吸收画像石画像作为墓葬装饰，进而成为早期画像石墓主要墓葬形式的一个原因。

（二）徐州早期汉画像石产生的条件

任何一件新事物都是在具备一定条件的基础上产生并发展的。徐州是我国早期汉画像石产生较早的地区，除优越的政治、经济条件外，还与这一地区的自然、生产力水平等条件密切相关。

徐州地处苏鲁豫皖四省交界处，黄淮平原的中部，属丘陵地带。山石以青色石灰岩为主，有少量页岩，便于修建和加工墓葬；而该处之山海拔较低，低矮的山丘为修建墓葬提供了良好的场所。徐州地区有着丰富的矿产资源，特别是铁矿石，为制造锋利耐用的建墓工具提供了充足的原料。据《汉书·地理志》记载，西汉时期，在今徐州地区的彭城、沛郡、下邳等地皆置有铁官，以管理冶铁事务。徐州出土的西汉铁器很多，经科学检测或金相鉴定的有徐州北洞山楚王墓[1]、徐州狮子山楚王墓[2]、子房山西汉墓[3]等出土的铁器，它们的冶铸技术包含面较广。北洞山、狮子山楚王墓出土铁器的金相学分析表明：生铁、铸铁脱碳和炒钢在西汉时期已较为普遍，而块炼铁、块炼渗碳钢仍继续使用，呈现出技术的多样性[4]。狮子山汉墓出土的4件凿子使用局部淬火工艺，3件甲片使用冷锻技术，表明开山凿石工具和兵器等的制作技术有了新的进步。西汉时期，徐州一带用于建造画像石墓葬的工具主要包括挖土及铲除工具，如铲、锸、叉、钁

---

[1] 徐州市博物馆、南京大学历史系考古专业：《徐州北洞山西汉楚王墓》，文物出版社2003年版。

[2] 狮子山楚王陵考古发掘队：《徐州狮子山楚王陵发掘简报》，《文物》1998年第8期；韦正、李虎仁、邹厚本：《江苏徐州市狮子山西汉墓的发掘与收获》，《考古》1998年第8期。

[3] 徐州市博物馆：《江苏徐州子房山西汉墓清理简报》，《文物资料丛刊》（第四辑），文物出版社1981年版，第59—69页。

[4] 狮子山汉墓出土铁器鉴定见北京科技大学冶金与材料史研究所、徐州汉兵马俑博物馆：《徐州狮子山西汉楚王陵出土铁器的金相实验研究》，《文物》1999年第7期；北洞山出土铁器鉴定见徐州市博物馆、南京大学历史系考古专业：《徐州北洞山西汉楚王墓》，文物出版社2003年版，第194—203页。

等；开凿工具，如锤、凿、錾、锛、撬等；置垫工具，如楔等；夯筑工具，如夯等，上述工具大多为铁质，少量为铜质，这在许多汉代遗址及大中、小、型汉墓中均有发现。

徐州早期汉画像石的制作大体经历以下几个过程，即选材，开采，成材，绘画雕刻等。选材就是选用合适的石料，之后即进行开采工作。徐州汉代采石场遗址向我们展示了汉代石料开采情况①。在选择好的石料周围根据需要下凿深坑，然后在石料四壁下部凿出楔窝，填以錾、楔等后用锤大力敲击，使石料脱离原来山石（参见图8）。这种石料为毛坯石，因其

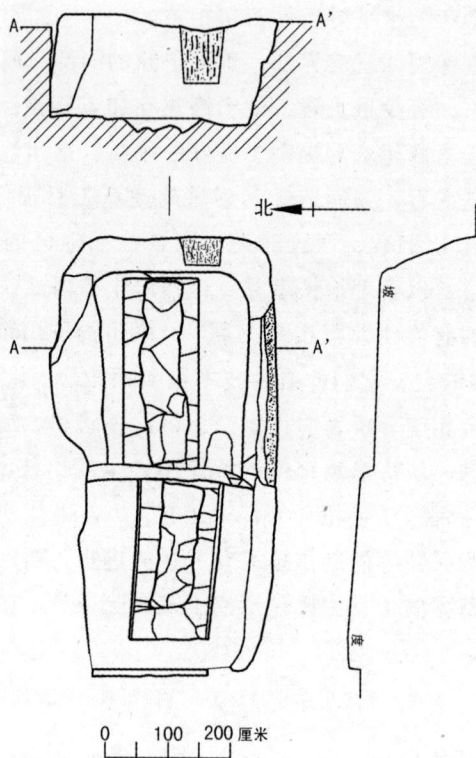

图 8 徐州汉代采石遗址 IV8 采石坑平、剖面图

① 徐州市博物馆：《江苏徐州汉代采石遗址发掘简报》，《考古》2010 年第 11 期。

较厚，还需要根据需要的厚度劈开。劈石工艺在西汉早期就已十分先进，徐州东甸子 M3[①] 出土有两块封墓石板，系由一块大石劈开。从现状分析，该二石未完全加工成材，各有一面相合，并各有一约占石板面 1/4 的凹面，应是由一块厚石板分割而成。两石板合起来凹面形成一宽 0.1 米的深槽。这类石板的基本加工工艺应是：选择纹理平行的石头做毛坯，加工成较两块封石厚度再厚 0.1 米的大石材，用錾、凿、锤等石工工具从大石材的一个侧面凿出宽约 0.1 米的深槽。石槽中间塞以楔、錾后敲击或其他易膨胀的物质将块石劈开[②]（参见图 9）。在已发掘的翠屏山汉墓[③]等许多中小型墓葬内的

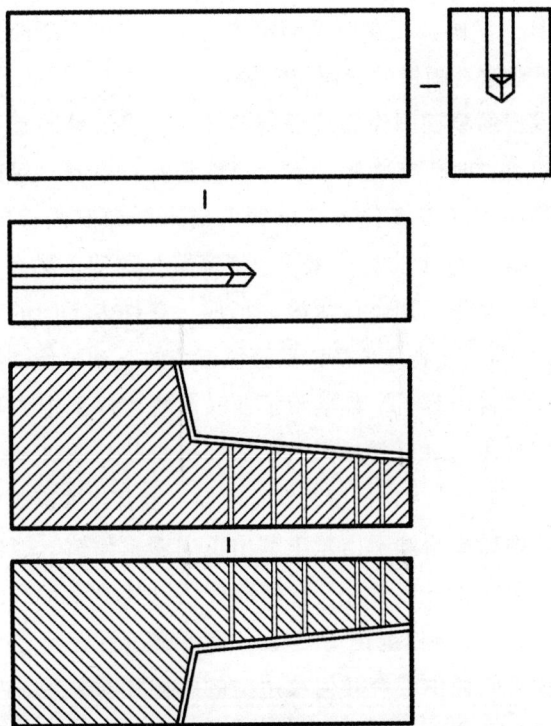

图 9　东甸子西汉 M3 封墓石板反映的汉代劈石工艺

①　徐州市博物馆：《徐州东甸子西汉墓》，《文物》1999 年第 12 期。
②　梁勇：《徐州汉代石工技术初探》，见沛县汉文化研究会编《沛县汉文化研究——沛县首届汉文化学术研讨会论文集》，苏徐沛新出准字 99005 号，1999 年版，第 274—279 页。
③　徐州市博物馆：《江苏徐州市翠屏山西汉刘治墓发掘简报》，《考古》2008 年第 9 期。

封石上亦或多或少地可以见到这种劈石工艺。石板形成之后需再进行细加工，即打磨平整或根据需要凿出榫卯等使其成材，中小型墓葬的榫卯结构多表现在石椁的扣合上，这与徐州的早期汉画像石墓密切相关。绘画雕刻工艺等在许多研究汉画像石的文章中多有提及，本文不再赘述。

厚葬、升仙与谶纬思想在汉代墓葬中表现得尤为突出，徐州汉墓亦不例外。高层统治者不仅幻想在死后过着同生前一样的美好生活，他们还希望能够升仙。而身份地位相对较低阶层的人群，他们所希望的不仅是死后能拥有较高阶层人群的生活，同时也希望能够升仙得道，加之谶纬思想等的影响，他们便尽力模仿。而随着儒家思想统治地位的不断确立，重孝悌于丧葬的风气日炽。画像石在对厚葬模仿的思想指导下逐渐发展起来。

（三）早期画像石画像的渊源与发展

徐州地区发现的早期画像石墓形制多样，时代最早的有石坑竖穴和石坑竖穴洞室墓两类，时代略晚则基本为石坑竖穴石椁墓，而这一墓葬形制也渐成为西汉时期画像石墓主流。墓葬内出土画像石画像的基本内容为"常青树"（有的树下悬挂玉璧）和"十字穿璧"纹等。那么，这两种画像的来源是什么呢？关于早期画像内容的形成，有许多不同的观点，其中信立祥先生认为："与汉壁画墓一样，汉画像石墓的石刻画像渊源有自，无论在形式上还是在题材内容上，都继承了西汉前期木椁墓中随葬帛画和漆棺画的优良传统，汉代墓室石刻画像的祖形和前身就是西汉早期木椁墓中的帛画和漆棺画。"[1]笔者认为，早期画像石画像可能会与漆棺画或者镶玉漆棺有一定关系，其中如徐州狮子山楚王墓出土的镶玉漆棺，挡板和侧板均有菱形玉作边框，内镶长方形玉片，在挡板处还以其他形状的玉片镶成圆形璧纹[2]（参见图10），石椁墓内的"十字穿璧纹"可能与之有着一定的关系。但早期画像石画像中带有几何纹边框的画像相对要晚一些，如枣庄小山子M3、铁刹山M3等。西汉时期，冶铁及铸造业已十分发达，绘画技术亦十分高超，如果画像石画像的"祖形和前身就是西汉早期木椁墓中的帛画"这一论点成立的话，那么早在西汉早期画像石产生之时其内容就会呈

---

① 信立祥：《汉代画像石综合研究》，文物出版社 2000 年版，第 198 页。

② 李银德：《汉代的玉棺与镶玉漆棺》，见徐州市两汉文化研究会编《两汉文化研究》（第三辑），文化艺术出版社 2004 年版，第 42—54 页。

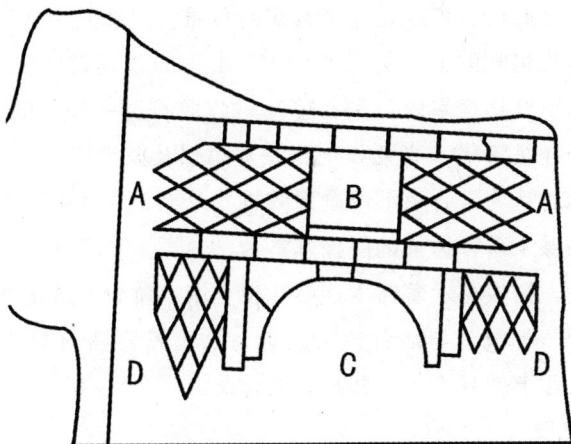

图 10　狮子山汉墓出土玉棺（局部）

现出多样化，而不会仅仅为刻画简单、内容原始的"十字穿璧"、"常青树"等纹饰。相反，画像石的画像经历了西汉中、晚期，至东汉早期才开始丰富多彩起来，说明它有一个逐渐发展的过程。另外，徐州地区西汉早期的石刻画像最早出现在墓门和墓壁上，这与木椁墓的帛画和漆棺画似乎无太明显的关系。下面，我们再来审视一下上述两种画像题材。

1. 常青树

在徐州地区早期汉画像石墓中，韩山西汉 M1 洞室的两块石门外侧及睢宁官山汉墓的墓道一侧皆刻有常青树纹，树下悬挂玉璧。战国中期，在墓地植树作为标志逐渐流行，并以树的多少来标志墓主生前的身份高低。到西汉时，在墓地植树的做法已突破制度限制而变成墓地规划的基本内容，正如《盐铁论·散不足》所云："今富者积土如山，列树成林。"这两墓出土的树纹画像，皆为松柏纹，应是墓树抽象化的表现，其含义有辟邪的作用。另外，由于松柏为四季常青之树，有着一定的象征意义，成为墓地的象征物也就不足为奇了。而且汉代盛行墓祭，在墓祭时有在墓地的树下悬挂玉璧或玉璧形物的风俗，上述两墓出土画像中的树下悬挂玉璧正是这种墓祭习俗的真实反映。另外，在韩山 M1 的两石门画像的常青树上各立一鸟，尾部翘起，张嘴相向而鸣，极为生动。树上栖鸟具有一定吉祥的含义，同时也可能有墓祭时通过鸟鸣来唤醒被祭祀者魂魄，引导其升仙的含义。墓祭时虽然不一定有鸟立于树上，但鸟儿栖于枝头鸣叫还是较为常见的事情，因此可以说这是一个真实的写照，但在其中加入了某些理想化的元素。时代稍晚的铜山县凤凰山 M1 出土的常青树纹位于足部挡板。常青树纹由墓室外移至室内，是石椁墓对画像石这一葬俗的继承和发展，它所反映的同样是汉代"事死如生"丧葬思想及祭祀行为。

另外有学者认为常青树下的画像纹饰为坛台①，但从徐州地区发现的早期常青树画像来看，树下的图像基本为"∧"、"∩"等，且较为纤细，当为树根无疑。树根预示着树木能够扎根土壤，常青永存的含义。之后部分演变成"冖"形纹，与祭台较为接近，加之常青树有祭祀的寓意，树下部的纹饰也逐渐就具有了一些坛台的含义。

2. 十字穿璧（环）纹

早期画像石墓葬中，十字穿璧（环）与常青树画像分别作为石椁的前后挡板经常同出，构成了早期画像的主要内容。铜山县凤凰山 M1 发现的两块十字穿璧纹画像石均为头部挡板，铁刹山 M3 女性墓主的石椁中，头部挡板亦为十字穿璧纹，只是璧纹上多了绶带束缚。十字穿环纹则出现稍晚，可以说穿璧纹是画像石画像的早期阶段，穿环纹是其发展形式。

璧是古代一种重要的礼器。《周礼·春官·大宗伯》曰："以玉作六器，以礼土地四方。以苍璧礼天，以黄琮礼地，以青圭礼东方，以赤璋礼南方，以白琥礼西方，以玄璜礼北方。"古人认为天圆，其色苍苍，故以苍璧礼天。徐州地区的许多大型楚王墓如狮子山汉墓、北洞山汉墓等内皆出土多块青玉璧，或有专门用途或有专门放置的场所。多数中型墓葬内亦有青玉璧出土，只是因身份地位与楚王相差甚远，数量较少，一般为 1 块，如东甸子 M1②、后楼山 M1③ 等。而且这些墓葬内的青玉璧（环）大多出土于墓主头上部棺椁之外，如翠屏山汉墓、子房山 M3④（参见图 11）等。出土的青玉璧上有的还保留有"十"字拴系痕迹。最典型的为韩山西汉 M1 出土的青玉璧，在玉璧上有织物腐朽后遗留下十分明显的"十"字拴系痕，说明当时这块玉璧是以被拴系成"十"字的织物固定在椁板

---

① 郑同修：《汉画像中"常青树"类刻画与汉代社祭》，《东南文化》1997 年第 4 期。

② 徐州市博物馆：《徐州东甸子西汉墓》，《文物》1999 年第 12 期。

③ 徐州市博物馆：《徐州后楼山西汉墓发掘报告》，《文物》1993 年第 4 期。

④ 徐州市博物馆：《江苏徐州子房山西汉墓清理简报》，《文物资料丛刊》（第四辑），文物出版社 1981 年版，第 59—69 页。

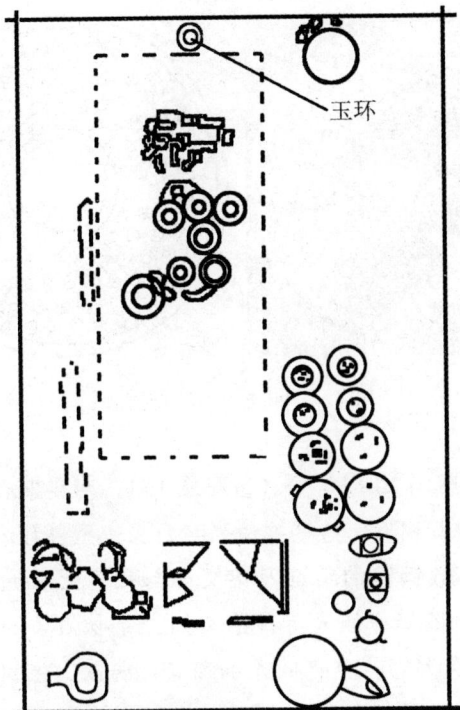

图 11　子房山西汉 M3 棺室平面图

上的（参见图 12）。在木椁的前挡板中部饰以玉璧，当与楚王的镶玉漆棺以玉片镶成的玉璧纹相似，是对战国时期漆棺装饰的一种继承，其作用不仅仅是一种装饰，更重要的是墓主在死后用于通天，并祈求以此步入仙境的一种升仙工具。身份地位皆较低的官吏或大地主无法与中型墓葬的墓主相提并论，他们便模仿这种穿璧葬俗，在石坑竖穴椁室墓内的挡板上刻画这一图案，以达到他们通天升仙的目的，十字穿璧图案因此出现。

　　另外，在徐州西汉墓中，许多小型墓葬出土的铜镜多置于死者头的上部，并与头部有一定距离，时代较早的如徐州市凤凰山 M2[①] 等。铜镜位于头部棺外，与多数中型墓葬内发现的青玉璧位置较为接近。至西汉早期偏晚阶段，铜镜的位置多移至棺内，但仍位于头部之上，如江山汉墓男性

---

① 徐州市博物馆：《江苏徐州市凤凰山西汉墓的发掘》，《考古》2007 年第 4 期。

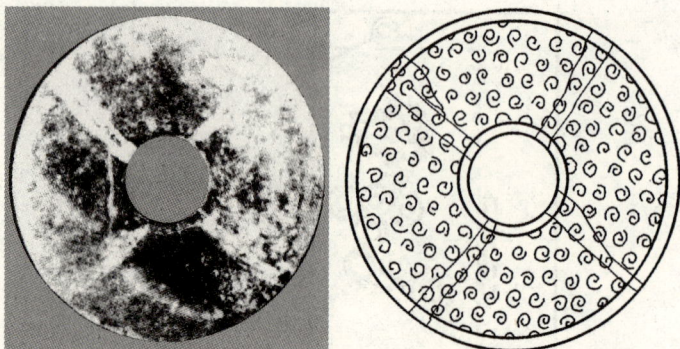

图 12　韩山西汉 M1 出土玉璧

墓主①、铜山县凤凰山 M2P1②等（参见图 13），与早期石椁画像石墓内的十字穿璧图案的位置相近，这些铜镜当与西汉中型墓葬内的玉璧有着相似的作用。同时，多数铜镜的纹饰及铭文亦与死者死后通天升仙的思想有关，纹饰如云纹、博局、仙人等；铭文如"千秋万岁，大乐富贵，得所好"、"尚方作镜真大好，上有仙人不知老，渴饮山泉饥食枣，浮游天下敖四海，寿如金石为国保"等，都反映出对吉祥和升仙的渴望。某种程度上，陪葬的铜镜与早期画像石中的十字穿璧（环）纹表现出相同的丧葬思想，都有对穿璧葬俗模仿的痕迹。

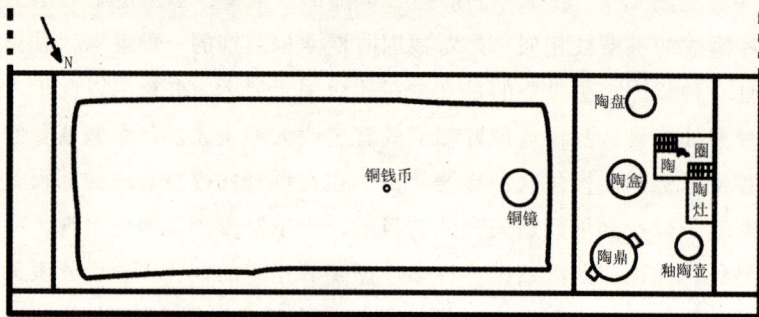

图 13　铜山县凤凰山 M2P1 器物分布图

① 江山秀：《江苏省铜山县江山西汉墓清理简报》，《文物资料丛刊》（第一辑），文物出版社 1977 年版，第 105—110 页。

② 徐州市博物馆：《江苏铜山县凤凰山西汉墓》，《考古》2004 年第 5 期。

二　徐州汉画像石墓、画像内容的发展与繁荣

从西汉中期至东汉初期是徐州汉画像石墓与画像内容的发展期。画像石墓出现之后不久逐渐被石椁墓吸收并推广，画像内容虽然较为原始，却已体现出较多的内涵，但通过与东汉时期较为成熟的画像石墓与画像内容相比较可知，其间经历了一个漫长的发展过程。

目前，徐州地区西汉中期偏早阶段至西汉晚期之前的画像石墓发现数量并不多，这说明画像石墓虽被一些阶层采用，但毕竟属于新生事物，还需一定的时间去被认可。对有一定身份地位的官吏和地主阶层来讲，修建画像石墓既不能达到显示地位的目的，并与较高等级墓葬使用的墓葬装饰形式差距较大，因此被排斥或不用。西汉中期的墓葬如琵琶山 M2 等仍采用西汉早期流行的在山体凿出二层台形成椁室的形式，而不用画像石①。但画像石墓并未停止发展，如墓山汉墓，为石椁墓，头挡板和侧板均出现了画像，画像内容虽仍以十字穿璧纹为主，但在穿璧纹间出现了铺首纹和三角形纹、直线带纹等几何图案，而且几幅画像的边框均以数条平行线组成②。画面构图布局对称，极为规整。在距离徐州较近的山东临沂、枣庄、滕州，安徽萧县、淮北等地亦有较多这一时期的画像石墓发现。西汉晚期至东汉初，特别是王莽时期，刘氏政权的衰败，社会经济的衰落，使得人们的丧葬思想也起了一定的变化，中下层官吏和地主阶层已无力来修建较深较大的石坑竖穴墓或洞室墓，而从某种方式上能更多地反映死者生前所居及死后理想并且修造相对开支较少的画像石墓葬开始大量涌现。这些墓葬虽仍为竖穴石椁，但多位于山坡，埋藏相对较浅，正是当时社会状况的间接反映，但这恰恰又为东汉时期画像石墓的发展繁荣开拓了道路。

西汉晚期至东汉初，徐州一带的画像石墓增多，内容亦呈现出多样化。不仅有萌芽期的两类图案，还在模仿中晚期大、中型墓葬内使用墓内建筑的基础上出现了建筑、人物等图案，如万寨汉墓③（参见图14）、沛

---

① 耿建军：《徐州琵琶山二号汉墓发掘简报》，《东南文化》1993 年第 1 期。
② 徐州市博物馆：《江苏徐州市清理五座汉画像石墓》，《考古》1996 年第 3 期。
③ 徐州市博物馆：《徐州汉画像石》，江苏美术出版社 1985 年版，第 6 页，附图 1。

图 14　万寨汉墓平、剖面图及相关画像

县栖山西汉墓①等。这些画像经过发展，至东汉时达到巅峰。早期画像石中反映死后升仙思想的十字穿璧图案逐渐变为十字穿环图案，东汉时亦由单一的穿环变成多个，还出现了二龙穿璧、多龙穿璧的图案，且在这一思想的影响下出现了神话、天文图像等；另外，反映生前现实生活的常青树则发展成生产、生活、建筑等，进而发展成东汉时期反映现实和追求更美好生活的图案。二者之间不断融合，思想寓意有较多相通之处，向人们展示出一幅幅美丽的画卷（参见表1）。

东汉是徐州汉画像石墓及画像内容的发展繁荣期。东汉政权建立之后，全国葬制基本统一，墓葬也大多为横穴式墓。政治上，东汉政府虽还采取分封制，但诸侯王权力很小，这样反而促进了地方地主庄园经济的发展，成

---

① 徐州市博物馆、沛县文化馆：《江苏沛县栖山汉画像石墓清理简报》，《考古学集刊》第2集，第106—112页。

表 1　徐州画像石画像发展简表

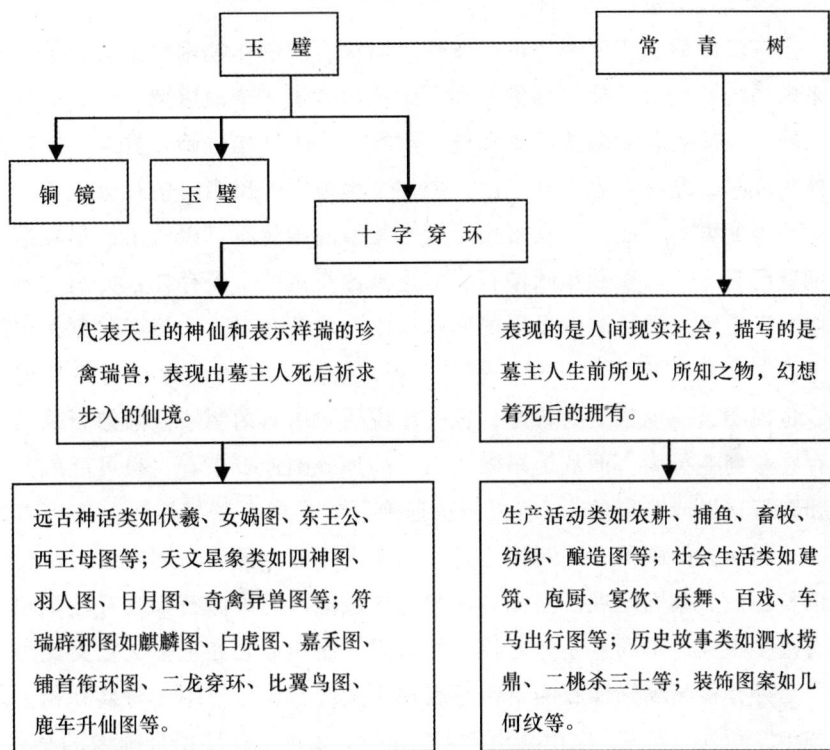

```
            ┌──────────┐                  ┌──────────────┐
            │   玉  璧  │──────────────────│   常  青  树   │
            └──────────┘                  └──────────────┘
         ┌──────┬──────┐                         │
         │      │      │                         │
   ┌────────┐ ┌──────┐ │                         │
   │  铜 镜  │ │ 玉 璧 │ │                         │
   └────────┘ └──────┘ │                         │
                 ┌──────────────┐                │
                 │  十 字 穿 环   │                │
                 └──────────────┘                │
```

代表天上的神仙和表示祥瑞的珍禽瑞兽，表现出墓主人死后祈求步入的仙境。	表现的是人间现实社会，描写的是墓主人生前所见、所知之物，幻想着死后的拥有。
远古神话类如伏羲、女娲图、东王公、西王母图等；天文星象类如四神图、羽人图、日月图、奇禽异兽图等；符瑞辟邪图如麒麟图、白虎图、嘉禾图、铺首衔环图、二龙穿环、比翼鸟图、鹿车升仙图等。	生产活动类如农耕、捕鱼、畜牧、纺织、酿造图等；社会生活类如建筑、庖厨、宴饮、乐舞、百戏、车马出行图等；历史故事类如泗水捞鼎、二桃杀三士等；装饰图案如几何纹等。

为画像石墓繁荣发展极为重要的促进因素。而儒学、谶纬及神仙方术等思想也随着东汉政权的稳固或得到进一步巩固，或逐步发展起来，加之生产技术的提高和为适应这一要求而发展起来的绘画、雕刻技术等的突飞猛进都促进了画像石的繁荣。另外，在西汉晚期画像内容已趋广泛，画像石墓表现出有条件更多更好地展现墓主所需，使得画像石墓被大多数人接受并使用，画像石墓开始步入繁荣发展的阶段。如铜山县汉王镇东沿村附近发现的两座东汉画像石墓，均为单室墓，可被视作石椁墓向石室墓过渡的产物[①]。这一时期墓内的画像内容较之西汉晚期丰富了许多，人物、神话故

① 徐州市博物馆：《徐州发现元和三年画像石》，《文物》1990 年第 9 期；王黎琳、李银德：《徐州发现东汉画像石》，《文物》1996 年第 4 期；王黎琳：《从纪年画像石墓谈徐州汉画像石分期》，见徐州市两汉文化研究会编《两汉文化研究》（第一辑），文化艺术出版社 1996 年版，第 185—192 页。

事、现实生活等的画面较多，布局上采用了竖向分割式的表现方法，边饰复杂，雕刻技法也已比较成熟。

至东汉晚期，庄园经济更加发达，画像石的制作技术也更为成熟，在原来发展的基础上，徐州画像石墓及画像内容步入全面繁荣，达到其发展的顶峰。具体表现为墓葬形制多样，规模变大，结构也趋于复杂，雕刻技法极为成熟，题材内容十分广泛，更加全面地反映出当时的社会生活、精神世界等的方方面面。从众多出土较为相似的画像石可以看出，早在东汉早期就已有专门从事制作画像石、修建画像石墓的工匠存在，如前文所举铜山县汉王镇东沿村附近发现的两座东汉画像石墓出土画像石的刻铭中即有工匠名、修建墓葬的开支，等等。东汉晚期，相关画像石刻铭发现较多，也说明这一现象更为普遍，进一步说明画像石的制造及画像石墓的修建存在着商业行为，而从山东微山出土的部分画像石来看，很可能就是从徐州附近定做或购买的[1]。若再与稍远地区的画像石墓相比较，亦可看出东汉徐州地区的画像石在制作工艺、画像内容等方面皆与周边地区在交流中取长补短，共同发展。因此，徐州与周边地区的画像石墓既有较多相似又有很多不同，不同点是地方特色的体现，而相似之处正是文化交流的结果。另外，徐州汉画像石的繁荣还表现在画像石大量使用于与墓葬相关的设施中，贾汪白集[2]、铜山县洪楼[3]、邳州占城[4]等地发现带画像的祠堂[5]即是证明。

三　徐州汉画像石墓的衰落

东汉末年，徐州汉画像石墓在繁荣之后开始走向衰落。以铜山县班井四号墓为例，后室东北角一立石上露在墓室部分的画像全部被磨平，而砌

---

①　杨建东等：《微山发掘汉画像石墓》，《中国文物报》1999 年 1 月 31 日第 2 版。

②　南京博物院：《徐州青山泉白集东汉画像石墓》，《考古》1981 年第 2 期。

③　王德庆：《江苏铜山东汉墓清理简报》，《考古通讯》1957 年第 4 期。

④　武利华：《徐州汉画像石祠堂和祠堂画像》，见徐州市两汉文化研究会编《两汉文化研究》（第三辑），文化艺术出版社 2004 年版，第 270—288 页。

⑤　徐州地区近年来还有较多祠堂画像石出土，详见郝利荣《徐州新发现的汉代石祠画像和墓室画像》，《四川文物》2008 年第 2 期。

在墙内的部分仍保留有画像①（参见图15）。该墓墓主为具有一定身份与地位的贵族或具有稍高官秩的官吏，与东汉晚期很多大型画像石墓的墓主接近，其对于画像石的摒弃或不用说明画像石对于某些人来讲已不重要，而这也证明画像石已走向衰落。

关于汉代画像石墓的衰落的具体表现，有学者将其概括为砖石混筑墓增多，部分墓葬被重新利用，画像内容重复，雕刻技法少有突破等，而导致其衰落的原因有画像石墓自身的原因，即程式化和难再求新，也有社会、政治原因，如东汉末年的黄巾起义和东汉末年军阀战争等，使得以制作画像石和修建墓葬为生的工匠们或颠沛流离或死于战争，一些人亦无能力修建画像石墓，加之谶纬思想的崩溃、魏晋清谈玄学的发展及曹魏政权实行薄葬等，画像石失去了继续生产的基础，从此一蹶不振②。徐州地区汉画像石墓的衰落在表现形式及原因等方面与全国其他地区有着许多共同之处，但也有较多自身的特点。就衰落而言，东汉末年的军阀战争对徐州画像石墓的冲击极大。由于战略地位重要，徐州成为相互争夺的焦点。《后汉书·陶谦传》载："初平四年，曹操击（陶）谦，破彭城傅阳。……过拔取虑、睢陵、夏丘，皆屠之。凡杀男女数十万，鸡犬无余，泗水为之不流，自是五县城堡，无复行

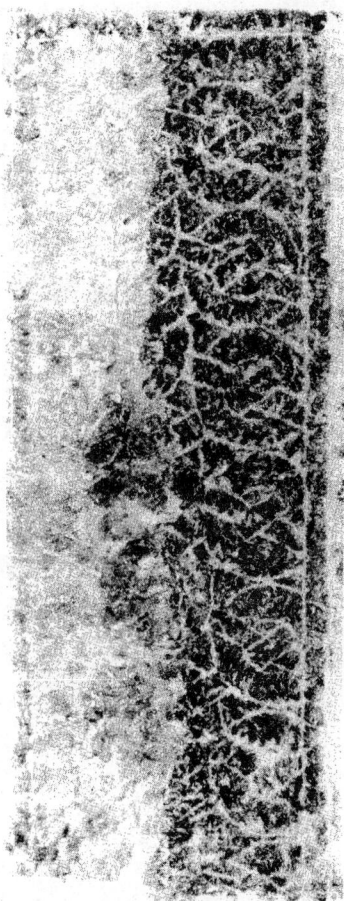

图15　铜山县班井 M4 后室
磨掉画像石拓片

---

①　徐州市博物馆：《江苏铜山县班井四号墓发掘简报》，《中原文物》2009 年第 3 期。

②　刘蕾：《试论汉画像石的衰落》，见徐州市两汉文化研究会编《两汉文化研究》（第三辑），文化艺术出版社 2004 年版，第 381—387 页。

迹。"《三国志·魏书·荀彧传》注引《曹瞒传》亦载："遇太祖（曹操）至（彭城），坑杀男女数万于泗水，水为不流。"后曹操"引军从泗南攻取虑、睢陵、夏丘诸县，皆屠之；鸡犬亦尽，墟邑无复行人"。战乱中的不稳定及战争之后萧条的经济状况等均使得人们已无力再去修建画像石墓，而简单易造的砖室墓逐渐流行开来。需要补充的是，东汉末至魏晋时期，盗墓之风盛行，也使得很多人不再修建画像石墓。画像石墓因使用大量石材而使得墓葬较为坚固，不易坍塌，加之埋藏较浅，形制上又为横穴式墓葬，从一处打破即可盗尽全墓。更甚者还有很多人稍加修葺或直接葬在被盗过的画像石墓葬中。目前，徐州地区已发现较多东汉末至魏晋时期对东汉画像石墓再利用的墓例，如大庙画像石墓①、贾汪佛山画像石墓②、邳州白山故子画像石墓③及新沂瓦窑画像石墓④等，这也应是很多人放弃使用画像石墓的一个原因。

综上所述，徐州地区的汉代画像石经历了萌芽、发展、繁荣和衰落等几个阶段，集中反映了我国汉画像石的发展历程，在其发展过程中，既与全国其他地区有着相似之处，同时还有着很多自身的特点。

　　本文是在《徐州地区早期汉画像石的产生及相关问题》一文的基础上修改扩充而成，该文发表在《中原文物》2008 年第 4 期，特此说明。

---

① 徐州市博物馆：《江苏大庙晋汉画像石墓》，《文物》2003 年第 4 期。
② 徐州市博物馆：《江苏徐州佛山画像石墓》，《文物》2006 年第 1 期。
③ 周保平：《徐州几座再葬汉画像石墓研究——兼谈汉画像石墓中的再葬现象》，《文物》1996 年第 7 期，文中认为该墓为画像石的再利用。墓葬资料见南京博物院、邳县文化馆《江苏邳县白山故子两座东汉画像石墓》，《文物》1986 年第 5 期。
④ 同上周文。墓葬资料见徐州市博物馆、新沂县图书馆《江苏新沂瓦窑汉画像石墓》，《考古》1985 年第 1 期。

拓跋鲜卑人骨和动物骨骼的稳定同位素分析

张国文

一 前言

拓跋鲜卑是我国历史上第一个入主中原、统一中国北方地区的少数民族。其在南迁汉地、建立政权的过程中，通过与中原地区汉族之间的碰撞、冲突与交流，逐渐改变了以游牧经济为主的生活方式而转向农耕经济，并借此与中原汉族融合为一体，成为中华民族的重要组成部分之一。显然，深入探讨拓跋鲜卑的生活方式及其转变，对于正确认识民族的融合以及中华民族的形成具有重要的意义。

我国浩如烟海的古籍中有关鲜卑的记载，为我们了解拓跋鲜卑的生业模式提供了极为重要的史料。早期的拓跋鲜卑，"畜牧迁徙，射猎为业"①以及"俗善骑射，弋猎禽兽为事。随水草放牧，居无常处。……食肉饮酪，以毛毳为衣"②，表明他们主要的经济类型为原始的畜牧兼射猎。拓跋鲜卑南迁匈奴故地之后，其生业模式基本未发生改变。如，《魏书·序纪》中就记载了诘汾"尝率数万骑田于山泽"的大规模的射猎活动。随着其南下进入中原，在与汉民族的接触中逐渐受到农耕经济的影响。例

---

① 魏收：《魏书·序纪》，中华书局 1974 年点校本；李延寿：《北史·魏本纪》，中华书局 1974 年点校本。

② 范晔：《后汉书·乌桓鲜卑列传》，中华书局 1974 年点校本。

如,《魏书·太祖纪》的记载:"登国初(公元 386 年),太祖散诸部落,息从课农","天兴元年(公元 389 年)春正月,徙山东六州来民及徙何、高丽杂夷三十六万,百工技巧十万余以充京师……二月给内徙新民耕牛,计口授田"。公元 398 年,定都平城(今大同)之后,"其外四方四维置八部帅以监之,劝课农桑,量校收入,以为殿最。又躬耕籍田率先百姓,自后比岁大熟……"以及《魏书·食货六》的记载:"(太和)九年(公元 485 年),下诏均给天下民田……"均集中体现了拓跋鲜卑经济模式的改变。

大量与拓跋鲜卑相关的考古遗址或遗迹(参见图 1)中发现的随葬品,为探讨拓跋鲜卑的生业模式提供了另一条重要的研究途径。内蒙古鄂伦春自治旗发现的拓跋鲜卑祖庙石室——嘎仙洞遗址(西汉早期)①,出土了大量狩猎工具以及野生动物骨骼,表明早期的拓跋鲜卑以狩猎为主②。黑龙江完工墓群(西汉晚期)出土的大量牛、马和狗的殉牲以及石镞等,显示出其仍以游猎畜牧为主③。而扎赉诺尔古墓群(东汉晚期),除随葬了大量牛、马和羊外,还发现大量的骨镞和动物牌饰以及多种形制的铁器如镞、环首刀、矛和马衔,表明其游猎畜牧经济较之前有了明显的发展④。由此可以看出,主要活跃在呼伦贝尔地区的早期拓跋鲜卑(公元前 1 世纪至公元 1 世纪末),以"畜牧迁徙射猎为业"⑤,而西迁至内蒙古草原后(公元 2 世纪初至下半叶),则集中在乌兰察布盟地区,如商都县东大井⑥、二兰虎沟⑦、三道湾⑧等。此时,随葬品也已发生了较大的改

---

① 米文平:《鲜卑石室的发现与初步研究》,《文物》1981 年第 2 期。

② 李泳集:《从考古发现看鲜卑族农业》,《农业考古》1991 年第 3 期。

③ 内蒙古文物工作队:《内蒙古陈巴尔虎旗完工墓清理简报》,《考古》1965 年第 6 期。

④ 郑隆:《扎赉诺尔古墓群》,《内蒙古文物资料选辑》,内蒙古人民出版社 1964 年版。

⑤ 内蒙古文物工作队:《内蒙古陈巴尔虎旗完工墓清理简报》,《考古》1965 年第 6 期。郑隆:《扎赉诺尔古墓群》,《内蒙古文物资料选辑》,内蒙古人民出版社 1964 年版。

⑥ 李兴盛、魏坚:《商都县东大井墓地》,《内蒙古地区鲜卑墓葬的发现与研究》,科学出版社 2004 年版,第 55—102 页。

⑦ 宿白:《东北、内蒙古地区的鲜卑遗迹——鲜卑遗迹辑录之一》,《文物》1977 年第 5 期。

⑧ 乌兰察布盟博物馆:《察右后旗三道湾墓地》,《内蒙古文物考古文集》,中国大百科全书出版社 1994 年版,第 407—433 页。

变，如三道湾墓地中的农业生产工具铁铲、商都县大库伦乡石豁子村[①]中的铁犁镜和铁犁铧以及兴和叭沟村墓地中明显增加的陶器，表明拓跋鲜卑的农业经济已初现端倪。定都平城后，在与汉民族日益接触及交流中，农业经济的因素得到了进一步增强，如大同南郊北魏墓地[②]不仅出土了大量的陶器，而且还发现了黍、枣、核桃、扁桃等作物。

游牧经济和农耕经济是两种不同的生业模式，"人食畜肉，饮其汁，衣其皮；畜食草饮水，随时转移"和"力耕桑以求衣食，筑城郭以自备"是两种生业模式的生动写照。需要指出的是，拓跋鲜卑在南迁过程中，汉民族的农耕文化究竟怎样影响了其游牧文化，而拓跋鲜卑又如何改变其生活方式，走向汉化之路等重要问题，始终是学术界关注的研究热点与前沿课题。

迄今为止，上述问题的探讨，主要依据文献资料的梳理和考古实物资料的分析，尚未见诸以下报道，即借助考古遗址出土人骨的 C、N 稳定同位素分析，揭示先民的食物结构、追踪先民生活方式的转变进而探讨农耕经济对游牧经济的影响。近年来，通过考古遗址中出土人骨的 C、N 稳定同位素分析，揭示先民食物结构的差异，为探讨农耕经济与游牧经济的内在差异、相互联系和影响提供了新的研究线索[③]。例如，董豫等通过对喇嘛洞遗址慕容鲜卑的古食谱分析，发现先民具有较低的 $\delta^{15}N$ 值（平均值 6.4‰），并且 C_4 类植物在食物中的比例高达 75.1%—95.5%，表明了农业在其食物来源中的重要地位，可见喇嘛洞遗址鲜卑生活方式已受到汉文化的强烈影响，由游猎为生转变为以农业生产为主。为此，本文拟开展内蒙古乌兰察布盟三道湾、叭沟村墓地以及大同南郊北魏墓群出土人骨和动物骨的 C、N 稳定同位素分析，揭示拓跋鲜卑南迁中原前的食物结构和经济模式，并与南迁至大同后先民的食物结构相比较，探讨拓跋鲜卑生业模

---

① 陈棠栋：《商都县出土窖藏铜器铁器考》，《内蒙古文物考古》1991 年第 1 期。

② 山西大学历史文化学院、山西省考古研究所、大同市博物馆：《大同南郊北魏墓群》，科学出版社 2006 年版，第 581—589 页。

③ 裴德明、胡耀武、杨益民、张全超、张国文、田建文、王昌燧：《山西乡宁内阳垣遗址先民食物结构分析》，《人类学学报》2008 年第 4 期；张国文、胡耀武、裴德明、宋国定、王昌燧：《大同南郊北魏墓群人骨的稳定同位素分析》，《南方文物》2011 年第 1 期；董豫、胡耀武、张全超、崔亚平、管理、王昌燧、万欣：《辽宁北票喇嘛洞遗址出土人骨稳定同位素分析》，《人类学学报》2007 年第 1 期。

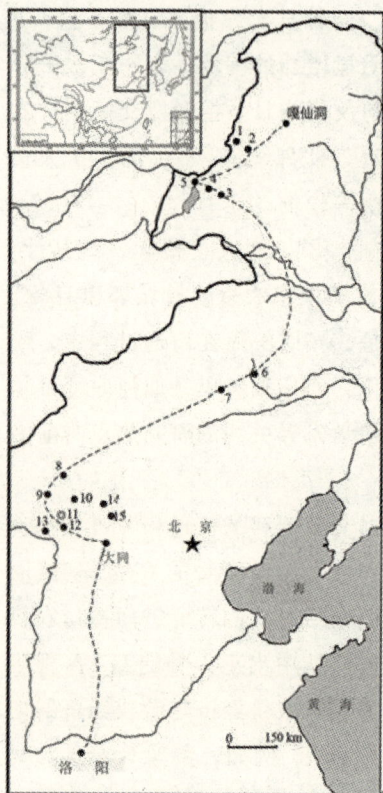

图1 拓跋鲜卑迁徙示意图

注：1. 拉布达林墓地；2. 七卡墓地；3. 团结墓地；4. 东乌珠尔墓地；5. 扎赉诺尔墓地；6. 南杨家营子墓地；7. 苏泗汰墓地；8. 盐池墓地；9. 砂凹地墓地；10. 七郎山墓地；11. 呼和浩特地区；12. 和林格尔地区；13. 包头地区；14. 三道湾墓地；15. 叭沟村墓地。

式的转变以及两种经济模式的相互影响。

二　材料与方法

（一）样品的选择

本文所取样品为：三道湾墓地人骨样品 6 个；叭沟村墓地人骨 12 个，兽骨（羊和马）2 个；大同南郊北魏墓群 1 至 4 期分别取样 2 个、10 个、18 个、12 个，所有样品均为保存状况良好的长骨。样品具体情况见表1。

（二）骨胶原的提取

利用手术刀和打磨机，去除样品上的褪色物质、皮质及骨髓，清除附在骨样表面的污染①。称取 2—3 克骨样，经去离子水浸泡后，置于超声波水浴中反复清洗，直至清洗液无色为止。取出样品，置于 0.5 摩尔的盐酸溶液中，4℃恒温条件下浸泡，每隔 3 天更换一次新鲜酸液，至无气泡产生、骨样酥软为止。再用去离子水将样品洗至中性，然后，置于 0.125 摩尔的氢氧化钠溶液中浸泡 20 小时后，洗至中性。加入 0.001 摩尔的盐酸（PH = 3），置于烘箱中，于 70℃下加热 48 小时后，趁热过滤，95℃蒸发浓缩。最后，冷冻干燥，收集明胶化的骨胶原。

---

① Mandy Jay and Michael P. Richards, Diet in the Iron Age Cemetery Population at Wetwang Slack, East Yorkshire, UK: Carbon and Nitrogen Stable Isotope Evidence. J *Archaeol Sci*, 2006, 33, pp. 653–662; Ambrose S. H. Preparation and Characterization Bone and Tooth Collagen for Stable Carbon and Nitrogen Isotope Analysis. J *Archaeol Sci*, 1990, 17, pp. 431–451.

（三）测试分析

骨胶原中 C、N 元素含量和 C、N 稳定同位素的测试分析在中国农业科学院农业环境与可持续发展研究所测试中心进行，测试仪器为配备 VARIO EL Ⅲ 元素分析仪的稳定同位素质谱仪（FinniganMAT Delta Plus）。同时选取部分样品至中国科学院化学研究所 Flash 1112 元素分析仪进行 C、N 含量平行校正。C、N 均以标定的钢瓶气为标准，即用 IAEA–N–1 标定氮钢瓶气（以空气为基准），用 USGS 24 标定碳钢瓶气（以 PDB 为基准）。C 同位素的分析精度为 0.1‰，N 同位素的分析精度为 0.2‰。C 同位素的分析结果以相对 PDB 的 $\delta^{13}C$ 表示，而 N 同位素的分析结果以相对 N_2（气态）的 $\delta^{15}N$ 表示，数据见表 1。

（四）数据的统计分析

应用美国 SPSS13.0 软件进行数据的统计分析，分析结果见表 1。

表 1　　　　　　　　　　　　样品信息及测试数据

墓葬编号	墓地	样品属性	分期	C 含量/%	N 含量/%	$\delta^{13}C$/‰	$\delta^{15}N$/‰	C/N 摩尔比
NSM7	三道湾	人骨	1	54.2	17.4	−15.5	12.3	3.6
NSM11	三道湾	人骨	1	48.2	16.8	−13.4	10.9	3.3
NSM109	三道湾	人骨	1	44.7	16.2	−15.3	14	3.2
NSM122	三道湾	人骨	1	45.3	17.0	−15.1	12.6	3.1
NSM103	三道湾	人骨	2	48.2	17.1	−14.3	12.4	3.3
NSM117	三道湾	人骨	2	48.1	16.9	−15	12.1	3.3
NBM2	叭沟村	人骨	无	45.6	16.4	−15	11.1	3.2
NBM3	叭沟村	人骨	无	49.5	17.5	−13	11.1	3.2
NBM4	叭沟村	人骨	无	44.2	16.3	−13.4	11.3	3.2
NBM5	叭沟村	人骨	无	50.8	17.1	−14.5	12.5	3.5
NBM6	叭沟村	人骨	无	45.9	16.3	−14.9	11.8	3.3
NBM7	叭沟村	人骨	无	48.3	16.3	−14.3	10.9	3.5
NBM8	叭沟村	人骨	无	52.8	16.3	−15.3	11.0	3.8
NBM10	叭沟村	人骨	无	45.8	16.8	−15.1	11.5	3.2
NBM11	叭沟村	人骨	无	47.9	16.8	−16.0	11.7	3.3
NBM12	叭沟村	人骨	无	48.3	17.1	−14.5	12.4	3.3

续表

墓葬编号	墓地	样品属性	分期	C含量/%	N含量/%	δ^{13}C/‰	δ^{15}N/‰	C/N摩尔比
NBM16	叭沟村	人骨	无	46.5	16.9	−15.4	11.6	3.2
NBM18	叭沟村	人骨	无	56.8	17.8	−14.8	12.1	3.7
NBM5	叭沟村	羊骨	无	49.2	17.0	−17.5	6.1	3.4
NBM8	叭沟村	马骨	无	50.8	16.4	−19.4	4.7	3.6
DTM24	大同	人骨	1	42.4	15.2	−10.4	9.2	3.3
DTM73	大同	人骨	1	42.4	15.2	−8.0	9.6	3.3
DTM45	大同	人骨	2	42.5	15.2	−9.4	10.0	3.3
DTM54	大同	人骨	2	42.5	15.3	−8.5	8.7	3.2
DTM63	大同	人骨	2	41.8	14.7	−9.1	8.3	3.3
DTM97	大同	人骨	2	44.7	16.1	−11.1	12.8	3.2
DTM197	大同	人骨	2	40.6	14.2	−15.4	12.1	3.3
DTM204	大同	人骨	2	42.4	15.2	−8.4	9.4	3.3
DTM206	大同	人骨	2	42.5	15.3	−8.5	8.6	3.2
DTM211	大同	人骨	2	40.5	13.8	−9.4	8.8	3.4
DTM230	大同	人骨	2	42.4	15.1	−10.0	9.3	3.3
DTM235	大同	人骨	2	42.3	15.2	−8.6	9.4	3.2
DTM3	大同	人骨	3	42.5	15.4	−8.9	10.2	3.2
DTM6	大同	人骨	3	44.0	15.8	−9.1	9.5	3.3
DTM8	大同	人骨	3	42.5	15.3	−10.4	10.3	3.2
DTM15	大同	人骨	3	43.4	15.5	−11.1	10.8	3.3
DTM42	大同	人骨	3	42.4	15.6	−8.3	9.0	3.2
DTM43	大同	人骨	3	43.2	16.0	−9.8	9.2	3.2
DTM46	大同	人骨	3	43.3	16.0	−17.0	10.6	3.2
DTM51	大同	人骨	3	43.1	16.0	−9.3	9.7	3.2
DTM57	大同	人骨	3	43.5	15.8	−9.3	9.7	3.2
DTM66	大同	人骨	3	42.6	15.6	−8.7	8.8	3.2
DTM95	大同	人骨	3	41.4	15.0	−8.2	8.6	3.2
DTM109	大同	人骨	3	42.9	15.9	−8.5	8.7	3.1

续表

墓葬编号	墓地	样品属性	分期	C 含量/%	N 含量/%	$\delta^{13}C$/‰	$\delta^{15}N$/‰	C/N摩尔比
DTM126 – a	大同	人骨	3	42.5	15.6	– 8.1	9.5	3.2
DTM126 – b	大同	人骨	3	42.7	15.5	– 8.6	8.6	3.2
DTM128	大同	人骨	3	38.8	14.1	– 8.7	10.1	3.2
DTM150	大同	人骨	3	42.3	15.5	– 9.8	10.6	3.2
DTM157	大同	人骨	3	42.1	15.4	– 10.0	10.2	3.2
DTM216	大同	人骨	3	42.1	15.4	– 9.5	8.9	3.2
DTM36	大同	人骨	4	42.7	15.7	– 9.5	10.6	3.2
DTM40	大同	人骨	4	42.5	15.5	– 9.4	10.0	3.2
DTM48	大同	人骨	4	41.4	15.0	– 8.7	10.8	3.2
DTM53	大同	人骨	4	42.6	15.6	– 8.0	10.1	3.2
DTM83	大同	人骨	4	42.5	15.6	– 15.8	11.5	3.2
DTM84	大同	人骨	4	42.8	15.8	– 8.7	9.4	3.2
DTM85	大同	人骨	4	42.5	15.6	– 9.5	11.4	3.2
DTM87	大同	人骨	4	42.8	15.7	– 10.2	9.7	3.2
DTM121	大同	人骨	4	42.3	15.6	– 9.1	10.2	3.2
DTM137	大同	人骨	4	39.4	14.5	– 8.5	8.4	3.2
DTM151	大同	人骨	4	42.5	15.6	– 8.2	9.0	3.2
DTM181	大同	人骨	4	42.5	15.6	– 7.7	10.0	3.2

三　结果与讨论

（一）污染样品的辨别

人体死亡被掩埋后，其埋藏环境中的诸如湿度、温度以及微生物等因素，将会破坏骨骼原有的组织结构和化学成分，使之被污染，此即骨的成岩作用[①]。因此，辨别污染的样品并将其剔除，是利用 C、N 稳定同位素分析先民食物结构的基础和前提。

[①]　胡耀武、王昌燧、左健等：《古人类骨中羟磷灰石的 XRD 和喇曼光谱分析》，《生物物理学报》2001 年第 4 期；De Niro M. J. , Post-mortem Preservation of Alteration Of in Vivo Bone Collagen Isotope Ratios in Relation to Palaeodietary Reconstruction. *Nature*, 1985, 317, pp. 806 – 809.

骨胶原中的 C、N 含量，是衡量骨胶原是否污染的指标之一。与现代骨胶原中 C（41%）和 N 含量（15%）相较[1]，表 1 中样品 C 含量平均值为 44.4±3.5%，N 含量的平均值为 15.8±0.8%，差别不大。然而，判断骨胶原是否受到污染的最重要指标，当属其 C/N 摩尔比值。DeNiro 等[2]认为，C/N 摩尔比值在 2.9—3.6 之间的骨胶原，可基本视为未污染。由表 1 可见，除样品 NBM8 和 NBM18 外，其他样品的 C/N 比值全部介于 2.9—3.6 之间，其平均值为 3.3±0.13%，表明这些样品中的骨胶原基本保存完好，可用作以下分析。

（二）三道湾和叭沟村墓地动物和先民的稳定同位素分析

一般认为，C_3 和 C_4 植物的 $\delta^{13}C$ 平均值分别为 -26.5‰ 和 -12.5‰[3]，在食物被动物吸收并转变为骨胶原的过程中，其 $\delta^{13}C$ 约富集 5‰[4]。因此，以 C_3 植物为食的动物，其骨胶原的 $\delta^{13}C$ 值应为 -21.5‰ 左右。食草类动物羊和马，其 $\delta^{13}C$ 值分别为 -17.5‰ 和 -19.4‰，表明这两种动物主要以 C_3 类植物为食，且羊食物中还包含了一定量的 C_4 类植物。所有人骨样品的 $\delta^{13}C$ 值均落于 -16.0‰— -13.0‰ 范围内，平均值为 -14.7±0.82‰，表明总体上先民的食物中兼具 C_3 类和 C_4 类。

与 C 同位素不同，N 同位素在营养级间存在明显的分馏，即食草类动物骨胶原的 $\delta^{15}N$ 值，比其食物（植物）富集 3‰—5‰，而食肉类动物又比食草类动物富集 3‰—5‰[5]。羊和马的 $\delta^{15}N$ 值分别为 6.1‰ 和 4.7‰，落于食草类动物的 $\delta^{15}N$ 值范围（3‰—7‰）内[6]。先民的 $\delta^{15}N$ 值分布在

① Ambrose S. H., Butler B. M., Hanson D. H., et al., Stable Isotopic Analysis of Human Diet in the Marianas Archipelago, Western Pacific. *Am J Phys Anthropol*, 1997, 104, pp. 343 –361.

② De Niro M. J., Post-mortem Preservation of Alteration of in Vivo Bone Collagen Isotope Ratios in Relation to Palaeodietary Reconstruction. *Nature*, 1985, 317, pp. 806 –809.

③ Van der Merwe N. J., Carbon Isotopes, Photosysthesis and Archaeology. *Am Scientist*, 1982, 70, pp. 596 –606.

④ De Niro M. J., Epstein S., Influence of Diet on the Distribution of Carbon Isotopes in Animals. *Geochim Cosmochim Acta*, 1978, 42, pp. 495 –506.

⑤ H. Bocherens, D. Drucker, Trophic Level Isotopic Enrichment of Carbon and Nitrogen in Bone Collagen: Case Studies from Recent and Ancient Terrestrial Ecosystems. *International Journal of Osteoarchaeology*, 2003, 13, pp. 46 –53; Robert E. M. Hedges, Linda M. Reynard, Nitrogen Isotopes and the Trophic Level of Humans in Archaeology. *J Archaeol Sci*, 2007, 34, pp. 1240 –1251.

⑥ Ambrose S. H. and Katzenberg M. A., *Biogeochemical Approaches to Paleodietary Analysis*. New York: Kluwer Academic/Plenum Publisher, 2000.

10.9‰—14.0‰之间，其平均值为 12.0 ± 0.9‰，表明先民的食物结构中动物蛋白占据主要的地位。

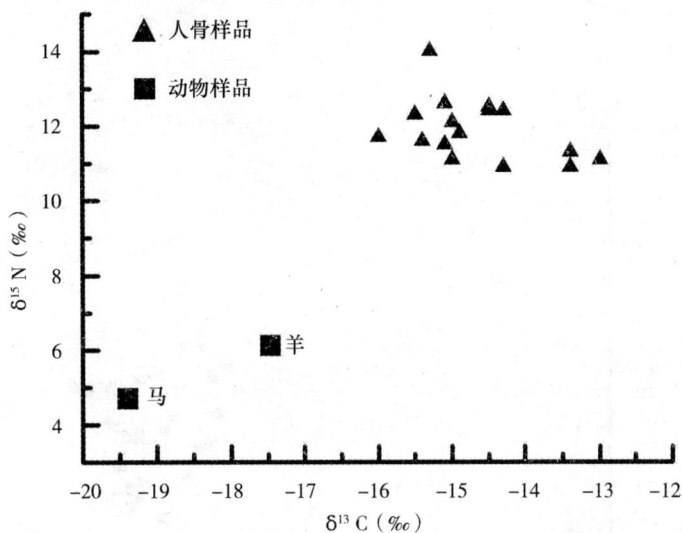

图2　内蒙古三道湾和叭沟村墓地骨样的 $\delta^{13}C$（‰）和 $\delta^{15}N$（‰）值散点图

如图2所示，人与羊和马的 $\delta^{15}N$ 值差距较大，先民人骨 $\delta^{15}N$ 平均值（12.0 ± 0.9‰）与食草类动物（羊和马）的平均 $\delta^{15}N$ 值（5.4‰）差异达 6.6‰ ± 0.9‰，高于 N 同位素沿营养级上升的分馏值，表明先民在食物链中的营养级很高，进一步显示出先民的食物中包含了大量的动物类资源，暗示着畜牧经济在其经济生活中占据着很重要的地位。三道湾墓地中出土的马纹饰牌、鹿纹饰牌、驼形饰牌等具有浓厚游牧民族特征的随葬品，恰与稳定同位素分析结果相互佐证。如图2所示，人与羊和马的 $\delta^{13}C$ 值较为接近。并且，叭沟村墓地人骨 $\delta^{13}C$ 平均值（−15.2 ± 1.7‰）与羊的 $\delta^{13}C$ 值（−17.5‰）差异（2.3 ± 1.7‰）小于其与马 $\delta^{13}C$ 值（−19.4‰）的差异（4.2 ± 1.7‰），表明人与羊的 $\delta^{13}C$ 值更为接近，揭示出先民的动物蛋白很可能来源于羊的贡献。三道湾墓地的殉牲大多为羊（头骨），也充分证实了这一点。

（三）大同南郊墓群先民的稳定同位素分析

大同南郊墓群所有人骨 $\delta^{13}C$ 与 $\delta^{15}N$ 值的散点图，如图3所示。与其他样品相比，编号为 DTM46、DTM97、DTM197、DTM83 的四具个体，均表现出异常的 δ^{13}C 与 δ^{15}N 值。故此，在以下的分析讨论中，暂不包括以上四个样品。

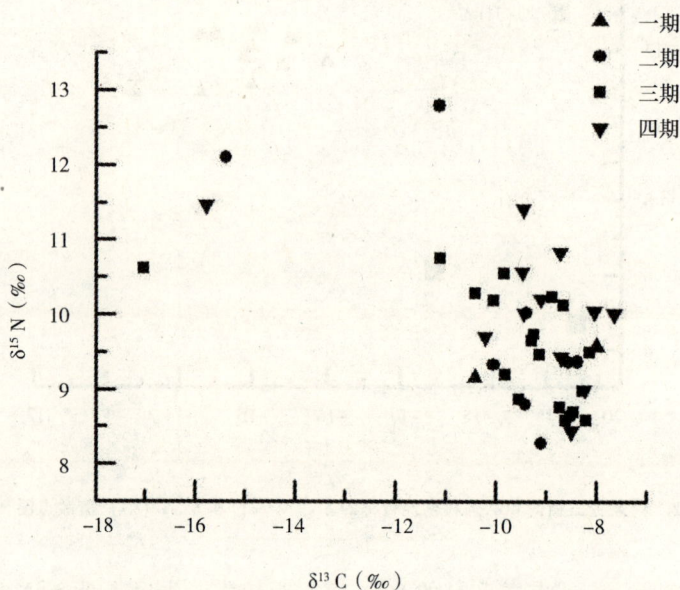

图 3　大同南郊北魏墓群人骨的 δ^{13}C （‰） 和 δ^{15}N （‰） 值散点图

　　除四个异常个体外，所有样品的 δ^{13}C 值均落于 −11.1‰—−7.7‰范围，平均值为 −9.1±0.9‰，表明先民食谱中以 C_4 类食物为主。此外，若按照简单的二元混合模型[①]，即以 −26.5‰ 作为 C_3 类的平均值，以 −12.5‰ 作为 C_4 类的平均值，而 C 同位素从食物至骨胶原约富集 5‰，在不考虑 C 同位素在营养级间的分馏效应（0.5‰—1‰，常忽略不计）的情况下，可以得知，C_4 类食物在先民食谱中的所占比例为 74.3%—99%，平均值为 88.9±5.7%。样品的 δ^{15}N 值分布在 8.3‰—11.5‰之间，分布比较分散，表明先民食物中在肉食资源的获取上存在较为明显的差异。其中，δ^{15}N 值小于 9‰的有 11 个样品，占样品总量的 26.7%，而大于或等

---

① 张雪莲、王金霞、冼自强等：《古人类食物结构研究》，《考古》2003 年第 2 期。

于9‰的有31个样品，占样品总量的73.3%。此外，样品 $\delta^{15}N$ 平均值为
9.6±0.8‰，表明先民的食物结构，主要以肉食为主。

　　早在8000年以前，我国北方地区即出现了粟作农业，包括粟、黍
（C_4类植物）等。仰韶文化（6000年以前）以降，粟作农业得到很大的
发展，成为中原地区主要的粮食来源。已有的研究表明，以粟作农业为主
的先民，其骨胶原通常具有较低的 $\delta^{15}N$ 值，例如，仰韶文化时期陕西姜
寨遗址，其 $\delta^{13}C$、$\delta^{15}N$ 平均值分别为 -10.0±1.0‰和8.8±0.4‰[1]；同
时期的陕西史家遗址，其 $\delta^{13}C$、$\delta^{15}N$ 平均值分别为 -10.0±0.7‰和
8.1±0.5‰[2]；5000年前的青海宗日遗址，$\delta^{13}C$、$\delta^{15}N$ 平均值分别为
-10.1±1.1‰和8.3±0.4‰[3]；距今3300多年的河南殷墟，可视为典型
的粟作农业区，其 $\delta^{15}N$ 值最低，为5.9‰[4]。而以游牧为主的先民，其 $\delta^{15}N$
N值普遍较高，如内蒙古和林格尔东周墓地，其 $\delta^{13}C$、$\delta^{15}N$ 平均值分别
为 -11.6‰、10.3‰[5]；新疆焉不拉克墓地，其 $\delta^{13}C$、$\delta^{15}N$ 平均值分别为
-14.6‰和13.5‰[6]。故此，有理由认为，一方面，大同墓群出土了不少
黍类实物，其人骨的C同位素也明显呈现 C_4 类特征，反映了拓跋鲜卑受
到汉族农耕经济的影响，已经从事粟作农业，而另一方面，其骨胶原的高
$\delta^{15}N$ 值，则表明粟作农业对先民食物的贡献尚不占主导地位，先民的生活
方式仍主要以游牧为主。该墓群中出现的大量棺前设奠与殉牲（其墓葬
数量占全部墓葬的89.4%），以及许多棺木上的狩猎、野宴图彩绘等[7]，
也佐证了上述观点。

　　样品DTM197、DTM46和DTM83分属于第二、三、四期，与其他

①　Pechenkina E. A., Ambrose S. H., Ma X. L., et al., Reconstructing Northern Chinese Neo-lithic Subsistence Practices by Isotopic Analysis. *Journal of Archaeological Science*, 2005, 32, pp. 1176 – 1189.

②　同①。

③　崔亚平、胡耀武、陈洪海等：《宗日遗址人骨的稳定同位素分析》，《第四纪研究》2006年第4期。

④　张雪莲、王金霞、冼自强等：《古人类食物结构研究》，《考古》2003年第2期。

⑤　张全超、朱泓、胡耀武、李玉中、曹建恩：《内蒙古和林格尔县新店子墓地古代居民的食谱分析》，《文物》2006年第1期。

⑥　张雪莲、王金霞、冼自强等：《古人类食物结构研究》，《考古》2003年第2期。

⑦　山西大学历史文化学院、山西省考古研究所、大同市博物馆：《大同南郊北魏墓群》，科学出版社2006年版，第318页。

样品相比，其 $\delta^{13}C$ 值差异明显，且 $\delta^{15}N$ 值也相对较高，分别为 12.1‰、10.6‰和11.5‰，表明它们具有迥异的食物结构。通常，以淡水食物为生的人类，较以陆生食物为主的人类，其骨胶原具有更低的 $\delta^{13}C$ 值和更高的 $\delta^{15}N$ 值[1]，故此，我们相信，上述三个样品主要以渔业为生。至于样品DTM97，其C同位素（-11.1‰），虽明显表现出以 C_4 类食物的特征，但其最高的N同位素比值（12.8‰），则表明其营养级更高，其食物中肉食资源更为丰富。当然，也不能排除该个体来自干旱地区的可能性，这主要是由于干旱地区N的新陈代谢异常造成N同位素发生较大分馏所致[2]。

考古资料显示，以上样品的随葬品，与其他墓葬无明显区别，表明此批墓群的社会等级基本相当，因而，以社会等级不同为由已不足以解释以上样品的同位素比值差异。这些具有异常同位素比值的样品，可能的解释是，他们非当地居民，而是从其他地区迁徙至此的移民。文献资料显示，北魏从盛京迁平城，再迁都洛阳，定都之后仍有大量的人口迁徙活动[3]。如《魏书》卷二《太祖纪》云："天兴元年（公元398年）春正月，……徙山东六州民吏及徒何、高丽杂夷三十六万，百工伎巧十余万，以充京师。"此外，本墓群出土器物中不少是中原地区的传统物品，也有大量盛乐地区墓葬的器物型式。故此，文献资料、考古资料以及稳定同位素分析结果，皆证实当时先民的迁徙活动较为频繁。

大同墓地样品分布于四个时期，分析先民骨胶原 $\delta^{13}C$ 和 $\delta^{15}N$ 值在此四个时期的变化，可望进一步追踪先民食物结构的变化、探索农耕对其生活方式影响的过程。一期到四期，$\delta^{13}C$ 的平均值依次为 -9.2±1.7‰、-9.8±2.1‰、-9.6±2.0‰、-9.4±2.1‰，SPSS中的方差分析表明（0.96>0.05），一期到四期 $\delta^{13}C$ 值无明显的变化。虽然，$\delta^{15}N$ 值从一期到四期呈增长趋势（从一期到四期 $\delta^{15}N$ 值分别为 9.4±0.3‰，9.7±

---

① Michael P. Richards, Paul B. Pettitt, Mary C. Stiner, Erik Trinkaus, Stable Isotope Evidence for Increasing Dietary Breadth in the European Mid-Upper Paleolithic. *National Academy of Sciences*, 2001, 98 (11), pp. 6528 – 6532.

② Stanley H. Ambrose, Effects of Diet, Climate and Physiology on Nitrogen Isotope Abundances in Terrestrial Foodwebs. *Journal of Archaeological Science*, 1991, 18, pp. 293 – 317.

③ 逯耀东:《从平城到洛阳——拓跋魏文化转变的历程》，中华书局 2006 年版，第23页。

1.5‰, 9.6 ± 0.8‰, 10.1 ± 0.9‰), 但方差分析 (0.57 > 0.05) 则显示, $\delta^{15}N$ 值的变化并不显著。先民的 $\delta^{13}C$ 和 $\delta^{15}N$ 值, 在一至四期内均无明显变化, 表明先民的食物结构在较长时间内一直保持不变, 即主要以游牧为生, 这反映了拓跋鲜卑在南迁过程中, 尽管受到汉民族农耕文化的影响, 但主体上仍然保持其原有的生活方式。

大量文献显示[1], 北魏时期游牧经济仍然在社会生产中占据主要地位, 即使是汉化之后, 拓跋鲜卑仍然不同程度地保留了其原有的生活模式。北魏统一黄河流域后, 政权趋于稳定, 统治者也逐渐开始恢复国内经济, 游牧经济得到了很大的发展。另外, 对外掠夺战争, 也是其游牧经济获得发展的重要原因。例如, 太祖拓跋珪天兴元年 (公元 399 年) 二月, 大破高车, 掠获牲畜近二百万; 拓跋焘在公元 429 年北征蠕蠕, 连带征伐高车, "获马牛羊亦百万余", 仅高车一部的贡献就使得国家 "马及牛羊遂至于贱"[2], 此外拓跋焘还征占了西北, 拥有了河西牧区[3]。随着北魏对北方游牧民族的逐渐征伐和兼并, 得到了大量的牲畜补充, 到了太和年间, 平城地区的物质文化发展到了鼎盛时期。

拓跋鲜卑的食物结构分析表明, 尽管拓跋鲜卑在南迁过程中, 受汉族农耕经济的影响, 业已从事粟作农业, 但原有的生活方式——游牧经济, 依然占非常重要地位。这反映了拓跋鲜卑的汉化之路并非 "一帆风顺", 游牧经济始终处于较为重要地位, 从而限制和延缓了农耕经济的发展。

北魏内部拓跋贵族曾经长期对农耕经济抵制, 一度想恢复 "祖制"。公元 450 年, 即统一北方后的第十年[4], 北魏统治集团仍带着浓厚的游牧社会口吻, 声称 "国人本着皮套, 何用绵帛"。拓跋焘征服高车后, "上谷民上书, 言苑囿过度, 民无田业, 乞减太半, 以赐

---

① 《魏书》卷三十五《崔浩传》; 卷一百一《食货志》; 卷二《太祖纪》; 卷三《太宗纪》, 中华书局 1974 年点校本。

② 《魏书》卷一百零三《高车传》, 中华书局 1974 年点校本。

③ 《魏书》卷三十五《崔浩传》; 卷一百一《食货志》; 卷二《太祖纪》; 卷三《太宗纪》, 中华书局 1974 年点校本。

④ 张维训:《论鲜卑拓跋族由游牧社会走向农业社会的历史转变》,《中国社会经济史研究》1985 年第 3 期。

贫人"[1]。这些资料进一步证明，拓跋鲜卑坚持其游牧民族的传统而抵制农耕经济的发展和推广。反观鲜卑的另外一支——慕容鲜卑，则在与汉族的交流中，迅速摒弃了原有的游牧经济而采用了农耕经济，在较短时间内即较为彻底地汉化，实现了民族间的有机融合。例如，辽宁北票喇嘛洞遗址，是一处典型的慕容鲜卑遗存，其年代正处于民族融合的初级阶段。该遗址人骨的 C、N 同位素比值平均值依次为 - 9.7 ± 0.8‰和 6.4 ± 0.9‰，表明先民基本为素食，反映了当时农业相当发达，已经取代游猎而成为主要的食物来源[2]。

（四）拓跋鲜卑食物结构及生业模式的变化

乌盟地区的三道湾和叭沟村墓地以及大同南郊北魏墓地，分属南迁至中原前后的拓跋鲜卑遗存，分析它们的食物结构演变，可望进一步了解先民经济模式变化的情况。三道湾和叭沟村墓地，同属拓跋鲜卑南迁中原之前的墓地，其人骨 $\delta^{13}C$ 和 $\delta^{15}N$ 的值并无显著性差异（t - 检验：$\delta^{13}C$ 值，P = 0.141 > 0.05；$\delta^{15}N$ 值，P = 0.074 > 0.05）。

三道湾和叭沟村墓地以及大同南郊北魏墓地人骨 $\delta^{13}C$ 和 $\delta^{15}N$ 值的箱式图，如图 4、图 5 所示。

如图 4 所示，三道湾和叭沟村与大同南郊北魏墓地人骨的 $\delta^{13}C$ 平均值分别为 - 14.7 ± 0.8‰和 - 9.1 ± 0.9‰，t - 检验结果表明，乌盟地区拓跋鲜卑三道湾和叭沟村墓地的 $\delta^{13}C$ 值与大同南郊墓地差异显著（P = 0.001 < 0.05），表明拓跋鲜卑从迁居乌盟地区至定都平城（今大同）后，这段时间内其食物结构发生了明显的变化，即先民食物来源由兼有 C_3、C_4 类转变为以 C_4 类为主。

如图 5 所示，相对于大同南郊北魏墓地拓跋先民 $\delta^{15}N$ 为 9.6 ± 0.8‰的平均值，三道湾和叭沟村墓地拓跋先民的平均值高达 11.9 ± 0.8‰，t - 检验结果表明其 $\delta^{15}N$ 值明显高于前者（P = 0.001 < 0.05），表明大同墓群拓跋先民食物结构中肉食的摄入量相对于乌盟地区拓跋先民明显减少！

---

① 张维训：《论鲜卑拓跋族由游牧社会走向农业社会的历史转变》，《中国社会经济史研究》1985 年第 3 期。

② 董豫、胡耀武、张全超、崔亚平、管理、王昌燧、万欣：《辽宁北票喇嘛洞遗址出土人骨稳定同位素分析》，《人类学学报》2007 年第 1 期。

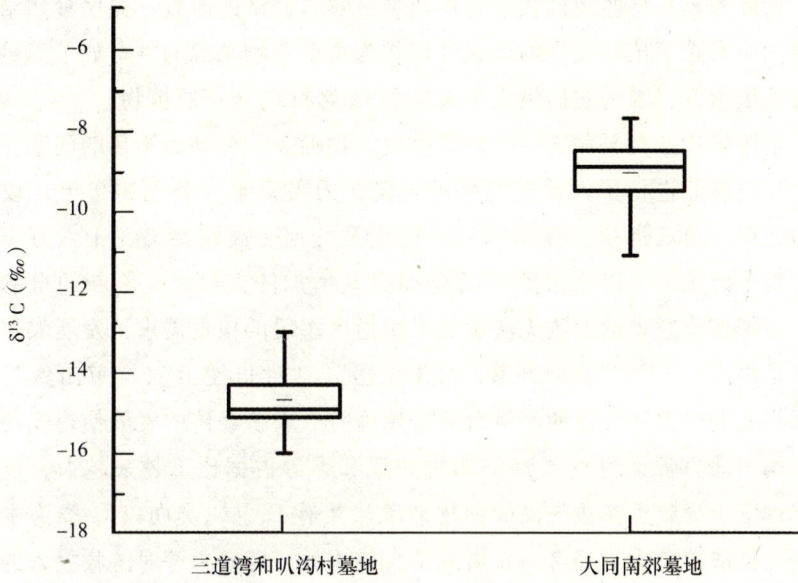

图 4　拓跋鲜卑墓地 δ^{13}C（‰）值分布

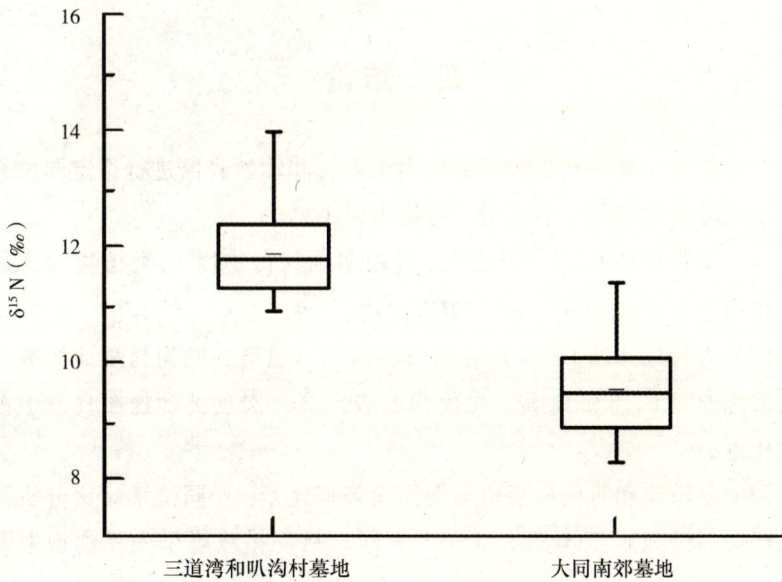

图 5　拓跋鲜卑墓地 δ^{15}N（‰）值分布

　　拓跋鲜卑在乌盟地区从事着伴随少量农耕经济的游牧，先民食物结构中碳同位素除了植物类食物贡献外，作为主要食物来源的牲畜如羊等是很重要的供给源，因为它们摄入了大量的 C_3 类和 C_4 类草原植物。

　　拓跋鲜卑迁都平城之后，为了解决人烟稀少，劳动力不足的问题，北魏政权向雁北进行了大规模的移民。仅在天兴元年（公元 389 年）攻破中山之后，道武帝就"徙山东六州民吏及徒何、高丽杂夷三十六万，百工技巧十万余口，以充京师"[①]。然而日益增加的人口以及不断的自然灾害，使得拓跋鲜卑的游牧无法满足平城地区军民的粮食需求，发展农耕经济才是出路。于是"离散部落，分土定居"、"计口授田"、"解田禁"等一系列有利于农耕发展的经济政策开始施行。农耕经济的发展使得先民食物结构中北方常见的 C_4 类经济作物如粟和黍等占据比重越来越大，这也一定程度上导致了拓跋先民的食物来源从兼有 C_3、C_4 类向以 C_4 类为主的转变。拓跋鲜卑农耕经济的发展除了会使土地、劳动力等对游牧投入的适量减少外，也使得他们的饮食习惯改变了对游牧的完全依赖，这就一定程度上影响了拓跋先民对肉食资源的摄取比列。这也不难理解大同南郊北魏墓地人骨 $\delta^{15}N$ 值远低于三道湾和叭沟村墓地人骨 $\delta^{15}N$ 值。

四　结论

　　对内蒙古三道湾和叭沟村墓地出土人骨和动物骨骼进行稳定同位素分析，结合考古学和历史学资料，可得出以下结论。

　　（1）动物样品 C、N 同位素分析表明，其食物以 C_3 类植物为主，其 $\delta^{15}N$ 值落于食草类动物的 $\delta^{15}N$ 值范围内；

　　（2）人骨样品的 C、N 同位素分析表明三道湾和叭沟村墓地拓跋先民食物来源兼具 C_3 类和 C_4 类，先民营养级较高，肉食类食物在食谱中占据较大比重；

　　（3）三道湾和叭沟村墓地与大同南郊墓地 C、N 同位素对比分析，表明从迁居乌盟地区至定都平城（今大同）后，拓跋鲜卑先民食物来源由

---

　　① 董豫、胡耀武、张全超、崔亚平、管理、王昌燧、万欣：《辽宁北票喇嘛洞遗址出土人骨稳定同位素分析》，《人类学学报》2007 年第 1 期。

兼有 C_3、C_4 类转变为以 C_4 类植物为主；先民食物结构中肉食的摄入量也明显减少。

　　然而，需要指出的是，我们目前的研究工作选取的遗址点以及时间段，尚未完全涵盖其迁徙路线，需要更多不同历史时期和地域的拓跋鲜卑先民古食谱研究的补充，通过对相同历史时期、地域的拓跋先民与汉民族、随葬动物的稳定同位素横向对比分析，以及不同历史时期、地域拓跋先民的食物结构以及经济状况的纵向对比分析，相信以后的这些深入分析可以更为全面地帮助我们了解拓跋鲜卑经济模式的转型及其与汉民族的融合。

　　致谢：本文研究获得中国科学院知识创新工程（批准号：KJCX3. SYW. N12)、国家自然科学基金（批准号：40702003)、中国科学院—德国马普学会伙伴小组项目、中科院规划局项目（批准号：KACX1 – YW – 0830）共同资助；在考古资料调研方面得到了中国人民大学历史学院魏坚教授的热心指导，以及大同博物馆曹臣明馆长的大力支持，在此一并表示感谢！

　　附记：原文载于《南方文物》2011 年第 1 期和《边疆考古研究》第 10 辑。

中国出土高丽青瓷的再研究

刘　毅

高丽青瓷是一个很有特色的瓷器品种，因原产于高丽时期的朝鲜半岛而被称为"高丽青瓷"。关于中国境内已知出土与传世高丽青瓷的概况、高丽青瓷与宋元瓷器的关系等问题，笔者曾先后撰写过《中国发现的"高丽青瓷"研究》（载《中原文物》2001 年第 3 期）、《浑源窑镶嵌青瓷与朝鲜半岛相关瓷器品种比较研究》（载《中国历史文物》2004 年第 6 期）、《集宁路窖藏出土鳌形砚滴与高丽瓷断代》（载《中国古陶瓷研究》第十一辑，紫禁城出版社 2005 年版）等文章进行专门的分析研究。本文在上述三文部分内容的基础上进行补充和修订，谨以此纪念南开大学考古学与博物馆学系创办 50 周年、恢复创办 30 周年。

一　中国发现的高丽青瓷

和唐宋元时期各种瓷器大量运销朝鲜半岛相比，运销到中原的高丽青瓷为数较少。因此，中国境内的高丽青瓷，无论是传世品还是考古发掘品，数量都不是很多，但其中却不乏精品。历年来在宋金元遗址、墓葬和窖藏中发现高丽瓷器的地点相对比较集中，主要分布在南北两大区域范围内，南方集中于杭州、宁波、扬州等江浙地区，北方则集中发现于河北北部、北京、内蒙古东部、东北三省等地区。兹分区按发现时间先后述之：

1. 南方（江浙）地区

高丽青瓷在江浙地区有比较多的发现，特别多见于浙江杭州和宁波，此外还有江苏扬州等地。

　　1967 年，杭州半山钢铁厂宋墓出土高丽青釉刻花花口碗 2 件，其中 1 件完整，1 件已残，现藏浙江省博物馆。其造型特点是：敞口，六出花口，内壁微凸起六条筋线，与花口相对，刻折枝牡丹纹（见图 1）；口径 18.5 厘米、底径 6.4 厘米、高 5.9 厘米，底足施满釉，留有 3 个支钉痕迹，这种装烧方法具有典型的高丽青瓷特征。该墓出土有绍兴十九年（1149 年）字铭的"建宁军节度使之印"铜印，墓葬年代因而定为南宋早期，推测墓主可能是高宗生母韦太后之侄韦谦[①]。冯先铭先生认为这 2 件碗的制作时间在铜印年代后不久，"约在十二世纪中期"[②]。韩国国立中央博物馆收藏 1 件造型和装饰都与此碗相似的器物，口径 19.2 厘米、高 6.1 厘米（见图 2），时代定为 12 世纪前半段[③]。

　　1982 年，杭州市环湖路安装下水管道时出土过青釉象嵌菊花莲纹高足杯，柄部已残缺，造型具有典型的元代特征（见图 3），时代定为 14 世纪前半期[④]。

　　2004 年，杭州市文物考古所在南宋恭圣仁烈杨皇后宅遗址 T1 水池中发现了 14 件高丽青瓷标本，皆为残片（见图 4），可辨识器型有盘、炉、瓶、罐等，还有一些看不出器型的标本，釉色青绿或淡青；装饰技法有划花、象嵌等[⑤]。

---

　　① 浙江省文物管理委员会：《浙江省杭州钢铁厂宋墓概况》，《浙江省文物考古研究所学刊》第七辑，杭州出版社 2005 年版。按，杭州半山钢铁厂宋墓清理发掘资料正式公布比较晚，此墓出土的高丽青瓷碗先见于相关文章披露，依公开发表年代的先后，主要有：耿宝昌《闲话朝鲜高丽青瓷》，载《博物馆研究》1985 年第 3 期；冯先铭《中国出土朝鲜、伊朗古代陶瓷》，载《冯先铭中国古陶瓷论文集》，紫禁城出版社、两木出版社（香港）1987 年版，第 329—330 页；冯先铭《泰国、朝鲜出土的中国陶瓷》，载《古陶瓷鉴真》，北京燕山出版社 1996 年版，第 317 页；林士民《青瓷与越窑》，上海古籍出版社 1999 年版，第 294 页；沈琼华《高丽青瓷探源》，载《浙江省文物考古研究所学刊》第 5 辑（2002 越窑国际学术讨论会专辑），杭州出版社 2002 年版；马争鸣《杭州出土的高丽青瓷》，载《东方博物》总第 29 辑，2008 年 12 月。

　　② 冯先铭：《中国出土朝鲜、伊朗古代陶瓷》，载《冯先铭中国古陶瓷论文集》，紫禁城出版社、两木出版社（香港）1987 年版，第 330 页。

　　③ ［韩］崔淳雨等：《韩国之美：青磁》，《中央日报·季刊美术》，汉城 1977 年版，第 236 页，图版 18。

　　④ 冯先铭：《中国出土朝鲜、伊朗古代陶瓷》，载《冯先铭中国古陶瓷论文集》图版十一 2，紫禁城出版社、两木出版社（香港）1987 年版，第 330 页；冯先铭：《泰国、朝鲜出土的中国陶瓷》，载《古陶瓷鉴真》，北京燕山出版社 1996 年版，第 317 页。

　　⑤ 杭州市文物考古所：《南宋恭圣仁烈皇后宅遗址》，文物出版社 2008 年版，第 34—35 页。

图1 杭州半山钢铁厂宋墓出土青釉刻花花口碗（引自《冯先铭中国古陶瓷论文集》）

图2 韩国国立中央博物馆收藏青釉刻花花口碗（引自［韩］崔淳雨等《韩国之美：青磁》）

图3　杭州环湖路出土青釉象嵌菊花莲纹高足杯（引自《冯先铭中国古陶瓷论文集》）

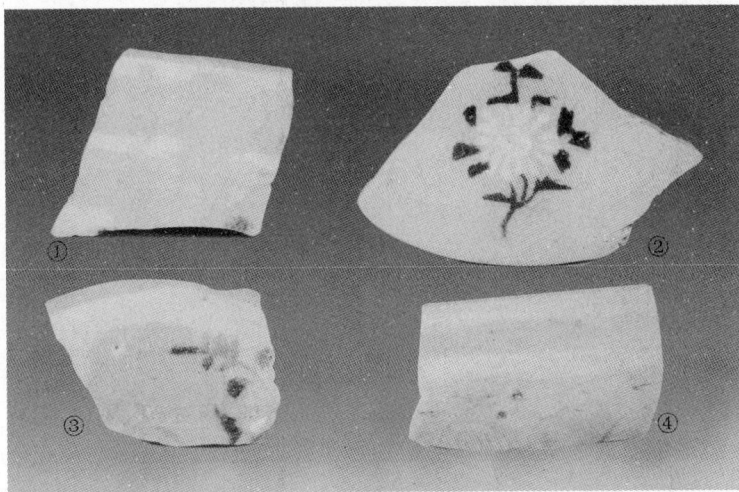

图4　南宋恭圣仁烈杨皇后宅遗址出土高丽青瓷残片（引自《南宋恭圣仁烈皇后宅遗址》）

　　南宋临安城其他一些不同性质的遗址中也发现过高丽青瓷的碎片，据耿宝昌先生介绍，西湖边曾经出土过象嵌黑白花的盏托残器①。在距南宋皇宫和修内司官窑遗址均不远的杭州卷烟厂工地中也发现过不少高丽青瓷

①　耿宝昌：《闲话朝鲜高丽青瓷》，《博物馆研究》1985年第3期。

残片①，见诸披露的私人收藏有 70 余片，装饰手法十分丰富，而且不乏精品，其中还有比较罕见的象嵌婴戏图案的梅瓶（见图 5），持有者根据有粘釉等次品存在的现象，认为它们是杭州官窑所生产的仿制品②。但从已经公布的图像资料来看，除个别存疑外，绝大部分应该还是高丽青瓷。

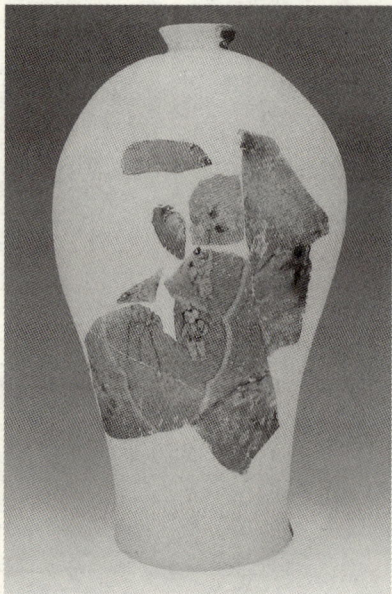

图 5　杭州象嵌婴戏图案的梅瓶（引自马亦超《南宋杭州修内司官窑研究》）

杭州地区是高丽青瓷发现的集中地，除见诸正式披露外，近些年还有不少标本散佚于民间，其中颇有精品。

宁波是江浙地区另外一个多有高丽青瓷出土的城市。

1993 年，宁波东渡路元代遗址层中出土了高丽象嵌卷草纹残瓶和象嵌飞蝶纹罐，釉色粉青，象嵌图案部分为黑白两色③。

① 马争鸣：《青翠靓丽话青瓷》，《收藏家》总第 66 期，2002 年 4 月；马争鸣：《镶嵌青瓷的无穷魅力》，《收藏家》总第 80 期，2003 年 6 月；马亦超：《南宋杭州修内司官窑研究》，中国美术学院出版社 2006 年版，图版 223—236；马争鸣：《杭州出土的高丽青瓷》，《东方博物》总第 29 辑，2008 年 12 月。

② 马亦超：《南宋杭州修内司官窑研究》，中国美术学院出版社 2006 年版，第 10 页。

③ 丁友甫：《试谈宁波出土的高丽嵌镶青瓷》，《浙东文化》1995 年第 1 期。

20 世纪 90 年代末，宁波月湖东岸的宝奎巷发现并清理了北宋"高丽馆"遗址，发现有高丽青瓷残片，伴出"政和通宝"①。宁波高丽馆始建于宋徽宗政和七年（1117 年），南宋绍兴五年（1135 年）改为郡酒务，淳熙十年（1183 年）再改为越王史浩乐寿府之"宝奎精舍"。明州高丽馆存在不足 20 年，其变迁见于《宝庆四明志》等地方史志记载，因而这批高丽青瓷的年代是比较确定的。

此外，宁波城区还有很多地点发现过高丽青瓷，如东渡路宋元市舶司遗址、药行街"境清禅寺"遗址、"天一广场"工地等②，其中宋元市舶司遗址中出土过 1 件青釉盒盖，直径 10 厘米，盖面象嵌出六角形边际线，间以菊花纹，中央圆形开光内为两人相扑，其中一人左手握住对方左腕，对手已被打倒在地（见图 6）。黑白两色象嵌，纹样十分精美生动。

20 世纪 50 年代，江苏吴江同里镇出土过 1 件高丽青釉象嵌黑白柳竹纹梅瓶，口径 3.5 厘米、底径 11.8 厘米、高 28.5 厘米。肩、胫部象嵌覆、仰莲瓣，腹部象嵌柳树、竹枝、梅花等，其年代定为 13—14 世纪（见图 7）③。

图 6　宁波宋元市舶司遗址出土青釉象嵌盒盖（引自朱勇伟等《宁波古陶瓷拾遗》）

①　林士民等：《浙江宁波月湖历史文化景区考古发掘获重要收获》，《浙东文化》1999 年第 1 期。
②　朱勇伟等：《宁波古陶瓷拾遗》，宁波出版社 2007 年版，第 104—108 页。从公布的图片来看，有些标本可能不是高丽青瓷。
③　张柏主编：《中国出土瓷器全集》7（江苏·上海），科学出版社 2008 年版，第 145 页。

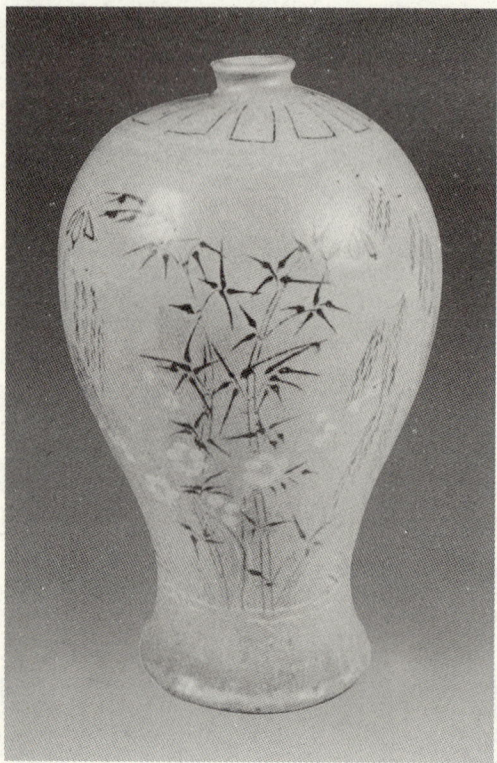

图7　江苏吴江同里镇出土高丽青瓷象嵌梅竹纹梅瓶（引自《中国出土瓷器全集》7）

1951 年，南京牛首山出土 1 件高丽青釉象嵌黑白彩梅瓶，口径 5 厘米、底径 11 厘米、高 30.5 厘米。肩、胫部象嵌覆、仰莲瓣，腹部象嵌荷花、柳枝，时代定为 13—14 世纪（见图 8）①。

1960 年，与江浙区域毗邻的安徽滁县宋墓中出土过 1 件青釉黑白象嵌云龙纹罐，口径 9.5 厘米、足径 9.3 厘米、高 23 厘米，小口、丰肩、收底，黑白二色象嵌图案，肩部为牡丹纹、腹部为龙纹、胫部为变形莲瓣纹（见图 9）。该罐现收藏于安徽省博物馆，其年代定为公元 12 世纪末②，冯先铭先生认为它是高丽康津窑（窑址在今韩国全罗南道康津郡大口面等处）的产品③。

---

① 析柏主编：《中国出土瓷器全集》7（江苏·上海），科学出版社 2008 年版，第 146 页。
② 安徽省博物馆编：《安徽省博物馆藏瓷》，文物出版社 2002 年版，图版八十九，第 107 页。
③ 冯先铭：《泰国、朝鲜出土的中国陶瓷》，载《古陶瓷鉴真》，北京燕山出版社 1996 年版，第 317 页。

图8 江苏南京牛首山出土高丽青瓷象嵌荷柳纹梅瓶（引自《中国出土瓷器全集》7）

图9 滁州宋墓出土青釉象嵌云龙纹罐（本文作者拍摄）

　　江苏扬州发现高丽青瓷也相对比较多。1983 年，扬州三元路工地出土过青釉象嵌瓷器残片 10 余块，图案为菊花莲纹等，黑白二色，都是碗类的残器（见图 10）①。稍后，还发现过杯、瓶等其他器型的残片②。1999 年扬州淮海路元代遗址中发现过高丽青瓷钵；汶河路新华中学基建工地等处发现了相当于宋元时期的高丽青瓷碗、盒等标本③。

图 10　扬州三元路出土青釉象嵌碗残片（引自《冯先铭中国古陶瓷论文集》）

2. 北方地区

20 世纪 60 年代后期，北京元大都遗址中出土过青釉象嵌碗的残片 2 块，其中 1 件为黑白二色云鹤纹。元大都遗址出土瓷片的年代都认定在 14 世纪中期以后，"因此镶嵌云鹤纹的高丽青瓷可能延续时间较长，十三、十四世纪都有此纹饰"④。

1980 年，北京丰台区王佐乡米粮屯发现金朝乌古伦家族墓葬，其中大定二十四年（1184 年）自涞州迁葬的金紫光禄大夫乌古伦窝伦墓中出

①　冯先铭：《中国出土朝鲜、伊朗古代陶瓷》，载《冯先铭中国古陶瓷论文集》，紫禁城出版社、两木出版社（香港）1987 年版，第 330 页，图版十一 3。

②　顾风：《古陶瓷与扬州城》，见扬州博物馆等编《扬州古陶瓷》，文物出版社 1996 年版，第 19 页，附图 5。

③　陈杰：《宋元时期东北亚海上交流的考古学观察》，《北方文物》2008 年第 1 期。

④　冯先铭：《中国出土朝鲜、伊朗古代陶瓷》，载《冯先铭中国古陶瓷论文集》，紫禁城出版社、两木出版社（香港）1987 年版，第 329—330 页。

土过高丽青釉素面葫芦形浅青灰色釉执壶1件（见图11），小口有盖，长流，曲形柄，釉呈浅青绿色，底部不施釉，有三组砂粒支烧的痕迹。发掘者最初认为是河南临汝（今汝州）窑产品[1]，耿宝昌先生、冯先铭先生先后认定它是高丽青瓷[2]；也有研究者认为这件执壶可能是金代耀州的产品[3]。这是一件可以确定年代不晚于12世纪后期的高丽青瓷。高丽时期这种葫芦形执壶并不少见，但大多传世品都有刻划花或象嵌等图案装饰，素面者不多，其年代应该略早一些。

图11　金乌古伦窝伦墓出土青釉执壶（引自《冯先铭中国古陶瓷论文集》）

　　1994年，河北石家庄市后太保村元代史氏墓群1号墓（发掘者推断墓主为元初中书右丞史天泽）中出土了1件青釉象嵌梅瓶，高46厘米，

　　① 北京市文物工作队：《北京金墓发掘简报》，《北京文物与考古》1983年第1辑；北京市文物考古研究所：《十年来北京考古的新成果》，文物编辑委员会：《文物考古工作十年1979—1989》，文物出版社1990年版，第11页。
　　② 耿宝昌：《闲话朝鲜高丽青瓷》，《博物馆研究》1985年第3期；冯先铭：《中国出土朝鲜、伊朗古代陶瓷》，载《冯先铭中国古陶瓷论文集》，紫禁城出版社、两木出版社（香港）1987年版，第330页，图版十1。
　　③ 彭善国：《宋元时期中国与朝鲜半岛的瓷器交流》，《中原文物》2001年第2期。

饰花叶、云鹤图案①。最初的发掘简报并未说明此件梅瓶是高丽青瓷，但从它的器型和图案上可以明白地确认产自高丽（见图 12），与之相似或相同的器物及标本在韩国多有发现。

图 12　元史天泽墓出土青釉象嵌云鹤纹梅瓶
（引自《珍瓷赏真——河北省文物研究所藏瓷选介》）

　　内蒙古自治区敖汉旗玛尼罕乡五十家子元宁昌路遗址中出土过 1 件高丽青瓷高足杯，口径 11.2 厘米、通高 8.6 厘米，内壁象嵌仙鹤朵云纹，外壁象嵌花卉纹（见图 13）。年代相当于元②。

---

　　① 河北省文物研究所：《石家庄市后太保元代史氏墓群发掘简报》，《文物》1996 年第 9 期；河北省文物研究所：《石家庄后太保村史氏墓群发掘简报》，《河北省考古文集》，东方出版社 1998 年版；河北省文物研究所：《珍瓷赏真——河北省文物研究所藏瓷选介》，科学出版社 2007 年版，第 108、155 页。
　　② 邵国田：《敖汉文物精华》，内蒙古文化出版社 2004 年版，第 193 页。

图 13　内蒙古元宁昌路遗址出土高丽青瓷高足杯（引自《敖汉文物精华》）

　　2003 年内蒙古元代集宁路故城遗址的窖藏中出土 1 件鳌形砚滴，整体作卧鳌形，象生瓷，通体施粉青釉，眼珠嵌黑色。长 10.5 厘米、高 7.3 厘米（见图 14）①。

　　1956 年，辽宁沈阳小南门元墓中出过两件象嵌高丽青瓷，其中一件是碗，敞口、弧腹，底有三个支钉痕，内壁象嵌荔枝纹、外壁象嵌菊花纹（见图 15）；另一件为八边形小盘，外壁象嵌菊花纹②。

　　1964 年辽阳县兰家乡石灰窑村出土青釉象嵌菊花卷草纹枕 1 件，呈束腰形，象嵌折枝菊花、团菊、卷草等图案，长 17.4 厘米、宽 11.4 厘米、高 10（束腰处高 9）厘米，枕一侧有 4 个支烧痕迹，推断时代为高丽中期③。

　　①　内蒙古自治区文物考古研究所：《内蒙古集宁路古城遗址出土瓷器》，文物出版社 2004 年版，第 17 页，图版五十八。
　　②　戴鸿文：《高丽青瓷及其真伪鉴定举要》，《收藏家》1999 年第 4 期；马争鸣：《杭州出土的高丽青瓷》，《东方博物》总第 29 辑，2008 年 12 月。
　　③　丁丽：《辽阳出土的高丽青瓷》，《辽海文物学刊》1994 年第 2 期。

图 14　集宁路窖藏出土青釉鳌形砚滴（引自《内蒙古集宁路古城遗址出土瓷器》）

图 15　辽宁沈阳小南门元墓出土象嵌高丽青瓷碗（引自《收藏家》1999 年第 4 期）

1971 年辽阳市北园 5 号墓出土青釉象嵌菊花纹盒 1 件，盖面平、直壁，浅圈足、底部有 3 个支烧痕迹。内外施青釉，盒面象嵌三朵白色菊花，外环以相同图案一周，盒盖、身壁均象嵌几何图案；口径 8.3 厘米、底径 5 厘米、通高 3.5 厘米。推断时代为高丽中晚期①。

1972 年辽阳市北园 6 号墓出土青灰色釉象嵌菊花纹钵 1 件，敛口、深腹、圈足，底部有 3 个支烧痕迹。内壁无纹饰，外壁口沿为几何纹一周，腹部为三个折枝菊花。口径 8.6 厘米、底径 4 厘米、高 5.5 厘米。推断时代为高丽中晚期②。

1976 年辽阳市庞夹河时代为金末元初的 1 号墓中出土了 1 件青釉象嵌草莓（引者按，应为荔枝）纹碗，口微敛，腹斜直内收、圈足底部有 3 个支烧痕迹。内壁象嵌折枝荔枝纹，外壁为折枝菊花、卷草等图案；口径 19 厘米、底径 6.9 厘米、高 9 厘米。推断时代为高丽中晚期③。

此外，在辽宁朝阳出土过高丽青釉尖底小杯（马上杯），义县出土过高丽青釉小龙柄杯，皆为元墓中出土④。

1989 年，黑龙江哈尔滨市郊水田村元代窖藏中出土 1 件高丽青瓷碗，敞口、斜弧腹，圈足内有三个支钉痕迹，内外壁象嵌葵花纹，釉色青绿⑤。

1998 年天津保税区海关查获了一批走私文物，其中包括高丽青瓷 40 余件⑥，从包装推断，这批东西应该是来自我国东北地区，但具体来源不详。造型主要是碗，此外还有洗、杯、瓶等，装饰技法有象嵌、刻花、划花，还有无纹饰的纯青釉瓷。其中象嵌图案有云鹤纹、柳燕纹、云凤纹、凤戏花纹、秋菊石榴纹、水草纹、菊花纹、卷草纹、花果纹、龟纹等；黑、白两种色调，刻划花装饰的纹样主要是莲瓣纹，另有少量的鹦鹉纹等。

在上述南北两个区域范围以外发现高丽青瓷的地点不多，而且大都是少量器物或标本的个别出现。

20 世纪 80 年代以来，山东半岛东端的蓬莱、长岛、福山等地曾经多次发现高丽、朝鲜时期的瓷器⑦。2005 年，山东省蓬莱市发现的 3 号沉船中出

---

① 丁丽：《辽阳出土的高丽青瓷》，《辽海文物学刊》1994 年第 2 期。

② 同上。

③ 同上。

④ 2005 年 8 月 12 日辽宁省出入境鉴定站张桂莲女士告知。

⑤ 田华等：《黑龙江哈尔滨市郊发现元代瓷器窖藏》，《考古》1999 年第 5 期。

⑥ 这次查获的一部分高丽青瓷著录于《国宝辉煌》编辑委员会编辑的《国宝辉煌》（图录），中华人民共和国天津海关印行，2003 年。另见赵旻《天津海关移交 8691 件查扣文物》，《文物天地》2004 年第 3 期。

⑦ 袁晓春：《蓬莱发现高丽青瓷》，《文物天地》2006 年第 5 期。

土有高丽青瓷碗,该船主要使用于元代,明初废弃。在该船第 6 隔舱板北部下发现 1 件"粉青沙瓷"碗,敞口、直腹、小圈足较平,青釉,内壁象嵌莲花、波浪纹等,口径 10.2 厘米、底径 4.3 厘米、高 3.9 厘米①(见图16)。另外,在 3 号船西侧扰土层中还采集到 1 件"粉青沙瓷"碗,敞口外撇、腹微鼓、小圈足较平,青釉,内壁象嵌小圆圈、波浪纹等,口径 18.7 厘米、底径 5.2 厘米、高 8.1 厘米②。从器物造型和装饰特征来看,这两件东西应该是朝鲜早期"粉青沙器"中品种之一的"粉青沙器象嵌"③,为公元 15 世纪的作品,已经不属于高丽青瓷范畴。这些沉船中发现的高丽—朝鲜瓷器,直接证明了它们是贸易品,而且是来自海路的事实④。

图16　山东蓬莱沉船出土"粉青沙瓷"碗（引自《蓬莱古船》）

① 山东省文物考古研究所等:《蓬莱古船》,文物出版社 2006 年版,第 54 页,彩版四○1—3。
② 同上书,第 64 页,彩版四九3—4。
③ "粉青沙器象嵌"是朝鲜王朝前期主要瓷器品种"粉青沙器"之一种,其基本特征是:通体装饰象嵌图案,外罩灰绿或青灰色釉,图样有兼用黑、白两色和纯用白色两种,常见花卉纹,动物图案多见鱼纹,还有带状辅助性图案。"粉青沙器象嵌"与高丽象嵌青瓷在工艺上没有太大的差别,只是胎、釉、图案等大多比较粗糙,可参阅拙文《朝鲜时期的"粉青沙器"初探》,载《中国古陶瓷研究》第十四辑,紫禁城出版社 2008 年版。
④ 袁晓春等:《对山东蓬莱发现高丽青瓷的思索》,《东疆学刊》第 23 卷第 3 期,2006 年 7 月。

　　河南地区也有少量的高丽青瓷发现，部分出土的象嵌青瓷标本散佚于民间，尚未见正式发表。另外，广西桂林出土的1件青釉雕莲花瓣纹碗的残器也被认为是高丽青瓷①，其详情尚有待进一步分析研究。

　　中国大陆地区收藏高丽青瓷的博物馆主要有故宫博物院、上海博物馆、南京博物院、辽宁省博物馆、吉林博物院、旅顺博物馆、宁波博物馆、广东省博物馆等。其中故宫博物院收藏的相当于宋代的高丽青瓷有壶、枕、碗、洗、碟等造型②；上海博物馆收藏古代朝鲜半岛瓷器共30余件，半数以上为青瓷③。

　　南京博物院收藏有两件高丽青瓷，是抗战胜利后接收自汪伪政府的"和平博物馆"，其中一件为梅瓶，高30.5厘米、最大腹径18厘米，造型特点是小口、短颈、丰肩、浅凹足，腹部黑白两色象嵌荷花垂柳纹，肩、胫部饰变型仰覆莲瓣，通体施灰青釉。另外一件为玉壶春瓶，高37厘米、最大腹径18厘米，造型特点是撇口、细颈、鼓腹、浅圈足，由颈至腹刻6条瓜棱纹，其间黑白两色象嵌花朵纹，通体施灰青釉。根据朝鲜中央历史博物馆的相近似藏品，这两件器物的介绍者判定它们的年代为11—12世纪④。

　　扬州文物商店收藏1件传世高丽青瓷象嵌云鹤纹胆瓶，口径4.8厘米、底径6厘米、高10厘米，直口、长颈，腹部渐丰呈胆形，卧足，内有三个支钉痕迹。口下象嵌小花瓣一周，腹部圆形开光内象嵌云鹤图案（见图17），年代相当于元⑤。

　　台北故宫博物院收藏有1件高丽象嵌云鹤纹青瓷碗，口径16.4厘米、底径4.2厘米、高6.4厘米，内壁白色象嵌折枝花果，内底象嵌宝相花，外壁则黑白两色象嵌云鹤、团花等图案（见图18）。这是台北故宫博物院收藏唯一的1件高丽青瓷，时代定为12世纪后半期至13世纪早期⑥。

---

①　戴鸿文：《高丽青瓷及其真伪鉴定举要》，《收藏家》1999年第4期。
②　耿宝昌：《闲话朝鲜高丽青瓷》，《博物馆研究》1985年第3期。
③　陆明华：《略谈上海博物馆所藏高丽瓷》，《文物》1988年第6期。
④　程晓中等：《两件高丽青瓷》，《文物天地》1989年第3期。
⑤　扬州博物馆等编：《扬州古陶瓷》，文物出版社1996年版，图110，第166页。
⑥　林柏亭主编：《大观——北宋汝窑特展》，"国立"故宫博物院（台北），2006年，图31，第141页。

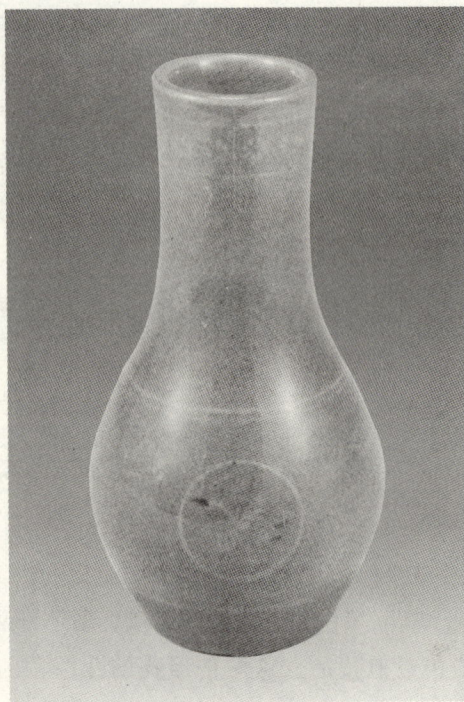

图 17 扬州文物商店藏高丽青瓷象嵌云鹤纹胆瓶（引自《扬州古陶瓷》）

图 18 台北故宫博物院藏高丽象嵌云鹤纹青瓷碗（引自《大观——北宋汝窑特展》）

二　中国出土高丽青瓷的时空范围分析

从上揭诸项发现来看，中国境内出土高丽青瓷的年代认定，基本上都集中在南宋、金和元这个时段范围内，相当于高丽王朝的中晚期。其出土区域主要集中在江浙和北方地区，南方比较集中发现的地点之一杭州是南宋的都城（行都临安），也是当时中国的经济、文化中心。杭州几批可考具体出土地点的高丽青瓷，包括半山钢铁厂宋墓、恭圣仁烈皇后宅遗址、卷烟厂工地等，都显示出使用者的身份比较高，甚至直接与宫廷有关。这也从侧面印证了南宋太平老人的《袖中锦》一书中对于高丽青瓷的评价："监书、内酒、端砚、洛阳花、建州茶、蜀锦、定磁、浙漆、吴纸、晋铜、西马、东绢、契丹鞍、西夏剑、高丽秘色、兴化军子鱼、福州荔枝、温州桂、临江黄雀、江阴河豚、金山咸豉、简寂观苦笋、东华门把鲊京兵、福建出秀才、大江以南大夫、江西湖外长老、京师美人皆为天下第一；他处虽效之终不及"①；高丽青瓷精品同样为盛产青瓷的南宋所重。

宁波，当时地名为明州，是宋元时期重要的对外贸易港口。宁波出土的高丽青瓷大多与使节往来、港口贸易有关，据南宋《宝庆四明志》记载，高丽国贸易品的"粗色"类货物中有"青器"一类②；而元代所修《至正四明志》在"市舶货物"细色类货物中也有"高丽青器"、"高丽铜器"③。南宋时有不少宁波等地的商人乘季风至高丽贸易，"中国贾人至其地，风候逆，或二三岁不可返，因室焉。返则禁其妻若子不

---

① （宋）太平老人：《袖中锦》第 1 页，《四库全书存目丛书》本子部第 101 册，据江西省图书馆藏涵芬楼影印清道光十一年六安晃氏木活字《学海类编》本影印，齐鲁书社 1995 年版，第 385 页。

② （宋）方万里等：《宝庆四明志》卷六，"叙赋下·市舶"，据清咸丰四年《宋元四明六志本》之宝庆三年胡榘修本影印，见《宋元方志丛刊》第 5 册，中华书局 1990 年版，第 5057 页。

③ （元）王厚孙等：《至正四明志》卷五，"土产·市舶货物"，据清咸丰四年《宋元四明六志本》之王元恭修本影印，见《宋元方志丛刊》第 7 册，中华书局 1990 年版，第 6503 页。

得从，再至有室如初"①。出于经济利益考虑，这些商人不会空船而归，他们带回中国的贸易品中也应该有高丽青瓷。

出土高丽青瓷的北方诸地虽然涉及几个省区，但实际上也可以连成一个大的区域范围。这片区域中多见高丽青瓷一是因为地缘相近，更重要的是因为这里是金元两朝的统治中心，有些高丽青瓷是作为贡品或礼品而出现的，也有些地点出土的高丽瓷器是与贸易有关的，如蓬莱（登州）是北方主要的海外贸易港口，而集宁路、宁昌路则是北方草原丝绸之路上的重要中转站。或许是地缘相近的缘故，东北地区出土高丽青瓷的金元墓葬墓主身份并不都显赫，瓷器的质量总体上也不如杭州、宁波地区；而金元都城及其附近的乌古伦窝伦墓、史天泽墓等高级官员墓葬中随葬的高丽青瓷，品质则比较好。

三　关于中国出土高丽青瓷的研究

中国内地学者对于高丽青瓷的研究起步较晚，始于改革开放以后的20世纪80年代中期。1985年秋，耿宝昌先生发表《闲话朝鲜高丽青瓷》②，大陆学者首次正式关注这一品种；同年11月，冯先铭先生在北京举行的"第二届中国古陶瓷国际讨论会"上作了《中国出土朝鲜、伊朗古代陶瓷》的讲演③，这两篇文章是中国学者正式发表的最早的专论高丽青瓷的论文。稍后还有陆明华先生撰文介绍上海博物馆所藏的高丽瓷器④。当时促成中国学者研究高丽青瓷的因素，除了国内少量的发现以外，韩国全罗南道新安海底沉船资料的公布⑤，以及随之而来的沉船所属国、装载瓷器窑口判定等相关讨论，也起了催化作用，李德

---

①　（宋）方万里等：《宝庆四明志》卷六，"叙赋下·市舶"，据清咸丰四年《宋元四明六志本》之宝庆三年胡榘修本影印，见《宋元方志丛刊》第5册，中华书局1990年版，第5056页。

②　耿宝昌：《闲话朝鲜高丽青瓷》，《博物馆研究》1985年第3期。

③　其讲演稿后来以同题刊载于《冯先铭中国古陶瓷论文集》，紫禁城出版社、两木出版社（香港）1987年版，第329—330页。

④　陆明华：《略谈上海博物馆所藏高丽瓷》，《文物》1988年第6期。

⑤　［韩］国立中央博物馆：《新安海底文物》（新安海底文化财特别展图录），三和出版社1981年版。

金①、冯先铭②、叶文程等③先后著文论及这批资料的窑口和年代等问题。此后 10 余年中国学者对于高丽青瓷的研究大多依然局限于出土品或收藏品的介绍，有些文章涉及了高丽青瓷与宋元青瓷的关系，但并没有深入讨论④。

从 2000 年前后开始，中国与朝鲜半岛古代青瓷关系的研究探讨进一步被重视，先后有彭善国⑤、秦大树⑥、金银珍⑦、马争鸣⑧、刘毅⑨、李仲谋⑩、沈琼华⑪等人讨论这一问题。这些文章的共同点是从中国所见高丽青瓷出发，结合国内有关文博单位的藏品、窑址出土标本等进行对比分析，研究高丽青瓷与宋金元南北方青瓷的关系，相关探讨最近几年仍在继续⑫。

日本古陶瓷研究者对于高丽青瓷的关注，始于 1910 年"日韩合邦"

---

① 李德金等：《朝鲜新安海底沉船中的中国瓷器》，《考古学报》1979 年第 2 期。

② 冯先铭：《南朝鲜新安沉船及瓷器问题探讨》，《故宫博物院院刊》1985 年第 3 期。

③ 叶文程等：《从新安海底沉船打捞的文物看元代我国陶瓷器的发展与外销》，《海交史研究》1985 年第 2 期。

④ 这类文章不多，如潘春芳《浅谈高丽青瓷的成就》（载《江苏陶瓷》1990 年第 2 期）等。

⑤ 彭善国：《高丽青瓷初探》，《北方文物》1997 年第 3 期；彭善国：《宋元时期中国与朝鲜半岛的瓷器交流》，《中原文物》2001 年第 2 期。

⑥ 秦大树：《论宋金时期中国北方地区瓷器象嵌工艺与高丽象嵌青瓷的联系和渊源》，《美术史论坛》（韩国汉城）第 7 号，1998 年下半期；秦大树：《中国古代瓷器镶嵌工艺与高丽镶嵌青瓷》，载《宿白先生八秩华诞纪念文集》（上），文物出版社 2002 年版。

⑦ 金银珍：《高丽青瓷——贵族风度——兼谈韩国传统陶瓷美学意蕴》，《景德镇陶瓷》1999 年第 9 卷第 2、3 期。

⑧ 马争鸣：《高丽青瓷与浙江青瓷渊源析》，《中国文物报》2000 年 4 月 12 日第 3 版；马争鸣：《高丽青瓷与浙江青瓷比较研究》，《东方博物》总第 19 辑，2006 年 6 月；马争鸣：《高丽青瓷在中国》（上）、（下），《文物天地》2006 年第 7、8 期；马争鸣：《中国出土的高丽青瓷》，《东方博物》总第 33 辑，2009 年 12 月。

⑨ 刘毅：《中国发现的"高丽青瓷"研究》，《中原文物》2001 年第 3 期；刘毅：《中韩古代青瓷比较研究》（韩国高等教育财团国际学术交流支援项目研究报告书），韩国高等教育财团存档，2001 年 8 月，未刊行。

⑩ 李仲谋：《汝窑与高丽青瓷——兼从高丽青瓷的传世器物推断汝窑瓷器的部分造型》，复旦大学文物与博物馆学系编《文化遗产研究集刊》第 2 辑，上海古籍出版社 2001 年版。

⑪ 沈琼华：《高丽青瓷探源》，《浙江省文物考古研究所学刊》第 5 辑（2002 年越窑国际学术讨论会专辑），杭州出版社 2002 年版。

⑫ 王芬等：《高丽青瓷与中国青瓷》，《中国陶瓷》第 43 卷第 1 期，2007 年 1 月；徐建新：《浅议中国青瓷与高丽青瓷的釉料及造型》，《陶瓷科学与艺术》2009 年第 11 期；蔡芝瑛：《论北宋瓷器对高丽青瓷的影响》，《陶瓷科学与艺术》2010 年第 5 期。

吞并朝鲜以后，1914 年，在全罗道康津郡发现了高丽青瓷窑址，奠定了后来高丽青瓷研究的重要基础①。此后日本学者如中尾万三、野守健、小山富士夫等关于高丽青瓷的研究都不可回避地涉及这个品种与中国宋元青瓷的关系，但没有专题论文。韩国学者对于高丽青瓷的正式研究是始于独立，特别是韩战停火以后。1965 年崔淳雨等学者在全罗南道主持发掘康津大口面窑群的沙堂里窑址，揭开了高丽青瓷深入研究的序幕。这次发掘出土了大量的标本，其中还有青瓷瓦件、莲蕊形宝顶、鸭形香薰以及一些镂空青瓷的残片，现藏韩国国立中央博物馆。据《高丽史》记载，高丽毅宗王十一年（1157 年）曾经在宫中建太平亭，并于"其北构养怡亭，盖以青瓷；南构养和亭，盖以棕"②。另结合徐兢《宣和奉使高丽图经》中的有关记载，这些出土物被判定为毅宗（1146 年嗣位，1170 年被废；1173 年复位，稍后遇害）时期产品。

最近 10 余年来，关于中国出土的高丽青瓷及其与宋元青瓷关系问题也引起了一些日韩研究者的关注，先后主要有金载悦③、金英美④、小林仁⑤等研究者发表过相关专论。

上述中外学者近期的研究成果，不但探究了高丽青瓷与中国宋金元青瓷的关系，而且对于高丽青瓷本身的外观特征、工艺、断代、分期等亦有所涉及，分别从不同的侧面推进了高丽青瓷研究的深入。

四　高丽青瓷的基本外观特征

高丽青瓷的生产区域范围不大，窑场相对集中于今日韩国境内的朝鲜

---

① ［日］青柳南冥：《朝鲜国宝遗物及古迹大全》，第 8 编，京城新闻社 1927 年版，第 276 页。

② ［朝鲜］郑麟趾等：《高丽史》卷十八，《世家·毅宗二》，影印本，汉城亚细亚文化社 1972 年版，第 367 页。

③ ［韩］金载悦：《传到中国的高丽瓷器》，《湖岩美术馆研究论文集》第 4 号，韩国，京畿道，1999 年。

④ ［韩］金英美：《越窑制瓷技术向高丽青瓷的传播与影响》，《浙江省文物考古研究所学刊》第 5 辑（2002 年越窑国际学术讨论会专辑），杭州出版社 2002 年版。

⑤ ［日］小林仁：《中国出土高丽青瓷考》，《中国古陶瓷研究》第 14 辑，紫禁城出版社 2008 年版。

半岛西南部，其外观特征因而也比较一致。高丽青瓷的胎、釉、造型、装饰和装烧工艺痕迹等主要外观特征有与中国青瓷存在明显区别的特别之处，这些是区分认定高丽青瓷的主要标准。

（1）胎：因窑口和淘洗工艺的差别，高丽青瓷的胎有粗细之分，粗胎的断面可见杂质和气孔。从器物底足的露胎处来看，胎呈青灰色，色调深浅不一，但大多与越窑相似，推测其胎土也应该是瓷石类。高丽青瓷胎土中的氧化硅含量比较高，胎土瓷化程度好。在有些器底的支钉遗痕处也往往可见露出白色，有如汉白玉质的结晶，在一般放大镜下观察，其中还常见有黑色结晶点，这是支钉未完全打掉而残留的痕迹，而不是瓷胎本色。

（2）釉：高丽青瓷的釉呈青色，釉面失透，玻璃光泽一般不强。釉质粗者釉层中往往可见黑白色杂质，这种现象在相当于元代的高丽晚期产品中尤其突出。高丽青釉的最初母本是越窑，但大多明显偏灰蓝。仔细观察，至少可以分出三种不同呈色。

第一种，釉色青绿，釉质清亮，直接模仿自五代至北宋越窑的青绿色；这种釉色往往为素面，有些饰有划花或印花，时代一般比较早。

第二种，釉色青灰泛绿，釉面有油脂感，失透，模拟汝窑等宋代官窑系统诸窑场和南宋龙泉窑的釉质风格，其中质量高者颇类汝窑和官窑；这种釉色是相当于北宋末至南宋早期高丽青瓷鼎盛期的杰作。

第三种，釉色青绿中泛黄，釉质莹润，颇似宋金时期北方的耀州、汝州青瓷。这种釉色在全南康津窑以外的窑场更多见，往往与粗胎相伴，它的直接工艺源头可能是高丽王朝早期朝鲜半岛中北部出产的"绿青瓷"。

在三种青色釉之外，还有少量的浅天青或天蓝色釉，与宋元时期景德镇窑生产的青白瓷相似，可能是烧成过程中的变种。

（3）造型：高丽青瓷的造型最常见的是碗、盘、瓶、罐、注子等，基本上都与中国宋金元时期同期的器物造型相同或相似，但在一些器物的细部则明显地具有自身的特征，特别是碗足，如高丽早期（约10世纪）的"玉璧底碗"，外底为玉璧形，但内底与唐代流行的弧圆至底的样式不同，而是有一个明显的折肩，形成凹底。又如整个高丽时期的碗、盘外底基本都是圈足，但圈足内镟胎极浅，已经接近于"假圈足"，近足跟处留有支烧痕迹。

（4）装饰：和中国青瓷，特别是宋元时期南方系统的青瓷相比，高丽青瓷最大的特色在于它注重装纹样饰效果。高丽青瓷装饰技法很丰富，除素面青瓷（韩国学者一般称为"纯青磁"）外，还有划花（"青磁阴刻"）、刻花（"青磁阳刻"）、印花（"青磁阳刻"或"型押阳刻"）、塑形（"象形青瓷"）、镂空（"青磁透刻"）、象嵌、化妆土堆花（"青磁堆花"）、褐彩（"青磁铁画"）、铜红彩（"辰砂青磁"）、金彩描画（"青磁象嵌金彩"）、绞胎（"青磁釉练理纹"）、黑釉彩饰（"青磁铁彩"）等10余个品种①。高丽瓷器釉色品种单一，远不如宋金元瓷器品种丰富；但在装饰艺术上，高丽青瓷却兼采同期中国南北窑场不同品种之所长，集不同装饰技法于青瓷一身，特别是对于彩绘和化妆土装饰的应用具有独到的发展，形成了鲜明的青瓷装饰风格。

"象嵌"是高丽青瓷最有特色的装饰技法。其装饰效果是在青釉瓷器的釉下显现出黑白两色纹样的图案，它的制作工艺是：在瓷胎上先阴线刻出花纹的图案线条，或者是剔掉一片（如花叶部分），再按刻划处的不同需求堆填赭、白两色粉料，然后刮去堆填化妆土时溢出刻划阴地纹以外的部分，经过素烧，最后再罩青釉烧成。图案处的釉面上时常可见有开裂。高丽象嵌的全盛时期是在公元12世纪，这时的象嵌青瓷图案精美，风格活泼，往往黑白两色并用。从13世纪中叶起，象嵌技法开始趋向衰落，图案死板格局化，而且白色明显多于黑色。高丽象嵌的主题图案多见花卉纹（见图19），还有不少是小碎花，也有一些人物和龙、凤、云鹤、鸟、猴等；辅助性的纹样有莲花瓣、卷云头、回纹、卷草纹等。高丽象嵌瓷的纹样大多与中国同期瓷器装饰纹样相近，但云鹤组合、柳树池塘组合等，是具有其自身特色的纹样。

从工艺技法来看，"象嵌"也是化妆土装饰手法之一种；但从装饰效果来看，它无疑是又吸收了彩绘装饰的长处。从工艺技法上看，"象嵌"与金属器之嵌错工艺相通，因此有研究者怀疑"象嵌"是"镶嵌"的误写，把这种装饰技法直接译写成"镶嵌"。实际上，"象嵌"二字

---

① 刘毅：《高丽青瓷装饰技法分类研究》，《中国古陶瓷研究》第7辑，紫禁城出版社2001年版。

为韩文汉字，也就是按韩国语习惯所写的汉字，韩语习惯为谓语、宾语倒装，也就是古代汉语中的"宾语前置"；因此，所谓"象嵌"也就是"嵌入图像"的意思。因此，这种高丽特色鲜明的装饰应该写作"象嵌"。

　　（5）装烧方法：高丽青瓷碗、盘、瓶等基本都采用支钉垫烧，圈足处满釉，碗底一般留有3个支钉痕迹（见图20），有些大碗可见4个支钉遗痕；盘、瓶等大件器物的外器底大多留有5个或6个支钉遗痕。支钉处有时还可见砂堆的残痕，特别是一些粗瓷，支钉的痕迹很大也很明显。有些碗、盘的内外底都留有支钉痕迹，应该是摞烧而成的。高丽青瓷器中的精品，器内底一般没有支钉痕迹，也没有"芒口"，应该是一匣装一器烧成。高丽晚期注壶类器物的底足处一般无釉露胎，应该是垫饼或砂堆支烧而成。

图19　韩国京畿道博物馆藏象嵌牡丹纹青瓷双耳罐（本文作者拍摄）

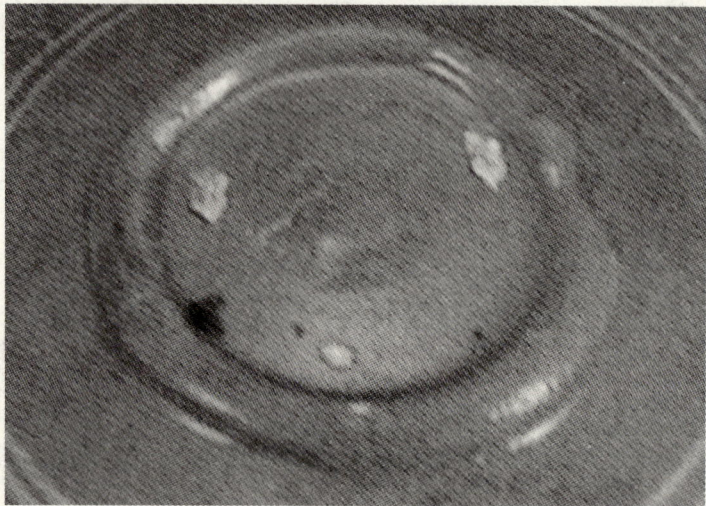

图20　高丽晚期象嵌青瓷碗支钉痕迹（本文作者拍摄）

五　高丽青瓷与宋金元相关瓷器品种的关系

高丽青瓷与中国宋、金、元时期南北方青瓷有着十分密切的关联，从装饰工艺来看，它和北方白瓷窑场的关系也比较密切。高丽青瓷与中国相关瓷器品种的关系及其区分问题在古代就已经引起了注意。

宣和五年（1123年，时高丽仁宗王在位），宋徽宗派遣给事中路允迪为正使出使高丽，奉议郎徐兢充"提辖人船礼物"官随行。徐兢还朝后于次年即宣和六年（1124年）向皇帝进上《宣和奉使高丽图经》四十卷，以助天子"深居高拱于九重，而察四方万里之远如指诸掌"①。《宣和奉使高丽图经》简称《高丽图经》，共有300多个条目，是研究高丽早期历史与文化的重要资料，徐兢自序谓此书著录高丽国"建国立政之体、风俗事物之宜"。该书记载高丽瓷器云："陶器色之青者，丽人谓之'翡色'。近年以来制作工巧，色泽尤佳，酒樽之状如瓜，上有小盖，而为荷花□鸭之形。复能作碗、碟、杯、瓯、花瓶、汤盏，皆窃仿定器制度"；又云："狻猊出香亦翡色也，上为蹲兽，下有仰莲以承之，诸器唯此物最

①（宋）徐兢：《宣和奉使高丽图经》"原序"，影印文渊阁本《四库全书》第593册，台北商务印书馆1984年版，第816页。

精绝。其余则越州古秘色、汝州新窑器，大概相类。"① 这条记载称述了高丽青瓷之瑰丽，又明确指出了它的渊源系出自中国青瓷。

到南宋时期，高丽青瓷在中国已经颇享盛名。前引《袖中锦》一书把"高丽秘色"与定州瓷、浙江漆等并称为著名工艺品中的"天下第一"；并说"他处虽效之终不及"。可见，这时高丽国出产的秘色瓷已经深得宋人的认可和嘉许。南宋行都遗址中大量发现的高丽青瓷和标本，亦可证太平老人所言不虚。《袖中锦》和《高丽图经》中这两条时代有先后的记载，披露了高丽青瓷由模仿宋瓷到脱颖而出为宋人所推崇的发展历程，揭示出中国青瓷与高丽青瓷的源流互动关系。

明清时期一些有关瓷器的著述也注意到了高丽青瓷与宋元不同瓷器品种之间的关系。明初《格古要论》说："古高丽窑器皿，色粉青，与龙泉窑相类，上有白花朵儿者不甚值钱"②；清代中期成书的《陶说》则云："高丽窑器与饶（景德镇窑）相似，有细花仿佛北定者。"③ 从高丽青瓷的胎、釉、造型、装饰等外观特征来看，高丽青瓷明显地受到宋、元时期浙江越窑和龙泉窑的影响，这一现象久已为中国研究高丽青瓷者所关注，但它受宋金元时期北方青瓷的影响却一直没能引起足够的注意。从高丽青瓷中青黄釉带有刻花、印花装饰一类器物来看，它们无疑是受到宋金时期陕西耀州黄堡窑和河南汝州严河店窑等窑场产品的影响，特别是高丽碗、盘等器物满釉裹足支钉烧的装烧方法，应该是远学五代至北宋的越窑、近拟北宋汝官窑及其相关窑场，高丽秘色瓷中的一些精品更是刻意模仿汝官窑及受汝官窑影响较大的浙江官窑产品。事实上，高丽青瓷兼受宋朝南北方青瓷影响，这层意思在《宣和奉使高丽图经》中已经作过尽管不是很详细但却是清楚明白的表述："越州古秘色、汝州新窑器，大概相类。"此外，《高丽图经》中还有一个"窃仿定器制度"的说法，结合上下文并从高丽陶瓷的实际情况来看，所指应该是器物的造型或者纹样装饰，而不是釉色。

---

① （宋）徐兢：《宣和奉使高丽图经》卷三二，"器皿三"，"陶尊"、"陶炉"，影印文渊阁本《四库全书》第593册，台北商务印书馆1984年版，第887页。

② （明）曹昭著，王佐增补：《新增格古要论》卷七，第二十二叶后，"古窑器论·高丽窑"，影印明天顺三年刊本，中国书店1987年版。

③ （清）朱琰：《陶说》卷二，"说古"，傅振伦《〈陶说〉译注》本，轻工业出版社1984年版，第93页。

关于象嵌青瓷与宋金元青瓷的关系，以往由于中国内地未见有"象嵌"或类似的装饰技法，所以不见有人讨论。10 余年前山西浑源窑的考古新发现，使得二者之间产生了关联。

1997 年 9 月，山西省考古研究所对山西浑源县东南界庄窑址进行了调查和试掘①，其中村北唐块地为辽金元窑址，产品依釉色分有白、黑、酱、青釉以及类似钧窑的蓝色窑变釉，装饰技法有印花、剔划花、画花、堆贴等。据介绍，"这次调查和试掘还发现了镶嵌装饰的青瓷器，其以碗、盘、枕为主，还有瓮、瓷板等。从所见器物来看，其制作方法是先在胎上划出范纹，然后挂白色化妆土，之后按其所需，刮掉化妆土，最后挂青釉，烧成后由于坯体和化妆土的呈色不同，形成青地白花的效果"②。浑源窑的镶嵌青瓷与高丽象嵌青瓷的装饰技法相近似，但它们之间也存在着更多的差异。除胎、釉等原料因素外，浑源窑的镶嵌青瓷与高丽"象嵌青瓷"之间的明显差异更主要表现在以下两个方面。

首先，装饰工艺不同：浑源窑镶嵌青瓷的制作工艺是先在瓷胎上刻划出线状花纹，在有花纹的胎面上罩一层白色化妆土；然后再将化妆土刮去，最后罩釉烧成。成品上带有刻划线条的图案部分呈白色，碗盘口沿内一般也都要留有一周白边，其余部位则露出胎色。观察山西省考古所的发掘品，有些标本还明显地留有刻线图案下凹处以外化妆土尚未完刮净的痕迹（见图 21）。从工艺技法上来看，浑源窑镶嵌青瓷与高丽象嵌青瓷有很大差异，从技术渊源上说，浑源窑镶嵌青瓷应该是宋辽金元时期中国北方诸窑场化妆土剔刻花装饰技法的一种直接延伸；从图案内容来看，浑源窑镶嵌青瓷与高丽象嵌青瓷也有明显的不同，尤其是不见高丽象嵌中同样经常出现的黑色花纹。如果仅仅从外观效果来看，浑源镶嵌青瓷倒是与时代更晚一些的"印花粉青砂器"相似（见图 22），两者的工艺技法也雷同或近似③。

---

① 任志录等：《浑源古瓷窑有重要发现》，《中国文物报》1998 年 2 月 25 日第 1 版；任志录：《山西浑源窑的考古成就》，《文物世界》2000 年第 4 期；山西省考古研究所：《山西浑源县界庄唐代瓷窑》，《考古》2002 年第 4 期。
② 任志录等：《浑源古瓷窑有重要发现》，《中国文物报》1998 年 2 月 25 日第 1 版。
③ 刘毅：《浑源窑镶嵌青瓷与朝鲜半岛相关瓷器品种比较研究》，《中国历史文物》2004 年第 6 期。

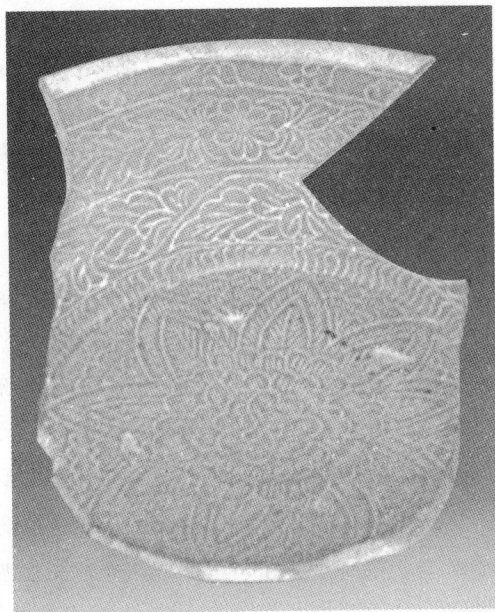

图21　山西省考古研究所发掘的浑源窑镶嵌青瓷标本（本文作者拍摄）

图22　韩国国立中央博物馆藏粉青砂器印花"德宁府"款碗（本文作者拍摄）

其次，烧造方法不同：浑源窑镶嵌青瓷采用支钉叠烧法，成品外底无釉，留有 4 个支钉痕迹；盘、碗的内底一般也都留有 4 个支钉痕迹，破坏了釉面和图案装饰。这种装烧方法和磁州窑一些化妆土划花碗、盘的烧造工艺完全相同。高丽青瓷盘、碗一般用匣钵装烧，内底满釉，外底支钉痕细小。其中象嵌青瓷一般都是完成图案镶嵌后先素烧一次，然后再施釉二次烧成；浑源窑镶嵌青瓷应该是一次烧成。

象嵌是高丽青瓷中最具特色的装饰技法，以往韩国和中国的研究者一般都认为它是高丽的首创。最近披露的一些资料显示，北宋时期中国可能已经有了类似装饰技法。任志录先生认为："以河南中部一带为主的 10 世纪晚期至 11 世纪中期的划、剔花镶嵌粉和泥的技法成为中国镶嵌瓷的主流，也正是这种镶嵌瓷随后影响到山西浑源的镶嵌瓷及高丽象嵌瓷。"[①] 实际上，象嵌青瓷的最主要特质在于它的工艺技法，其核心要素是剔刻、镶填。从工艺渊源来看，高丽"象嵌青瓷"是一种受金属器嵌错工艺启发，源自化妆土装饰，又兼吸取了瓷器釉下彩绘特点的装饰技法。

六 关于三件高丽青瓷年代的讨论

在中国历年出土的若干高丽瓷器中，有 3 件器物的年代问题值得探讨：一件是 1960 年安徽滁州宋墓出土的青釉象嵌云龙纹罐，另一件是 1994 年河北石家庄史天泽墓出土青釉象嵌梅瓶，还有一件是 2003 年内蒙古集宁路元代窖藏出土的鳖形砚滴；这 3 件器物年代的准确识别，对于高丽青瓷的整体分期断代具有比较重要的参照意义。

1. 滁州宋墓高丽青釉象嵌云龙纹罐的产地和年代

安徽滁州宋墓出土的高丽青釉象嵌云龙纹罐（见图 9），口径 9.5 厘米、足径 9.3 厘米、高 23 厘米，直口、丰肩、收底，黑白二色象嵌图案，肩部为牡丹纹、腹部为龙纹、胫部为变形莲瓣纹。该罐现收藏于安徽省博物馆，其年代定为公元 12 世纪末[②]，相当于南宋中期；曾经有研究者认为它是高

---

① 任志录：《中国早期镶嵌瓷的考察》，《文物》2007 年第 11 期。

② 安徽省博物馆编：《安徽省博物馆藏瓷》，文物出版社 2002 年版，第 107 页，第 89 图；马起来：《高丽青瓷龙纹罐》，《收藏界》2006 年第 11 期。

丽康津窑的产品①。但这件罐的造型特点与元代直口丰肩罐的特征相近，而其象嵌龙纹等图案的风格又类同于公元 15 世纪即朝鲜王国（1392 年建国）初期的"粉青沙器象嵌"器，因此其年代和产地都颇可质疑。

　　崔淳雨等编辑的《韩国之美：青磁》一书中著录了一件和滁州罐器形相近的器物，为日本私人收藏，口径 10.9 厘米、底径 12 厘米、高 22.1 厘米，象嵌花卉卷草纹（见图 23），时代定为公元 13 世纪②，断代依据不详。韩国汉城湖林博物馆收藏有一件器形相似的大罐，口径 11.7 厘米、底径 11.2 厘米、高 26.6 厘米，象嵌菊花云鹤纹（见图 24），时代亦定为公元 13 世纪③，断代依据参照日本一件。

　　宋元时期的直口广肩罐最早出现于北方。1987 年，河北磁县磁州窑 4 号窑遗址中出土过一件白釉黑彩花鸟纹罐（见图 25），口径 10.8 厘米、底径 10.6 厘米、高 20.8 厘米，直口略出圆唇边、圆肩，鼓腹，腹下收，隐圈足④，按地层关系属于第三期，即金代中后期，相当于 12 世纪后半叶至 13 世纪初。滁州高丽青釉象嵌云龙纹罐与之相比，口小、最大直径在肩部、底为圈足，造型有明显的差异。

　　从造型特征来看，滁州出土象嵌龙纹罐与宋代常见的瓷罐造型有较大的差异，它的最大直径在肩部，更接近于元代大罐的造型特征。元代直口丰肩罐历年来多有发现，以龙泉窑、景德镇窑、磁州窑所产最为多见，产品有青釉、青白釉、青花、釉里红、白釉黑褐彩绘、孔雀绿釉黑褐彩绘等，北方磁州窑的白釉黑褐彩绘罐尤其多见，仅在辽宁绥中三道岗元代沉船中就发现了 20 余件，属于运销货物⑤。1969 年北京房山区良乡窖藏出土的一件磁州窑白釉黑彩飞凤纹罐⑥，口径 18 厘米、高 38 厘米⑦，小直

　　① 冯先铭：《泰国、朝鲜出土的中国陶瓷》，载《古陶瓷鉴真》，北京燕山出版社 1996 年版，第 317 页。

　　② ［韩］崔淳雨等：《韩国之美：青磁》，《中央日报·季刊美术》印行，汉城 1977 年版，第 248 页，图版 92。

　　③ ［韩］湖林博物馆编：《湖林博物馆名品选集Ⅰ》，韩国成保文化财团印行，汉城 1999 年版，第 246 页，图版 48。

　　④ 北京大学考古学系等：《观台磁州窑址》，文物出版社 1997 年版，第 147 页，彩版一五·3。

　　⑤ 张威主编：《绥中三道岗元代沉船》，科学出版社 2001 年版，第 90—112 页。

　　⑥ 田敬东：《北京良乡发现的一处元代窖藏》，《考古》1972 年第 6 期。

　　⑦ 首都博物馆编：《首都博物馆藏瓷选》，文物出版社 1991 年版，第 29 页，第 83 图。

口、广肩、收腹（见图26），造型特征与滁州出土象嵌龙纹罐更为接近，除形体较大，所差唯在圈足部分有所不同。

图23　日本私人收藏青釉象嵌花卉卷草纹罐（引自［韩］崔淳雨等《韩国之美：青磁》）

图24　韩国湖林博物馆藏青釉象嵌菊花云鹤纹罐
（引自［韩］湖林博物馆《湖林博物馆名品选集Ⅰ》）

图 25　河北磁县磁州窑遗址出土白釉黑彩花鸟纹罐（引自《观台磁州窑址》）

图 26　北京良乡窖藏出土磁州窑白釉黑彩飞凤纹罐（引自《首都博物馆藏瓷选》）

从器形上看，滁州象嵌龙纹罐的年代应该晚于公元 12 世纪末；从纹样特征来看，其年代可能更晚。

高丽象嵌青瓷成品是在青釉瓷器的釉下显现出白色或黑白两色纹样，从公元 12 世纪中叶至 13 世纪末叶大多图案精美，14 世纪中期衰败。和高丽象嵌工艺相近的“粉青沙器象嵌”，流行于朝鲜初期，其基本特征是：器物通体饰象嵌图案，外罩灰绿或青灰色釉，象嵌图案有兼用黑、白二色和纯用白色两种，图案多见花卉，有牡丹、柳枝、荷花、水草等，在碗的口沿、瓶的颈部和胫部多有辅助性图案，纹样有变体莲花、变体蕉叶、卷草、波浪、串珠纹、弦纹等。这类产品与高丽象嵌青瓷在工艺上没有太大的差别，特别是一些小碎花的象嵌图案，与象嵌青瓷毫无二致；但大多数图案的线条比较粗率，有不少是大片花叶，精品甚少。“粉青沙器象嵌”应该是高丽象嵌青瓷的直接蜕变，它们之间的衔接关系在早期“粉青沙器”中表现得尤其明显①。《格古要论》所云“古高丽窑器皿，色粉青，与龙泉窑相类，上有白花朵儿者不甚值钱”②，很可能是指“粉青沙器”而言。

滁州象嵌龙纹罐上龙纹风格具有明显的朝鲜初期特征（见图 27）。汉城湖林博物馆收藏 2 件“粉青沙器象嵌”龙纹梅瓶，龙纹的特征与滁州象嵌龙纹罐风格相当一致（见图 28）。其中 1 件釉色青中泛灰蓝，小口、圆肩、束胫、撇足，高 32.9 厘米；另 1 件器形相同，但釉色青中泛灰黄，高 30 厘米，时代定为朝鲜初期的公元 15 世纪③。京畿道湖岩美术馆收藏的粉青沙器象嵌鱼龙纹梅瓶，主题图案亦为云龙（见图 29），口径 5.8 厘米、底径 10 厘米、高 29 厘米，时代定为朝鲜初期的公元 15 世纪④。

从以上列举若干件器物的比对中不难发现，滁州象嵌龙纹罐的年代应该不会早到 12 世纪末，如果没有纪年资料或其他确定无疑的资料佐证，滁州宋墓的年代（即使是南宋）亦值得商榷。曾经有文章提出：“十四世

---

①　刘毅：《浑源窑镶嵌青瓷与朝鲜半岛相关瓷器品种比较研究》，《中国历史文物》2004 年第 6 期。

②　（明）曹昭著，王佐增补：《新增格古要论》卷七，第二十二叶后，“古窑器论·高丽窑”，影印明天顺三年刊本，中国书店 1987 年版。

③　[韩]湖林博物馆编：《湖林博物馆名品选集Ⅰ》，韩国成保文化财团印行，汉城 1999 年版，第 253 页，图版 91、92。

④　[韩]湖岩博物馆编：《湖岩博物馆所藏粉青沙器名品展》，韩国三星文化财团印行，汉城 1993 年版，第 151 页，图版 10。

图 27　滁州宋墓出土青釉象嵌云龙纹罐
（局部，本文作者拍摄）

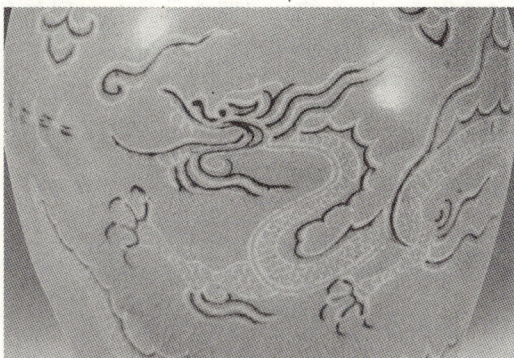

图 28　韩国湖林博物馆收藏粉青沙
器象嵌云龙纹梅瓶（局部，引自
［韩］湖林博物馆《湖林博物馆名
品选集 I 》）

图 29　韩国湖岩博物馆收藏粉青沙器象嵌云龙纹梅瓶
（局部，引自 ［韩］ 湖岩博物馆编《湖岩博物馆所藏粉青沙器名品展》）

纪晚期的高丽青瓷受到元青花影响，此器即是典型例子之一，仿自元青花龙纹罐，肩部的莲花纹当是从元缠枝莲纹变形而来。"① 高丽青瓷的造型多与中国宋金元时期同期的器物造型相同或相似，但在一些细部明显地具有自身的特征，滁州象嵌龙纹罐在器形上与通常所见元代直口丰肩罐还是有所差别，特别是它的口较小、底为圈足，与元代大口罐不尽相同。至于肩部的莲花纹也与元青花上的缠枝莲纹有较大差别。但这篇文章对于滁州象嵌龙纹罐年代的判定还是接近实际的。

从器物外观特征来看，高丽青瓷釉质细腻失透，象嵌青瓷的釉色，一般都是青中泛灰蓝；而滁州象嵌龙纹罐的釉质明显粗糙，釉色青黄泛灰，因此推测它应该是高丽末年衰败期的象嵌青瓷或朝鲜初期的"粉青沙器象嵌"器，其年代应为公元14世纪后半叶，甚或更晚。至于湖林博物馆和日本私人收藏的青釉象嵌直口罐，其胎、釉、纹样特征与滁州象嵌龙纹罐有明显的不同，它们的时代应该早一些，为公元13世纪末至14世纪前半叶。

2. 史天泽墓出土青釉象嵌梅瓶的年代

史天泽墓中出土的青釉象嵌梅瓶（见图12），小盘口、丰肩、腹下斜收、形体颀长，瓶身象嵌云鹤纹和若干圆圈形开光，圈内象嵌花卉纹，胫部为变形蕉叶纹；口径6.7厘米、最大腹径23厘米、底径17.2厘米、高46厘米②。从这件梅瓶的器型和图案上可以无疑地确认为是高丽青瓷。与之相似的器物在韩国多有发现，其中有两件梅瓶与史天泽墓梅瓶的器形、装饰图案几乎完全一致。

汉城涧松美术馆收藏的象嵌云鹤纹青瓷梅瓶，口径6.2厘米、底径17厘米、高42厘米③，器形与史天泽墓出土梅瓶相同，大小和象嵌图案与之相仿，唯圆圈内象嵌纹样亦为云鹤，而不是花卉（见图30）。另一件收藏于京畿道湖岩美术馆的青瓷象嵌云鹤纹梅瓶，形体略小、腹以下分直径略大，口径7厘米、底径14.5厘米、高31.2厘米④，它的主题图案与

① 金立言：《略论高丽青瓷》，《收藏家》1996年第4期。
② 河北省文物研究所：《石家庄市后太保元代史氏墓群发掘简报》，《文物》1996年第9期。
③ ［韩］崔淳雨等：《韩国之美：青磁》，《中央日报·季刊美术》印行，汉城1977年版，第244页，图版66。
④ 同上书，图版67。

史天泽墓出土梅瓶相同，唯颈肩多一周云头纹、胫部多一周回纹（见图31）。史墓所出梅瓶比韩国收藏的两件同类器物略显粗疏一些，但3件的年代应该相接近。汉城两件梅瓶的年代都被确定为12世纪中叶，这个年代要远远早于史天泽生活的年代。

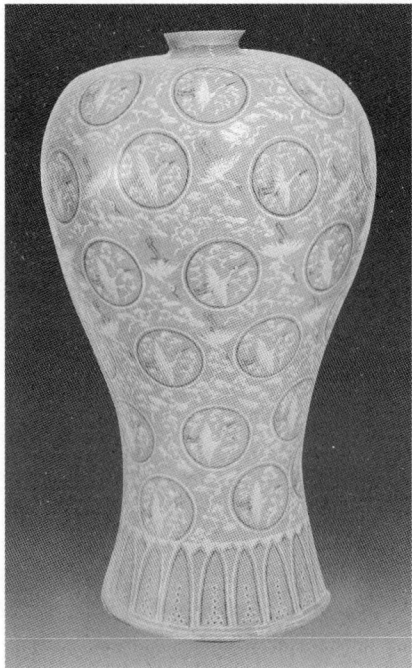

图30　韩国涧松美术馆收藏青釉象嵌云鹤纹梅瓶（引自［韩］崔淳雨等《韩国之美：青磁》）

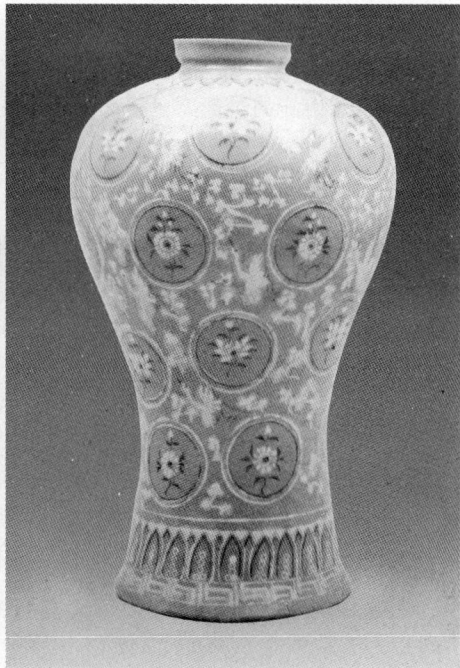

图31　韩国湖岩美术馆收藏青釉象嵌云鹤纹梅瓶（引自［韩］崔淳雨等《韩国之美：青磁》）

　　史天泽，大都路永清（今河北永清）人，其父兄在蒙古统一北方的战争中曾立下汗马功劳。其父史秉直在北京路"行尚书六部事，主馈饷，军中未尝乏绝"①。其长兄天倪官至金紫光禄大夫、河北西路兵马都元帅。史天泽本人历仕元太祖（成吉思汗）至世祖五朝，曾从蒙古宗王灭金，

───────────

① （明）宋濂等：《元史》卷一四七，《史天倪传》，翁独健等点校本第11册，中华书局1976年版，第3479页。

又随蒙哥大汗（元宪宗）攻宋。元世祖即位，"首召天泽，问以治国安民之道"，奏对称旨，拜中书右丞相，"天泽既秉政，凡前所言治国安民之术，无不次第举行。又定省规十条，以正庶务"①；被元世祖称为"史拔都"。"汉人赐名拔都者，惟（史忠武）王与太师张献武王弘范，及真定新军张万户兴祖耳"②。天泽官至中书左丞相，进开府仪同三司、平章军国事，至元十二年（1275年）二月七日卒，享年七十四，赠太尉，谥忠武。

史天泽生活的时代，正是金元间的战乱年代。其"曾祖伦，少好侠，因筑室发土得金，始饶于财。金末，中原涂炭，乃建家塾，招徕学者，所藏活豪士甚众，以侠称于河朔，士族陷为奴虏者，辄出金赎之"；其祖父成珪，"遭乱，盗贼四起，乃悉散其家财，唯存廪粟而已"③。由此推测，史家不大可能收藏着百余年外的高丽青瓷，史天泽墓中的象嵌花卉云鹤纹梅瓶应该是他本人所得。

据明修《元史》、朝鲜修《高丽史》等有关文献记载，公元1218年，蒙古兵首次攻入高丽，此后1231—1257年20余年间，蒙古曾七次大规模进攻高丽，元世祖时期（1260—1294年），对高丽的征伐已经结束，从忠烈王迎娶元世祖之女齐国大长公主为始，先后有数位元朝公主下嫁高丽国王，忠宣、忠肃、忠穆三王均为元朝公主所生。高丽王进入到蒙古上层贵族社会，蒙古习俗和生活方式也流行于高丽上层人群，"高丽守东藩，执臣礼惟谨"④。包括瓷器在内的各种物质文化交流日益频繁。忠烈王时，高丽将军赵仁规朝见元世祖，"尝献画金瓷器，世祖问曰：'画金欲其固耶？'对曰：'但施彩耳'。曰：'其金可复用耶？'对曰：'瓷器易破，金亦随毁，宁可复用'。世祖善其对，命自今瓷器勿画金、勿进献"⑤。《元典章》中收录了一

① （明）宋濂等：《元史》卷一五五，《史天泽传》，翁独健等点校本第12册，中华书局1976年版，第3660—3661页。

② （元）陶宗仪：《南村辍耕录》卷二，"染髭"，点校本，中华书局1975年版，第22—23页。

③ （明）宋濂等：《元史》卷一四七，《史天倪传》，翁独健等点校本第11册，中华书局1976年版，第3478页。

④ （明）宋濂等：《元史》卷五八，《地理志·序》，翁独健等点校本第5册，中华书局1976年版，第1346页。

⑤ ［朝鲜］郑麟趾等：《高丽史》卷一百五，《列传》卷十八，页三十九，《赵仁规传》，汉城亚细亚文化社1972年影印本（下册），第328页。

条元世祖禁止瓷器描金的诏令，"至元八年（1271 年）四月二十日，御史台承奉尚书省札付，钦奉圣旨：节该今后诸人，但系瓷器上，并不得用描金生活，教省里遍行榜文禁断者。钦此"①。这篇诏谕是面向全国颁发的，从因果逻辑来推断，它应该是命高丽"自今瓷器毋画金、勿进献"之后。

史天泽位居要津，有直接或间接得到高丽贡瓷的可能。史墓出土梅瓶胎釉质地上乘，象嵌图案精细曼妙，应该是高丽青瓷中的精品，它无论以何种方式到达史家，都与史天泽位高权重的身份相吻合。这件梅瓶的年代，应该早于史天泽卒年，还可能会早于至元八年。史天泽墓为三人合葬，则其下限也有可能会再晚二三十年。至于它的上限，应该考虑到高丽元宗还居旧京（至元七年，1270 年）忠烈王即位（至元十一年，1274 年）等关键性事件。笼统地推断，史天泽墓出土梅瓶的年代应该是在公元 13 世纪中期或后期，应比韩国学者所推定的涧松美术馆收藏的那件年代晚 100 年左右。

3. 集宁路窖藏鳌形砚滴的产地和年代

元代集宁路古城遗址位于内蒙古自治区集宁市东约 25 公里处，1958 年曾经进行过清理发掘②，1977 年在其内城北门附近发现一处瓷器窖藏，出土景德镇窑青白瓷、龙泉窑青瓷等③。2002—2003 年，为配合高速公路建设，内蒙古自治区文物考古研究所等单位对集宁路元故城遗址再次进行了抢救性发掘，出土了完整和可以复原的瓷器 7000 余件，各类瓷器标本上万件④。

鳌形青瓷砚滴（见图 14）出土于此次发掘的第三批窖藏 J26 之中。该砚滴为象生瓷，长 10.5 厘米、高 7.3 厘米。通体作卧龟形，龙头、昂首、张口露齿，眼珠饰黑色，腮和颈后有鳍，须、鳍、牙齿等装饰栩栩如生；龟背线刻饰出六边形甲片，每甲上皆有一"王"字，足腿饰鳞纹。

① （元）不著撰人（官修）：《元典章》卷五八，工部一，十三页，"杂造·瓷器上不得用描金"，《海王邨古籍丛刊》影印本，中国书店 1990 年版，第 831 页。

② 内蒙古自治区文物工作队：《元代集宁路遗址清理记》，《文物》1961 年第 9 期；张驭寰：《元集宁路故城与建筑遗物》，《考古》1962 年第 11 期。

③ 潘行荣：《元集宁路故城出土的窖藏丝织物及其他》，《文物》1979 年第 8 期。

④ 陈永志等：《内蒙古集宁路古城遗址再次发现元代瓷器窖藏》，《中国文物报》2003 年 10 月 26 日第 1 版；陈永志：《集宁路古城发掘集中窖藏、几千件瓷器囊括九大名窑》，《文物天地》2003 年第 11 期；陈永志：《发掘集宁路元代城址及第三批窖藏》，《文物天地》2004 年第 3 期；内蒙古自治区文物考古研究所：《内蒙古集宁路古城遗址出土瓷器》，文物出版社 2004 年版。

龙口衔把莲，甩负于背上；背部正中有注水口，做成莲花形，与龙口相通。该砚滴灰白胎，通体施粉青釉，腹下可见支烧痕迹。发掘者最初认为它是龙泉窑产品，时代为元，称为龟形砚滴①。

查此件砚滴作龙头龟身形，应该是水中神兽——鳌。以鳌形作文房用具，取义"金榜题名"、"独占鳌头"。从其造型和装饰特征来看，应该是高丽青瓷。

韩国国立中央博物馆收藏1件鳌形青瓷砚滴，长8.3厘米、宽6.5厘米、高5.8厘米②。该砚滴通体作卧龟形，龙头，微上昂，张口，须两侧略有残断，眼珠凸出，嵌黑色；龟背饰六边形甲片，每甲上皆有一"王"字，足腿饰鳞纹；背部正中有注水口，做成莲花形；通体施青釉，色调青绿微泛灰蓝（见图32）。日本大阪市立东洋陶瓷美术馆收藏1件鳌形青瓷砚滴，长11.8厘米，造型与前两件相似③，为住友集团捐赠。韩国、日本这两件砚滴的年代都被定为12世纪前半期。

韩国国立中央博物馆还收藏有同一母题的1件青瓷笔架④，长16.8厘米、高8.8厘米。笔架主体为长方体，镂空缠枝牡丹，辅以划花；两侧各饰一鳌头，龙形上昂、张口，顶有独角，眼珠象嵌黑色；通体施青釉，色调青绿微泛灰蓝（见图33）。另外，该馆还收藏有1件鳌形青瓷注子，高17厘米、腹径20.0厘米、足径10.3厘米⑤。该注子上半为卧龟形，下半为仰莲花瓣形台座，圆足，整体造型为龟伏卧于莲花上。龟首龙形上昂、张口，眼珠象嵌黑色，龟背饰六边形甲片，每甲上皆有一"王"字，足腿饰鳞纹；背部正中为注水口，做成荷叶形；龟尾部有编绳状把手，盘卷搭于背部；通体施青釉，色调青绿微泛灰蓝（见图34）。

---

① 陈永志：《发掘集宁路元代城址及第三批窖藏》，《文物天地》2004年第3期；内蒙古自治区文物考古研究所：《内蒙古集宁路古城遗址出土瓷器》，图版58，文物出版社2004年版，第17页。

② ［韩］崔淳雨等：《韩国之美：青磁》，《中央日报·季刊美术》印行，汉城1977年版，第241页，图版49。

③ ［日］小林仁：《中国发现的高丽青瓷》，陈馨译，《收藏》2009年第11期。

④ ［韩］崔淳雨等：《韩国之美：青磁》，《中央日报·季刊美术》印行，汉城1977年版，第241页，图版50。

⑤ 同上书，第240页，图版42。

图 32　韩国国立中央博物馆收藏青釉鳌形砚滴

（引自［韩］崔淳雨等《韩国之美：青磁》）

图 33　韩国国立中央博物馆收藏青釉双鳌头形笔架

（引自［韩］崔淳雨等《韩国之美：青磁》）

图 34　韩国国立中央博物馆收藏青釉鳌形注子
（引自 ［韩］崔淳雨等《韩国之美：青磁》）

　　类似的象生瓷残片在韩国全罗南道康津郡大口面龙云里窑址①、全罗北道扶安郡保安面柳川里窑址②等高丽时期的青瓷窑址中都有少量发现，发掘者多认为是瓷凉墩的残片，其间亦有疑似龙头龟残体者，可能是鳌形文房的残件。关于韩国国立中央博物馆所藏鳌形青瓷注子的产地，韩国研究者崔淳雨认为从胎釉特征判断，可能是出自全罗南道康津郡沙堂里窑址③。从器型和装饰特征来看，集宁路 1 件和韩国国立中央博物馆 2 件鳌形器如出一辙，可能皆出自高丽康津窑。

---

　　① ［韩］郑良谟等：《康津龙云里青磁窑址发掘调查报告书》，国立中央博物馆印行，汉城 1996 年、1997 年版，《本文编》，第 208 页，《图版编》，第 471 页。

　　② ［韩］梨花女子大学博物馆编：《扶安柳川里窑高丽陶瓷》，梨花女子大学校印行，汉城 1983 年版，第 166 页，图版 231。

　　③ ［韩］崔淳雨等：《韩国之美：青磁》，《中央日报・季刊美术》印行，汉城 1977 年版，第 240 页。

　　关于韩国收藏的鳌形砚滴和鳌形注子的年代，崔淳雨、郑良谟等研究者认为是公元 12 世纪前半叶，即相当于中国的两宋之交或宋金之交。这个年代与《宣和奉使高丽图经》的成书年代大致相当。《高丽图经》记载高丽瓷器有云："狻猊出香亦翡色也，上为蹲兽，下有仰莲以承之，诸器唯此物最精绝。"① 出香应即香熏，可能是香熏在当时的惯用名称。宋末周密《武林旧事》记载张俊贡献给宋高宗的礼品中有汝瓷"出香一对"②。高丽青瓷"狻猊出香"确有实物传世，为带盖之香熏，盖上有蹲狮，韩国国立中央博物馆有收藏（见图 35），许多相关高丽青瓷皆以它为断代标尺，这两件鳌形器物的年代亦据以估定。出香类象生瓷器在河南宝丰汝官窑遗址中有发现，该窑址中出土的 F 型器盖，为动物塑形，有龙、狮子、鸳鸯、鸭等，而且龙、鸭、鸳鸯等塑形动物的眼珠部位也都嵌有黑色③。类似的器物在河南汝州张公巷窑址中也有出土④。需要指出的是，这种动物眼珠等部位嵌饰黑色的装饰技法可能早已存在。湖北武昌 17 号墓中出土过 1 件青釉虎子，现藏于湖北省博物馆，高 14.5 厘米、长 11.5 厘米，虎的眼珠饰黑色（见图 36），时代定为隋⑤。

　　从装饰和工艺特征来看，相当于两宋之交的 12 世纪前期可能是鳌形砚滴的年代上限。这个年代与集宁路窖藏的推定年代相差 200 年以上。据集宁路故城发掘者推测，出土窖藏的年代应为元末，即 1358 年红巾军、1368 年明将徐达前后两次分别攻克集宁路之前。从集宁路 J26 出土的器物来看，除鳌形砚滴以外，基本都可以确认是元代产品，如龙泉窑青釉菊瓣纹荷叶盖罐、仿古八卦纹双耳陶壶、仿古铜钫等，都具有鲜明的元代特征。其中龙泉窑青釉荷叶盖罐（见图 37）尤其具有断代意义，该罐最大

---

　　① （宋）徐兢：《宣和奉使高丽图经》卷三十二，"器皿三"，"陶尊"、"陶炉"，影印文渊阁本《四库全书》第 593 册，台北商务印书馆 1984 年版，第 887 页。
　　② （宋）周密：《武林旧事》卷九，"高宗幸张府节次略"，西湖书社 1981 年点校本，第 149 页。
　　③ 河南省文物考古研究所：《宝丰清凉寺汝窑》，彩版 124—127，大象出版社 2008 年版，第 93—95 页；河南省文物考古研究所：《汝窑与张公巷窑出土瓷器》，科学出版社 2009 年版，第 91、94—99 页。
　　④ 河南省文物考古研究所：《汝窑与张公巷窑出土瓷器》，科学出版社 2009 年版，第 139 页。
　　⑤ 湖北省博物馆：《古代瓷器——湖北省博物馆藏瓷器选》，文物出版社 2007 年版，第 42 页。

图35 韩国国立中央博物馆藏青釉"狻猊出香"

（引自［韩］崔淳雨等《韩国之美：青磁》）

图36 湖北省博物馆藏青瓷虎子（本文作者拍摄）

腹径 34.6 厘米、盖直径 32.2 厘米、通高 32.5 厘米①，窖藏出土时，仿古八卦纹双耳陶壶、仿古铜钫等物皆置于此罐内。1980 年，江西高安发现一处元代瓷器窖藏，内有龙泉窑青釉菊瓣纹荷叶盖罐一件，最大腹径 20.7 厘米、通高 20.4 厘米②，造型特征与集宁路故城出土者完全吻合，这处窖藏的年代被推定为至正十一年（1351 年）以后元朝与农民军争夺高安的 11 年战争期间，即元代晚期。这两处窖藏的推定年代是相近的，它们可以锁定荷叶盖罐的年代下限。

图 37　集宁路窖藏出土龙泉窑青釉荷叶盖罐
（引自《内蒙古集宁路古城遗址出土瓷器》）

1976 年以来，韩国全罗南道新安郡木浦海域元代沉船中曾经出土过与上述荷叶盖罐器型、装饰特征几乎完全一致的器物③，分别收藏于韩国国立中央博物馆、国立光州博物馆、木浦国立海洋遗物展示馆等单位，其中收藏于韩国国立光州博物馆的 1 件通高 24 厘米（见图 38），国立中央博物馆收藏的 1 件通高 30.7 厘米。据冯先铭先生研究，新安海底沉船中瓷器的年

---

① 内蒙古自治区文物考古研究所：《内蒙古集宁路古城遗址出土瓷器》，文物出版社 2004 年版，第 16—17 页，图版 61。

② 刘裕黑等：《江西高安县发现元青花、釉里红等瓷器窖藏》，《文物》1982 年第 4 期。

③ 李德金等：《朝鲜新安海底沉船中的中国瓷器》，《考古学报》1979 年第 2 期。

代应当是 14 世纪 30 年代，即元代中期①。和新安沉船一样，集宁路 J26 中也未见青花瓷器，这暗示它们的年代或许接近。1994 年，石家庄史天泽墓出土过一件龙泉窑荷叶盖罐之盖，整体呈荷叶形，周边六处上翻，弧壁上为凸棱，作菊花瓣状，上附加钮（见图 39），直径 33 厘米②。史天泽墓出土的荷叶形盖与集宁路窖藏所出土荷叶盖罐之盖造型特征相同，尺码相近，二者均应为龙泉窑同期产品。史天泽卒于元世祖至元十二年（1275 年），其墓中发现有分属于一男二女三个个体的人骨，为夫妻合葬墓，因缺乏有关另外二位墓主的准确纪年资料，史墓荷叶形盖的年代下限不易判定，但应该不会比史天泽卒年晚三四十年以上，这个估计大体上不会有误。因此，1300 年前后的 13 世纪末 14 世纪初可能是荷叶盖罐的年代上限。

图 38　韩国国立光州博物馆收藏龙泉窑青釉荷叶盖罐

（引自［韩］《国立光州博物馆简介》）

---

① 冯先铭：《南朝鲜新安沉船及瓷器问题探讨》，《故宫博物院院刊》1985 年第 3 期。

② 河北省文物研究所：《石家庄市后太保元代史氏墓群发掘简报》，《文物》1996 年第 9 期。

图 39　元史天泽墓出土龙泉窑青釉荷叶盖罐之盖

（引自《文物》1996 年第 9 期）

　　集宁路其他窖藏出土的器物，见诸披露者都是元代产品，并且大多是元代中后期产品。J26 所在区域为居民区和手工作坊区，另结合该窖藏的伴出物推断，它的主人即使有收藏古物的嗜好，这件鳌形砚滴的年代显然也不会比其他收藏物早太久。集宁路为元中书省所辖二十九路之一，领集宁县①；其前身是金西京路抚州所辖四县之一，"集宁，明昌三年（1192年）以春市场置"②。通常情况下，这件鳌形砚滴不会早过明昌三年，而到了 12 世纪前叶；推断这类东西的生产时间应该在是 13 世纪晚期至 14 世纪前半叶这个范围内，这个年代比韩国学者的推定年代晚 150 年左右。

　　滁州象嵌云龙纹罐、史天泽墓象嵌梅瓶、集宁路鳌形砚滴这 3 件器物在高丽青瓷中具有一定的代表性，它们生产年代的准确判定，对于高丽青瓷的整体分期断代研究具有比较重要的参照意义。

---

　　① （明）宋濂等：《元史》卷五八，《地理志一》，翁独健等点校本第 5 册，中华书局 1976年版，第 1353 页。

　　② （元）脱脱等：《金史》卷二四，《地理志上》，张政烺等点校本第 2 册，中华书局 1975年版，第 566 页。

关于米芾绘画及其临画乱真问题的辨析

李少龙

图1 《米芾珊瑚帖》局部
（选自《故宫博物院院刊》1991 年第 4 期）

米芾（1051—1107 年）是我国 11 世纪中晚期的杰出艺术家，《宋史》
本传谓其"为文奇险，不蹈袭前人轨辙。特妙于翰墨，沉著飞翥，得王
献之笔意；画山水人物，自名一家。尤工临移，至乱真不可辨"。在上述
艺术成就中，又以临移他人书画能至乱真的才能最为后世所称道。

关于米芾临书能至乱真的事实，米芾本人及其友人苏轼、庄绰等都曾
予以肯定（详后），今人刘九庵、徐邦达、肖燕翼等先生在研究其作品后

也都有所认同①。但是，有关米芾绘画及其临画乱真问题的研究则不尽如人意。以往的研究者多循旧说，简单地认为米芾不但精擅山水、人物、花鸟各科，更能临画乱真；在论及米氏绘画时，又往往以能够临画乱真来证明其画艺之超妙。如陈传席先生认为："（米芾）人物、山水、花鸟（包括牛、马）无所不能，他临摹古画达到乱真的地步。"② 诚然，在米氏画作真迹难见、历史记载又扑朔迷离的情况下，用能够临画乱真来证明其画艺之超妙并确立其画家地位，无疑最为简捷。但令人遗憾的是：对临画乱真这一记载的可靠程度，却无人去进行检验，这便有了以讹证讹的危险。那么，米芾到底能否如其临书乱真一般地临画乱真呢？他的绘画风貌又是怎样？这些问题均须深入研究③。

"临移"他人书画，不外乎临与摹两种情况："临"指的是对本临写，是一种以艺术修养为基础的创作，一定意义上说，它可以算作是"临移"者艺术修养的自然延伸；"摹"指的是勾摹复制，不是艺术创作，而是各种技术手段的综合运用④。本文即围绕这两方面对米芾绘画及临画乱真问题展开探讨。

一

米芾是否为严格意义上的画家？历史上的看法并不一致。概括起来，主要有以下两种观点。

（1）元代以后，由苏轼、米芾等人所倡导的"文人画"大为发展，并逐步统治画坛，苏、米更以首倡之功而备受推崇。在"文人画"家和理论家们看来，米芾不仅是地道的画家，而且是画圣。董其昌有谓："诗至少

---

① 刘九庵：《试谈米芾自书帖与临古帖的几个问题》，《文物》1962 年第 6 期；肖燕翼：《论米芾的书法及其艺术观》，《故宫博物院院刊》1986 年第 4 期；徐邦达：《五谈古书画鉴别》，《故宫博物院院刊》1981 年第 2 期。

② 见陈传席《中国山水画史》，江苏美术出版社 1988 年版，第 271 页。

③ 除特殊注明者外，本文所引史科，分别见于《中国书画全书》（上海书画出版社 1993 年版）、《佩文斋书画谱》（中国书店 1984 年版）及《宋、辽、金画家史料》（文物出版社 1984 年版）。

④ 此处是在相对意义上对"临"与"摹"予以区分的。

陵，书至鲁公，画至二米，古今之变，天下之能事毕矣!"① 是为明证。

（2）与上述看法不同，南宋鉴赏家赵希鹄提出："米南宫……其先本不能作画，后以目所见，日渐模放（仿）之，遂得天趣。"② 明代王世贞也说："此君虽有气韵，不过一端之学，半日之功。然不免推崇顾、陆，恐是好名，未必真合。"③ 李日华更谓米："然亦天机变幻终非画手。譬之散僧入圣，啖肉醉酒，吐秽悉成金色。"④ 今人启功先生也持类似看法⑤。显然，此派论点认为，米芾并非严格意义上的画家，其作品的"天趣"不过得之于自然的启迪与自身的颖悟，而不是训练有素的必然结果。

随着"文人画"影响的扩大，"文人画"家和理论家们对米芾的推崇占据了主导地位，与之相对立的观点渐被淹没。但值得注意的是，赵、王、李、启等人均为严谨的学者和鉴赏名家，他们的看法至少不全是空穴来风。如果米芾真能以自己的创作为基础而临画乱真，那么，他作为一名画家的地位就应得到世人的广泛认可。而事实却并非如此。

关于米芾在书法方面的巨大成就，其友人苏轼、黄庭坚等均极力推崇⑥；对他能够临书乱真，苏轼、庄绰等人也作了充分肯定（详后）。而对其绘画，上述诸人却没有发表任何具体的意见。程俱《北山小集》录《题米元章墓》有云："其书奇逸飞动，法本二王，虞、楮（褚）而下不论也。"对其绘画，同样一语未发。类似的只崇米书而不言米画的现象，也从《墨庄漫录》卷一、《鸡肋编》卷上、《泊宅编》卷六等其他米芾同时代或稍后人们的著作中明显地反映出来。

米芾之母阎氏是英宗皇后高氏的乳娘，米家由此而与皇室关系密切，米芾亦因此而得官，并与徽宗赵佶成为艺友。透过《墨庄漫录》卷一、《春渚纪闻》卷七与《清波杂志》卷十一等相关记载，我们可以清楚地看到米芾与赵佶君臣间书法创作的众多精彩场面；而类似的绘画交往却根本无从见到，就连米芾进献给徽宗皇帝的《楚江清晓图》尚是其子米友仁

① 董其昌：《容台别集》，明崇祯三年（1630 年）刻本。
② 赵希鹄：《洞天清禄集》，商务印书馆 1939 年版。
③ 王世贞：《艺苑卮言》，陆洁栋、周明初批注，凤凰出版社 2009 年版。
④ 李日华：《书画谱》，赵吉根整理：《恬致堂集》，上海古籍出版社 2012 年版。
⑤ 启功：《启功丛稿》，中华书局 1981 年版，第 289 页。
⑥ 参阅苏东坡《东坡集》卷十七，万卷出版公司 2008 年版；黄庭坚《豫章黄先生文集》卷二十九，涵芬楼民国影印本。

的作品。

宣和年间，根据徽宗授意，蔡京等人主持修撰《宣和画谱》这一中古绘画鉴藏史上的集大成之作，书中收录了大量米芾同时代人的作品（如李公麟107幅，王诜35幅，宋迪31幅，文同11幅），对米芾本人却只幅未收。高宗赵构虽刻就《绍兴米帖》十卷行世，而其《中兴馆阁储藏》也只收录了米氏的一件"花鸟杂画"。

首先，如果米芾真是一个训练有素、能以创作为基础而临画乱真的杰出画家，其作品在当时又有广泛影响，那么，上述情况就不会出现。

米芾的绘画作品（同其书法作品一样），受到了历代藏家的高度重视和极力网罗。通过对宋元间众多藏家鉴藏成果的整理，我们排列出附表（见本文后面）。从中不难看出，见于记载的米芾画作本来就相当稀少。无怪乎南宋鉴赏家邓椿要发出"然公字札流传四方。独于丹青，诚为罕见"[1] 的感慨了。清代学者翁方纲著有《米海岳年谱》，以他数十年考据之功，也未能对米芾的画作作出肯定回答。鉴定名家启功先生更谓："世传米画者若干，可信为宋画者无几，可定为米氏者又无几，可辨为大米者，竟无一焉。"[2] 在此，我们自然没有必要去蹈入"无米论"的漩涡。也无须对表中作品之真伪优劣作具体的评判，仅就其作品的数量来看，区区20来幅画作，不但与米氏书目庞大的书作对比悬殊，更难有力地证明其临画乱真的杰出画家的身份！

其次，从米芾对书与画的不同态度看，米芾临画乱真的可能性同样应予怀疑和否定。

客观地看，中国书画系出同源，在骨法用笔、布局设色等方面，二者也确有共通之处。但是，书法与绘画毕竟是两个自成体系的艺术门类。它们在某种程度上的共通，并不能取代其所固有的差异性。因此，要想成为一个书、画均臻极境的艺术家，就必须经过书、画两方面规范谨严的训练。

米芾尝自称"老来书兴独未忘"、"自对翰墨卿，一书当千户"[3]，在

---

① 邓椿：《画继》卷三《轩冕才贤》，人民美术出版社2004年版。
② 启功：《启功丛稿》，中华书局1981年版，第289页。
③ 米芾：《书史》，台北商务印书馆1986年版。

《跋秘阁法帖》中也明确表示自己"愿独好古人笔札"。关于个人的兴趣爱好与学习书法艺术的关系，他更认为："学书须得趣，他好俱忘，乃入妙；别为一好萦之，便不工也。"① 在他看来，只有培养起专一的兴趣和爱好，才能进入书法艺术的至高境界；如果混杂有其他爱好的干扰，便不能功成名就。对学习书法而言，绘画无疑当属"他好"之列。米芾本人身体力行的，也正是他自己的艺术主张，他全身心地投入了书法艺术，而将绘画等其他艺术门类放到了次要地位。下面的资料显示了同样的信息：

苏耆家兰亭三本……第二本……以王维雪景六幅、李主翎毛一幅、徐熙梨花大折枝易得之。

吕公孺处李邕三帖……第三碧笺胜和贴……余以六朝画古贤、韩马、银博山、金华洞天石、古鼎、复忘记数种物，易得于其孙端问。

刘瑗……尝爱吾家顾恺之净名天女，欲以画易。吾答以"如有子敬贴，便可易。"

（以上资料均见《书史》）

余家收古画最多，因好古帖，每自一轴加至十幅以易帖。大抵一古帖，不论费用及他犀玉琉璃宝玩，无虑十轴名画……

（《画史》）

在米芾心目中，一幅古帖的价值竟远超十轴名画。以如此重书轻画的态度进行绘画创作，要做到以创作为基础而临画乱真是难以成功的。

在书法创作的基础上，米芾为后世留下了大量的书学心得，这些心得体现了智慧与实践的完美结合，是真正的书家论书②。与书法相较，他在绘画方面的论述则大不一样。后人辑录《海岳名言》，旨在集中阐述米氏艺术心得之精华，然该著所收言论，竟无一条涉及绘画。遍检米氏他著，我们也只能从《画史》等书中找到一些鉴赏意见——而非绘画创作体验的长期积累且高度升华后的深刻见地。透过米芾自己的记载，我们可以清楚地看到他的学书历程，并洞见其书法艺术的诸多相关方面；而相应的绘

---

① 米芾：《海岳名言》，洪玉谟评注，上海书画出版社1987年版。

② 参阅米芾《海岳名言》，（南宋）韩侂胄：《群玉堂帖》，上海书画出版社1982年版。

画方面的情况则如在雾中。对米芾这样一位乐于对自己的艺术活动广作记载，而这些记载又得以完整保留下来的艺术家来说，其学画历程的含混不清，画学心得又欠精深，这难道还不是他精于书法而疏于绘画的明证吗？

再次，从绘画风格上看，米芾也不可能临画乱真。

先看山水画。在《画史》中，米芾对自己的山水创作作如是说："山水古今相师，少有出尘格者，因信笔作之，多烟云掩映，树石不取细，意似便已……更不作大图，无一笔李成、关同俗气。"① 潘天寿先生研究认为："他（指米芾）画的云山烟树，虽宗王洽，点笔破墨，似出董源，然实从行草书中得来。"② 宋人赵希鹄更谓米："其先本不能作画：……其作墨戏，不专用笔，或以纸筋，或以莲蓬，或以蔗□，皆可为画。"③ 米氏的忠实崇拜者董其昌也说："宋人中米襄阳（芾）在蹊径之外，余皆从陶铸而来。"④ 可见，米芾山水得"天趣"而无师承，是人们公认的事实。

米芾的"意似便已"的标新立异之作，今天已无从见到。但我们知道，米芾与其子米友仁以山水创作并称"二米"于画坛，此类父子并称的实际意义恰恰就在于二者创作风格上的高度统一（如"二王书"之俊美流畅，"大小欧阳书"之险劲刚健，"大小李将军画"之金碧辉煌）。从宋元人的记载看，"二米"的山水也确曾有着诸多的共通之处。因此，在米芾画作真迹难见的情况下，用米友仁的现存作品来反证和说明米芾山水的基本风貌，是可行的。

结合米友仁的现存作品如《潇湘奇观图》、《云山墨戏图》等来看，"二米"的所谓"墨戏"云山，是以水墨横点（落茄点）为基本表现技法，采用破墨、积墨、焦墨等多种手段晕、染而成的。它来源于自然，又直观地再现自然。创作上，讲求天真烂漫的用笔效果，对传统绘画所强调的骨法用笔、布局设色等则绝少顾及。事实上，"米家山水"的这种以点代线、以晕代皴的创作方式，已完全突破了传统山水皴擦晕染、线勾色填的基本格局，堪称中国山水画表现方法上的一大创新。有人目之为山水画之"别派"，甚为中肯。米芾是"米家山水"的始作俑者，我们有理由相

① 米芾：《画史》，商务印书馆 1936 年版。
② 潘天寿：《中国绘画史》，中国书店 1988 年版，第 19 页。
③ 赵希鹄：《洞天清禄集》，商务印书馆 1939 年版。
④ 董其昌：《画旨》，毛建波校注，西泠印社出版社有限公司 2008 年版。

信，他的处于尝试阶段的山水创作，与米友仁相比，在技法和创意等方面应呈现出更多的随意性与不稳定性。要以这种"别派"山水的方式去"临移"他人画作以乱真，显然是不可能的（舍此之外，米氏父子并无其他类别的山水作品行世）。

再看花鸟画。米芾虽未对自己的花鸟创作多作表白，但他的"枯木松石，时出新意"① 的作品，南宋大鉴赏家邓椿却有幸见到过两幅："其一纸上横松梢，针芒千万，攒错如铁……其一乃梅、松、兰、菊相因于一纸之上，交柯互叶而不相乱，以为繁则近简，以为简则不疏。"② 另据记载，米芾尚有在书法作品中作画的习惯："（芾）一日以书抵鲁公（蔡京），诉其流落，且言举世百指，行至陈留，独得一舟大如许，遂画一艇子行间。"③ 尤为难得的是，这类近乎游戏的作品竟有一件幸存下来，它便是著名的《珊瑚帖》（参见图1）。对此帖，王连起先生曾作了精彩描述："真迹，原帖纸本，行书信札，谈所见名画及珊瑚笔架事，此公信笔写来，至得意处，笔势凌厉飞动；真如黄山谷所评：'如快剑斫阵，强弩射千里'。中间又恐文字不能达意，竟随意画出一个带座的珊瑚笔架，并旁书'金座'二字，又自书诗一首。"最后，王氏感慨道："这大概是米南宫画的唯一真迹了！"④ 对米芾的此类花鸟杂画，邓椿的评价是："今古画松，未见此制……实旷代之奇作也。乃知好名之士，其欲自立于世者如此。"⑤ 至于书中作画，更是亘古未有之举。如此风格的作品，不但与北宋以前的花鸟正宗有着天地之别，即与南宋后兴起的写意花鸟相比也大相径庭。要以这种笔墨游戏的方式去"临移"他人花鸟画作以乱真，显然也是不可能的。

最后看人物画。吴道子以倡导简笔、创意水墨而雄踞于唐，李公麟开"白描"一派继起于宋。对此两位世所景仰的人物画大师，米芾却根本不屑一顾，他的人物画的创作规范正是在极度贬斥吴李两家的基础上建立起来的："李公麟病右手三年，余始作画。以李尝师吴生，终不能去其气。

① 汤垕：《画鉴》，人民美术出版社 1959 年版。
② 邓椿：《画继》卷三，人民美术出版社 2004 年版。
③ 蔡绦：《铁围山丛谈》卷四，冯惠民校，中华书局 1983 年版。
④ 王连起：《〈快雪堂法书〉帖考》，《故宫博物院院刊》1991 年第 4 期。
⑤ 邓椿：《画继》卷三，人民美术出版社 2004 年版。

余乃取顾高古，不使一笔入吴生。又李笔神采不高，余为目睛面文骨木，自是天性，非师而能，以俟识者。唯作古忠贤像也。"① 种种迹象表明，米芾的所谓"取顾高古"、"唯作古忠贤像"的人物创作，其题材与范畴应与东晋末至初唐（尤其是六朝）时期反映忠贤孝节、列女仁智的人物创作主题相一致。那么，他是否真按自己所罗列的规范进行了大量创作并有可能于此"临移"乱真呢？笔者认为没有，理由如下：

（1）晋宋六朝时期，人物画的主流是以工整细密、极富装饰性和以古意著称的"铁线描"作品。创作此类作品，必然先以均匀的线条准确无误地精勾细描以确立人物的形体和形象，在此基础上，再进行循环往复的着色烘染，一而再，再而三，既耗时，又费力，更须具有高超的训练有素的笔墨技巧。然而，在对米芾绘画的总体考察中，我们却不能肯定他确有如此深厚的艺术功力。又，米氏自言，其人物画创作始自李公麟病右手三年之后。考李公麟病右手当在元符三年（1100）②，是年米氏整 50 岁，三年后他 53 岁，距去世仅四年。仅仅用四年的短暂时间来从事人物画的学习和创作，显然不会有太高的成就，也只能是"自是天性，非师而能"了。要想以如此的创作去"临移"规范谨严的"古忠贤像"以乱真，怎么可能呢？

（2）据米芾所言，其人物作品要"以俟识者"。何为"以俟识者"？最明白的解释莫过于此类作品不为时人所理解了。众所周知，唐宋以降，晋宋六朝时期的人物画一直受到藏家和评论家的高度重视，片巾尺幅，莫不奉若拱璧。假如米芾的人物创作真能符合六朝规范的话，何来"以俟识者"之谓？既然他的创作连获得时人认可的最起码要求都不具备，又何来"临移"乱真之说？

（3）在《画史》中，米芾又说："余尝与李伯时言分布次第，作《子敬书练裙图》，图成乃归权要，竟不复得。余又尝作支、许、王、谢于山水间行，自挂斋室。"这里有三点值得注意：其一，米芾是否真会与李公麟理论分布次第（他是极不屑于吴、李画风的）。其二，《子敬书练

---

① 米芾：《画史》，商务印书馆 1936 年版。
② 脱脱等：《宋史》卷四四四《文苑六·李公麟传》云李氏："元符三年病痹，遂致仕"，中华书局 1977 年版。

裙图》到底归了哪位权要，米芾没有明言，史书上也未见其他记载，因而无可查证。其三，米芾所谓的"自挂斋室"的作品，更是人所未见①。那么，这种孤立的记载可靠吗？退一步说，如果米芾真的创作了大量具有乱真水准的"古忠贤像"，以人物画为第一收藏对象的《宣和画谱》又为何不将其录而藏之！

二

我们知道，摹制一幅画作而至乱真和创作一幅画作本身是有本质区别的：创作行为是作者长期功力积存的短期释放，具有深思熟虑后的随意性。摹制画作则不然，它是一种纯机械化的技术行为，必须绝对忠实于原作，不能有丝毫逾越之处，制作者因难以自由发挥而备受限制。为了达到乱真的目的，大量细致而繁复的工作是在所难免的：精确的勾勒描摹，比原作更为复杂的皴擦晕染，恰到好处的做旧，等等。这些工作除需要训练有素的娴熟技巧外，更得耗去制作者大量的时间和精力，少则十天半月，多则数月（乃至数年）之功，方能克就②。

将摹制行为的特点和米芾本身的情况联系起来看，米芾以摹制的方式而临画乱真去换他人藏品的可能性仍应予以怀疑和否定。

（1）米芾得皇室优遇，居官清闲，生活富足，终身徜徉于艺术海洋之中，是一个地道的艺术家。这就使他与众多靠作假谋生的下层工匠有了本质区别。就现存米临王献之《中秋帖》、《鹅群帖》和颜真卿《湖州帖》等作品来看，米氏之临书乱真，确是以书法修养为基础的"创作"。从某种意义上讲，用这种方式去换他人法书藏品的行为是能够被人们所谅解的，苏轼、杨次翁等人的善意调侃可以明证（详后）。摹制画作则不然，它涉嫌欺骗或有盈利目的（官方行为除外），历来被看作是下流匠人的行为而为清流所不齿：以米芾艺术家之清高，他是否真会堕落到匠人的地步去摹制画作，这本身就应予怀疑。

---

① 从现有资料看，尚没有任何一位与米芾同时期的鉴赏家能够肯定确曾见过米氏的人物画作品。南宋邓椿在评定米芾的人物画创作时，所引证的资料也仅仅是米芾本人的上述记载而已。

② 参阅冯忠莲《古书画副本摹制技法》，紫禁城出版社1993年版。

（2）摹制古书画是一种技术性很强的工作，要达到形神兼备、以假乱真的理想境地，必须具有较高的专业水准。米芾是否具备这种功力，我们不得而知。《画史》中，米芾有云："大抵牛马、人物，一模便似；山水摹皆不成。""大抵"者，大概也，并非肯定语气。米氏的这类记载，与他关于临书乱真的诸记载相比，既无明确的时间、地点，也未注明"临移"对象（何人何作），很可能只是随口一说，并不可靠。

（3）时至今日，尚没有任何一位鉴赏家能够肯定米芾确曾有过任何一幅足以乱真的临摹画作存在。而我们知道，所有复制手段都不可避免地存在着弱点，临摹作品的乱真与否实际上是一个相对的概念。以米芾之于书、张大千之于画的深厚功力，其所谓"临移"乱真之作尚能为识者所勘破。如果米芾真的制作了大量"古画"，他的此类"作品"又怎能经历历代藏家而不露出蛛丝马迹？

（4）在中国历史上，像米芾一样酷好书、画的鉴赏家大有人在，其中如赵孟頫、沈周、董其昌等更是举世公认的艺术大师——就画学修养而言，他们临古之多、功力之深，恐怕都在米氏之上。赵沈诸家尚且未能进入临画乱真的至高境界，米芾又何以优入圣域？以摹制论，如果仅凭勾摹的方法与技巧就能"临移"乱真，那么，号称能够"临移"乱真的人物又该有多少？

三

米芾能够"临移"他人书、画而至乱真的说法由来已久。探讨其历史渊源，将有助于问题的进一步解决。

苏轼、蔡肇、庄绰等人均为米芾之友①，他们的记载当具有权威性：

《次韵米黻二王书跋尾二首》
其一："三馆曝书防蠹毁，得见来禽与青李，

---

① 苏轼与米芾为友，世所共知。蔡肇字天启，徽宗时为吏部员外郎，工山水人物，元丰（1078—1185年）初年即与米芾相识，交往达30年（见蔡肇《米元章墓志铭》）。庄绰字季裕、曾摄襄阳尉，与米芾、晁补之为友（见《中国历史大辞典·宋史》，上海辞书出版社1984年版，第137页）。

青池春蚓久相杂，野鹜家鸡定谁美。

玉函金龠天上来，紫衣敕使亲临启，

纷纶过眼未易识，磊落挂壁空云委。

归来妙意独追求，坐想蓬山二十秋，

怪君何处理此本，上有桓玄寒具油。

巧偷豪夺古来有，一笑谁似痴虎头，

君不见长安永宁里，王家破垣谁复修。"

其二："元章作书日千纸，平生自苦谁与美。

画地为饼未必似，要令痴儿出馋水。

锦囊玉轴来无趾，粲然夺真疑圣智。

忍饥看书泪如洗，至今鲁公余乞米。"

（苏轼《东坡集》卷十七）

公讳芾，字元章……刻意文词，不剽袭前人语，经奇蹈险，要必已出，以崖绝魁垒为工。作字遒劲，更忱（沈）著，雅有晋唐风流，尤善临摹，至能乱真。其画山水人物，自成一家，尺槏寸楮，人以为玩。

（蔡肇《米元章墓志铭》）①

米芾元章……善书，尤工临模，人有古帖，率多为其假去模易真本，至于纸素破汙，皆能为之，卒莫辨也。

（庄绰《鸡肋编》卷上）

在以上三家可靠性较高的史料中，庄绰仅就米芾的临书乱真作了认定，清楚明了，无须多论。蔡肇对米氏艺术的记载，是本着先诗文、后书法、再绘画的顺序进行的，其"尤善临摹，至能乱真"一句，置诸书法之下、绘画之上，显指书法无疑，并未涉及绘画。实际上，苏轼的相关记载也只肯定了米芾能够临书乱真，而不涉及其绘画问题。对此，须略作说明。

（1）苏轼之诗，明确题名为《次韵米黻二王书跋尾二首》，和的是米芾对"二王"之书法作品所作的题跋。考《宝晋英光集》、《书史》、《海

---

① 《丹徒县志》编纂委员会：《丹徒县志》，江苏科学技术出版社1993年版。

岳名言》等所载米跋，直接涉及"二王"书者不少，但所跋的都是"二王"书法之相关作品的风格特点及流传鉴赏情况，并未涉及米氏本人或他人的绘画问题。又，从现有资料看，米芾确能临移"二王"及颜真卿等家之书作以乱真，这与诗中的主要内容"君不见长安永宁里，王家破垣谁复修"、"忍饥看书泪如洗，至今鲁公余乞米"等遥相契合。因此，苏和米跋，极有可能只是有感于米芾能够临移"二王"及颜氏等家书作以至乱真而发。

（2）苏诗中"巧偷豪夺古来有，一笑谁似痴虎头"，"画地为饼未必似，要令痴儿出馋水"二联，颇多歧义，极易使人误解为言及米芾临画乱真问题。实则不然。众所周知，"虎头"是东晋大艺术家顾恺之的小名，顾氏以其"才绝、画绝、痴绝"而在后世文人的心目中占有崇高地位。正因如此，"虎头"一词便成了文人学士对顾氏特定而亲敬的称谓。"虎头痴"更成了人们津津乐道的典故——但值得注意的是，此典的中心寓意实在于顾氏之"痴绝"，而与其"画绝"、"才绝"并无直接关系①。从诗文本身来看，"痴虎头"所要吟咏的对象，即"巧偷豪夺"者；诗题既名《次韵米黻二王书跋尾二首》，则"痴虎头"（"巧偷豪夺"者）亦当指米芾。此人生性狂放，素以痴、癫名世，以顾痴喻米痴，正所得宜。又，对米芾之子友仁，苏轼呼为"痴儿"，庭坚复以"虎儿"称之②；友仁既为"痴儿"、"虎儿"，则米芾实当"痴虎头"之谓。综上观之，苏轼此诗，通过用典借指米芾无疑。"痴虎头"既已借指米芾，而"虎头痴"又不及顾画，则苏诗不言米画之意自明。"画地为饼"一句，语涉戏谑，本不足为据。

与上述三家看法不同，在米芾过世几十年后，关于他"临移"书、画均可乱真的记载才大量涌现出来。如：

> 米元章有嗜古书画之癖，每见他人所藏，临写逼真。
>
> （曾敏行《独醒杂志》卷上）

----

① 详参彭庆生、曲令训编著《诗词典故辞典》，书海出版社1990年版，第333页"虎头痴"条，第109页"痴绝"条。

② （宋）黄庭坚：《戏赠米元章二首》："虎儿笔力能扛鼎，教字元晖继阿章。"《豫章黄先生文集》卷九，涵芬楼民国影印本。

老米酷嗜书画，尝从人借古画自临榻，榻竟，并与真、膺本归之，傅其自择而莫辨也。

（周辉《清波杂志》卷五）

米元章书画奇绝，从人借古本自临榻，榻竟，并与临本、真本还其家，令其自择其一，而其家不能辨也。以此得人古书画最多。

（葛立方《韵语阳秋》）

元章好易他人书画，（杨）次翁作羹以饭之日："今日为君作河豚"。其实他鱼，元章疑而不食。次翁笑曰："公可无疑，此赝本尔。"因以讥之。

（陈鹄《耆旧续闻》卷九）

上引记载者中，以曾敏行（1118—1175 年）、周辉（1126—？年）二人为最早[1]。但二者也都出生于米芾死后的 10—20 年，当其能够著书立说时，距米氏故去已经三四十年了。显然，曾、周诸人都不可能亲见米芾临画乱真，他们又都未明言确曾见过米氏的"乱真"之作。也就是说，他们的上述记载，就只能是道听途说或因袭前人了。

从现有资料看，苏轼的《东坡集》、蔡肇的《米元章墓志铭》、庄绰的《鸡肋编》等均有可能成为曾、周诸人记载的资料来源。结合各种记载的上下文考察，我们便会发现，《清波杂志》、《耆旧续闻》的相关内容明显出于苏轼的《东坡集》，葛立方的《韵语阳秋》则很可能受到《清波杂志》的影响。事实证明，苏、庄、蔡等家对米芾能够临书乱真的记载是真实而可信的，对它们的援引不会产生问题。而苏轼的有关记载却易于在绘画方面产生歧义，对它不加分析的援引和演绎，极有可能导致失误。

米芾是一位杰出的艺术家，却并非严谨的学者。为了确立自己的艺术规范，更为了发泄自己不容于时俗的愤懑，他对自己和他人的艺术（尤其是绘画）评价有时抑扬过实，褒贬失当[2]，给后世的研究造成了混乱。曾、周诸人对米氏绘画及临画乱真问题的记载，也极有可能受此影响而产

---

[1]　曾、周而外，葛立方的《韵语阳秋》成书于 1163 年，《耆旧续闻》的作者陈鹄出生于 1125 年以后。

[2]　参阅陈传席《中国山水画史》（江苏美术出版社 1988 年版）之相关部分。

生失误。

晋宋六朝以前，中国书法之艺术性的觉醒要早于绘画。但自六朝伊始，历隋唐而至北宋，绘画艺术也获得了突飞猛进的发展，并达到了历史上的第一个高峰。北宋末年，以徽宗赵佶为首，更形成了阵容强大的艺术家集团。当此时，绘画艺术的文学性开始觉醒了，诗、书、画融合的趋势即将来临（开始仅仅是萌芽而已）。此时期的艺术家，只要他确实兼及了本行以外的其他艺术门类，他便有了被看作是该艺术门类之行家的可能。与书画发展的这一历史趋势相适应，早在唐代时，大鉴赏家张彦远即一再强调"故知书画用笔同法"①。宋人赵希鹄在肯定米芾"其先本不能作画"的同时还说："古人如孙太古，今人如米元章，善书者必能善画。"②到了元代，杨维祯在《图画宝鉴·序》中更断言："书盛于晋，画盛于唐，宋书与画同耳！"这种书画同举同提的评论方式，对评估米芾及其所处时代的艺术，无疑是有影响的。米芾既是诗文家，又是书学大师；既能临书乱真，又确确实实地进行了绘画实践。在这种特定的历史条件下，评定具有如此成就的米芾，因其能书而引申至能画，以致产生由临书乱真而引申至临画乱真，并最终导致书画均优的结论，也是不足为怪的。

最后尚须指出的是，在所有关于米芾艺术成就的史料中，以《宋史·米芾传》的记载最为详备，影响也最大。该传对蔡肇《米元章墓志铭》颇多继承，但因受其他记载所影响，而人为地将"尤工临移，至乱真不可辨"一句调整至绘画之后，遂成米芾"临移"书、画均可乱真之局，识者不可不鉴。尽管《宋史》本传对米芾的"临移"乱真问题失于审慎，但其关于米氏"特妙于翰墨，沈著飞翥，得王献之笔意；画山水人物，自名一家"的记载，却充分肯定了米书成就高于米画、米画自成体系这一基本事实，仍不失为信史。

通过以上考察，我们可以得出这样的结论：（1）世传米芾能够临画乱真的说法存在着严重失误，应予以否定。（2）米芾作为传统意义上的训练有素的画家的身份值得进一步探讨。他虽确确实实地进行过绘画实践，但种种迹象表明，他作画也不过是文人墨客茶余饭后的一种消遣而

---

① （唐）张彦远：《历代名画记》，尚剑华注译，江苏美术出版社 2007 年版。

② （宋）赵希鹄：《洞天清禄集》，商务印书馆 1939 年版。

已；从某种意义上说，米画只能算作是其书法修养的自然延伸，并未上升到与书法同等的地位。与米芾同时代的艺术家苏轼、蔡襄等人也存在着类似情况，他们对中国绘画的贡献，不在于艺术功底之深厚，而在其实践与理论的开创性。

米芾的一生充满了神秘而浪漫的色彩，其出众的才艺，潇洒的风姿，特立独行的个性，引起了后世文人的浓厚兴趣——顶礼膜拜者有之，为尊者讳者有之，妄加评论者亦大有人在。明清而后，以董其昌为代表的"文人画"家和理论家为了某种需要，又不加分析地对米芾的言论加以继承和传播。凡此种种，均对有关米芾艺术的一些不正确说法起到了推波助澜的作用。在漫长的历史沉淀中，要去伪存真，诚为不易。本文虽力图还历史以本来面目，惜水平有限，不当之处，敬请方家指正。

附表

见于宋元间记载的米芾画作综览

作品名称	相关着录
《跋自画云山图》	《海岳题跋》
《子敬书练裙图》	《画史》、《画继》卷三
支许王谢于山间行	《画史》、《画继》卷三
花鸟杂画两幅	《画继》卷三
花鸟杂画一件	《中兴馆阁储藏》
《下蜀江山图》	《芦川归来集》卷九
《朱文公文集》卷八十四	
老米《暮景》	《自堂存稿》卷四
跋米老画	《渭南文集》卷二十九
《楚山图》	《中州集》已集第六
《芦雁图》《雪山图》	《秋涧先生大全集》卷二十六、卷八
《山水》	《青山集》
《海现庵图》	《闻过斋集》卷七
《草堂雅集》卷一	
《自画宅图》	《云烟过眼录》
自画自书天衣禅师第二碑	《云烟过眼录》

续表

作品名称	相关着录
题米芾小景	《铁崖诗集》已集
《云山图》	《静居集》卷二
《云烟叠嶂图》	《静休先生文集》卷十三

说明：此表主要依据《佩文斋书画谱》、《宋、辽、金画家史料》二书制成，同时参考翁方纲《米海岳年谱》、朱家缙《大米和小米》和徐邦达《历代书画编年表》的相关部分。表中诸图，有可能存在着同图不同名的收录情况，乞识者指缪。图名相同而见于不同记载者，暂列为一条。另，明清时期米芾的画作大量"冒"出，因其中过多地掺入了他人作品，真伪难辨，故不列人。

原载《南开学报》1997 年第 2 期

元青花的考古发现和研究述评

袁胜文

自波普博士对大维德基金会那对至正十一年云龙象耳瓶的研究开始，元青花就成为学者们关注的重要课题，新中国成立后窖藏和墓葬等考古出土资料也成为元青花研究不断深入的催化剂，可以说，元青花研究的每一步深入和进展都与考古发现息息相关。

一　元青花的考古发现

新中国成立以来考古发掘出土的元青花资料主要来自四个方面：窖藏、墓葬、遗址和窑址。

（一）窖藏

自新中国成立至今，出土有元青花的窖藏大致有 16 处，共出土元青花 84 件。具体情况如下：

江苏丹徒窖藏

1962 年 9 月，江苏省丹徒县大路公社发现一处窖藏瓷器。共出土瓷器 26 件，其中有 6 件元青花高足杯，5 件绘梅月纹，1 件绘松竹。①

河北保定市窖藏

1964 年 5 月，保定市发现一处元代窖藏，共出土瓷器 11 件，其中 6 件元青花，分别是青花釉里红开光镂花大罐 2 件、青花海水龙纹带盖八棱

---

① 刘兴：《江苏丹徒元代窖藏瓷器》，《文物》1982 年第 2 期。

梅瓶 2 件、青花八棱玉壶春小瓶 1 件、青花八棱执壶 1 件。①

江苏金坛窖藏

1966 年 4 月，江苏金坛县发现一处元代窖藏。出土 1 件青花云龙纹大罐，罐口盖一夹层大银碗，罐内藏各种银器 50 余件。②

北京旧鼓楼大街窖藏

1970 年，元大都考古队在北京旧鼓楼大街豁口东发掘一处院落时，发现一处瓷器窖藏。出土青花 10 件，其中有 1 件凤头扁壶和 2 件缠枝石榴花盏托。③

河北定兴窖藏

1972 年 4 月，河北定兴县发现一处元代窖藏。出土了 1 件青花凤纹高足碗和 1 件青花梅月纹高足碗。④

内蒙古林西窖藏

1972 年 10 月，内蒙古林西县发现一处元代窖藏。共出土瓷器 12 件，其中青花 7 件，包括青花缠枝莲纹扁壶 1 件、青花鸳鸯纹盘 2 件、青花龙纹盘 1 件、青花菊纹高足杯 1 件、青花龙纹高足杯 1 件、青花凤纹高足杯 1 件。⑤

新疆伊犁霍城窖藏

1976 年春，新疆伊犁地区霍城县某团农场的农田中距地表 30 厘米之下发现一批瓷器，出土时多残破，大部分无法复原。瓷片中有龙泉、枢府、磁州窑、钧窑和景德镇的产品，其中有 1 件青花双凤纹高足碗。⑥

内蒙古赤峰窖藏

1978 年 4 月，内蒙古自治区赤峰县发现一处元代窖藏，出土青花龙纹高足杯 5 件。⑦

①　河北省博物馆：《保定市发现一批元代瓷器》，《文物》1965 年第 2 期。
②　肖梦龙：《江苏金坛元代青花云龙罐窖藏》，《文物》1980 年第 1 期。
③　中国科学院考古研究所、北京市文物管理处、元大都考古队：《元大都的勘查和发掘》，《考古》1972 年第 1 期。
④　河北省文物研究所：《河北定兴元代窖藏文物》，《文物》1986 年第 1 期。
⑤　林西县文物管理所：《内蒙古林西县元代瓷器窖藏》，《文物》2001 年第 8 期。
⑥　新疆博物馆：《新疆伊犁地区霍城县出土的元青花瓷等文物》，《文物》1979 年第 8 期。
⑦　唐汉三、李福臣、张松柏：《内蒙古赤峰大营子元代瓷器窖藏》，《文物》1984 年第 5 期。

内蒙古呼和浩特市保合少窖藏

1980 年，内蒙古呼和浩特东郊保合少乡发现一处元代瓷器窖藏，出土瓷器 40 余件。其中有 1 件青花梅草纹高足杯。①

江西九江高安窖藏

1980 年 11 月，江西九江发现一元代窖藏，共出土器物 245 件，其中瓷器 239 件，有 19 件元青花，计有高足杯 10 件，云龙纹盖罐 1 件，云龙纹荷叶盖罐 2 件，云龙纹带盖梅瓶 3 件，缠枝牡丹如意云肩纹梅瓶 2 件，蕉叶纹花觚 1 件。②

安徽歙县窖藏

1982 年 3 月，人民银行歙县分行在基建施工中发现一处元代窖藏。窖藏出土 54 件瓷器，仅有 1 件青花云龙纹高足杯。③

江苏句容窖藏

1985 年 5 月，江苏句容县城东发现一处元代瓷器窖藏，出土青花云龙盖罐 1 件，青花云龙梅瓶 2 件。④

江西萍乡窖藏

1985 年 9 月，江西萍乡市发现一处元代窖藏，出土瓷器 29 件，其中有青花瓷器 10 件，计有菊花纹双耳带座香炉 1 件、梅花纹带座香炉 2 件、奔兔纹匜 1 件、飞凤纹高足杯 1 件、花卉纹碗 5 件。⑤

浙江杭州窖藏

1987 年 10 月 6 日，浙江省杭州市发现一座瓷器窖藏。共出土瓷器 54 件，其中青花 1 件，为笔架水盂。⑥

四川三台窖藏

1992 年 1 月 18 日，四川三台市发现一处元代窖藏。共出土瓷器 11

---

①　李彩萍：《呼和浩特东郊保合少出土窖藏金元瓷器》，《内蒙古文物考古》1994 年第 1 期。

②　刘裕黑、熊琳：《江西高安县发现元青花、釉里红等瓷器窖藏》，《文物》1982 年第 4 期。

③　叶涵銎、夏跃南、胡承恩：《歙县出土两批窖藏元瓷珍品》，《文物》1988 年第 5 期。

④　陈世华：《句容出土元代青花瓷器》，《东南文化》1991 年第 3 期。

⑤　萍乡市博物馆：《萍乡市发现元代青花瓷器等窖藏文物》，《江西历史文物》1986 年第 1 期。

⑥　桑坚信：《杭州市发现的元代瓷器窖藏》，《文物》1989 年第 11 期。

件，其中有青花折枝菊纹象耳瓶 2 件、青花缠枝牡丹纹双耳炉 1 件。①

内蒙古集宁路元代窖藏

2003 年内蒙古集宁路古城遗址有三处窖藏出土了元青花，这三处窖藏是 J19、J24、J39。J19 出土瓷器 40 件，其中有 1 件青花小盏。J24 出土瓷器 9 件，其中有青花云龙纹高足杯 2 件，青花云凤纹高足杯 3 件，青花缠枝菊花纹高足杯 1 件。J39 出土青花梨形壶 1 件。②

（二）墓葬

元代墓葬资料不是很多，其中出土有元青花的更少。还有些明初墓葬中也出土有元青花。

1959 年，江苏南京江宁县东善桥乡观音山明沐晟墓出土一件梅瓶，绘萧何月下追韩信故事，此墓下葬时间是明正统四年（1439 年）。③

1960 年，江苏南京中华门外 6 号明墓出土青花大碗 1 件，此墓下葬时间为明永乐十六年（1418 年）。④

1970 年，南京市区北郊中央门外明汪兴祖墓出土青花高足碗 1 件，此墓下葬时间为明洪武四年（1371 年）。⑤

1971 年，北京德胜门外元墓出土青花钵 1 件。⑥

1971 年，湖南常德县元墓出土青花盘 2 件。⑦

1973 年，安徽蚌埠市明汤和墓出土青花罐 1 件。⑧

1975 年，江西波阳县元墓出土青花带座梅瓶 2 件。⑨

1975 年，江西九江延祐己未年（1319 年）元墓出土青花塔盖瓷瓶 1 件。⑩

1978 年，浙江杭州市至元丙子年（1336 年）元墓出土青白釉观音坐

---

①　景竹友：《三台出土元代窖藏》，《四川文物》1993 年第 6 期。

②　陈永志：《内蒙古集宁路元代古城出土的青花瓷器》，《文物天地》2004 年第 12 期。

③　南京市文物保管委员会：《南京江宁县明沐晟墓清理简报》，《考古》1960 年第 9 期。

④　南京市文物保管委员会：《南京中华门外明墓清理简报》，《考古》1962 年第 9 期。

⑤　南京市博物馆：《南京明汪兴祖墓清理简报》，《考古》1972 年第 4 期。

⑥　冯先铭：《我国陶瓷发展中的几个问题——从中国出土文物展览陶瓷展品谈起》，《文物》1973 年第 7 期。

⑦　同上。

⑧　蚌埠市博物展览馆：《明汤和墓清理简报》，《文物》1977 年第 2 期。

⑨　唐昌朴：《江西波阳县出土的元代瓷器》，《文物》1976 年第 11 期。

⑩　九江市博物馆：《元代青花牡丹塔盖瓷瓶》，《文物》1981 年第 1 期。

像 3 件，坐像的发、眼、眉、服饰的突出部位施有青花。①

1979 年，江西丰城县"大元至元戊寅"（1338 年）元墓出土青花釉里红四神盖罐 1 件、青花釉里红楼阁式瓷仓 1 件。②

1986 年，江西上饶市元墓出土青花玉壶春瓶 2 件。③

1988 年，江西九江至正十一年（1351 年）元墓出土青花双耳连座香炉 1 件。④

1991 年，江苏淮安成化六年（1470 年）墓出土元青花盖罐 1 件。⑤

1991 年，江苏南京南郊明永乐八年（1410 年）墓出土元青花梅瓶 1 件。⑥

（三）遗址

从已发表资料看，出土有元青花的遗址主要有以下四处：

北京元大都后英房遗址

1965—1972 年，元大都考古队先后发掘了位于今北京西直门里后英房胡同西北的后英房元代居住遗址，在遗址中发现青花觚 1 件，青花葵花盘 1 件。⑦

江苏扬州宋大城北门水门遗址

2004 年 3—5 月，江苏扬州唐城考古队对扬州宋大城北门水门遗址北段进行抢救性发掘，揭露出水门北段的东西石壁、东壁滑槽、门道、摆手、局部驳岸等遗迹以及河床中的木桩、木板、擗石等，在河道元代沉积层中出土大量瓷器碎片和一些较完整的瓷器，瓷片以龙泉窑、景德镇窑、磁州窑为主，也有吉州窑、钧窑、宜兴窑等窑口产品。其中出土 2 件元青花高足杯，1 件饰龙纹 1 件饰寿字。⑧

① 冯先铭：《有关青花瓷器起源的几个问题》，《文物》1980 年第 4 期。
② 杨后礼、万良田：《江西丰城县发现元代纪年青花釉里红》，《文物》1981 年第 11 期。
③ 陈国顺、谢昕：《上饶市出土两件元代青花玉壶春瓶》，《江西文物》1990 年第 2 期。
④ 吴水存：《江西九江发现元代青花瓷器》，《文物》1992 年第 6 期。
⑤ 刘桂山、陈锦惠、王锡民：《介绍一件元青花盖罐》，《文物》1991 年第 7 期。
⑥ 南京市博物馆：《南京南郊明墓清理简报》，《南方文物》1997 年第 1 期。
⑦ 中国科学院考古研究所、北京市文物管理处元大都考古队：《北京后英房元代居住遗址》，《考古》1972 年第 6 期。
⑧ 中国社会科学院考古研究所、南京博物院、扬州市文物局江苏扬州唐城考古队：《江苏扬州宋大城北门水门遗址发掘简报》，《考古》2005 年第 12 期。

内蒙古包头燕家梁遗址

1979 年之前，该遗址曾出土青花缠枝牡丹纹罐 1 件。1983 年、1998 年两次试掘曾出土瓷片若干，其中可复原青花盘 1 件。2006 年 5—11 月发掘出土了大量瓷片，其中青花较多，可辨器形有碗、高足杯、高足碗、玉壶春瓶、壶、匜、托盘、梅瓶、瓶、罐等 10 种，约 86 件。其中，碗 23 件、高足杯 28 件、高足碗 3 件、玉壶春瓶 7 件、壶 4 件、匜 1 件、托盘 1 件、瓶 16 件、罐 3 件。①

山东济宁大运河遗址

2010 年 9 月，山东菏泽市国贸中心建筑工地发现一只古代沉船，出土龙泉窑、钧窑、磁州窑和景德镇窑瓷器若干，其中有 3 件元青花，一件为龙纹梅瓶，另一件为雁穿花纹花口平底盘（原文称为凤纹盘），再一件为鱼藻纹高足碗。②

（四）窑址

1965 年，刘新园在湖田窑发现元青花大盘残片，从 1972 年开始，景德镇陶瓷历史博物馆刘新园和白焜对湖田窑进行了清理和试掘，其中 1973 年清理出元代灰坑 1 处，坑中堆积有淘洗瓷土地粗渣，渣中有黑釉碗盏、卵白釉印花器，还有 9 件元青花残片。发掘者运用统计方法发现，元代堆积中，青花残器仅占残器总量的 0.45%，"综观南河南、北两岸出土地青花瓷器：绝大多数都为'苏麻离青'型颜料，据测试，其含锰量极低，含铁量较高，当为波斯料。南岸青花瓷器以大盘为主，约占青花残器的 70%，其盘的器底较厚，纹饰繁缛华丽，其中有蓝底白花，和伊朗、土耳其的传世品一致……北岸的青花则以高足杯、小酒杯为多，大盘仅见 2 件，纹饰简洁、疏朗、草率，和菲律宾出土地完全相同，经初步比较，南北两岸出土的元代青花瓷器都属于湖田窑元代后期的产品，但南岸的略早于北岸的"③。

1988 年 5 月，景德镇市区铺设地下电缆，景德镇陶瓷考古研究所在风景路（明御厂故址北端、即珠山北麓）马路正中心的一条款约 15 米，

① 内蒙古自治区文物考古研究所、包头市文物管理处：《包头燕家梁遗址发掘报告》，科学出版社 2010 年版，第 5—6、464—479 页。
② 王守功、张启龙等：《菏泽古沉船出土元代青花瓷》，《文物天地》2011 年第 1 期。
③ 刘新园、白焜：《景德镇湖田窑考察纪要》，《文物》1980 年第 11 期。

长约 11 米，深 15—18 米的狭长沟道中，发现一批形制特异的瓷器残片，其品类有卵白瓷、青花、蓝底白花、孔雀绿地青花、蓝地金彩以及孔雀绿地金彩等。经对合和复原，其器型有鼓形平顶盖罐、大盖盒、桶式盖罐等，其纹饰有双角五爪龙纹、变形莲瓣、杂宝、十字杵、姜芽海水、凤穿牡丹之类，以双角五爪龙纹为主，约占 90%。①

1999 年 7 月至 10 月，江西省文物考古研究所会同景德镇湖田窑陈列馆对湖田窑的一般性保护区域 H 区进行了发掘，布方 19 个，布方面积 1724 平方米，实际发掘 1321 平方米，清理遗迹 11 处，其中 T12 第二层出土了 5 片元青花瓷片，均不可复原。②

2002—2003 年江西省文物考古研究所对景德镇南河南岸（原 602 所子弟学校操场）湖田窑址进行了发掘，清理出元代龙窑（Y2）和灰坑（H8）各一处。龙窑残长 22 米，宽 34 米，窑头及窑尾均残，窑头朝东北，窑床坡度 15 度，窑壁局部残高 70 厘米，两侧建有用匣钵残片砌成的窑炉护墙，窑炉原有窑棚，并盖有棚瓦。窑床底部残存大量用于装烧的匣具以及煅烧青料的小型煅烧炉。窑内堆积出土了卵白釉筒瓦、白釉瓦当、釉里红凤纹滴水、黑釉高足杯及不少青元代白釉饼足碗，其中出土了元青花瓷片，据报告称这些青花为"伊斯坦布尔型"，推测该窑址可能是元代浮梁磁局的一处窑址，这也是迄今为止湖田窑清理出的第一条元代龙窑，也是目前发现的保存最完好的烧造元青花的龙窑。灰坑中出土有青白釉、卵白釉、白釉、黑釉、釉里红和青花器。青花料主要以国产料为主，也有少量进口料产品。③

经过景德镇陶瓷考古工作者近半个世纪的努力，现在已基本摸清了景德镇元青花窑址的基本情况，李一平最近就著文介绍了景德镇三处生产青花的窑址湖田窑址、落马桥窑址和珠山遗址的发现经过、产品特点及窑址的大致时间，文章认为，湖田南岸的遗物大而厚重，纹饰繁缛华丽，与伊朗、土耳其的传世品一致，而北岸的小瓶、小罐、小杯与菲律宾一带出土之物完全相同。落马桥至正地层出土的青花则主要是为了满足国内各地区

① 《景德镇发现一批元代官窑瓷器》，《光明日报》1990 年 9 月 14 日第 1 版。

② 江西省文物考古研究所、景德镇湖田窑陈列馆：《江西湖田窑址 H 区发掘简报》，《文物》2000 年第 12 期。

③ 徐长青、余江安：《湖田窑考古新收获》，《故宫博物院院刊》2004 年第 2 期。

各阶层及东南亚一带的普遍需求而制作的商品瓷……而珠山遗址则完全是为蒙元皇帝烧造的宫廷用瓷。①

另外，80 年代初唐昌朴还介绍过吉州窑发现宋元青花的消息。②

二　元青花的研究回顾

（一）元青花研究的历史分期

元青花的研究大致可以分为三个阶段，20 世纪 50 年代之前、20 世纪 50 年代至 70 年代末、20 世纪 80 年代至今。

20 世纪 50 年代之前，人们对于元青花的认识极为浅薄。文献中也仅有少数几条语焉不详的记载。如元人汪大渊《岛夷志略》中数次提到的"青白花瓷器"，是否就是今天的元青花，现在还有争论。③ 而关于元青花的直接记载则尚未发现。直到 1929 年英国人霍布逊发现带有至正十一年（1351 年）铭的青花云龙象耳瓶，此瓶颈部题款"信州路玉山县顺城乡德教里荆圹社，奉圣弟子张文进喜捨香炉、花瓶一付，祈保合家清吉，子女平安。至正十一年四月良辰谨记。星源祖殿，胡净一元帅打贡"。瓶身绘缠枝菊、蕉叶、飞凤、缠枝莲、海水云龙、波涛、缠枝牡丹、杂宝变形莲瓣等八层纹饰。据吕成龙考证，霍布逊和西雷等人在 1949 年之前曾先后三次发表了这对元青花资料，但未获得人们重视。④

1950 年，美国弗利尔艺术博物馆的波普博士考察了伊朗和土耳其收藏的中国青花瓷器，在他后来的研究著作中，他以前揭示至正十一年云龙纹象耳瓶为标型器，将土耳其和伊朗收藏的青花瓷器与之比较，将风格类似的都归为"14 世纪青花瓷器"，首次从早期青花瓷器中辨认出一批元青花，后来学者们就称这类青花为"至正型青花"。波普的研究掀起了元青花研究的高潮。这时期国内的研究，限于考古资料和国际环境，成果很

---

① 李一平：《景德镇元代瓷窑遗址概述》，《元青花研究》，上海辞书出版社 2006 年版，第 1—3 页。

② 唐昌朴：《江西吉州窑发现宋元青花瓷》，《文物》1980 年第 4 期。

③ 詹开逊：《"青白花瓷器"浅见（一）》，《南方文物》1984 年第 1 期；彭适凡、詹开逊：《"青白花瓷器"续考》，《江西文物》1990 年第 2 期。

④ 吕成龙：《元代青花瓷器识鉴》，《故宫博物院院刊》2004 年第 2 期。

少，主要是针对一些元青花考古新资料的介绍和初步整理。

20 世纪 70 年代中后期，随着一大批元青花考古资料的面世和唐青花、宋青花资料的发现，以及国际交流的加强，元青花研究飞速发展，学者们最初关注的焦点是青花起源，随着研究的不断深入，研究涉及元青花的类型、分期、性质、生产机构、纹饰、文化内涵、外销等方面，出现了不少富有创建的论文，如冯先铭在《有关青花瓷器起源的几个问题》[①]、刘新园《元青花特异纹饰与匠作院所属磁局与画局》[②]、汪庆正《元青花和明洪武瓷议》[③]、李辉柄《青花瓷器的起始年代》[④] 等等；有的陶瓷专著，如中国硅酸盐学会编《中国陶瓷史》[⑤]、张浦生《青花瓷器鉴定》[⑥]、叶佩兰《元代瓷器》[⑦] 等，也在相关章节对元青花进行了系统探讨。

（二）元青花研究涉及的主要问题

学者们对元青花及其相关研究主要集中在青花起源、元青花类型特征和产品性质、元青花的特殊纹饰、元青花与其他文化艺术的关系、元青花的生产工艺、元青花的外销等方面，其中不少问题至今仍聚讼不休。

1. 关于青花的起源

学术界对于元青花起源的认识是一个逐步深入的过程。

冯先铭是首位探讨青花起源的学者，他在《我国陶瓷发展中的几个问题——从中国出土文物展览陶瓷展品谈起》一文中，认为青花起源于元代，景德镇青花的技术来源自吉州窑的釉下彩绘，"一种情况是南宋末吉州窑停烧，窑工来到景德镇，另一种可能是永和镇的画工来到景德镇"，"吉州窑的技术又源自北宋末年磁州窑窑工南下"。刘新园《元青花特异纹饰与匠作院所属磁局与画局》则认为浮梁磁局画工来源于磁州窑。

1975 年，扬州唐城遗址出土了一片"唐青花"瓷片，这一发现推动了青花起源的探索。赵光林、王春成著文认为，中国青花起源于唐青花，

① 冯先铭：《有关青花瓷起源的几个问题》，《文物》1980 年第 4 期。
② 刘新园：《元青花特异纹饰与匠作院所属磁局与画局》，《景德镇陶瓷学院报》1982 年 10 月。
③ 汪庆正：《元青花和明洪武瓷议》，《景德镇陶瓷》1983 年第 1 期。
④ 李辉柄：《青花瓷器的起始年代》，《故宫博物院院刊》1995 年增刊。
⑤ 中国硅酸盐学会：《中国陶瓷史》，文物出版社 1982 年版。
⑥ 张浦生：《青花瓷器鉴定》，书目文献出版社 1995 年版。
⑦ 叶佩兰：《元代瓷器》，九州图书出版社 1998 年版。

经过宋代的发展，元代成熟。而景德镇之所以能烧造出成熟青花在于
"一方面景德镇工人已经积累了丰富的烧制影青瓷技术经验，因此在吉州
窑釉下彩绘技法的直接影响下，一旦掌握了青花料的性能就能很快烧制成
功高质量的青花瓷器；另一方面，也由于当地盛产优质瓷土，利于烧制精
瓷"①。文章提出元青花源于唐青花很有新意，但未能指出唐青花烧造地
点，也未能解决所谓宋青花的问题，而关于元青花烧造成功的原因，当是
因袭冯说。

《文物》1980 年第 4 期刊发了迄今为止唯一的"宋青花"资料②，为
唐青花说补上了空缺的一环，20 世纪 80 年代初，关于青花起源的探讨遂
成为陶瓷考古界的热门话题。

冯先铭在《有关青花瓷器起源的几个问题》一文中，首次利用"唐
青花"和"宋青花"最新考古资料，分析了中国陶瓷钴料和釉下彩绘的
技术传承，系统论证了元青花的技术源头是唐青花，而唐青花的产地为北
方的巩县窑，元青花在此基础上借鉴了元代丝织物的纹饰在元代中后期突
然发展成为今天所见成熟的元青花。其后他的遗著《青花瓷器的起源与
发展》完善了这个观点③。这个观点今天普遍为学者们所接受。如陈柏泉
《试谈青花瓷的创烧年代》④、欧阳世彬《釉上青花技术与青花的定义——
兼论青花的起源》⑤、赵光林《关于青花瓷器的起源和发展》⑥、罗学正
《青花瓷产生与发展规律探讨》⑦、周荣林《论景德镇元代"至正型"青
花瓷的成因》⑧ 都持此观点。

那么，元青花究竟何时创烧。汪庆正《元青花和明洪武瓷议》从纪
年元青花入手，认为青花是指胎质细腻、透明釉、彩色鲜艳的典型青花瓷
器，典型元青花瓷器的制作年代当在 1338 年至 1361 年。刘新园《元青花

---

① 赵光林、王春成：《试探青花瓷器的起源与特点》，《文物》1979 年第 8 期。
② 浙江省博物馆：《浙江两处塔基出土宋青花瓷》，《文物》1980 年第 4 期。
③ 冯先铭：《青花瓷器的起源与发展》，《故宫博物院院刊》1994 年第 2 期。
④ 陈柏泉：《试谈青花瓷的创烧年代》，《南方文物》1980 年第 4 期。
⑤ 欧阳世彬：《釉上青花技术与青花的定义——兼论青花的起源》，《中国陶瓷》1983 年第
5 期。
⑥ 赵光林：《关于青花瓷器的起源和发展》，《景德镇陶瓷》1984 年增刊。
⑦ 罗学正：《青花瓷产生与发展规律探讨》，《江西文物》1990 年第 2 期。
⑧ 周荣林：《论景德镇元代"至正型"青花瓷的成因》，《元青花研究》，上海辞书出版社
2006 年版，第 78—83 页。

特异纹饰与匠作院所属磁局与画局》认为，伊朗型或至正型前者烧造时间上限为 1325 年，即饶州路总管段廷珪董陶期间由浮梁磁局烧造，下限为 1352 年，即红巾军攻克浮梁那一年；菲律宾型即延祐型生产上限为1334 年，即顺帝罢浮梁磁局造作那年，工匠们生产自己的产品，下限为1368 年。余家栋《从江西近年出土的几件青花瓷器谈起》一文从几件元青花瓷器入手，经分析探讨，认为青花瓷起源于元代初中期景德镇①。吴水存《元代纪年青花瓷器的研究》也是通过对有纪年的元青花瓷器的分析，认为，"元代早期开始使用钴料，元青花创烧而趋于成熟应为 1338 年之前，达到成熟而作为外销是 1338—1352 年"②。李辉柄《青花瓷器的起始年代》认为，青花必须同时符合五项条件，所谓唐青花"胎质、胎色、釉色及青花的流散现象等，与青花瓷器所要具备的条件还相差甚远"。而所谓宋青花"从其青花特点上看也应当是釉上彩"，且从考古资料看，不具备普遍性，所谓出土早期元青花的至元丙子年元墓当为后至元无疑，故以上三说皆不成立。接着文章从文献及考古发现代元青白花瓷器的事实，认为"至正型元青花源于元代早期的延祐型青花，将元青花的起源提前到延祐六年是可行的"。

2. 关于元青花的特征和性质

国内学者对元青花的研究最初就是对其器形、纹饰、胎釉特征的归纳介绍。如冯先铭《十四世纪青花大盘和元代青花瓷器的特点》以故宫所藏的四件 14 世纪青花大盘为标本，通过分析它们的纹饰特点，总结了元青花纹饰的特点③。孙瀛洲《元明清瓷器的鉴定（续）》根据作者多年经验，从造型、胎釉、钴料呈色、纹饰和款识五个方面对元青花的特征进行了归纳。④

随着陶瓷考古的发展，尤其是一些窖藏和墓葬元青花资料的发现，学者们开始从考古学角度研究元青花。前揭冯先铭《我国陶瓷发展中的几个问题——从中国出土文物展览陶瓷展品谈起》一文，据新中国出土资

---

①　余家栋：《从江西近年出土的几件青花瓷器谈起》，《江西历史文物》1981 年第 4 期。

②　吴水存：《元代纪年青花瓷器的研究》，《江西文物》1990 年第 2 期。

③　冯先铭：《十四世纪青花大盘和元代青花瓷器的特点》，《文物参考资料》1959 年第 1期。

④　孙瀛洲：《元明清瓷器的鉴定（续）》，《文物》1966 年第 3 期。

料对元青花的分期和起源进行了探讨，将元青花分为早中晚三期，每期三十年左右，其中明初沐英墓、汪兴祖墓、叶氏墓和沐晟墓及北京德胜门外出土地元青花属于晚期，德胜门豁口、金坛窖藏、保定窖藏所出属元中期产品，唯一属于晚期的是河北定兴县窖藏出土的一件青花梅花纹高足杯。这是国内学者首次对元青花作出的分期研究。

一些学者则开始对以前习惯上归于元青花的明初青花进行区分。李蔚然《试论南京地区明初墓葬出土青花瓷器的年代》文章首先以南京城墙考古材料结合文献，证明洪武年间景德镇有瓷器包括青花烧造且数量较大，然后以南京明初的汪兴祖、沐英父子、宋晟夫妇等墓为例，分析了这些墓葬中的青花瓷器纹饰的内容和特征，首次提出这批明初墓葬出土的青花瓷器是洪武时期烧造，以"萧何月下追韩信"为代表的一类器物是朱元璋为赏赐开国功臣所造。这个观点很有新意，今天已为大多数学者接受①。汪庆正《元青花和明洪武瓷议》从纪年元青花入手，肯定了洪武瓷的存在，总结其特点有三："青花使用国产料，色泽偏暗、灰；器底由于涂抹一层高岭土，有火石红特征；纹饰图案有别于元代也不同于永宣，开始改变元代的层次多、花纹满风格，趋向多留空白地，扁菊花纹使用多，葫芦叶的画法不及元代规整等。"

学者们将元青花分为两种类型，至正型和延祐型。如张浦生《青花瓷器鉴定》将由国产青料绘制、呈色清淡，画笔草率、器形较小的一类称为延祐型，将使用进口青料绘制，纹饰布局繁密，多饰有多层纹饰带，器形较大的一类成为至正型。

随着研究深入，学者们还开始探讨至正型元青花瓷器的性质。大致有三种观点，一种认为至正型元青花是民窑产品。张浦生《近年来中国青花瓷的发现与研究》文章介绍了 20 世纪 80—90 年代全国元代窖藏、纪年墓葬、遗址新出土的元青花资料，并根据纪年元墓资料证实了自己关于景德镇元青花"应该在元代初期乃至南宋末期始烧"的推测，进而对元青花的青花进口料和国产料器物的不同呈色、器形纹饰特征，乃至销售产地等问题做了总结，认为所谓至正型青花并非官窑产品而只是定烧的产品或

供器。最后，文章还对元末云南青花的特点做了归纳①。张永安《也谈至正型青花瓷器》②、《"至正型"青花瓷器概说》③ 持相同观点并且更有所发展，认为至正型青花当指 14 世纪中后期使用进口青料和透明釉，由景德镇烧造的纹饰繁密多层的成熟青花瓷器，它不仅指元青花，其中还包括洪武前期用进口料生产的明青花；元青花并非全是"至正型"青花，元早、中期生产的不成熟青花瓷以及云南玉溪窑和建水窑生产的元青花就不属于至正型；至正型青花并非全是官窑生产，元至正型青花是民窑产品，至正型明青花则是官窑产品。

另一种观点则认为，至正型元青花属于官窑产品，属于浮梁磁局生产。以刘新园为代表。

他在《元代窑事小考（一）兼致约翰·艾惕思博士》④、《蒋祈〈陶记〉著作时代考辨——兼论景德镇南宋与元代瓷器工艺、市场及税制等方面的差异》⑤、《元青花特异纹饰与匠作院所属磁局与画局》、《景德镇早期墓葬中发现的瓷器与珠山出土的元明官窑遗物》⑥ 和《元文宗——图帖睦尔时代之官窑瓷器考》⑦ 等一系列文章中，考证了元代浮梁磁局的设置时间、职掌、运行机构等诸问题，认为国内外传世与出土地元青花瓷可分为两大类：一类装饰特异纹饰，构图严谨，笔法工整，体量一般较大；另一类构图疏朗，笔法自由草率。前者以伊朗土耳其所藏为代表，后者以菲律宾印尼所出为典型。前者为饶州路总管段廷珪董陶期间由浮梁磁局烧造；后者是工匠们生产自己的产品。他考证景德镇珠山出土的一批元青花瓷器是为元文宗烧造的文房用具，并从分析有关元文宗时期的一条史料和太禧盘的烧造时间入手，认为"太禧盘"元文宗时生产的祭祀用器，景德镇出土地青花围棋罐等是皇家御用之器，现藏伊朗、土耳其对元青花大

---

① 张浦生：《近年来中国青花瓷的发现与研究》，《东南文化》1993 年第 3 期。
② 张永安：《也谈至正型青花瓷器》，《中国文物报》1991 年 6 月 23 日第 3 版。
③ 张永安：《"至正型"青花瓷器概说》，《陶瓷研究》1999 年第 2 期。
④ 刘新园：《元代窑事小考（一）兼致约翰·艾惕思博士》，《陶瓷学报》1981 年第 1 期。
⑤ 刘新园：《蒋祈〈陶记〉著作时代考辨——兼论景德镇南宋与元代瓷器工艺、市场及税制等方面的差异》，《景德镇陶瓷》1981 年总第 10 期。
⑥ 刘新园：《景德镇早期墓葬中发现的瓷器与珠山出土的元明官窑遗物》，《皇帝的瓷器》，日本大阪市立东洋陶瓷美术馆，1995 年。
⑦ 刘新园：《元文宗——图帖睦尔时代之官窑瓷器考》，《文物》2001 年第 11 期。

多数应为元文宗赏赐伊利汗的赏赉品，其烧造时间在公元 1328—1335 年之间。这是对至正型青花生产年代作出的最详细的结论。江建新持相同观点，他在《关于"浮梁磁局"及其窑场与产品》① 一文中认为，浮梁磁局的设置很可能与当时元廷需要质"纯"的祭器有关，湖田窑刘家坞烧造的"玉"字铭器，很可能就是磁局烧造的第一批制品。从文献和考古资料看，属于磁局的窑场大概是湖田窑和珠山明御厂一带，其产品包括湖田窑发掘的"玉"字铭及同出器物、南岸出大盘一类伊朗、土耳其收藏的青花器物以及珠山出土的和饰有特异纹样的青花都属于磁局产品，其中包括至正十一年云龙象耳瓶，这是在元政府控制松弛的情况下，磁局接受民间订货的内销产品。

　　还有一种观点认为至正型元青花有民窑产品也有官窑产品。

　　李民举《浮梁磁局与御土窑器》② 从分析史料和墓志资料入手，考证了浮梁磁局的设置时间、建制规模、产品特色、地望，认为浮梁磁局如文献所载设立于至元十五年，先隶属行工部，至元三十年后隶属将作院，其产品可称御土窑器，是元皇室专用器物，一些也被用来赏赐大臣，主要包括生活用器和祭礼器两大类，生产地点在景德镇南河南岸刘家坞一带，作者认为元青花产品不全属于浮梁磁局产品，包括所谓"至正型"元青花标准器云龙象耳瓶，今天所见元青花大多数应属于民窑产品，所以，要真正将元青花研究清楚，关键是要正确区分哪些是浮梁磁局产品，哪些属民窑产品。

　　陆明华《元青花瓷器的相关研究》③ 认为，不是所有的"至正型"青花器都与大维德基金会至正十一年题记青花瓶一样是民窑瓷器，有的可能属官窑作品，元代首先或重点使用"苏麻离青"的应该是元官窑，元青花为元代皇室服务是第一位的，向西亚地区出口是第二位的，今天国内很少发现至正型元青花是由于战乱等历史原因造成的；元青花的较大批量烧造，先在官窑，后在民窑，前者以珠山出土的为代表，后者以至正十一

---

　　① 江建新：《关于"浮梁磁局"及其窑场与产品》，《元青花研究》，上海辞书出版社 2006 年版，第 84—89 页。

　　② 李民举：《浮梁磁局与御土窑器》，《南方文物》1994 年第 3 期。

　　③ 陆明华：《元青花瓷器的相关研究》，《元青花研究》，上海辞书出版社 2006 年版，第 49—59 页。

年云龙象耳瓶为代表；明初墓葬出土具元青花风格瓷器非明初生产，而应为元末生产；部分元青花具有设计的系统性、规范化，有官窑瓷器倾向，这与至正型元青花产品包括官窑也包括民窑产品有关。

最近，黄清华和黄薇发表了《至正十一年铭青花云龙瓶考》一文①，从考证这对青花瓶的流传入手，考察了其供奉地、供奉起因和供奉对象以及供奉者的身份，认为这两只瓶是专门订烧的庙宇供器，其供奉对象是当时当地流行的五显神祇之从神胡靖一，其供奉者无显要身份。由此推断，这类所谓至正型青花未必一定就是官窑器，元青花在当时作为内销商品的价值一定远低于作为外销商品的价值，其国内使用者的身份也未必都属于权贵。这是近年来元青花研究中较有创建的成果。

综上可知，学者们的分歧主要在于元青花的产品性质，这其中包括至正十一年云龙瓶、人物故事题材元青花等典型器物，正如有些学者所指出的，如何正确区分出哪些元青花是浮梁磁局的产品、哪些是民窑产品才是真正弄清楚元青花的关键所在，这个问题的真正解决，可能还是要依赖今后景德镇的窑址发掘。

3. 关于元青花纹饰和款识

元青花纹饰是学者们一开始就关注到的问题。如前揭冯先铭在《十四世纪青花大盘和元代青花瓷器的特点》、孙瀛洲《元明清瓷器的鉴定（续）》等文章，但这类文章只是进行简单归纳。

80 年代，学者们开始对元青花上一些特殊纹饰进行了探讨。

刘新园《元青花特异纹饰与匠作院所属磁局与画局》一文，认为元青花纹饰中的缀珠纹、云肩纹、马纹、芦雁及莲池水禽等特异纹饰图案是借鉴元代织绣图案，其粉本将由作院画局提供，这类瓷器由浮梁磁局烧造，其生产目的是牟取海外利润。这是对元青花纹饰进行的最早最为系统深入的探讨。

刘毅在《瓷器彩饰人物图案起因初探》②和《元代瓷器彩饰塑形杂剧图像的情由》③中探讨了人物题材元青花出现的缘由。

① 黄清华、黄薇：《至正十一年铭青花云龙瓶考》，《文物》2010 年第 4 期。
② 刘毅：《瓷器彩饰人物图案起因初探》，《景德镇陶瓷》1991 年第 4 期。
③ 刘毅：《元代瓷器彩饰塑形杂剧图像的情由》，《景德镇陶瓷》1992 年第 4 期。

他将元曲内容分为历史故事、爱情故事、仙道隐逸、诉讼公案四大类，介绍了与上述前三类内容对应的元青花器物，认为青花瓷器人物故事类题材纹饰与元杂剧结合的原因有四：一是元杂剧形式形象生动，人们喜闻乐见，这些故事便于人们表达思想感情；二是元代文人社会地位低下，许多文人参与工艺创作，推动了绘画等艺术水平的发展，元青花故事画就是其中之一；三是元代匠籍制度使匠人只能专心于匠作，而将人物故事搬上瓷器也可是这类商品获得好的效益；四是元青花瓷器上的纹饰中的故事内容从不同角度可以反映元代南人和汉人的心态，表现在歌颂圣君贤臣，借古讽今，希望政治清明，怀念故国文物典章制度；歌颂民族英雄，痛斥卖国贼，希望尽早摆脱亡国奴的地位或取得一丝异族统治下的心理平衡；歌颂纯真爱情，赞扬婚恋自由，表达了人们对美好生活的追求和希望有情人都成眷属的良好祝愿；揭露社会黑暗；羡慕神仙隐逸，希望得到自我解脱；等等。汤苏婴《人物题材图案的元青花及相关问题》① 持有相同观点，同时认为此类器物一般器形较大、纹饰精美，当是景德镇为国内商人定烧的工艺品和商品，性质与专事出口的至正型青花不同。

曹淦源《元青花人物故事图与古代文物的比较研究》② 则将元青花人物故事图与元刊《平话五种》插图、元青花人物故事图中人物造型、服饰、鞍马、猎鹰、车、器具、配景与《平话》插图、古文物以及张彦远"画有疏密二体"进行了比较，认为元至治年间建安虞氏出刊《平话》五种后，元代末年景德镇创作青花人物故事图，参考借鉴了《平话》插图，青花艺术与其他版画、绘画、壁画、织物及其他窑场陶瓷纹样等都有关；元青花图内容表现元杂剧和平话故事，艺术意匠和形象取杂剧、平话的内容情节，与杂剧演出形式无关，元青花人物故事图有丰富的宋元文化内涵；装饰在立体器物上的青花人物故事图，强调远观点色块对比装饰效果近看有名物特征和笔墨情趣，装饰与造型协调统一，空间带是明清青花装饰之滥觞；元青花人物故事图有疏密二体。

近年来，倪亦斌从图像学的角度，通过考察图像构成要素及其流变，

---

① 汤苏婴：《人物题材图案的元青花及相关问题》，《南方文物》1994 年第 3 期。

② 曹淦源：《元青花人物故事图与古代文物的比较研究》，《元青花研究》，上海辞书出版社 2006 年版，第 20—48 页。

对元青花纹饰中的若干人物故事题材纹样进行了探讨，厘清了不少谬误。其研究方法新颖，结论可信，对元青花纹饰的研究方法有指导意义。①

另外，学者们还研究了元青花的边饰、龙纹、满池娇等纹样，如穆青《元明青花瓷器边饰研究》②、冯小琦《元代瓷器上的龙纹装饰（上、下）》③ 等，为元青花的鉴定等提供了依据。

还有一些宏观研究，如吴水存《"延祐器"与"至正型产品"纹饰对比初探》④ 一文则以江西九江延祐六年（1319 年）元代纪年墓出土的青花牡丹塔盖瓷瓶为"延祐型"青花为代表，通过对比其荷叶脉络纹、如意云肩纹、缠枝牡丹纹、莲瓣纹与"至正型"青花同类纹样的差异，指出，"至正型青花纹饰是受延祐型青花的影响，并在此基础上得到提高，进而达到完美的"。黄云鹏《元青花的装饰特色》⑤ 从宏观上分析了元青花的青料特征，纹饰题材构图方法、表现形式和画法，认为元青花纹样"继承、发展了宋、元景德镇优秀的刻、印花纹样；吸收了磁州窑、吉州窑釉下彩的绘瓷技巧和优秀传统纹样；受元曲、杂剧中版画插图的影响，青花历史故事人物画表现得尤为突出；借鉴了同时代的绘画，模仿了当时织绣和金银器等姐妹艺术中优秀的流行花纹"。

还应提及与元青花相关的一场学术论争。《文物》1994 年第 2 期刊发了张英《从"至正年制"彩瓷碗的发现谈"大明年造（制）"款瓷器的年代》一文，从而引发了一场牵涉元青花、彩瓷有无书款制度的争论，张英认为"至正年制"碗、款为真，并据此将"大明年造"款器物年代提前；曹淦源持否定意见⑥。之后张英又发出《吉林扶余岱吉屯元墓出土的瓷器》⑦、《元青花和五彩瓷款识及相关问题的初步研究》⑧、《对〈也谈八思巴文款青花瓷器的年代〉一文的商榷》⑨ 等文章反驳，支持曹淦源的

---

① 倪亦斌：《看图说瓷》，中华书局 2008 年版。

② 穆青：《元明青花瓷器边饰研究》，《文物春秋》1994 年第 4 期。

③ 冯小琦：《元代瓷器上的龙纹装饰（上、下）》，《艺术市场》2004 年第 6、7 期。

④ 吴水存：《"延祐器"与"至正型产品"纹饰对比初探》，《中国陶瓷》1984 年第 5 期。

⑤ 黄云鹏：《元青花的装饰特色》，《江西文物》1990 年第 2 期。

⑥ 曹淦源：《"至正年制"款彩瓷与嘉靖红绿彩瓷》，《文物》1994 年第 8 期。

⑦ 张英：《吉林扶余岱吉屯元墓出土的瓷器》，《文物》1994 年第 9 期。

⑧ 张英：《元青花和五彩瓷款识及相关问题的初步研究》，《北方文物》1996 年第 4 期。

⑨ 张英：《对〈也谈八思巴文款青花瓷器的年代〉一文的商榷》，《文物》1998 年第 10 期。

学者也相继著文论争，有李铧《也谈岱吉屯墓出土"至正年制"碗的年代》①、刘振华《景德镇龙珠阁藏青花瓷碗八思巴文款考察记》②、欧阳世彬《从景德镇官窑的书款制度看岱吉屯"至正年制"款彩瓷的年代及其他》③、赵宏《红绿彩和五彩瓷器》④、葛师科《也谈八思巴文款青花瓷器的年代》⑤ 和吕成龙《关于八思巴字款青花瓷器年代之我见》⑥ 等。总的来说，后者的观点更具说服力，得到学界的普遍认同，即元青花瓷器尚未形成书款制度。

4. 关于元青花与其他文化艺术的关系

日本学者三上次男在他的专著《陶瓷之路——论东西文明的接点》⑦中认为，元青花是中国陶瓷工匠学习西亚蓝釉陶器的结果，其钴蓝技术由西亚传入。今天看来这个结论显得草率。

但学者们并没有放弃对元青花中伊斯兰文化因素的探索。英国学者玛格丽特·梅德雷的《论伊斯兰对中国古瓷的影响》⑧ 一文则指出，青花瓷是中国窑工在接受伊斯兰国家订货时，在器形加大的情况下，运用伊斯兰同心圆装饰方法，将中国传统题材纹饰重复装饰在加大的器物表面的结果。这种订货商品的特征还体现在诸如大盘、扁壶等适合伊斯兰生活习惯的器形的烧造上，而这一切之所以能够实行，主要在于元代统治者对税收到追求而对器物纹饰、造型的不加限制，以及伊斯兰商人亲自参与青花器形与纹饰的设计。这个结论就显得更为客观。

陈克伦《略论元代青花瓷器中的伊斯兰文化因素》⑨ 持有同样观点。

---

① 李铧：《也谈岱吉屯墓出土"至正年制"碗的年代》，《文物》1995 年第 4 期。

② 刘振华：《景德镇龙珠阁藏青花瓷碗八思巴文款考察记》，《文物》1996 年第 11 期。

③ 欧阳世彬：《从景德镇官窑的书款制度看岱吉屯"至正年制"款彩瓷的年代及其他》，《文物》1997 年第 5 期。

④ 赵宏：《红绿彩和五彩瓷器》，《文物》1997 年第 6 期。

⑤ 葛师科：《也谈八思巴文款青花瓷器的年代》，《文物》1997 年第 6 期。

⑥ 吕成龙：《关于八思巴字款青花瓷器年代之我见》，《文物》2001 年第 8 期。

⑦ ［日］三上次男：《陶瓷之路——论东西文明的接点》，胡德芬译，天津人民出版社 1983 年版。

⑧ ［英］玛格丽特·梅德雷：《论伊斯兰对中国古瓷的影响》，《景德镇陶瓷》1987 年第 3 期。

⑨ 陈克伦：《略论元代青花瓷器中的伊斯兰文化因素》，《上海博物馆集刊》第 6 辑，上海古籍出版社 1992 年版。

文章首先对"伊斯兰文化"进行了界定，指出十三四世纪的伊斯兰文化是一种深受伊斯兰教影响，同时包容了众多在中亚、西亚流行的诸如阿拉伯、波斯、拜占庭以及希腊、罗马等传统文化因素的文化。然后从元青花造型、纹饰上分析其中的伊斯兰文化因素，认为元青花中的大盘、大碗、扁壶、器座等器形都是为适应伊斯兰地区人们的生活习惯而制作的，中原传统的梅瓶、执壶等器形也为适应伊斯兰文化的审美与习性而多做成八方等造型。纹饰上，蓝色本就是伊斯兰文化喜爱的色彩，这也是元青花产生发展的原因之一，元青花瓷器的多层次装饰风格、动物纹饰、具有西亚风格的花草纹饰等都反映出伊斯兰文化因素。最后文章对元青花产生和发展的原因做了分析，认为，典型元青花是元代景德镇为向中亚、西亚出口而生产的造型和纹饰都带有浓郁伊斯兰风格的外销瓷，其在元代后期出现并迅速发展，受到了移居中国的西域人带来的伊斯兰文化影响，甚至中亚、西亚的工匠也可能直接参加了元青花的设计和制作。

但以上研究成果似乎只注意到伊斯兰文化对元青花的影响，马文宽的《中国青花瓷与伊斯兰青花陶》[1] 和 《中国瓷器与土耳其陶器的相互影响》[2] 则认为，中国青花瓷尤其是元青花与伊斯兰文化是相互影响的。"唐青花的产生先于伊斯兰青花陶，元青花的再度兴起是中国瓷器总体发展的产物，当时国内国际环境亦起了促进作用，元青花通过海路两途远销到广大伊斯兰地区产生了巨大影响，公元 1400 年以前伊斯兰陶工生产出元青花的仿制品，1396 年元青花出现在伊斯兰细密画中，唐、元青花中的某些伊斯兰因素也是显而易见的"。

赵宏还著文探讨了藏传佛教对元青花的影响。他在《藏传佛教对元代景德镇瓷器的影响探讨》[3] 一文中认为元青花的流行与藏传佛教认为蓝色代表庄严与神圣的含义有关，元青花中的很多纹饰题材如八宝等也与藏传佛教有关。

5. 元青花的外销

另外，学者们还据文献和考古资料介绍和探讨了元青花的外销情况。

---

① 马文宽：《中国青花瓷与伊斯兰青花陶》，《中国历史文物》2003 年第 1 期。

② 马文宽：《中国瓷器与土耳其陶器的相互影响》，《故宫博物院院刊》2004 年第 5 期。

③ 赵宏：《藏传佛教对元代景德镇瓷器的影响探讨》，《陶瓷研究》1998 年第 3 期。

成果主要有李辉柄《从文献中看元代瓷器的外销》①、叶文程《宋元时期我国陶瓷器的对外贸易》②、叶文程和罗立华《中国青花瓷器的对外交流》③、叶文程《中国元明青花在国外（上、下）》④、庄有良《元代出口瓷器——马尼拉的罗伯特维拉纽沃藏品介绍》⑤、叶喆民《印尼所藏中国古陶瓷考察记略》⑥、何鸿《中国古陶瓷行销伊斯兰世界的考察》⑦、张咏梅《西亚藏中国元青花》⑧、彭涛《元代景德镇青花瓷器的外销及相关问题》⑨ 等等。

6. 关于元青花的生产工艺、材料特征

最早关注元青花青料的是孙瀛洲，他主要根据文献记载和青花呈色特征，认为早期青花（元青花）的青料有三种类型，苏泥勃青料、国产青料和苏泥勃与国产料并用。⑩

刘新园、白焜两位学者最早关注元青花的生产工艺，他们在《高岭土史考——兼论瓷石、高岭与景德镇十至十九世纪的制瓷业》⑪ 中首次依据文献和考古资料对元代景德镇制瓷中高岭土的开采和使用作了研究。余家栋的《从高安、乐安两处瓷器窖藏看元代景德镇的烧造工艺》⑫ 则通过对高安、乐安两处窖藏元瓷的考察，对元代景德镇瓷器烧造工艺进行了探索。黄云鹏、黄滨在《元代景德镇青花瓷的烧制工艺》⑬ 一文中，以文献

① 李辉柄：《从文献中看元代瓷器的外销》，《古陶瓷研究》1982 年第 1 辑。

② 叶文程：《宋元时期我国陶瓷器的对外贸易》，《中国社会经济史研究》1984 年第 2 期。

③ 叶文程、罗立华：《中国青花瓷器的对外交流》，《江西文物》1990 年第 2 期。

④ 叶文程：《中国元明青花在国外（上、下）》，《陶瓷研究与职业教育》1992 年第 3、4 期。

⑤ ［菲］庄有良：《元代出口瓷器——马尼拉的罗伯特维拉纽沃藏品介绍》，《南方文物》1996 年第 2 期。

⑥ 叶喆民：《印尼所藏中国古陶瓷考察记略》，《故宫博物院院刊》1997 年第 4 期。

⑦ 何鸿：《中国古陶瓷行销伊斯兰世界的考察》，《陶瓷研究》2000 年第 1 期。

⑧ 张咏梅：《西亚藏中国元青花》，《东南文化》2002 年第 6 期。

⑨ 彭涛：《元代景德镇青花瓷器的外销及相关问题》，《南方文物》2003 年第 2 期。

⑩ 孙瀛洲：《我对早期青花原料的初步看法》，《文物》1959 年第 11 期。

⑪ 刘新园、白焜：《高岭土史考——兼论瓷石、高岭与景德镇十至十九世纪的制瓷业》，《中国陶瓷》1982 年增刊。

⑫ 余家栋：《从高安、乐安两处瓷器窖藏看元代景德镇的烧造工艺》，《南方文物》1984 年第 1 期。

⑬ 黄云鹏、黄滨：《元代景德镇青花瓷的烧制工艺》，《元青花研究》，上海辞书出版社 2006 年版，第 4—17 页。

及作者在遗址调查中对出土元青花瓷片和窑具的仔细观察分析，以及对高仿元青花的实践体会，对元青花烧造工艺中的胎泥、釉料的制备、成型方法、施釉和装匣四个重要环节进行了详细介绍。

与此同时，学者们还利用现代科技手段对元青花的青料、胎釉进行了大量理化测试，积累了很多有用数据，为元青花的考古学提供了科学依据。

陈尧成、郭演仪、张志刚在《历代青花瓷器和青花色料的研究》[①] 一文中分析了中国历代青花的色料，认为所谓宋青花钴料有高锰低铁特征，当为国产料；元青花钴料则具有高铁低锰特征，属进口料。他们还对浙江发掘的北宋青花和浙江江山县达河窑址采集的元青花瓷器进行了某些物理化学性能的测试分析，并观察了瓷器胎釉的显微结构和进行了某些工艺特性的探讨，发现北宋青花瓷片上青花的 MnO/CoO 比和 Fe_2O_3/CoO 比的数据与上文中所分析的同处出土地另一北宋青花样品的数据一致，并与浙江江山钴土矿原矿接近，说明宋代青花是采用国产当地钴土矿作着色剂，同时还发现，浙江江山元青花的 MnO/CoO 比和 Fe_2O_3/CoO 比更接近当地产的钴土矿，说明江山元青花着色剂也是就地取材，其呈色特征与其工艺落后、钴矿含钴量低有关。[②]

1978 年中国科学院上海硅酸盐研究所对元大都出土青花瓷器碎片进行了物理性能及化学元素常量分析，并与景德镇湖田窑出土元青花瓷片的常量元素进行比较，认为二者胎釉组成十分相近，而青花料属低锰高铁类型，还含有硫、砷等元素，当源于进口[③]。另外，张福康、Mike Cowell《中国古代钴蓝的来源》[④] 等也有相同结论。

陈尧成、郭演仪、陈虹还分析了元青花中的砷、硫和镍等微量元素，发现元代青花料是一种无铜、镍的含硫、砷的高铁低锰钴矿，其产地一在中亚和欧洲，一在我国新疆和甘肃一带，从而得出元大都大青花料来源于

① 陈尧成、郭演仪、张志刚：《历代青花瓷器和青花色料的研究》，《硅酸盐学报》1978 年第 6 期。

② 陈尧成、郭演仪、张志刚：《宋元时代的青花瓷器》，《考古》1980 年第 6 期。

③ 中国科学院上海硅酸盐研究所：《元大都发掘的青花和影青瓷》，《考古》1982 年第 1 期。

④ 张福康、Mike Cowell：《中国古代钴蓝的来源》，《文物保护和考古科学》1989 年第 1 期。

被称为西域的甘新地区的结论。[①]

　　中国科学院上海硅酸盐研究所在以前对景德镇青花研究的基础上进行了进一步研究，表明元官窑瓷器青花也是属于高铁低锰的进口料。[②]

　　研究者采用同步射线 X 荧光分析方法对元大都出土的两件青花进行无损分析的结果，证明元大都出土青花白釉具有高钙低钾特征，青花料具有低锰高铁且含有微量元素砷的特点。[③]

　　由上可知，历次的物理化学分析都表明，至少典型元青花料属于低锰高铁类型，但至于来源地是中亚还是中国的甘新地区尚待今后更多资料来探索。

　　综观半个世纪以来的元青花研究，成绩是显著的，但由于条件所限，有些问题今天仍不能说已经得到了解决，如至正型元青花等元青花性质问题、元代官窑问题，甚至元青花的烧成时间问题等，都还有很多值得探讨的内容，还需要陶瓷考古学者孜孜以求。

　　　　　　　　　　　　　　　该文原发表于《文物天地》2007 年第 4 期

---

　　① 　陈尧成、郭演仪、陈虹：《中国元代青花钴料来源探讨》，《中国陶瓷》1993 年第 5 期。

　　② 　李家治、张志刚、邓泽群、刘新园：《景德镇元代及明初官窑青花瓷器的工艺研究》，《鸿禧文物》创刊号 1996 年 2 月。

　　③ 　李德金、蒋忠义、沙因、黄宇营、邵涵如：《元大都出土青花瓷器的无损分析》，《考古》1999 年第 11 期。

王玉哲教授学述及其
《中华远古史》评介

朱彦民

一　王玉哲教授学述

王玉哲（1913—2005 年）教授，著名先秦史学家，1913 年 2 月 7 日生于河北深县。1936 年至 1943 年就读于北京大学历史系、北大文科研究所，先后获学士、硕士学位。历任华中大学历史系副教授、湖南大学历史系教授、南开大学历史系教授、博士生导师。兼任中国先秦史学会副理事长、中国孔子基金会副会长、中国博物馆学会理事等职。著有《中国上古史纲》（1959 年）、《中国古代史》（合著，1980 年），《中国古代物质文化》（主编，1990 年）、《中国历史大辞典·先秦卷》（主编，1998 年）、《中华远古史》（2000 年）、《古史集林》（2002 年）。

在南开大学古史学界，王玉哲先生人缘之好是出了名的。作为王先生的弟子，与之过从多年，从未见先生发过脾气，从未见先生与人争执；每次相见，总是和颜悦色，令人如坐春风。但是与其做人处事风格截然相反的是，学术上的王玉哲先生却是一个治学严谨、独立思考、不惧权威、棱角分明的学者。

王先生治学的大胆创新和不惧权威，是其一生史学研究的一大特点。有几个与此有关的故事很能说明这一点。

早在 1934 年，正在北京第四中学念高中的他，在阅读梁启超先生《历史要籍及其读法》一书时，发现了梁氏对于司马迁开始做《史记》年代的观点，完全采用了王国维先生《太史公行年考》的说法，定在汉武帝太初元年。王觉得非常可疑，因为他正在通读《史记》，明明记得《太史公自序》里说："（其父）卒三岁而迁为太史令，绅史记石室金匮之书。"这就是说，司马迁开始写作《史记》是在元封三年，而不是在五年之后的太初元年。王国维、梁启超都是当时最负盛名的大学者，又都是功底深湛的国学大师，怎么会有如此的失误呢？细读《太史公自序》之后，王玉哲这才发现，王国维、梁启超是误解了《自序》中的一段话才出现了上面的疏误。《太史公自序》中说："五年而当太初元年，十一月甲子朔旦冬至，天历始改，建于明堂，诸神受纪。"这只是说太初元年这一年"天历始改"，就是改行"太初历"这件改正朔的大事而已，并没有说司马迁就在这一年开始写《史记》。至于下面的"太史公曰"等，是《自序》中的另外一段，记载了太史公司马迁与壶遂的问答，述说他撰写《史记》的用意，最后说"于是论次其文"，与其前的太初元年这一年毫无关系。王国维、梁启超等人正是把两段放在一起，所以认为司马迁的"论次其文"是在太初元年。况且，"于是论次其文"之下紧接有"七年而太史公遭李陵之祸"，也是一个能够证明时间的记载。按李陵之祸是在天汉二年的秋天，由此上推七年是元封五年或六年，也并不是太初元年。这更加证明王、梁之说不可信据。不过从天汉二年上推七年并不是元封三年，这又与《自序》前文所说的元封三年不合。王玉哲由此进一步认为，《自序》中的"七年"的"七"，可能是"十"字的形近而讹，古文中"七"和"十"的字形是极其相近的。查阅了《汉书·司马迁传》，班固叙述司马迁罹难之事时，与司马迁《自序》原文略同，唯一不同之处即将"七"改成"十"而作"十年而遭李陵之祸"，果然是《史记》将"七"、"十"相混。至此，王先生更加坚信《史记》之始作，是在元封三年而非太初元年。为此，王先生撰写了《司马迁做史记的年代考》一文，与王、梁商榷。

这是王先生从事学术活动的第一篇论文。一个普通的中学生，在学术问题上敢于向学术界赫赫有名的学术权威和国学大师质疑、问难，以平等的身份对学术问题有理有节的争论，其胆识、气魄令人称赞。他治学的大胆质疑精神由此可见端倪，由此也奠定了基础。

第二件事发生在他上大学期间。由于王先生读书勤奋又善于思考，大一时候就在报刊上发表了几篇学术论文，如《评孙海波国语真伪续考》和《晋文公重耳考》等，一些老师也常在课堂上提到王玉哲的大名。如中文系主任罗常培先生讲课曾举例说，历史系有个学生王玉哲爱做翻案文章；朱自清先生讲《左传》时也曾提到过王玉哲谈《左传》性质的那篇文章；钱穆先生在其《先秦诸子系年》中也提到和引用门生王玉哲的观点。所以，在师生中间大都知道王玉哲是个出类拔萃的人物。1938 年 2 月，由于日寇侵华，北京大学南迁，与南开大学、清华大学合并为西南联大。王作为大二的学生加入了"湘、黔、滇步行团"，在经历了三千六百里的大西南徒步长征之后，随联大文法学院来到了云南蒙自。在这里，王选听了庄学大家刘文典教授《庄子》一课之后，写成了一篇读书报告，题为《评傅斯年先生"谁是〈齐物论〉之作者"》。傅斯年先生是学贯中西的学问大家，对中国现代的学术文化事业有诸多的贡献，时任中央研究院历史语言研究所所长。傅先生认为，《庄子》中的《齐物论》作者是慎到，《齐物论》不是庄周的著作。王对这一观点持相反的态度，但得到了刘文典先生的大力赞赏。随后，这篇论文在联大师生中间传阅开来，并且随着校址的搬迁也由蒙自传到了昆明。联大老师如闻一多、冯友兰等先生都读到了这篇论文，极力称赞。冯先生在中国哲学史课上讲到《庄子》时，特意向同学们讲了王的这篇论文。一些同学听完课后，纷纷向王玉哲借读这篇文章。顾颉刚先生在《齐物论》作者的问题上，以前是同意傅先生的观点的，但当他读了王文之后，立即改变了观点，放弃傅说而同意王说，并主动将该文推荐给重庆《经世》半月刊发表。但傅先生是王玉哲所尊敬的老师，不经过傅先生同意，他不愿发表。于是就又请顾先生把稿子索要回来。当时，罗常培先生正在主编《读书周刊》需要稿件，与王商量想把王文拿去请傅先生作个答辩，与王文一同刊出。可是傅先生看到王的文章以后，不但不予答辩，而且对王大发脾气，意见很大。有鉴于此，王先生决定一直把稿子压在箱底，至少在傅先生在世时不打算发表（直到最近中华书局出版的王玉哲先生自选论文集《古史集林》，才将此文收入。从文中的眉批可知，刘文典、冯友兰、顾颉刚、闻一多等前贤大师对此文都击节称赏）。1940 年暑假前，王大学毕业同时报考了北大文科研究所研究生。在审查所交的论文时，傅先生就把王的论文提出来，说这类学生专写批驳别人的文章，城市气味太浓，不能录取。可是其他老师知道王的功底不错，都给他说好话，大力推荐。傅先生不愧是有气量的大学者，不以私怨论人。他最后不仅录取了王玉哲，而且还招王做自己的研究生。一场虚惊。王玉哲去傅先生家拜见导师时，傅先生非常热情，师生关系很是融洽。不过后来由于傅先生负责的中研院史语所要从昆明迁往四川李庄，导师就改由唐兰先生担任。唐先生第一次同王谈话，就善意地告诫他："可研究的题目很多，今后还是以少写批评别人文章为好。"

这件事对王的教训很深、影响很大。但是坚持真理、求真求实的治学精神，他却是执着地保留了下来，一直坚持了几十年。比如他于 1942 年完成的参考文献 130 余种、洋洋十余万言的研究生学位论文《猃狁考》，就又是一个不惧权威、打破传统成见的史学力作。过去古史学界凡谈到古代少数民族猃狁的历史，都跳不出王国维《鬼方、昆夷、猃狁考》的说法，认为猃狁、鬼方、昆夷为一族，其出没地望，在宗周的西方或北方。王玉哲根据更加丰富的材料，对过去的说法提出了异议，认为猃狁一族在殷商之时称为"舌方"，而鬼方则为另一民族。至于与猃狁有关的地域，如古之"太原"、"焦获"、"洛之阳"等之地望，"镐京与荤京"的关系等，无不为之广征博引，条分缕析，使猃狁历史的来龙去脉比过去完全改观了。该文得到了答辩委员会的一致好评，顺利地通过了答辩。

如果说，年轻的王玉哲在知识的探索上不畏艰险、不惧权威，多少有些少年学人的书生意气，那么成年之后的王玉哲先生在学问的钻研上孜孜以求、勇猛精进，则表明了他治学风格的渐趋成熟，即良史尚直，唯实唯真。

1948 年，王玉哲来到了南开大学任教，从此开始了他在史学园地里的辛勤耕耘历程。在此之前，他在辗转流徙、极其艰难困苦的条件下，坚持史学研究，完成了著名的《鬼方考》等论著。《鬼方考》是其研究生论文《猃狁考》的姐妹篇，对鬼方的地望和族属作了深入的剖析。由于该文在古代民族研究上的突出贡献，获得当时教育部 1945 年度的学术发明奖。来南开后，王先生先后开设十余种课程，主要有：先秦史、殷周史专题、春秋战国史、秦汉史、中国地理沿革史、中国古代民族史、中国通史、史学方法、甲骨文史料选读、历史文选、史学名著选读等，培养了一届又一届的史学人才。早在"文化大革命"前的 60 年代，他就开始培养研究生。尽管繁重的教学任务占据了王玉哲先生大量时间和精力，但他对科研却从不放松，利用一切可以利用的时间，先后写出了《从种族与地理环境之关系论到我国夷狄观念》、《中国民族史导论》、《楚族故地及其迁徙路线》、《两周社会形态的检讨》、《论先秦的戎狄及其与华夏的关系》、《试论商代兄终弟继的继统法与殷商前期的社会性质》、《有关西周社会性质的几个问题》、《从两周、秦汉的战争目的之演变上看两汉的社会性质》、《试述殷代的奴隶制和国家的形成》等一系列重要论文，内容涉及古代民族历史、商代的王位继承法与古代社会性质的争论等史学研究的重要问题，尤其是他于 1959 年出版的《中国上古史纲》一书，是当时史学界的重要著作。该书阐述了自"中国猿人"至秦统一中国这一漫长的中国上古历史发展的基本过程，包括原始公社制度、奴隶制度、初期封建制度的发生、发展和转变过程，以观点鲜明的一家之言，奠定了他在先秦史学界的学术地位。

"文风不惯随波转，学海滔滔一钓垂。"这是王先生总结自己史学研究特色的诗句，即不趋时附势。"文化大革命"之前，历史上的"让步政策"问题遭到了"左倾"人士的批判。所谓"让步政策"，是指历史上一些开明君主采用减少赋税徭役、与民休养生息的仁政。批判者认为，统治者采用"让步政策"是一种更阴险、更恶毒的统治策略，应当大加批判。面对这种不顾历史实际的胡说八道，王先生不愿再作沉默，惯有的不屈的学术品格促使他写下争辩文章《如何正确理解"让步政策"》，发表在《光明日报》上。文章认为，不管统治者实行仁政的动机如何，其"让步政策"总比统治者的横征暴敛、残酷镇压要好些，它减轻了劳动人民的负担，发展了社会生产力，对社会稳定和繁荣、对历史的进步与发展都有其积极的历史作用，应当在历史研究中予以肯定。可是到了"文化大革命"中，对"让步政策"的辩解成了王玉哲的一大罪状，受到了严厉的批判，被打成了"牛鬼蛇神"，成为无产阶级专政的对象，每天被逼着写交代"罪行"的材料。王先生不甘心，他从当时只让读的马列著作中找到了反驳的证据，马克思、恩格斯明明不止一次地说过"统治阶级被迫让步"的话。但朋友告诉他，你再有充足的理由也不能辩，一辩就会把你打成顽固不化的反动分子。就这样，王先生不能申辩，也无处申辩。整个"文化大革命"的十年，被白白地浪费在无休无止的批斗和劳改之中。

再有一件事是对孔子的评价问题。自五四运动以来，随着封建礼教在一片"打倒孔家店"的吼声中被荡涤净尽，历史学界对历史人物孔子的评价一直极端偏颇。新中国成立以后，尤其是在"批林批孔"运动中，人们把孔子与"孔教"混为一谈，全面否定，万众一心，口诛笔伐，把孔子的历史功绩以及孔子思想在历史上的作用批驳得一无是处。丧心病狂的"群众运动"代替了客观、公正的历史研究。然而，就在这样一个强大的"洪流"之中，还是有一个微弱的声音唱出了极不和谐的反调。这个顶风逆流的人就是王玉哲先生。王先生出于一个历史学家应有的理性与良知，竭力呼吁不该这样对待在中国历史文化上产生积极影响、作出诸多贡献的历史伟人孔子。20 世纪 60 年代王发表了《从客观影响上看孔子的历史作用》及《略谈文化遗产的继承和历史人物的评价》，70 年代又发表了《历史研究应当实事求是——驳孔子主张人殉说》等论文，以翔实的资料考证孔子所处的时代背景，正确评述孔子一生的政治与学术活动，并力图廓清那些恶意加在孔子身上的所谓罪证，对他的大一统思想、减轻剥削的思想和有教无类的教育思想，予以高度赞誉，还孔子以本来的历史面目，并对其历史作用给予合理公正的评价，肯定他是一个伟大的历史人物。在那样一个万马齐喑、黑白颠倒的年代，王的这些举动，无疑是堂·吉诃德式的以卵击石，极不明智。要做到这一点，恐怕不仅仅是个胆量和气魄的问题，而是一个真正的历史学家求真求实良知的驱使。我们可以说，王先生在孔子评价问题的研究上，堪称"良史"。正因为如此，后来成立的"中国孔子基金会"和"中华孔子研究所"诚聘王玉哲先生为副会长和学术委员会顾问。

　　还有一事，就是王先生坚持对于古史分期和古代社会性质的独立研究。早在 20 世纪 50 年代，王先生就深入探讨这些问题，并形成了自己的观点，即西周封建说：商代前期还未正式进入奴隶社会，而是正处在氏族社会和阶级社会的过渡阶段；商代晚期已是奴隶制社会时代；到西周时期已经不是奴隶社会，而是已经进入到初期的封建社会了。当时古代社会性质的争论是在"双百"方针倡导下历史学研究领域里出现的"五朵金花"之一。争论诸家的观点分别是：商代封建说、西周封建说、春秋封建说、战国封建说、秦汉封建说和魏晋之际封建说。王先生的西周初期封建说是其中的重要一派，是对于历史研究的一大贡献。但是到了 20 世纪 50 年代末 60 年代初编写全国统一历史教材，采用了以郭沫若为首的一派的观点，即战国以前为奴隶社会，其后为封建社会。在最初的时候，老师在课堂教学时还可以申述一下自己的观点，介绍一些争论的情况。到后来随着政治运动的升级和政治气候的恶劣，只准老师照本宣科，不能发表不同的意见。否则就会给你上纲上线，打倒批臭。但王先生仍然坚持自己的观点，私下里不断搜集材料，寻找证据，完善自己的论证。这时他在讲义基础上写成了《中国上古史纲》一书，全面论述了古史分期和社会性质研究的观点。此时"反右"斗争刚过，说不定过一两年对这一观点还会批判的，他冒着挨批的风险还是坚持出版了。他坚信对这一问题的研究，将来还会有解冻的时候。果然在粉碎"四人帮"之后，人们在学术问题又可以自由研究、畅所欲言了。1978 年《历史研究》编辑部和《社会科学战线》编辑部联合在长春召开了中国古史分期问题学术讨论会。长期研究此问题且有独到见解的王玉哲先生受到了大会的热情邀请，并被选为大会主席团成员。在开幕式过后的大会发言中，王先生宣读了他的论文《西周春秋时期的"民"的身份问题》，对多年来社会上流行的西周奴隶社会说提出了异议，再一次论证了他所坚持的西周为初期封建社会的说法。后来他又发表了《西周金文中的"贮"和土地关系》等论文，解决了西周初期封建之下土地制度史上的一些关键性的问题，进一步补充完善了自己的学说。

二　王玉哲先生《中华远古史》评介

《中华远古史》是王玉哲教授承担的教育部"七五"人文社会科学研究项目"先秦史研究"的最终成果。经过十几年的艰苦努力，终于圆满完成了这个课题研究任务。《中华远古史》列为国家"十五"出版规划重点项目由上海人民出版社于 2000 年 7 月出版发行。

20 多年前，作为"断代史"出版计划之一，上海人民出版社即邀请他写作这部先秦历史的著作。稿子写成之后，由于先秦历史尤其是史前史和夏商周历史的构建与复原，引征必要的古文献记载的材料之外，主要还依靠古文字材料和考古资料，所以书稿中涉及了大量的甲骨文字、金文和考古发掘材料的内容。而在写作中间考古材料、古文字资料陆续增加，层出不穷，他就不断地补充这些更新的考古材料和古文字资料，力求以更丰富、更新颖的材料解决先秦历史中的诸多疑难课题。故而书稿一改再改，在出版社一年几次的催促之下，直到 20 世纪之末才交由出版社发排印刷。王先生常说，学术成果宁可晚些面世，也要确保表述的准确无误和内容的绝对可靠，质量第一。与其出版后错误百出，后悔莫及，不如出版之前多下工夫。由此可见王先生治学态度之一斑。

《中华远古史》，无论是从形式上，拟或从内容上，都堪称是一部学术巨著，是王先生一辈子治先秦历史的成果结晶。全书 740 多页，皇皇 55.3 万字，共分十五章，依次分别是：原始群居的社会生活，妇女为中心的母系氏族公社，父系氏族公社，唐、虞、夏与先商，商王朝前期的历史，商代阶级国家的形成，商代后期奴隶的数量，众或众人的身份及商代的社会属性，商代后期的经济发展，商代后期的社会组织与政治机构，商代文化科学与艺术，先周族的来源及其社会发展，周王朝的建立，西周的政治及其发展，西周的社会经济，西周的衰微、灭亡，等等。这是一部从中国的原始社会直至西周末年这一大跨度时段的"断代历史"，是区别于一般通史的、按今天人们所需要的新的"断代史"的原则而写成的学术个性与学术观点至为明显的学术专著。

总括说来，该著至少是贯彻了以下三方面的治史原则：

第一，在观点上，新的断代史要侧重介绍历史研究方面的如何思考问题、解决问题的过程，意在给予读者这一方面能力的锻炼。因为断代史面对的读者，是那些对历史已有一定的基础知识，而想进一步深入研究的人。所以，该书把古史上的一些重大的历史问题提出来供大家讨论，使读者可以借此作为进一步研究的阶梯；同时也总是把自己对这些问题的看法尽可能地反映出来，全书一以贯之，自成体系。

第二，在方法上，该书做到了尽量将历史文献与田野考古、民族学、古文字学等有关的资料结合起来，交相印证。在研究中，注意汲取近年来学术界研究的新成果，从而达到了这些学科领域的学术前沿水平。这是一般意义上的二重证据法。不仅如此，王先生在该书中，在利用二重证据法的同时，还特别注意到了研究先秦史利用文献资料与考古资料的主次问题。在研究史前时期的历史时，由于当时尚无文字，当然不会有古文献资料，王先生主张以考古材料为主，只能依据田野考古所发现的地下材料去构拟和论述；而在研究历史时期的历史时，主张以尽管是简陋然而却是历史线索的文献记载为主，而以其他材料如考古学、古文字学、民族学等材料为辅。比如对于商代历史的研究，由于从殷墟发现大批商代晚期的甲骨文资料，不但证实《史记·殷本纪》对商代历史的简陋记述基本可信，更重要的是大大丰富了商代历史在社会、经济、政治各方面的面貌，使商代历史的研究起了一个根本性的变化，足见甲骨文资料对研究商代历史的重要意义。但是，我们设想假如没有《史记·殷本纪》对商代历史的简陋记载，只凭地下发现的甲骨文资料，任你是伟大的古文字学或古史学大家，是否能顺利地把甲骨文资料整理成系统而丰富的商代史还是个疑问。因为《殷本纪》虽然简陋，但它是讲"历史"，而甲骨文资料，丰富则丰富矣，但却属于"史料"。历史和史料不同：历史是讲发展过程的，是个有系统的整体；而史料则是一盘散沙，是零散的。由此可知，我们研究商代史，对地下发现的甲骨文资料当然必须重视，但对简陋的传世文献《殷本纪》的价值也绝对不能低估，或弃置不用。

第三，在理论上，该书做到了"实事求是"，做到了理论性与科学性的统一，认真运用马克思主义的立场、观点和方法，运用大多数人的立场、唯物主义的观点、辩证的方法，去搜集史料、分析史料，最终进行综合、论定。作者主张通过具体史实，从错综复杂的历史现象中去发现和阐明历史发展的规律；而不是从定义或从原则出发，把历史事实仅仅借来作为说明历史发展规律的材料。这样做才是真正的实事求是，而实事求是正是马克思主义的精髓。

由于坚持了以上几项原则，所以如同王先生的其他著作一样，该著在涉及的每一部分、每一争论的焦点和重要问题，都发表了自己的看法，或肯定前修，或否认旧说，但更多的是在已有的研究基础之上，展开了自己的论证，形成了自己较为成熟的观点。王先生对先秦历史研究中的一些问题，不是单个地就事论事，而是从整体上宏观把握，对所有的问题都综合考虑，注重兼顾，因而王先生对先秦历史研究已经形成了一套完整的独特的体系。该著正是这一学术体系的集中表现。

从宏观角度来说，该著在内容上有如下几处主要的创新之处：

其一，从历史发展的角度，正确全面评价有重大影响的历史人物。

中华人民共和国成立以来，为了贯彻马克思主义认为人民群众是推动历史的重要力量这一精神，有一个时期，史学界写历史书因为害怕冲淡了人民群众的历史作用，因而往往忽略了一些有重大影响的历史人物的叙述。即使有所叙述，也只是着重于批判，如对旧史书批判其宣扬帝王将相，对旧史学看不到人民群众的历史作用，批判得更是不遗余力。在很长一段时期内，历史书中除了农民起义领袖外，几乎看不到历史人物。王先生认为，对历史人物的批判，是应该的，但绝不能矫枉过正。马克思主义没有漠视历史人物，认为历史人物的好坏对历史进程都起到了一定程度的推动或阻碍作用。该著对包括帝王将相在内的有重大影响历史人物，都给予了适当的评述，评其功绩，指其局限，还历史以本来的面目。如商代的成汤和伊尹、西周的周公和成王、康王等，都是这样被评述的历史人物。

比如对于周公这一历史人物评价，究竟是窃国的大盗，还是兴周的功臣，历来论者言人人殊。尤其是以往的学者囿于传统的封建伦常观念，认为周公摄政不是践位称王，而是古者"君薨，百官总己以听于冢宰"而已，甚至有些学者认为周公根本不可能摄政，不然就狃于"君臣之义"。王先生在考证周公的言行事迹时，首先分析了当时的历史背景，武王死时成王年少，政治、军事尚且未稳，内忧外患，困难重重，周公为了稳定新政权，毅然摄政躬自理国，这很合乎当时的时局，是极其自然之事。在先秦诸子如《礼记》、《荀子》、《韩非子》、《尸子》等中都有周公摄政称王的记载，而且王先生在较早的《尚书·大诰》、《康诰》中也找到了周公称王的证据。并且分析这种现象的历史原因道："当时商周之际，周族尚处在氏族社会的末期。氏族首领的职位，依照旧传统兄弟比儿子更有优先继承权。如商代的'兄终弟及'制，就是这种继统法的残余形式。周文王舍其长子伯邑考之子而立武王，武王崩，其弟周公立。这种兄弟相及，在当时视为固然，本无可异。周公在位七年而致政成王，并从此开始废除'兄终弟及'的旧传统，改为长子继承制度，以后历代相沿，才成为定法。"最后还详细考证了周公东征和平定管、蔡之乱、营建东都洛阳和还政成王的历史功绩，认为周公虽然摄政当国、践位称王，但并不影响它作为一个出色的政治家对国家忠贞无私、光明磊落的伟大形象。

其二，主张历史发展的渐进规律，注重对历史进程中"过渡时期"的研究。

所谓"过渡时期"，是指从一种社会历史形态转向另一种社会历史形态，如由原始社会到奴隶社会，由奴隶社会到封建社会，由一种社会制度过渡到另一种社会制度，不是像刀切斧砍那样两段截然分明，而是要经历一个相当长的含有前后两者社会因素、犬牙交错的过渡阶段。这是由于社会制度的转变，必须经过一个由量变到质变的过程。只有在新的社会制度因素增加到超过或者压倒旧的社会制度因素时，社会制度在由量变而转为质变，新的社会制度才算正式产生。以往的历史学研究，对于历史进程中的"过渡时期"之研究比较薄弱，甚至没有多深理论的建树。该著在这些地方往往不惜重墨，充分揭示了过渡时期历史中社会因素的质变与量变的规律。

在王先生的古史分期体系中，先秦历史至少经历了两个历史进程的过渡时期：其一是由原始社会向奴隶社会的过渡时期；其二是由奴隶社会向封建社会的过渡时期。比如第一个过渡时期即由原始社会的氏族制度向阶级社会的奴隶制度过渡时期，王先生用了两个章节的巨大篇幅详细介绍了"唐、虞、夏与先商，商王朝前期的历史——从原始社会到奴隶社会的过渡时期"，认为在这个过渡时期，前后两种社会因素是犬牙交错的。原始社会末期中奴隶社会的若干因素如私有制、剥削、阶级和奴隶等新的因素都已开始出现了，但并不等于奴隶社会已经出现了，因为旧的原始社会的若干原则仍在继续其作用，这种变化应该属于量变过程。在新石器时代晚期，经济出现了大发展的势头，如在大汶口文化、龙山文化及良渚文化等考古遗址中，社会生产有了一定程度的剩余，这就为私有制和阶级的产生提供了物质前提。最初的奴隶仅限于奴役战争中的俘虏，但随着社会的发展，私有制的产生，导致了贫富的两极分化，一些贫穷的氏族成员逐渐沦为奴隶，于是就在氏族的内部逐渐形成了奴隶和奴隶主两个阶级的存在。父系氏族内部出现的这种家内奴隶，是父系家长和父系氏族首领的私人财产。而这些父系家长和氏族首领，逐渐成为氏族部落的显贵，成为支配氏族部落的力量。氏族显贵、奴隶和剥削等阶层和现象的出现，在一定程度上破坏了全族成员共同生产劳动、共同分配、无阶级、无剥削的原始社会的一些特征，使得氏族制度逐渐走向解体。但是这个时候出现在氏族内部的奴隶，还没有在生产劳动中构成主力，奴隶劳动也还没有形成一种社会经济体系，奴隶和主人还没有形成两大对抗阶级，也就是说早期奴隶和奴隶主的矛盾还没有上升为社会的主要矛盾，从一些考古发掘的这一时期的墓葬来看，大墓中出土了生产工具，说明大墓主人还没有完全脱离生产劳动。氏族制度虽已处于解体边缘的阶段，还不能说是已经达到完全的解体。因此这时的奴隶和奴隶主的存在，只能说是"零散现象的奴隶制"，是属于奴隶增加的量变过程。直到这些新的社会因素增长到一定程度、分量压倒或超过了旧的社会因素时，才由量变转为质变，由原始社会正式变为奴隶社会。在中国历史上这个过渡时期是从唐虞夏到商的前期，即盘庚迁殷以前。现代史学家们大都认为夏代已经正式进入了奴隶社会，但王先生不那么认为，夏代仍然处于由氏族社会向奴隶社会转化的过渡时期。夏代初年，大禹一改过去继承法的"禅让"制度，传位于儿子启，才使得夏代的传子制真正巩固下来。而传子制的产生是从父系氏族社会开始的。因为有了传子制，并不等于原始公社制的解体与消灭。不过它表明在"氏族内部已经有了特殊的显贵家庭的最初萌芽"，也可以说是原始公社解体的一个先行步骤。王先生认为，夏王朝和传子制几乎是同时产生的，处在这样一个父系氏族社会刚刚开始解体状态的夏代，对其社会发展阶段绝不能估计过高。而文献记载中的夏代历史以及大禹躬耕苦劳的事迹表明，夏代的原始公社制虽然正处在逐渐崩溃之中，但还保留着原始氏族社会基本的民主权利，其社会性质还应划入原始社会。王先生认为，直到盘庚迁殷以后之商后期，不仅奴隶数量大大增多，而且从甲骨文中知道有了仆、臣、妾、奚、宰等奴隶的名目，确定当时有典型的"会说话的工具"——奴隶的存在，这才使得社会性质由奴隶数量增加的量变而发生了社会性质嬗变的质变，才正式进入了奴隶社会，而且从商代后期的主要生产劳动者是众或众人来看，商代后期的社会近于古代东方的家庭奴隶制。

其三，提出了上古时中原地区是诸氏族杂处的时代，夏、商、西周的国土只有"据点"的概念，尚无"面"的概念。

过去一些学者认为，黄河中下游的中原地区在上古时代即是清一色的华夏族大一统天下。王先生在该著中着重揭示了这样一个事实，春秋以前的中原地区除了华夏族人建立的几个或几十个据点（城邑）外，周围环绕着的还有不少不同种姓、文化高低不同的少数民族杂处其间。这种"华戎杂处"的局面，越往上推就越普遍。夏、商、周的中原同时并存着无数的小氏族部落。当时的所谓"国"，实为一个大邑；所谓"王朝"（如夏、商），也不过一个大邑统治着在征服各地后建立的若干据点小邑。

大邑和小邑之间还分布着许多敌对的不同种姓的小方国。他们中有些还没有文字，与华夏语言也不同。所以它们之间以及与华夏之间，都各自为政，互不干犯，有时又相互战争。所以，当时人所想到的所谓"王朝国土"，只会有分散在各地的几个"点"的概念，还没有以大邑为中心的"面"的概念。在这种群"点"并立的情况下，自然更不会有"王朝边界"的概念了。

以商代晚期的情况为例，商王朝大邑商（殷墟）的周围就散布着很多少数民族部落，如鬼方、舌方、土方、羌方、虎方、夷方和周方等。甚至周克商时所联合的八个氏族，如庸、蜀、羌、髳、微、卢、彭、濮等，也大都是近在中原的少数民族（旧注以为在四川、湖北等地，不可信）。这些大小不同的氏族方国（当时的商或周也包含在内）之间，还存在着不属于任何方国的广大空旷的荒野地带。对当时这种具体情况的了解，就有助于理解远古时的许多历史大事，例如商汤前后夏、商、周是三个大小不同的民族同时并立，它们之间的地位是平等的，没有后人所想象的那种君臣隶属关系。商汤灭夏，仅仅是把夏桀赶跑了，夏都邑为商族所占领，而散居在各地的夏族人仍独立存在。周武王灭商也同样仅仅是把商纣杀掉，占领了商都殷墟，仍令商纣的儿子武庚统治着殷民，只派遣三监对他实行监督而已。那种部族方国对王朝的君臣上下隶属关系，是从周公东征胜利占领了广大地区并创立了一套完整的"分封制度"之后才逐渐形成的。

其四，用历史与考古结合的方法，辨明了"夏文化"与"夏时文化"两个不同的概念。

中国历史上在商代以前有一个夏代，这是从传世的古文献尤其是《史记》中得知的。殷墟甲骨文的发现和研究，证明了《史记·殷本纪》所记述的商代历史基本为信史，由此推测《史记·夏本纪》所记述的夏代历史肯定也有其根据。据文献记载，夏族人的活动最初是在山西南部的汾水下游地区，但其后期至灭亡时已转移到河南西北部的伊洛下游一带（有所谓"伊洛竭而夏亡"）。目前学术界研究夏代历史，往往结合发现于河南西部的偃师二里头遗址和山西南部的夏县东下冯遗址的二里头文化，这两个遗址文化面貌大多相似，两个地区又是夏族人活动的地方，碳十四测定的年代也与夏代纪年大致一致。所以利用考古学研究的手段研究二里头文化来复原夏代历史是完全合理的，也是可能的。

但二里头文化分为四期，究竟何者为夏文化呢？学术界有不同观点的激烈争论。王先生主张，二里头一二期文化为夏文化，三四期文化为商族文化。在此，王先生明加区别地揭示了"夏文化"和"夏时文化"两个概念的不同。所谓"夏文化"是指夏族人自己的文化，尤其是指自夏禹至夏桀这一特定历史阶段夏族人创造的文化，强调的是夏族；而"夏时文化"则是指夏禹至夏桀这一时期内与夏族并存的许多文化高低不同的氏族（包括夏族、先商族以及其他部族）所创造的文化，强调的是"夏时"。"夏时（代）文化"易于解决，因为着重的是"夏时"，只要把某一文化遗址，经过碳十四的测年方法，证明其时代在夏代（公元前1900—前1600年）的范围之内，就是夏时文化，至于是何族所创造的文化，则是另外一回事。而"夏（族）文化"不易解决，上古三代群族杂处，除了夏族、商族等大族以外，还有一些其他的部落氏族分布其间，所以在审核文化遗址时，不要轻易地认为不是商文化即是夏文化。现在史学界和考古学界都希望多找些"夏文化"遗址，用于弥补或丰富对"夏文化"的认识，重点是指夏族人所创造的文化。这确实是一个比较困难的历史研究课题。在寻找"夏文化"遗址的今天，我们强调首先要对"夏文化"与"夏时文化"两个含义不同的概念分辨清楚，其意义就在于此。

其五，依据历史阶段特征，揭示了上古时代"禅让"与"篡夺"传说的历史真相。

在尧、舜、禹时代中，文献记载的王位继承制度有两种截然不同的观点，即"禅让"和"篡夺"。《尚书·尧典》和《史记·五帝本纪》等古典文献记述了尧、舜、禹时的王位更替，是实行一种"禅让"制度。先秦儒家、墨家、道家、法家、杂家等的一些经典文献如《论语》、《孟子》、《荀子》、《墨子》、《庄子》、《韩非子》、《吕氏春秋》等，也都盛赞尧舜的禅让故事。但同时一些先秦文献如《韩非子》、《竹书纪年》、《山海经》等，也流传着与此完全相反的尧、舜、禹之间"篡夺"的说法。到底哪一种说法更近于事实呢？以往的研究或引称其中之一而否定其另一，或只称其中之一而无视于另一，多未能明辨真相。

王先生对此的研究认真而审慎，首先肯定所谓"禅让"制度在中国历史上确实存在过。其历史背景是，在原始氏族社会，生产资料是公有制，人们的私有观念还比较缺乏，把首领的职位视为绝对私有的想法还未产生。当时固然已是父系氏族社会，并且已经到了末期，但是过去母系氏族社会的一些旧传统不是一下子就能铲除干净的。在母系氏族社会里，儿子属于他们母亲的氏族，儿子与父亲不属于同一个氏族。父亲死后，其财产和职位只有另从父亲的氏族内选举继承人了，但让不能传给异族人。所以，各地母系氏族社会里，酋长的更替都是通过氏族成员民主选举产生，而不可能实行传子。尧、舜、禹是在父系氏族社会时代，可是这种旧传统仍在继续。这就是古代传说中"大同"社会的"选贤与（举）能"的制度，也是传说中的"传贤"或"禅让"制度。

王先生认为"禅让"与"篡夺"两种说法同时并存的事实，正是部落酋长由"传贤"制转变为"传子"制过渡阶段的真实反映。两种对立的传说，都有几分事实的根据。尧、舜、禹处在这两种制度转变的过程中，民主选举的旧传统"禅让"制虽然仍在执行，但这些酋长都已经视其职位为私有，都想传给自己的儿子。另外一些显贵，则利用氏族民主选举的传统，作为进行夺权的借口。而一旦夺取成功，则又效法他的前任，把职位传给自己的儿子。《韩非子》、《竹书纪年》、《山海经》中所引的这些传说，都反映尧在末年把酋长职位传给儿子丹朱，而有势力的有虞氏舜，借口尧破坏了民主选举制，把尧囚禁起来，又放逐了丹朱，把最高领导权篡夺到自己手中。舜临死前也想把酋长职位传给自己的儿子，夏禹也借口不能破坏旧传统，逼迫舜把酋长职位让给他。于是夏禹最后终于占据了这个最高职位。每经过这样一次反复，传统的氏族民主选举制度就进一步遭到削弱。而父子相传的世袭制就是在这种反复斗争中逐渐产生和加强的。人们逐渐感觉到"选贤与能"、"天下为公"的旧制度已经过时，于是"各亲其亲，各子其子"的"天下为家"新时代终于正式出现。

其六，强调"国家"的存在意义，全面肯定了西周"国家"的进步历史作用。

王先生认为，夏和商的前期，阶级和奴隶虽然都已出现，但阶级矛盾尚未发展到不可调和的程度，依照恩格斯对"国家"特征的论述，那时统治者的政治机构职能是"国家"的原始雏形阶段，还不能称之为正式的"国家"。直到商代末期，阶级矛盾的尖锐化才逐渐达到你死我活的阶段，"国家"也从长期量变达到质变，正式、成熟的阶级压迫的工具"国

家"应运而生，负起了对社会应有的责任。西周时期的正式"国家"也是其初期阶段。

对于"国家"这种新的机构产生之后的历史任务是什么？"国家"对社会发展起过什么作用？以往的研究多"以阶级斗争为纲"，有意无意地强调了"国家"的阶级性，如对西周国家政治的机构、军队的组织、监狱的设施、刑法的渐密等，批判了国家对人民的残暴统治，夸大了阶级斗争的一面，而国家机器对社会发展的积极作用则大大地忽略了。王先生从理论的高度认为，"国家"既然是历史发展的产物，又能长期久远地存在下去，那就必然有它历史存在的合理性。对"国家"的作用，应该一分为二，既要看到它对人民的镇压方面，也要看到它对社会发展起过正面的积极作用。"国家"机构对社会发展所负有的职能，概括起来不外两个方面：一个是"缓和冲突"、促进联合以及对社会的管理等进步方面；另一个是对人民的镇压、掠夺和恐怖统治方面。而且王先生明确指出，在这个互相对立的矛盾中，"国家"最大的历史作用，是缓和冲突的这一方面，而不是镇压、破坏的那一方面。

关于西周"国家"的进步作用，王先生具体归纳了以下四点：（1）国家的出现，挽救了"社会"不致毁灭。人离开了群体，几乎无法生存。到了阶级社会，个人依靠由武装、政治力量组成的"国家"的保护而生存。同时，"国家"对人类的生存、社会的延续，也起到了挽救的作用。最明显的是原始社会末期，由于出现了阶级、剥削、阶级对立和阶级斗争，当阶级矛盾愈演愈烈、不可调和时，最终酿成战争。战争破坏了劳动创作的社会财富，也破坏了个人生存和社会生产环境。如此下去，势必使两个对立的阶级同归于尽。而西周"国家"的产生，其武装和政治力量促使矛盾双方相互有限度地让步和妥协，形成某种平衡，生产劳动才有可能，社会才能继续向前发展。（2）建立了有利于生产的"和平环境"。人类之所以成为人类，就是因为人类有不断劳动的精神。但是要让劳动群众从事生产活动，起码的条件是使阶级矛盾限制在相对的"和平"阶段，生产劳动才有可能。国家机器对劳动人民除了有镇压的一面，还有创造"和平环境"以利生产的一面。即使专从统治阶级利用国家机器对人民进行镇压的目的上论，也同样是为了"和平"。因此，西周国家创造"和平"环境的目的虽然不光彩，但在客观上其历史作用的进步性是不能熟视无睹的。（3）负有管理社会事务的职能。人类是社会性的群体动物，共同的社会秩序、社会经济、社会文化、社会教育、环境卫生等事务，就需要专人或专职机构去负责管理。进入国家形态以后，经济发展日盛，社会关系益行繁杂，有关群体的社会事务性事情越来越多，这就更需要有这方面的专门管理机构。于是"国家"就成了社会公共事务的管理机构了。而西周国家在这方面的职能是巨大而不可替代的。（4）为大一统的中国奠定了基石。西周初期的"国家"，是以"小邦周"姬姓氏族为中心，与其他众多氏族、部落和方国组成的联盟，周是以"盟主"的身份与其他"友邦"建立松散的联盟关系的，这与夏、商时代的国家体制无别。所以武王死后，即发生了武庚与"三监"及东方各诸侯国的叛乱。平叛之后，周公在总结历史经验和巩固王室政权的基础之上，创立了一套新的"分封制度"，形成了新的西周"国家"。西周"国家"的分封制度，目的在于"封建亲戚，以藩屏周"，充分发挥了国家机器的缓和冲突、协调联合的作用，使得宗主国周王国与诸侯国的纵向联合和诸侯国之间的横向联系空前加强，为后来封建大一统国家的形成奠定了基础。

其七，辨明"公田"、"私田"的真正含义，全新破解西周"井田制"之谜。

西周时究竟是否实行了孟子称道的所谓"井田制度"，这是一个聚讼千年、纷纭未决的历史学课题。王先生首先就文献尤其是《诗经》中记载的西周土地制度，概括了西周田制的基本内容：第一，西周田制分"公田"和"私田"；第二，有"大田"，又称"甫田"；第三，农产品收获量大，可见土地所有者必然是大贵族；第四，"千耦其耘"，田间劳动者人数众多；第五，"百室"表示收获者是"族"众，而不是"八口之家"的个体家庭；第六，从事生产劳动者是"农夫"或"农人"；第七，农夫有"庸"、有"彻"、有"助"、有"亩"、有"籍"等负担。

在此基础上，王先生认为西周田制分公田和私田，这就是所谓的"井田制"。而孟子"井田制"内涵，既有西周田制零星的真实内容，也有战国时才出现的新的事实，以及孟子在田制上的理想构拟，因此所反映的西周"井田制"不够严谨、不正确，是空想的乌托邦。尽管如此，王先生相信西周确实实行过"井田制"，井田分"公田"和"私田"，其中的"私田"是直接生产者的份地，这是大部分史学家所公认的。但对

"公田"的理解，学术界意见尚未一致。近年来，大多史家异口同声地说西周井田之中的"公田"就是马克思所说的"农村公社"农民集体的共有地，于是有的把西周的井田制说成是"古代东方奴隶制社会"的"土田国有"或"集体土地所有"，是"农村公社所掌握的土地制度"，有的说是："'雨我公田，遂及我私'，所形成的公有土地财产与私有土地财产的对立的形态。"与"公田"公有说法不同，王先生强调"公田"之"公"，不是公有之公、公众之公，乃是指"公族"或贵族而言。《诗经》中所有的"公"字，大都作"贵族"、"统治阶级"或"官"讲，没有一条是可以解作"公有"的。所以说，"公田"不是公有土地，不是农村公社的田，更不是"国有"的田地，而是"官田"，是直接属于贵族的田。西周土地已经为贵族所私有，井田之中的"公田"绝对不是直接生产者们集体所有，而是统治阶级或贵族们的私有地，属于各级贵族的私有田地，是贵族以劳役地租形式对农民进行剥削的田制。西周时代真正的"公有"已经消失，已经不存在农村公社了。再以农村公社的理论论证西周历史，便完全失去了意义。王先生还具体批驳了对"井田制就是土地国有制"一些特征的论证。

其八，考证了周平王东迁洛邑不是避犬戎，实乃避秦这一历史事实。

对于幽王死后平王为什么放弃前已建都数百年的西都镐京而东徙洛邑，多数史学家对于《史记》的说法深信不疑：西周灭于犬戎，周平王避犬戎难，始东徙洛邑。

然而王先生在先秦古籍中发现了一些对此不尽相同的记述，揭示了其中的原委：幽王欲立褒姒之子伯服为太子，打算杀死原太子宜臼，宜臼逃奔其舅父申侯之国。幽王提兵东讨申国，行经周京东之骊山正遇来攻周之申、缯及犬戎联军，幽王被杀于骊山之下。这与《史记·秦本纪》所说的"申与犬戎伐周，幽王举烽火征诸侯兵，兵莫至，遂杀幽王于骊山下"不同，进而发现了《史记》记载的诸多疑窦：为什么镐京被攻而幽王死于周京之东的骊山下？为什么说秦襄公将兵救周（幽王）有功，又说秦襄公以兵送周平王，为了避犬戎东徙洛邑，平王分封秦襄公为诸侯？王先生从战争的敌我双方关系分析入手，认为一方是以太子宜臼（周平王）为首的申、缯、犬戎联军，而另一方则是以幽王为代表的褒姒、伯服和勤王的秦襄公同盟。双方战争时，秦襄公出兵救周幽王，对原周室有功。如此可以说，秦襄公与太子宜臼周平王处于敌对的状态。而犬戎与太子宜臼（周平王）为友邦而非敌人，平王即位后怎会避犬戎而东迁？秦襄公又怎会以仇人身份护送平王，平王又怎会对仇人身份的秦襄公分封？《史记》所记自相矛盾，不可信据。王先生认为，秦国世世臣服、效忠于周室，所以太子宜臼、申侯、犬戎来攻周时，秦襄公前来保驾，抗击太子之兵。幽王被杀后，申与犬戎乃"取周赂而去"时，宗周畿内又成了秦襄公的势力范围。太子宜臼因惧秦兵，当然不敢再回西京，于是乃从申迁诸洛邑建都。并认为太史公所以有此矛盾的记载，可能是本之于秦国所留下来的史书，列国史书均被烧去，秦国侵周之真相，已被秦史所隐讳伪饰。

当然该著精彩之处不仅仅是这些。在许多具体的问题上，该著也都有较为精深的研究，提出了新颖的观点。如原始社会的分期问题、细石器文化的来源问题、青莲岗文化的分区问题、汉字的形成问题、河南龙山文化的不同类型划分问题、亚细亚生产方式问题、先秦时代的民族问题、夏王朝的历史传说与夏代的社会性质问题、商族的起源问题、盘庚迁殷问题、商代的众人与"族""众"关系问题、商王朝的世次与继承制度问题、甲骨卜辞的应用问题、鬼方及舌方地望问题、先周族的来源与迁徙问题、先周的世次构拟问题、周原甲骨的族属问题、周公践位称王问题、西周政体问题、西周监国制度问题、周克商后对殷遗民的政策问题、西周"民"的身份问题、西周的社会性质问题、西周宗法之特点及其来源问题等，都形成了一家之言，而足立于学术之林，深受史学界人士的重视与好评。

总之，该著材料翔实，内容丰富，论证严谨，观点允当。在许多地方有所创新和突破，学术价值和理论意义均较高，相信会在今后一段时间内产生良好的反响。

此文曾收入仓修良主编《中国史学名著评介》第五卷，山东教育出版社 2006 年版，今作校订修改。

作者简介：朱彦民（1964—），男，河南浚县人，历史学博士，教授，博士生导师，南开大学历史学院先秦史研究室主任，中国社会史研究中心研究员，北京大学中国画法研究院兼职教授。

社区博物馆理论与实践的思考

黄春雨

一 社区博物馆的产生与后现代主义

谈到社区博物馆人们往往把它的产生和 1967 年建立在华盛顿黑人社区的美国安纳考斯提亚社区博物馆（Anacostia Neighborhood Museum，或称之为邻里博物馆）联系起来，更由于肯尼斯·赫德森将其预测为未来具有影响力的博物馆，而对世界社区博物馆的发展产生了重要影响，并和诞生在法国的生态博物馆，兴起于墨西哥的整体博物馆成为新博物馆运动的主要标志。

社区博物馆、生态博物馆以及整体博物馆都产生于 20 世纪六七十年代之交，并非偶然。20 世纪 60 年代，矛头直指西方传统道德价值观念、主流文化和现代工业文明社会的反传统、反现代文明运动："民权运动"、新左派运动、妇女运动、性解放、摇滚乐、嬉皮士、反战运动、环境保护运动，此起彼伏、如火如荼。这股从 20 世纪 50 年代末至 60 年代形成的反传统、反现代文明思潮根源于人们对在工业社会中感受到的难以言状地压抑以及对人性地摧残，迅速发展的科学技术和工艺制度对人类环境和自然资源的破坏。它在相当大的程度上动摇了西方现存的价值体系和伦理道德，并把种族主义问题和少数民族居住区贫困问题提到政治讨论的中心，唤起了人们对现代工业社会所存在的诸如环境、弱势群体、弱势文化等问题的关注和理性思考，使多元文化价值观念渐入人心。

社区博物馆、生态博物馆就在这种反传统、反现代文明的时代大背景下诞生了。主张拒斥现代性，尤其是不满现代性所提倡的理性选择，所执着的客观准则以及所强调的统一性的后现代主义也借助这场席卷欧美的社会运动，声势大振，影响广布。

后现代主义所提倡的是感性而非理性的生活，所执着的是以主观体会为依据的自主性而非客观准则的权威性，所强调的是社会活动的差异性和多样性而非标准性的单元性。后现代主义也有怀古的取向，冀求从传统文明中寻求创意。

在国际知识界享有盛誉的迈克·费瑟斯通认为后现代主义有以下特征：第一，后现代主义攻击艺术的自主性和制度化特征，否认它的基础和宗旨。艺术并不源自创造性天才或特殊才干的艺术家的高雅体验。后现代主义超乎博物馆珍藏的艺术创作、艺术作品或名家手笔之上，并有意模糊艺术与日常生活之间的界限。高雅或严肃艺术与大众流行及肤浅艺术的区别，已不再有充分的根据。第二，后现代主义发现了一种感官审美，一种强调对初级过程的直接沉浸和非反思性的身体美学。第三，后现代主义无论是处在科学、宗教、哲学、人本主义、马克思主义中，还是在其他知识体系中，在文学界、评论界和学术界，它都暗含着对一切元叙述进行着反基础论的批判。强调以"微小叙事"剥掉全球性知识的伪装，这就使村社居民的"地方性"知识成为了整个知识领域的一种补充。第四，在日常文化体验的层次上，后现代主义暗含着将现实转化为影像，将时间碎化为一系列永恒的当下片段。因此，后现代的日常文化是一种形式多样的异质性的文化。第五，后现代主义所喜好的就是对以审美的形式呈现人们的感知方式和日常生活。因此，艺术和审美体验就成为知识、经验及生活价值意义的重要范式。①

研究社区博物馆的学者往往把参与性、差异性、多元性、分散性和对日常生活的关注视为社区博物馆的关键词，将博物馆以积极的姿态，回应剧烈变化的世界和关怀社会问题，作为对高高在上的传统博物馆的变革和超越。社区博物馆、生态博物馆试图在制度上以公众参与削弱传统博物馆专业、专家的特权并使之大众化；在宗旨上试图超越文化意义上的博物馆，使之成为社会、政治、经济乃至社会发展的工具箱，社会变迁的催化

① ［英］迈克·费瑟斯通：《消费文化和后现代主义》，译林出版社 2000 年版，第 179—180 页。

剂。这或多或少地带有后现代主义的色彩，或在一定程度上受到后现代主义的影响。

　　肯尼斯·赫德森之所以预测安纳考斯提亚社区博物馆等会成为未来具有影响力的博物馆，是因为它可以回应当代社会存在的五个基本问题：第一，自然环境因人之贪婪而日趋恶化。第二，政治、科学及经济资源操控在美国等少数几个超级强国，分配不均。第三，除澳大利亚、新西兰、加拿大等少数国家外，多数去殖民化的新兴国家反而更加的穷困。第四，艺术、音乐以及科学知识越来越专业化和专门化，普通民众也越来越无从了解这些知识，而感到被排除在知识权力之外。第五，知识越来越权力化和权威化，宏观性的国家、国际理论知识与微观性的地区知识之间的鸿沟日益扩大①。肯尼斯·赫德森所忧虑的当代世界存在的问题，需要博物馆去积极应对的思路，可以说和后现代主义有相当的一致性。

　　如果说我们从社区博物馆或生态博物馆的具体实践中，难以体认到后现代主义对社区博物馆的发展所产生的影响，那么新博物馆学运动则清楚地告诉我们后现代主义是它们不可或缺的理论支持。安德瑞·赫恩斯雷德所著的《新博物馆学》提出了一个新博物馆的理想模式：（1）目的：掌握日常生活；促进既定社会的发展。（2）基本原则：彻底面向公众；地区性。（3）结构和组织：小机构；靠地方、地区资助；分散；参与；结成梯队进行工作。（4）方法：复杂的现实；交叉学科；以主题为中心；将过去、现在和将来联系起来。以地区性、日常生活、参与、分散为特征的这个模式以及所谓反博物馆、后博物馆概念的提出就是受后现代主义影响的结果，具有鲜明的后现代主义的色彩。后博物馆认为：活动及过程，而不是收藏及展览，才是后博物馆重要的精神。如何与社区互动、沟通协商及寻找各种合作伙伴，进行各种活动、演出等，都是后博物馆所涵盖的范畴。除此之外，后博物馆更强调多元协商及参与，它呈现的知识架构也不再是统一的，而是多元的、片段的及众声喧哗的。而其内含的价值也不再是客观及理性次序的，而是鼓励合作、协商及多元价值并呈的②。

---

　　① Kenneth Hudson, *Museums of Influence*, London: Cambridge University Press, 1987, pp. 173 - 174.

　　② Hooper-Greenhill E., *Museums and the Interpretation of Visual Culture*, London: Routledge, 2000, pp. 152 - 153.

　　如果我们梳理一下国际博物馆协会的大会主题或博物馆日主题，就会发现不少主题只有运用后现代主义的理论方法才能将它们意义提升到哲学的高度。如博物馆与文化多样性、博物馆与社区、博物馆与土著居民、博物馆与全球化等。2011 年在我国上海举行的国际博物馆协会第 22 届大会开幕式上，国际知名策展人奥奎·恩威佐和墨西哥国立自治大学人类学教授卢尔德·阿里斯佩所作的主旨报告都有明显的后现代主义的色彩。

　　值得一提的是，社区博物馆、生态博物馆的发展高潮，恰恰也是后现代主义影响广布的时候；而社区博物馆、生态博物馆处于疲态时，又正是后现代主义呈现颓势时期。

　　超越或对传统博物馆进行革命无疑需要全新的理论，而这理论显然不可能从传统博物馆学或传统博物馆实践中获取，那么借鉴和参考其他领域的理论和方法也就自然而然。社区博物馆、生态博物馆和后现代主义都产生或发展于反传统、反现代文明的 20 世纪六七十年代，后现代主义对社区博物馆和生态博物馆以及新博物馆学运动产生影响也就不难理解。当后现代主义遭到质疑和批判时，以此作为理论支持的社区博物馆和生态博物馆以及新博物馆学的实践也必然会出现种种困难。

二　社区博物馆——时空概念？空间概念？

　　什么是社区博物馆？应该说迄今为止还没有一个具有共识的定义。简单而言社区博物馆是为社区而建，并服务于社区的博物馆。但显然这样定义社区博物馆，并不能从根本上回应人们对社区博物馆的理解。

　　社区这一概念是中国社会学者在 20 世纪 30 年代自英文意译而来，因与区域相联系，所以社区有了地域的含义，在 20 世纪 90 年代以来，社区成为政府进行社会管理的一个基本单位，社区管理与服务越来越受到政府和社会的关注。而英文社区（community）一词则含有公社、团体、社会、公众，以及共同体、共同性等多种含义。因此有的社会学者有时又在团体或非地域共同体这种意义上使用 community 一词。综合西方社会学家研究成果，社区一般具有如下特征：（1）社区是一个特定地区内的人口集团；（2）社区成员之间的联系纽带是共同语言、风俗和文化，由此产生共同的结合感和归属感；（3）每一社区都有共同的活动场所和活动中心；（4）每一社区都有自己的组织和制度；（5）每一社区都有它特有的自然条件或生态环境。

　　社区博物馆进入我国博物馆界视野并受到关注和研究，大致始于 20 世纪 80 年代后期。1986 年的《中国博物馆》第四期发表了乔治·亨利·里维埃《生态博物馆——一个进化的定义》等有关生态博物馆的文章，社区博物馆开始进入我国博物馆界的视野。1993 年南开大学举办了“中美博物馆学”国际研讨会，曾参与美国安纳考斯提亚社区博物馆和其他社区博物馆建设的多位史密森学会专家与会，介绍了美国社区博物馆建设的有关情况，1993 年《中国博物馆》第四期发表了部分论文。此后，我国博物馆界对社区博物馆的研究逐渐多了起来。但由于受我国社会学研究的影响，特别是我国政府把社区视为社会管理服务基本单位的事实的影响，我国博物馆界对社区博物馆的认识基本上停留在必须及如何为社区服务的层面上，而所谓的社区又基本上指向了地域概念。21 世纪以来我国开始了自己的社区博物馆实践。2009 年，一座被认为是天津市首家社区博物馆，在天津市和平区小白楼街崇仁里社区出现，在一个 50 平方米的空间内展出了居民们自己动手创作的书画、手工艺品以及平日的收藏品 260 多件。2010 年，有“北京首家社区博物馆”之称的北京东城区花市枣苑的“花市社区博物馆”成立，展出了古代文物，书画大家真迹及当地传统手工艺人的作品。2011 年，有着 200 多座明清建筑占地 600 多亩的福州三坊七巷古街区由国家文物局授牌，成为国家认可的中国第一个社区博物馆。从我国社区博物馆的实践过程中同样不难看出，尽管已有对具有历史文化内涵的区域的文化进行整体保护的思考，但空间或地域的考虑依然是我国对建设社区博物馆的基本出发点。

　　这里就有一个问题需要我们思考，是否将传统博物馆植入社区就是社区博物馆，或者在更大的区域内以大遗址保护的理念、以露天博物馆的形态在有历史内涵的区域建设的博物馆就是社区博物馆？换言之，社区博物馆究竟是一个历史文化与社会地理合二为一的时空概念？还是一个单纯的空间与社会地理概念？

　　要想回答上述问题，应该先从西方社会已有的社区博物馆的理论与实际中寻求答案，毕竟社区博物馆发生于西方。

　　不可否认，在早期社区博物馆的理论和实践中，地域性、参与性、分散性和日常生活是其最主要的精神和原则。

史密森总裁雷普利认为安纳考斯提亚社区博物馆的宗旨:"是在提供当地社区民众一个愉快学习的场所,它没有华丽而高不可攀的殿堂,或艰涩难懂的说明,而是一座'低压力'的文化设施,致力于营造一个亲和的环境,希望吸引从未进入或享受博物馆乐趣的民众前来参观。在经营管理上,关键字眼是民众的参与,所谓参与,不仅是希望民众能参与展示,而是希望创造博物馆与社区为一体的感觉。"① 安纳考斯提亚社区博物馆秉承这一宗旨,推出了《老鼠:人们所引来的苦恼》等不少与社区议题有关的展览。

1981 年,法国文化部给在本质上属于社区博物馆的生态博物馆做了这样的界定:生态博物馆是一个文化机构,这个机构以一种永久的方式,在一块特定的土地上,伴随着人们的参与,保证研究、保护和陈列的功能,强调自然和文化遗产的整体,以展现其有代表性的某个领域和继承下来的生活方式。

1973 年,墨西哥国家人类学博物馆在城郊塔库巴亚开始了博物馆与社区紧密联系并努力服务于社区的试验。塔库巴亚是一个文盲比例很高、儿童几乎不上学的贫民区,国家人类学博物馆成立了一个由博物馆学家与社会科学家联合组成的小组对该地区进行认真的了解,谋求他们的合作,随后在一片荒地上建起了一组小亭子,从母馆运来展品,使用了一切陈列手段,创造出了一个生动的、能为不识字的居民所接受的博物馆。该馆很快便成为社区文化中心、总顾问处,参与了诸如卫生、教育乃至婚姻纠纷等事宜。

关注社区议题和日常生活、强调社区博物馆的地域性,在早期社区博物馆的发展中,确实被视为社区博物馆的理念和精神实质。

但至今依然为国际博物馆界深思的是,曾经对世界社区博物馆产生过重要影响的,为有十万中下层黑人居民建立的安纳考斯提亚社区博物馆,却在 1987 年迁离了该社区,成为史密森的正式机构,国家博物馆群体中的一环,接受联邦政府的预算和领导。名称中的邻里(Neighborhood)一词也被删去,更名为安纳考斯提亚博物馆和非洲裔美国人历史与文化中心,服务对象不再是社区居民,收藏、展览政策也基本脱离了社会议题和

---

① 张誉腾:《生态博物馆——一个文化运动的兴起》,五观艺术管理有限公司 2004 年版,第 134 页。

日常生活。同样的情形也出现在了法国，1990年以后，以"所在地人民和公共权力机构共同设想、共同修建、共同经营管理"，只为社区居民服务为理念，具有文化民主和革命色彩的所有法国生态博物馆被体制化，如同安纳考斯提亚社区博物馆也成了法国博物馆体制下的正式成员。1992年，肯尼斯·赫德森不无失望地说："如果说法国境内现在28个被公认的生态博物馆，其中没有一个是完全践行它们原本的宗旨，应该不是过激之辞。"① 肯尼斯·赫德森失望的原因是生态博物馆已放弃了社区人们参与主导经营管理博物馆的理念。20世纪70年代早期，澳大利亚也在土著社区建立了一批博物馆，"其中的一些博物馆促进了社区内的文化更新与传播。其他的充当着当地土著社区与外界的媒介，一方面向参观者提供文化解读工具；另一方面力求增进澳洲土著与非土著之间的和谐。这些博物馆中，一部分很成功，很多仍然在努力，剩下的无人问津，年久失修"②。

可以这么说，社区博物馆在其发展历程中，创新与回归交错演进。不少以回应社区诉求、解决社区日常生活问题，只服务于社区居民，具有理想和革命色彩的博物馆，最终又回归到既有的博物馆体制内，回归到了自己所擅长的遗产领域，而那些依然坚持回应社区诉求、解决社区日常生活问题，致力于文化知识民主化和分享权力的社区博物馆都不同程度地面临着种种问题，困难重重。

从20世纪90年代中后期社区博物馆发展趋势来看，西方的社区博物馆似乎已不再执着于曾经激进的理念，开始理性的回归，将视野投向了历史文化与社会地理空间合二为一的社会体文化（有一定的源头、一定的存在区域"地域的或社会的"与一定的发展历程）和亚文化（团体或共同体特定的价值观和行为准则）。对文化多样性的关注、对族群文化遗产的保育和传承取代了对社区现实议题和日常生活的关注。移民博物馆、女性博物馆、土著博物馆等可视为从20世纪90年代中后期社区博物馆发展趋势的代表。

"重视和体现（认知）世界范围内的妇女生命（生活）"，"通过历

---

① Hudson, K., The dream and the reality, *Museums Journal*, 1992 (4), pp. 27 – 31.

② ［美］珍妮特·斯马汀编：《新博物馆学理论与实践导论》，凤凰传媒集团、江苏美术出版社2008年版，第181页。

史、艺术文化方面的展览与项目，来扩大全球妇女的声音，开展教育、引发沟通对话，建设社区，并付诸行动"。(位于美国加利福尼亚旧金山的国际妇女博物馆的使命)①

移民博物馆是社区的中间集结点。文化节和展览会把一个社会老老少少集合起来，探索他们的遗产和传统，最重要的是，他们为个人成长、自我意识、尊重以及社区内每个人的幸福提供了论坛。即便是特定的种族社区也不是完全同宗：各小组都有不同的语言、宗教、文化、阶级和政治。不论什么时候博物馆与社区小组合作，我们都鼓励传递并展现此类差异。(澳大利亚墨尔本移民博物馆社区联盟)②

至此，我们似乎可以得出这样的结论：当下社区博物馆已经和早期在一个单纯的空间与社会管理地理概念下，回应社区诉求、解决社区日常生活问题，只服务于社区居民的模式渐行渐远。社区博物馆的概念已经悄然变化，有一定的源头、一定的存在区域"地域的或社会的"与一定的发展历程的社会体文化（族群），以及具有特定价值观和行为准则的亚文化（社群），成为社区博物馆指向，多元文化主义成为了社区博物馆的理论指导，对民族或族群文化遗产的保育和传承，发展为社区博物馆的收藏展示目标，社区博物馆的概念越来越显现出时间（历史文化）与空间（社会地理）合二为一的特征。

三 我国社区博物馆发展相关问题的探讨

（一）我国具有发展社区博物馆的文化、政治和哲学土壤

中华文化历史悠久、博大精深，不仅存在源于西方文明的传统博物馆现象，也不乏社区博物馆意识。中华民族是在漫长的历史过程中，汉民族与其他民族不断融合形成的，儒学作为主流文化使中华民族具有了极强的凝聚力，但这并未淹没，因族源的不同，语言、文化的差异、地理环境的影响而形成的鲜活的区域文化，令人魂牵梦萦的乡土情结。

---

① 克伦·奥芬、伊丽莎白：《国际妇女博物馆》，《国际博物馆》（全球中文版）第 3 辑。

② 帕德米尼·塞巴斯蒂安：《动员社区，共享故事：移民博物馆在世界最具文化多样性城市之一的作用》，《国际博物馆》（全球中文版）2007 年第 1 辑。

明清时期随着科举制度、官吏易籍就任制度的不断发展和完善，特别是随着明中叶以后商品经济的发展，在求学、求仕、求生、求利、求富的欲望驱使下，社会流动加快，移民出现于全国各地。出于共同的地域观念、心理情感上的认同需要，一种有别于官方组织的社会性机构——会馆产生了。上至京师，下至边远地区几乎都能看到它的身影，甚至漂洋过海落户于海外。会馆的建设与管理由官绅、富商及其他同籍人自发共同参与完成，大者规模皇皇、雕梁画栋、檐宇连绵。它以乡土为纽带，以传统优良的道德观、价值观为指导，以定期与不定期的聚会、娱乐为活动方式。其目的和功能由最初的聚乡人，联旧谊逐步演变为客居异地他乡者的社区文化中心，具有丰富的文化内涵。几乎每个会馆都有自己的乡土神，这些乡土神多为各地历史、文化及道德的象征，如浙江祀伍员、安徽祀朱熹、重庆的贵州会馆则祀汉唐至清 14 位"护国家、庇民人、扶名教、植纲常"的乡贤英烈。祭祀拜谒乡贤是会馆最重要的活动之一，它也由此而成为客籍人的精神家园。建筑是凝固的文化，一些会馆不惜千里迢迢从故乡运来建筑材料，聘请家乡工匠极力营造一种乡土环境，满足客籍人的感情需要。北京福建会馆建有一个"麦饭厅"楹联为"满目蓬蒿孤客泪，一盂麦饭故乡情"，乡人聚会分别会饮于"燕誉"、"榕荫"之堂，"一堂谈笑，皆作乡音，雍雍如也"。浓郁的乡情为无数游子带来莫大的心灵慰藉。北京歙县会馆等还设有观光堂题名榜记载历代登科及第、出宦入仕者名录，它和厅堂处处高悬的鼎甲匾额，成为客籍人自信心、自豪感的源泉。戏楼是会馆又一处展示乡土色彩、文化特征的景点，一幕幕以本土历史、文化、生活为题材的戏剧不仅满足了客籍者的娱乐需求，也成为实施乡土教育的一种有效手段。地方戏曲在全国的传播，会馆功不可没。而在大一统的中国，最能代表地方文化特征的，戏曲可算其一。会馆的又一重要作用为"得相赞、失相匡、喜相庆、灾相恤、忠孝友悌相与龟勉、道德艺术相与讲求"。会馆是整合社区内部、谋取社区发展的工具。限于篇幅，这里不便对会馆文化作更多的展开，只是想表述明清时期出现的会馆是客籍者作为弱势群体、弱势文化为谋求自身的发展，维护自己的价值观、道德观，出于文化与心理的认同而自发形成的社区文化中心。它依赖于乡土文化和乡土情结使自己具有了生命力，背井离乡的客籍人也因它的存在，而保留了自己的语言、习俗、传统和文化，并因牢牢把握住了自己的根和文化，开辟出了适合自己的政治、经济、文化的发展道路。中国古代的会馆是否暗合了社区博物馆的某些因素，或许有必要予以研究，但本文借此只想说明，中国传统文化不仅不排斥社区博物馆，甚至具有天然的情缘。正是由于各个民族不同地区的人民自觉地保护自己的历史文化，中华文明才具有了旺盛的生命力。

源于祖先崇拜的宗族祠堂，随着历史的进程，其功能逐步扩展为宗族的宗教、政治、经济与文化中心。它不仅有着深刻的政治内涵，文化内涵也相当丰富。祠堂为合族所有，作为政治权力的中心，有时甚至发挥着比官方的里甲组织更为重要的作用。其下有祠田、义庄、义塾既用于扶危济困及教育、娱乐等活动，也从经济上保障祠堂的正常运转。祠堂设置从福建义序"义山黄氏宗祠"可知大概。祠堂正厅设有 20 多层神龛，每层列朱漆金字 27 位祖先牌位，厅堂上下栋梁，尽悬"进士"、"举人"、"文魁"、"武魁"金字匾额，宗族的历史、荣耀由此可见。后进设"议厅"为族老议事及族人聚会之处。祠堂收藏并编修族谱，其内容大致有：谱序、恩纶录——记录皇帝颁给该族官员及家属的敕书、诰命、御制碑文等各种恩宠；像赞——祖先画像、赞词及遗墨、世系、世系录、派语；宦绩考——记载出宦入仕先人的历史；传记——有善行族人的历史；坊墓——宗族墓地及其形胜；先世考辨——叙述宗族历史；著述——辑录与开列族人的著作及著作目录等。祠堂并有族规及祖宗遗训，规范族人道德、整合族人行为。祠堂之于中国封建农村社会影响之大，已成定论，遗风今日犹见。

此外，被称为汉族亚族群的客家人具有强烈的族群意识，其基本网络都具有公共、家族和军事自卫的性质，以其独特的语言维系并识别客家人的共同身份。

我们完全有可能在会馆文化、祠堂文化以及客家文化等中国自身的历史文化土壤中，走出一条真正具有中国特色的社区博物馆之路。

我国是一个由 56 个民族组成的大家园，各民族都有自己独特而灿烂的文化。新中国成立后，中华人民共和国中央政府制定了各民族平等相待、相互尊重、共同发展的民族政策。费孝通先生将其归纳为"各美其美，美人之美，美美与共，天下大同"以及"多元一体"①。这就从政治

---

① 费孝通：《中华民族的多元一体格局》，中央民族大学出版社 1989 年版。

上保证了以"有一定的源头、一定的存在区域'地域的或社会的'与一定的发展历程"为指向的社会体文化（族群）社区博物馆发展。

社区博物馆追求文化平等、社群和谐，需要社区博物馆所在的国家和地区有支持其理念的哲学基础，我国传统文化的价值恰恰就是和谐，即中国传统文化一直都在追寻自然系统（天）的和谐；有机系统（人）的和谐以及人际关系（社会）的和谐。致力于整体的均衡与和谐（致中和）就是我国社区博物馆发展的中国哲学基础。

（二）我国的社区博物馆应该由对都市新兴社区的关注转向对农村社区的关注

我国从20世纪八九十年代就已经接触和了解到了社区博物馆，并展开了不断地研究，但直到近年来才有三坊七巷社区博物馆以及个别被称为社区博物馆的出现，究其因，就博物馆界自身而言，把关注点过多的放在随着都市现代化进程而出现的新兴社区恐怕是主要原因，把服务于社区混为社区博物馆，对我国社区博物馆的发展所产生的影响大概也不小。前文提到，确实在社区博物馆发展的20世纪六七十年代，关注社区议题和日常生活、强调社区博物馆的地域性和只为社区服务是其基本特征，但20世纪八九十年代美国、法国等国家的生态博物馆或社区博物馆却又回归体制，回归遗产领域的事实，值得我们高度注意。从历史的观点出发，之所以出现这种状况，主要在于各国政府调整了它们的社会福利政策和种族政策，介入了所谓贫民区的改造，随着经济社会的进步，社区博物馆所要解决的社会议题和日常生活问题自然被弱化。特别是，随着信息技术的不断发展，社区博物馆在帮助社区居民获得有关日常生活知识所发挥的作用也越来越小。而单纯空间性的社区人口流动性增大，缺乏由历史形成的文化凝聚力的支持，社区博物馆的存在意义当然也就成了问题。

我国都市的新兴社区是在城市现代化的过程中形成的，由不同文化背景、不同生活方式、来自不同地方的民众聚合而成。新兴社区居民没有共同的"小文化"也缺乏共同的"小记忆"，与其他社区相比也没有明显的差异性，由于较高的人口流动，也难以形成属于他们自己的共同文化价值。网络时代信息的即时化和获取日常知识的便捷化，也使得社区博物馆再去关注日常生活变得没有意义。

由于我国走向工业化道路的滞后，城乡社会经济发展的不平衡，当下在我国农村地区仍然保留了大量的文化遗产，其中不仅包括历史建筑等有形文化遗产，还包括很多珍贵的民间艺术、信仰、风俗传统等无形文化遗产。国家建设部和文物局从 2003 年至今已经评选并命名了 4 批共 143 个"历史文化名村名镇"。这些村镇分布在全国多个省份。在古代农业社会的长期发展中，村民共同创造了当地的文化，这种文化产生了巨大的凝聚力，成为他们区别于其他人身份的标志，但随着现代化的冲击，地域文化原有的鲜明特色正在不断消失，另外，大量的农民工进城打工，在现代化的都市中，他们感到迷茫，既融入不了城市的主流文化，又对自己的文化知之甚少。这种文化传承与农民自身文化需求的不协调是当今农村建设需要解决的重要问题之一。

因此，我们应该借鉴欧美社区博物馆、生态博物馆过往的经验，将关注点投向传统农村社区，关注文化多样性，致力于族群文化遗产的保育和传承。成功的社区博物馆将对我国的新农村建设产生有力支持。

法国在乌拉圭回合谈判中，立场坚定，毫不妥协，有学者尖锐指出，以文化立国的法国之所以态度如此强硬，目的并不在维护农民利益，而是在保护法国文化，因为法国将农村地区视为法兰西文化的源泉，如果农村出现了问题，法兰西文化也将枯竭。人类学家乌泽尔说过这样的话："地理意义的村庄是微小的，而社会意义的村庄则绵延数千里。"

如果我们把古代中国会馆"得相赞、失相匡、喜相庆、灾相恤、忠孝友悌相与黾勉、道德艺术相与讲求"的宗旨，与古代中国宗族祠堂收藏编修族谱（谱序、恩纶录——记录皇帝颁给该族官员及家属的敕书、诰命、御制碑文等各种恩宠；像赞——祖先画像、赞词及遗墨、世系、世系录、派语；宦绩考——记载出宦入仕先人的历史；传记——有善行族人的历史；坊墓——宗族墓地及其形胜；先世考辨——叙述宗族历史；著述——辑录与开列族人的著作及著作目录）等功能有机整合，赋予社区博物馆全新的理念，选择一些具有较高文化自觉度、文化较为丰厚、文化空间纵深足以支持其化解各种外来影响和经济发展水平较高的村寨，完全可以建设成具有中国特色的社区博物馆，为新农村建设作出重要贡献。